油气改革的逻辑

从油气价格到"一带一路"油气合作

冯保国 著

石油工业出版社

图书在版编目(CIP)数据

油气改革的逻辑：从油气价格到"一带一路"油气合作/冯保国著．—北京：石油工业出版社，2021.2
ISBN 978-7-5183-4330-0

Ⅰ.①油… Ⅱ.①冯… Ⅲ.①石油价格－研究－中国 ②"一带一路"－石油工程－国际合作－研究 Ⅳ.①F426.22 ②F416.22

中国版本图书馆CIP数据核字(2020)第215172号

油气改革的逻辑——从油气价格到"一带一路"油气合作
冯保国 著

出版发行：石油工业出版社有限公司
　　　　　（北京朝阳区安定门外安华里2区1号楼　100011）
　　　　　网　　址：www.petropub.com
　　　　　编辑部：(010)64523582
　　　　　图书营销中心：(010)64523633
经　　销：全国新华书店
印　　刷：北京中石油彩色印刷有限责任公司

2021年2月第1版　2021年2月第1次印刷
710毫米×1000毫米　开本：1/16　印张：23
字数：370千字

定价：78.00元
(如出现印装质量问题，我社图书营销中心负责调换)
版权所有，翻印必究

谨以此书献给我逝去的时光

前言

2018年，中国改革开放走过了40年的历程，取得了丰硕成果。在这40年中，中国的经济体制实现了由计划经济体制向市场经济体制的转变，建立起了具有中国特色的社会主义市场经济体制。

随着改革开放的持续深入，中国的石油石化工业已经深度融入世界的石油工业和石油市场体系。目前，中国已经超越美国成为世界最大的石油进口国，原油对外依存度超过70%。同时，中国也已经成为世界最大的天然气进口国，天然气的对外依存度超过45%。中国高速而持久的经济发展，以及对提升环境质量的需求，使中国对以天然气为主的清洁能源的需求进一步增加。但是，受制于中国的油气资源禀赋相对较差，以及油气勘探开发对低成本资金的大量需求等因素，使中国在短期内实现油气产量的快速增长面临诸多困难，原油对外依存度将持续保持高位，天然气对外依存度亦将继续呈现快速升高的趋势。如何获取稳定的原油和天然气供应，保障国家经济发展对基础能源的需求，保障中国人民对提升生活质量，特别对大气质量、环境质量的需求，是当前中国石油工业面临的重要课题。

党的十八届三中全会审议通过的《中共中央关于全面深化改革若干重大问题的决定》明确提出"使市场在资源配置中起决定性作用和更好发挥政府作用"，这一重大理论观点在党的十九大上写入了《中国共产党章程》。市场决定资源配置是市场经济的一般规律，市场经济本质上就是市场决定资源配置的经济。理论和实践都证明，市场配置资源是最有效率的方式。只有通过市场规则、市场价格、市场竞争等市场要素推动资源配置，才能实现经济资源的高效实用和效益最大化、效率最优化，进一步适应经济全球化发展的趋势，加快培育参与和引领国际经济合作竞争新优势，以开放促改革，构建开放型经济新体制。要实现和达到使市场在资源配置中起决定性作用的目标，必须重视和尊重价格的杠杆作用。只有建立起能够充分客观反映市场供需关系的价格体系，才能使价格正确地起到和传递市场信号的作用，从而引导经济资源在市场体系中的优化配置。否则，价格信号将扭曲市场供需关系，不能客观、真实地反映市场变化，造成稀缺经济资源的浪费，最终使社会福祉面临损失。

在我国向市场经济体制过渡、转换的过程中，石油工业作为国民经济的重要支柱，油气价格经历了政府定价、政府指导价、价格双轨制，以及与国际油气市场价格挂钩定价的历程，最终确立了市场化改革的方向和目标。但是从实际效果看，无论是原油价格与国际市场价格接轨，还是成品油价格与国际市场石油价格挂钩调整的机制，以及天然气价格市场化改革，都与真正的市场化定价，以及真正实现"使市场在油气资源配置中起决定性作用"存在较大差距，依然有很长的路要走。在原油和天然气进口量逐年增加、对外依存度逐步提升的情况下，国内油气市场还没有构建起充分竞争的市场结构，市场主体相对单一、数量不多，现货市场和期货市场缺乏多层次的体系，政府在油气价格制定上还拥有足够的决定权或否决权，国内价格的不完全市场化、单一化和国际油气市场价格的完全市场化、多层次体系化之间的矛盾渐趋突出。特别是在天然气进口领域，出现了进口越多、亏损越多的现象，对进口企业造成一定程度的打击，影响了其获取国际天然气资源的积极性，不利于缓解我国天然气市场需求增速明显高于供给增速的矛盾。另一方面，由于中国石油、中国石化和中国海油三大油气企业都已经成为在国内外资本市场上市的公司，进口油气资源亏损，已经成为资本市场投资者普遍关注的问题，并经常在路演和经营业绩说明会上被投资者和媒体所追问，一定程度上使这些企业陷入了尴尬的境地，市场普遍给出了中国油气上市公司的低估值。此外，我国油气价格长期与市场供求关系脱轨，限制了我国参与国际油气开发合作的能力，特别是不利于我国国际油气贸易的繁荣发展和引导国际资源的流入。比如，以什么样的价格进口俄罗斯油气始终是双方谈判和争论的焦点，俄罗斯要求以与国际市场价格基准挂钩的方式确定向我国出口油气的价格，而我国的国情决定了对油气价格承受能力较低，如果接受与国际市场价格基准挂钩，进口企业将面临价格倒挂而必须承受经济损失。

因此，油气价格是影响我国油气发展和参与国际油气合作的重要因素。油气价格改革应该成为油气行业改革与发展的逻辑主线，建立起有效竞争的市场结构，以及有效运行的市场化价格体系和价格信号反馈机制，积极发挥油气价格的杠杆作用和对资源配置的引领作用，消除国内油气市场与国际油气市场之间的连接瓶颈，引导国际油气资源合理、高效流入中国市场，并通过加强行业内企业之间的竞争，增强油气资源的供给能力，提高供给效率。未来，国内油气价格的市场化程度决定了中国能够在多大程度上充分利用国际油气资源形成中国市场的供给能力，以及国内油气市场是否能够掀起如美国"页岩油（气）革命"的高潮，形成国内油气资源高效开发的宏观环境，增强国内油气供应保障能力。同时，这也将促进国内油气企业增加对油气价格的敏感度，深入研究影响油气价格变化的主要因素，以及在某一时期油气价格变化的趋势，促进国际油气合作稳健发展，充当践行"一带一路"国际合作倡议的排头兵和重要推动力。

正是基于这样的原因，多年来，笔者一直关注中国油气价格和油气行业的发展，着力研究二者之间的关系，结合不同时期的特点和政策环境撰写发表了一系列的论文，对中国油气行业的发展和价格市场化改革进行探讨，引起了业内一定程度的关注，这也促使笔者对近年来发表的论文进行了回顾和重新审视。总体上看，虽然时间在向前推进，油气行业的改革发展在不断深入，国家的政策环境沿着市场化的道路和方向不断在前进，但困扰行业发展的价格市场化、企业管理体制和运行机制等基本问题并没有得到较好的、较为有效的解决。反而是随着经营环境、政策环境、全球经济一体化环境等的变化，油气企业"走出去"的步伐，以及实施一体化经营、向金融领域扩张发展的步伐在加快，使油气企业面临如何做好油气国际合作，如何实现新业务的有效益发展，如何实现油气企业传统文化与金融企业文化的协调，如何实现传统经营管理理念与国际化经营管理理念相融合等诸多新的情况和新的矛盾。同时，在重新阅读曾经发表的文章的过程中，再次体会到，虽然时过境迁，但并没有物是人非，很多的思想认知、经营管理理念、处理问题的方法等没有变化，文章中分析问题、解决问题的建议依然具有较强的现实意义和借鉴意义。油气市场化改革具有长期性，更需坚定方向，渐趋推进，因此，笔者萌生写作本书的想法。

  本书共分为六章，油气价格是贯穿本书的主线。首先从价格的基本作用、定价方法、价格运行机制讲起，对原油价格、成品油价格、天然气价格的改革情况、主要影响因素、未来发展等分别进行研究探讨，之后结合上述分析，对"一带一路"油气合作和近年来渐趋活跃的产融结合、石油（天然气）人民币等石油金融问题进行论述，彰显了油气价格的基础作用和影响。总体上，本书探讨了原油、成品油和天然气价格的基本问题，以及"一带一路"油气合作发展和石油金融，内容较为丰富，兼顾了理论探讨与实践研究，比较符合对了解近年来中国油气行业发展状况有兴趣的人员，以及对油气价格市场化、油气市场发展趋势和"一带一路"油气合作、产融结合等课题具有浓厚兴趣的研究人员与从业人员参考。

  最后，首先感谢石油工业出版社，特别是本书编辑陈朋女士的大力支持，使本书得以出版发行。最需要感谢的是我的导师、老领导徐丰利先生，正是他对我的严格要求、鼓励、鞭策，才使我有了坚持不懈研究和写作的动力。

  衷心希望读者朋友在阅读本书的过程中能够擦出一点思想的火花，为你们的学习、工作增添一点点色彩将是我最大的荣幸。真诚期望能够得到读者朋友的批评指正，这也是我今后继续关注油气行业发展，从事相关研究最大的动力源泉。

  谢谢！

冯保国
2020年10月于北京

目录 / CONTENTS

第一章 价格概述

一、价格的基本作用 ········· 1

二、价格的表现形式 ········· 7

三、定价的基本原则 ········· 10

四、影响定价的主要因素 ········· 12

五、定价的基本方法 ········· 26

六、价格机制 ········· 36

第二章 原油价格

一、美元价值 ········· 39

二、原油供需关系 ········· 43

三、原油期货市场 ········· 57

四、突发事件 ········· 64

五、国际原油价格运行机制 ········· 69

六、国际原油价格走势判断分析框架 ········· 72

七、中国原油期货 ········· 81

第三章　成品油价格

一、成品油生产的简单介绍···110

二、成品油成本的基本特征···111

三、成品油定价机制···113

四、成品油价格运行机制···132

五、成品油定价确定实例···134

第四章　天然气价格

一、我国天然气价格改革回顾···156

二、天然气价格改革的国外经验···170

三、我国天然气市场发展状况···180

四、液化天然气市场发展状况···185

五、管道天然气与液化天然气的比较···187

六、对我国天然气市场发展的建议···195

七、关于我国页岩气发展的讨论···200

第五章　"一带一路"油气合作

一、"一带一路"油气合作的基本认识···206

二、"一带一路"油气合作的主要路径···210

三、"一带一路"油气合作机制···212

四、"一带一路"油气合作伙伴关系···216

五、"一带一路"油气投资回报机制···221

六、中俄油气合作的基本问题···225

七、中俄油气合作的六个关系···230

八、中俄油气合作的前景 ··· 237

九、中俄油气合作中的乌克兰因素 ································· 248

第六章　石油金融

一、产融结合 ··· 267

二、金融控股公司管理 ··· 275

三、内部控制体系建设 ··· 289

四、石油（天然气）人民币 ··· 298

附录 　　　　　　　　　　　　　　　　　　　325

参考文献 　　　　　　　　　　　　　　　　　344

第一章　价格概述

一、价格的基本作用

"大炮与黄油的矛盾"是经济学家们经常谈论的经济学的经典例证。该例证无疑为我们揭示了这样一个概念，即相对于人类社会的无穷欲望而言，经济物品，或者说生产这些物品的资源总是不足的。这种相对于欲望无限性的资源有限性就是经济学中的稀缺性。

既然社会的经济资源总是具有稀缺性，那么我们就要使物尽其用，人尽其美。然而，又是依靠什么来引导社会资源向其最优利用的方向流动，以满足人类无限需求的呢？价格，只有价格才能担此重任。在亚当·斯密的笔下，价格被称为"看不见的手"，但时刻在经济运行中发挥着对经济资源配置的决定性作用。

在市场经济条件下，生产者追求利润的最大化，消费者追求效用的最大化。而这些最终都要通过价格进行衡量。正如美国经济学家M·弗里德曼把价格在经济中的作用归纳为："第一，传递情报；第二，提供一种刺激，使人们采用最节省成本的生产方法，把可得到的资源用于最有价值的目的；第三，决定谁可以得到多少产品，达到消费的最大满足。这三种作用是密切关联的。"[①]

这三种作用实际上就是要解决资源配置所包括的三个方面：生产什么，如何生产和为谁生产。也就是说，价格是反映经济资源或商品市场供求状况的显示器，

---

① M·弗里德曼与R·弗里德曼：《自由选择：个人声明》，商务印书馆，1982年，第19页。

通过价格的变动可以调节市场的需求量和厂商的供给量，从而使厂商达到利润的最大化，使消费者达到效用的最大化，引导社会经济资源的利用达到最优状态。

我国在经历了由计划经济向市场经济的转型期之后，建立起了具有中国特色的社会主义市场经济体系。很多产品的价格，特别是关系到国计民生的石油、天然气、成品油等重要产品的价格仍然没有完全市场化，政府主管部门依然掌控着价格的最后决定权或否定权，并经常实施一定程度的直接或者间接干预。这导致价格不能正确反映市场需求的信号，致使许多建设项目盲目上马，盲目投产，争夺我国本来人均就非常少的资源量，规模经济的优势难以显现，人为地引起了资源的浪费，造成了资源的紧张局面。

因此，如何按照市场化原则建立相应的油气产品价格决定机制，对于缓解我国经济发展不断增长的对能源产品的需求与我国自身有效供给不足而大量依赖进口之间的矛盾将起到积极作用。

价格在企业管理中的应用实例

就一个企业而言，价格仍然具有相同的重要作用。如某石油化工企业是一个集"油化纤塑"一体化的特大型石油化工联合企业，下属有三个大型炼油厂、四个大（中）型化工厂、五个专业性公司和四个事业单位。拥有200多亿元的资产，年销售收入160多亿元。在加快从计划经济向社会主义市场经济转变的新形势下，生产经营遇到了前所未有的严峻挑战和考验。债务沉重、原油涨价、资金紧张等因素，严重制约着其生产经营的正常运行。为促进生产经营实现良性循环，该企业一直致力于推进"两个根本性转变"，适当运用了价格手段，促进了广大职工化忧患意识为优化意识，走出了一条优化资源配置，提高企业经济效益的路子。

一、加强厂际间互供料价格的管理，使企业在同一条起跑线上竞争

过去，在计划经济体制下，公司所属企业都习惯了公有制的大温床，不同程度地存在着"等、靠、要"的不公平竞争，大大地影响了企业生产

积极性，严重制约了企业经济效益的提高。为了从根本上在公司内部解决这一问题，狠抓了企业内部互供料价格的管理，极大地调动了企业的生产积极性，经济效益有了较大提高。主要做法如下：

（1）以市场为原则，制定厂际间互供料的价格。基于企业内部价格不合理性的弊病，主要考虑了诸如内部成本加成定价法、协议定价法、市场加协议定价法、计划价格等多种定价方法，但由于每种定价方法都不能从根本上解决企业间的效益不真实、不平衡，最终选定了以市场价格为基础，合理地扣除期间费用的方法。这样，既不至于使确定的价格含有上游工序不合理的成本和费用，也使其能够反映当前的市场价格情况，彼此之间都能认同所确定的价格，减少了价格执行过程中的阻力，提高了实施的效率。

（2）根据市场变化情况及时调整内部互供料的价格。市场上商品的价格由于受供求影响随时随地都在波动之中，企业也只有根据市场的变化调整内部互供料价格才能保证其合理性。因此，成立了公司和生产厂两级价格领导小组，分别负责厂际间互供料价格和各厂内部上下游之间半成品转移价格的制定和管理，并制定了公司价格领导小组例会制度，从而保证了内部价格能够依照市场的变化进行适当的调整。

（3）实行三级经济核算，加大考核的力度。为了进一步调动职工的生产积极性，使他们把主要精力转向提高企业的经济效益，还实行了公司、生产厂（含各类公司和事业单位）、车间三级核算体制，加大了考核的力度。内部价格市场化以后，企业、车间、工段可以通过降低成本来获得较大的利润空间，并通过实现模拟利润与工资薪酬挂钩考核，使职工的工资收入水平与所在单位的经济效益相匹配，增强了降低成本的积极性和创新性。通过对内部价格的合理调整，促使企业不断地降低生产成本和费用。到年末，全公司超额完成了可比商品总成本降低1%的目标，各项经济技术指标也有了较大幅度的提高。

二、利用利率手段，降低资金成本

利率是资金的价格，利率的高低取决于社会的平均利润水平。因此，针对公司一方面资金极度紧张，另一方面又存在大量资金闲置、分散的矛盾，狠抓了资金资源的优化运用，成立了财务结算中心，通过"统一开户，统一结算，统一计划，统一调度，统一筹款还款"，并通过对内部存款利率上浮10%、内部的借款下浮10%等一系列做法，清理了原有的108个存款账户，使闲散的资金在企业内部发挥了巨大的作用，取得了初步效果。具体做法为：

（1）利用财务结算中心在内部形成的"鼓肚"借款，每月可节约存贷差190多万元。财务结算中心正式运作的一年以来，每月的月末存款余额一直保持在5000万元以内。过去在"体外"循环的大量资金变成了"体内"循环。

（2）内部结算速度加快，相应减少了流动资金占用。过去，内部各企业之间的结算均通过银行转账，结算时间一般为5～7天/次。现在通过财务结算中心办理内部托收，结算时间仅为3天/次，内部转账支票当天即可到账。

（3）解开了公司内部企业间的全部债务链。过去公司与企业、企业与企业间相互欠占资金，内部"三角债"比较严重，给分摊利息造成许多矛盾。财务结算中心成立后，组织各单位对以前相互欠款及内部往来款项进行了认真核对、认定，通过发放内部短期贷款13.66亿元，解开了内部企业间的债务链，调动了企业优化资源配置的积极性。

（4）调控能力和支付能力增强。财务结算中心按所属企业成本费用预算统一编制公司月度资金计划，对资金优化配置做到心中有数，原油款、税款等统一支付能力进一步增强，使应付原油款一直保持在合同要求的1.8亿元以内，不再支付滞纳金。

（5）企业内外部融资环境和条件得到改善。通过结算中心的运作，密切了与各银行的关系，并利用银行调整存贷利率的机遇，及时置换了一批银行借款，降低了资金成本，扩大了融资领域，与银行协商，实行了票据跟踪，减少了压票、退票和据不受理等事项，减少了在途资金，加快了结算速度。

三、对资产运营过程中资产评估价格的确认

搞活国有经济,其实质是从整体上搞活国有资本,通过资本运营的手段,有效地实现资本的流动和重组。进行资产重组,就要明晰企业资产的产权,为此就要对企业所拥有的各项资产和债权债务进行必要的评估和认定。评估过程中所确定的原则和方法将对资产和债权债务的评估价格产生重要的影响,并通过该价格影响到企业资产重组的决策。因此,必须慎重对待企业资产重组中评估价格的确定。

一般地,在资产的评估过程中,必须遵循以下五个原则:一是要考虑资产购买时的价格,即该项资产的历史成本;二是要考虑资产使用过程中的有形损耗和无形损耗;三是要考虑同样或同类资产在目前市场上购买时的价格,即资产的重置成本;四是要考虑资产能够继续使用情况;五是要对企业的债权债务进行细致的分析,以便确认其准确的价值。

在对资产进行评估时,可以针对不同性质的资产采用不同的方法,从而得到不同的价格。

(一) 从定性的角度来看

(1) 当企业准备出售时。评估价格较高,资产升值的幅度较大,对出售的一方较为有利,其可以取得数量较大的收入。但升值幅度过大时,则在寻找买主时存在较大的困难;评估价格较低或不能增值时,则不利于卖方,达不到企业出售的目的,使企业遭受损失。

(2) 当企业准备改造成股份有限公司时。资产的适当增值可以增加企业净资产的价值,从而有利于企业增加可公开发行的股票额度,在不影响每股净利润的前提下,企业可以募集到更多的资金用于生产建设。但当资产升值幅度较大时,将使未来实现利润的弹性区间变小,引起每股净利润的下降,以至于可能引起企业可募集资金数量的减少,并有可能引起股票上市后不能有一个适当的市盈率,使股民失去信心,影响到企业在股票市场上的信誉,蒙受不必要的损失。反之,当资产的评估不能增值或增值幅

度较小时,则要降低企业资产的利用效率,不能通过股票市场取得较多资金用于企业的生产和发展,也将影响到股票的发行价格和未来的价格走势。

(3) 当企业出于其他目的(如抵押借款等)考虑对现有资产进行评估时。需要紧密结合企业评估的目的采用具体的方法和适当的升值幅度,以期取得较为圆满的结果,提高资产的利用效率。

(二) 从定量的角度分析

评估价格对企业资产重组的影响,由于需要大量翔实的资料为基础,还要视重组可选方案的具体情况进行复杂的对比分析。

综上所述,价格对优化资源配置的作用是非常明显的,它不仅能够引导企业合理地利用实物形态的资源合理流动,提高企业的经济效益,而且能够引导企业合理地利用货币形态的资金资源,降低资金成本,还能够通过适当的资产评估价格引导企业的资产重组行为,实现企业价值的最大化,最终通过股票的市场价格表现出社会对企业的认同。因此,在实践工作中一定要遵循价值规律和市场规律,注重分析各种价格的确定和作用,进一步使之引导各种社会资源的合理配置,追求企业价值最大化,推动社会经济得以迅速发展。

在实践中,建议:一是适当放松对价格的管制,给予企业依照国家规定价格上下浮动3%～5%的定价权限;二是将汽油和柴油的消费税由价内税改为价外税,并适当调低消费税的税率,减轻企业税负;三是要充分利用社会物价稳定的时机,解决好实际利率水平较以前年份升高的实际情况,适当下调贷款利率,以利于开展股市等资本运作,为企业进行直接融资,缓解资金紧张,降低资金成本创造有利条件。

二、价格的表现形式

按照马克思政治经济学的经典理论，价格是价值的货币表现形式，它围绕着商品的价值上下波动。商品的价值是由该商品的价值量决定的，价值量取决于社会平均必要劳动时间。因此，价格是市场基本状况的综合反映，它具有调节经济运行的重要作用。

从西方经济学的角度考察，在市场经济条件下，价格是由商品的供给与需求决定的，而供给曲线就是产品的边际成本曲线，需求曲线就是生产者的边际收益曲线，当市场达到了供需平衡的市场均衡状态之后，边际成本等于边际收益，此时的边际成本或边际收益就是该产品的市场均衡价格。价格的基本功能作用，就是引导社会经济资源向使用的最优化方向流动，从而使其能够发挥最大的经济效益，降低资源使用的机会成本。

在我国石油工业由计划经济转向市场经济，并最终确立社会主义市场经济体系的过程中，我国油气价格类型非常繁多而复杂，并表现出了国家规定价格、国家指导价格、市场价格、结算价格以及企业计划外产品的自定价格等多种形式，直至目前依然处于向市场化定价的转换过程中。下面以成品油价格为例进行分析阐述。

（一）国家规定价格

成品油作为石油炼制后所生产的产品，被广泛地作为交通运输等行业的主要燃料使用，是关系到国计民生的经济命脉，因此，在历史上，国家一直对成品油的定价实行国家规定价格。

国家规定价格是由原国家计划经济委员会根据整个国民经济的运行状况、炼油企业的生产形势以及整个市场的供求情况等，按照一个时期内炼油企业的平均生产成本和行业的平均利润率而加以确定的。

1. 出厂价格

它规定的是成品油从生产企业销售给成品油销售企业，以及其他批发商或军队、铁路等直供用户时的价格。一般而言，该价格几乎没有弹性，即无论市场发生多大的变化，炼油企业都必须执行国家规定的价格。

2. 地区价格

指国家计委根据炼油企业的分布、经济的发展、成品油的需求等情况而规定某一地区的价格。历史上曾经有由国家计委管理的全国35个中心城市价格和各省、自治区、直辖市的物价部门管理法人35个中心城市以外的价格。

3. 销售途径价格

它是指根据运输成品油的交通工具以及目的地的不同而规定的价格。在1998年左右的一个时期内，东北地区的炼油企业曾经按入关价和下海价对出厂的成品油进行销售。

（1）入关价。指东北地区的成品油生产企业采用铁路运输等陆路运输方式向山海关以内的地区进行销售时的价格。

（2）下海价。指东北地区的各成品油生产企业通过大连港、营口港、锦州港等东北地区的港口，采用轮船等海运运输工具运往国内其他港口地区时的销售价格。

4. 销售公司结算价

指成品油生产企业向各地的成品油销售公司销售，以及各地的成品油销售公司向其他地区成品油销售公司销售成品油时，彼此之间相互结算的价格。原则上，销售公司结算价格属于企业集团内部的价格体系，但在计划经济体制下，由国家价格主管部门制定和管理，企业具体执行。

应当指出的是，这种历史上曾经使用过的国家规定价格并非一点都不反映市场的需求变动，只不过是国家有关部门不能及时根据市场的变化来调节成品油的价格，使炼油生产企业获得更大的利润或者减少损失。也就是说，价格的调整具有很大的滞后，从而使价格的调整显得苍白无力。

（二）市场价格

市场价格，一般而言是指在没有过多的政府行为干预正常的市场状况下，按照市场的需求变化情况，由企业自主决定的价格。

在我国的成品油销售中，各级成品油销售企业和批发商以及加油站向消费者销售时的价格，是基本上能够反映市场需求的，而他们也很少受到政府定价行为的直接干预。因此，在当时的成品油销售体制中，大量的利润由生产企业转移到了流通环节中的销售企业，影响了生产企业的生产积极性。

另外，在成品油价格双轨制运行的20世纪90年代，成品油生产企业在完成了国家计划内配置指标的前提下，可以将多余的产品按照市场的需求自主定价，直接向消费者销售。这样的销售体制，在当时实行计划内、计划外以及自营原油相分离的时期，炼油企业为了保证自身的利润，完成国家下达的利税指标，经常通过调整库存的方法，根据市场的变化进行销售。

（三）内部结算价格

内部结算价格，就是指炼油企业在成品油没有形成最终产品销售时，在不同的加工工序之间作为原料互供的半成品价格。当然，在现在的企业集团内部，仍然经常在上下游企业之间就产品互供、提高劳务服务或技术服务等业务制定并执行内部结算价格，有的企业集团还在总部设置了内部结算价格的管理部门，负责制定、修订内部结算价格，协调处理内部企业之间的价格纠纷，实现了内部结算价格的体系化，以及运行了相应的内部结算价格联动调整机制。

以炼油企业为例，成品油生产的特点是多道工序加工，成本难以细分。因此，炼油企业可以通过调整以生产成本为基础的内部结算价格来调节企业利润的实现。例如，汽油经过各道工序加工后，最后要经过油品车间进行调和，然后才能出厂销售。假设汽油进入油品车间时的结算价格为1200元／吨，月末未经调和的汽油库存为1000吨，则此时的存货价值为120万元；再假设汽油进入油品车间时的结算价格为1500元／吨，月末未经调和的汽油库存仍然为1000吨，则此时的存货价值为150万元。所以，在汽油的出厂价格不变时，企业的利润要减少30（=150-120）万元，从而达到了调节企业利润的目的。

目前，随着市场经济的发展，价格的表现形式愈发纷繁，呈现出多样化和体系化的特点。国家规定价格和国家指导价格渐趋退出历史舞台，油气产品的期货价格开始被广泛采用和关注，期货价格逐渐成为现货市场的定价基准，并为行业内的生产企业、贸易商、终端用户等市场参与者提供了风险管理工具，远期价格、期货价格、现货价格、批发价格、零售价格、地区价格、跨区以及跨产品价差等构成了油气产品的价格体系，且相互影响。在实际工作中，应从不同的角度采取适当的价格表现形式开展具体业务。否则，将很可能由于对报价的误解而承受经济损失。

三、定价的基本原则

市场经济条件下，企业生产的目的就是要获取尽可能多的利润，因此企业在决定其产品的价格时一般要遵循弥补成本原则、竞争性原则、稀缺性原则，以及合理比价原则等。

（一）弥补成本原则

市场营销理论认为，产品的最高价格取决于产品的市场需求，最低价格取决于该产品的成本费用[1]。这也就是说，厂商进行生产要获取利润，首先就要弥补生产产品所需的原材料、工人工资、燃料、动力，以及为保证企业正常运转所需支付的管理费用、为销售产品所需支付的产品销售费用、维持企业资金周转所需支付的借款的财务费用等基本的成本、费用，然后，企业才能谈到是否有利润。因

---

[1] Philip Kotler, Marketing Management: Analysis, Planning, Implementation and Control. New Jesey: Prentice Hall, Inc., 1996, P480.

此，产品定价必须能够弥补成本。

（二）竞争性原则

几乎在现存的任何一个有丰厚利润的行业，都不可能只存在一家生产企业（除非像自来水等少数受政府保护的行业），而且这也不符合市场的经济规律。因此，厂商总要受到来自不同角度的竞争者的竞争，其在制定产品市场销售价格的过程中，也不得不考虑竞争者的反应。即使在完全竞争的行业中，厂商也要通过其他途径改变其产品的形象以扩大销售量或者市场占有率等，来谋求实现企业的目标。所以，企业的经营总要给予竞争以充分的考虑。

（三）稀缺性原则

我们已经谈到了"资源稀缺性"的概念。客观上讲，我们人类生存所依赖的大多数资源都具有稀缺性的特点。既然资源相对于人类需求的无限性而言总是具有稀缺性的，那么，物品的价格就要反映资源稀缺的程度。换句话说，就是市场的供求状况反映了资源的稀缺，价格是市场的反映。企业进行产品的定价要根据市场供求的变化做出不同的反应。

（四）合理比价原则

市场上的产品绝少是单独的孤立而存在的。一般而言，产品总要有替代品或者相关品，这样，一种产品的价格也就相应变得复杂了，它也要依赖于其他产品的价格而存在。举例来说，一个打火机的价格不仅要影响到其他品牌打火机的价格，而且还会影响到香烟的价格。假设，A牌的打火机的价格为1元／只，其他同类型号、相似质量的打火机（替代品）的价格就不可能定到10元／只，否则，其生产者的利润将受到非常大的影响；打火机与香烟可称为相关品，打火机的价格便宜些，可以促进香烟需求量的增加（在不考虑其他因素的前提下），从而也可以有利于销售者提高香烟的价格。因此，产品之间一定要有一个合理的比价关系或者称之为合理的价格体系。

合理的价格体系应当包括下游产品与上游产品间的比价、替代产品间的比价、相关产品间的比价、同类产品地区间的比价等。具体到成品油的合理价格体系应该包括：成品油与石油间的比价、成品油内部各产品间的比价、同种油品不同型号间的比价、同种型号油品不同质量间的比价、地区之间的比价等。

总之，产品定价一定要遵循弥补成本原则、竞争性原则、稀缺性原则和合理比价原则，只有这样，才能保证产品价格的合理性和生产企业获取合理的利润，保持合理的投资回报率水平，并进而优化全社会的资本优化配置。

四、影响定价的主要因素

产品定价依赖于企业外部的和内部的决定因素。外部的决定因素是指如顾客的消费偏好、产品面临的市场结构、同行业或者相关行业的竞争者以及国家有关的法律、法规等厂商无法控制的因素。这些因素和非价格营销活动一起决定了可选择价格下所能销售的产品数量。内部的决定因素包括生产产品的成本、产品的生命周期、厂商的目标利润、产品的系列组合等能够通过生产者的行为加以控制的因素。所有内部的和外部的诸多因素共同决定着产品的定价行为。

一般情况下，产品定价所依赖的内、外部主要因素有：产品成本、市场需求、同行业竞争、政府行政干预、企业目标利润以及生产者和消费者对未来的预期等。

（一）成本因素

任何企业都不能随心所欲地制定产品价格。某种产品的最高价格取决于市场的需求，而最低价格取决于生产这种产品的成本费用。从长远来看，任何产品的销售价格都必须高于成本费用，只有这样，才能以销售收入来抵偿生产成本和经营费用，否则就无法持续经营，长期亏损将导致企业关闭。因此，企业制定价格时必须估算成本费用。

1. 成本函数

一般地，我们可以借助于成本函数来描述产品成本（C）与产品产量（Q）之间的关系，即：

$$C = f(Q) \tag{1-1}$$

企业产品的成本函数取决于产品的生产函数和投入生产要素的价格。设生产函数为：

$$Q = f(A, B, C, \cdots\cdots, N) \tag{1-2}$$

其中，A，B，C，……，N，分别表示进行生产所需投入的不同的生产要素。

该函数表明了投入与产出之间的技术关系，这种技术关系与科学技术水平、生产所采用的工艺及设备等存在密切关系。因此，在一定的生产期间内是不变的，可以用 K 来表示。这样，当设生产要素 A，B，C，……，N 的价格分别为 P_A，P_B，P_C，……，P_N 时，式（1-2）可以写成：

$$Q = K_f(P_A, P_B, P_C, \cdots\cdots, P_N) \tag{1-3}$$

因此，式（1-1）可以转换为：

$$C = f[K_f(P_A, P_B, P_C, \cdots\cdots, P_N)] \tag{1-4}$$

这表明，产品的生产函数是由生产产品的技术系数 K 和投入要素的价格决定的。

就汽油、柴油等成品油的生产而言，在原油加工过程中需要投入的要素有：原油（O）、各种辅助生产材料（A）、催化剂（C）、添加剂（T）、燃料动力消耗（R）、人工费用（W）等。其技术系数则取决于当前所采用的生产设备、工艺流程、催化剂的效果等科学技术因素。所有这些共同决定了成品油的生产成本函数为：

$$C = K_f(P_A, P_B, P_C, P_T, P_R, P_W, \cdots\cdots, P_N) \tag{1-5}$$

其中，P_A，P_B，P_C，P_T，P_R，P_W，……，P_N 分别表示所对应生产要素的价格。

2. 短期成本

成本函数一般分为短期成本函数和长期成本函数。经济学上的短期是指：在某一个时期内，企业不能自由调整生产要素的投入和组合，不能选择各种可能的生产规模。因此，短期成本可以分为固定成本（FC）和可变成本（VC）。而长期是指企业可以自由地调整生产要素的投入和组合，可以选择最有利的生产规模的期间。在这个时期内，一切生产要素都是可以变动的。因此，长期成本中没有固定成本，一切成本都是可变成本。

由于我们所要讨论的是在市场经济条件下，如何定价以促使企业获取最大利润。与此同时，企业的领导者有一定的任期限制，其所追求的也只能是任期内的目标利润最大化。因此，主要考虑短期的情况。

比如，在成品油的加工过程中，基础油品的数量总是依赖于原油的性质而呈一相对固定比率。所以，在炼油加工行业大多以原油加工量作为基础变量，用加工原油的加工费来衡量生产成本，比较企业的优劣。

固定成本包括：为保证生产正常进行所需的管理部门发生的管理费用；车间进行生产管理以及生产设备提取折旧等而发生的制造费用；直接生产的工人的工资及提取的职工福利费等人工成本。这些费用不会随着原油加工量的变动而变动，它依赖于企业的生产规模。

可变成本包括：原材料成本，燃料、动力消耗，催化剂消耗等。这些费用则随着产品产量的增加（或者减少）而增加（或者减少）。生产过程中所发生的以上总固定成本（TFC）和总可变成本（TVC）构成了成品油的生产总成本（TC），即：

$$TC=TFC+TVC \tag{1-6}$$

它们之间的关系如图 1-1 所示。

总成本再按照式（1-3）在各种产品之间进行分摊，最终得到不同产品的生产总成本 TC_n（$n=1, 2, 3, \cdots\cdots$，表示第 n 种产品的生产总成本）。

3. 短期平均成本

为了描述某种产品的单位成本情况，引入平均成本（AC）的概念。平均成本是指生产产品的平均单位成本。短期成本中，也包括平均固定成本（AVC）、平均可变成本（AFC）和总平均成本（ATC）三个成本要素。它们之间有下列关系：

$$ATC=AFC+AVC \tag{1-7}$$

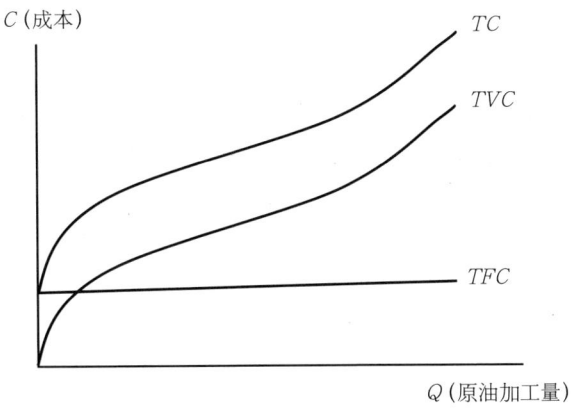

图 1-1　总成本与总固定成本和总变动成本的关系

一般地，平均固定成本随着产品产量的增加而下降；平均可变成本则与生产区间存在密切关系。在某一产量区间内，产量增加，平均可变成本会减少；当超出该区间后，平均成本将随着产量的增加而增加。不论产量的大小，平均总成本始终等于平均固定成本和平均可变成本之和。其变化的趋势也将取决于 AFC 和 AVC 的变化趋势，如图 1-2 所示。

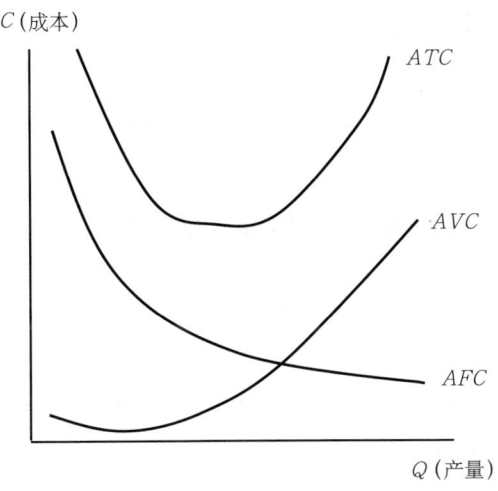

图 1-2　总平均成本与平均可变成本、平均固体成本之间的关系

4. 短期边际成本

边际成本是增加一个单位产量相应增加的单位成本。一般地说，边际成本的变化取决于产量的大小。在产量增加的初期，由于固定的生产要素使用效率逐渐提高，产量自然增加呈现收益递增，从而边际成本递减；而在产量达到一定程度后，由于增加的可变生产要素无法获得足够的固定生产要素的配合，即在短期内无法增加固定成本投入，产量逐渐出现递减，收益递减，甚至出现负的收益率，此时，边际成本将巨额递增。边际成本（MC）与平均总成本、平均可变成本的关系以及短期成本、价格、产量的关系如图1-3所示。

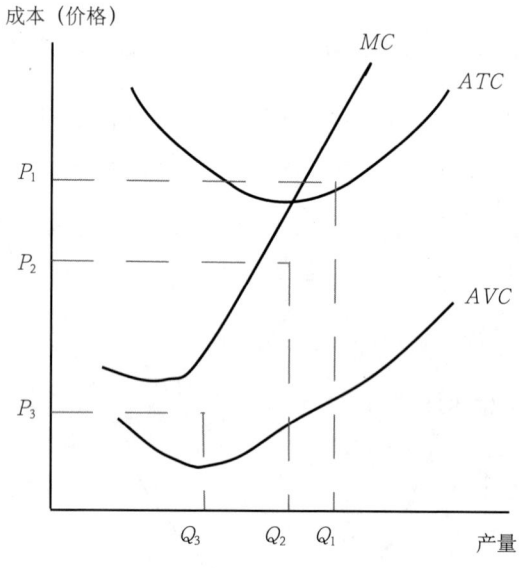

图1-3　边际成本决策分析

从图1-3中不难看出，边际成本曲线分别与平均可变成本曲线和平均总成本曲线相交于它们的最低点。因此：

（1）如果新产品的成本比已经生产出的产品平均成本高（或低），则新增产品必然引起平均成本的增加（或减少）。

（2）如果边际成本比平均成本高（或低），平均成本一定会增加（或减少）。

（3）只有当平均成本与边际成本相等时，才能使平均成本最低。

5. 短期边际成本曲线对定价的意义

市场经济条件下，在短期内，企业要实现利润最大化，必须让价格等于边际成本。由于低价能引起销售数量的增加，在成本曲线上利润会最大。但是，如果伴随着产量的增加和产品成本的提高，最后将导致成本支出大于价格收入。高价会引起销售的减少，但随着价格的不断提高，利润必将减少。因此，只要价格高于成本，通过增加销售就能获得较高利润。利润取决于价格、平均总成本和销售量三个因素。在产品定价时必须遵循以上规律，给予边际成本足够的重视。

（二）需求因素

产品生产的目的就是要销售出去，弥补产品生产的成本，因此，必须存在产品的需求，存在市场。需求是决定价格的关键因素之一。

需求是指居民户在某一特定时期内，在每一价格水平时，愿意而且有能力购买的商品数量。成品油的需求应该是指顾客在某一价格水平下的特定时间区间内，愿意而且能够购买的成品油的数量。需求取决于以下三个因素：

1. 产品本身的价格

价格越高，需求将减少；价格低，需求将增加。价格变动的比率所引起的需求量变动的比率，即需求量变动对价格变动的反应程度，称为某商品需求的价格弹性（又称需求弹性）。弹性的大小一般用弹性系数表示。

$$E_\mathrm{d}=\frac{\Delta Q/Q}{\Delta P/P}=\frac{\Delta Q}{\Delta P}\cdot\frac{P}{Q} \tag{1-8}$$

式中　E_d——某种商品的需求弹性；

$\Delta Q/Q$——需求量变动的比率；

$\Delta P/P$——价格变动的比率。

需求弹性一般为负值，表示需求量的变化与价格的变化呈反方向变动。

2. 其他商品的价格

各种商品之间存在着不同的关系，因此，其他商品价格的变动也会影响该商品的需求。比如，汽车价格的降低，将通过所能导致的汽车销售量的增加而使汽油的需求增加，这种两种商品共同满足一种需求欲望的关系称为互补关系，这两种商品称为互补品；与此同时，在一个特定时期内，电动汽车销售量的增加将引起以汽油为燃料的汽车销售数量的减少（即电动汽车需求增加，汽油汽车需求减少），这两种商品可以互相代替来满足同一种需求欲望的关系称为替代关系，这两种商品称为替代品。

互补品之间的价格与需求呈反方向变动；替代品之间的价格与需求呈同方向变动。两种商品中一种商品的价格变动比率所引起的另一种商品的需求量变动比率称为需求的交叉弹性，又称交叉弹性。交叉弹性的大小用交叉弹性系数表示：

$$E_{cx} = \frac{\Delta Q_x / Q_x}{\Delta P_y / P_y} = \frac{\Delta Q_x}{\Delta P_y} \cdot \frac{P_y}{Q_x} \tag{1-9}$$

式中 E_{cx}——X 商品需求的交叉弹性；

$\Delta Q_x / Q_x$——X 商品需求量变动的百分比；

$\Delta P_y / P_y$——Y 商品价格变动的百分比；

ΔQ_x——Y 商品价格变动前 X 商品的需求量；

ΔP_y——Y 商品价格变动前的价格。

交叉弹性系数可正可负。如果交叉弹性为正值，表示两种商品为替代品；如果交叉弹性为负值，表示两种商品为互补品。

消费者收入水平以及社会收入分配平等程度。比如，成品油需求是通过收入水平以及社会收入分配平等程度的提高所引起的汽车等燃料动力机械的增加而增长的。近十年来，中国家庭汽车拥有量持续快速增长，最主要的原因就是居民家庭收入保持了稳定增长，家庭可支配收入明显增加的结果。

收入水平的变化，对商品需求具有较为明显的影响。但是，这种影响难以精准量度，只能采用历史经验数据加以描述。譬如，根据发达国家的经验和一般市场规律，当人均国内生产总值（GDP）处于 800～3000 美元时，汽车市场需求迅速上升，人均汽车拥有量也大幅度提高。其中，当人均 GDP 达到 1000 美元时，汽车开始进入家庭；当人均 GDP 达到 3000 美元时，私人购车将出现爆发性增长。事实上，由于各地区或者国家的情况不同，虽然总体上符合这些经验数据，但实际上可能在各国或地区之间存在比较大的差异。

3. 消费者偏好

这是指一个消费者群体所形成的对某种商品或者某品牌的商品所表现出的非此商品不买的消费态度。以成品油为例,一般而言,成品油的质量是难以分别的,除非通过分析仪器。但是,由于长期使用的结果,必然对某种品牌的成品油形成偏好,这种偏好会通过消费者之间的关系逐渐的扩展或者缩小,从而最终对成品油的需求发生影响。再比如,李先生非常喜欢某品牌的饮料,如果附近的超市没有出售,其宁愿跑两三个街区去购买该品牌的饮料,这就可以说李先生对该品牌的饮料具有偏好。这样,与李先生具有同样的偏好的消费者群体就形成了消费者偏好。

(三)市场结构因素

企业是不能离开市场而孤立存在的,市场经济条件下的企业定价行为必须考虑所面临的市场结构类型。其划分的依据主要有:一是行业内企业的数目;二是企业规模;三是产品是否同质;四是信息及资源的流动性。企业面临的市场结构类型决定了企业的定价方式和结果。

1. 完全竞争的市场结构

当市场同时具备以下四个条件时,才能称为完全竞争的市场结构。即:

(1) 存在许多卖主和买主,共同买卖同种商品,并且他们各自只能占市场商品总量的较小部分;

(2) 市场进出自由;

(3) 信息渠道畅通,买卖双方对市场信息完全了解;

(4) 生产要素等经济资源能够在行业内的各企业间完全自由流动,不存在新企业进入或者老企业退出的障碍。

此时,企业只能接受市场上的价格而不能制定价格。对于任何个别企业来说,其产品的价格弹性为无穷大,产品的需求曲线与平均收益曲线和边际收益曲线相重合。

2. 垄断竞争的市场结构

但是，当企业生产的产品存在花色、式样、产品服务和质量等方面的差异，以及由于厂商利用广告等促销手段而导致产品存在差异时，即生产同类产品的企业之间既有竞争又存在某种程度上的垄断的市场行为时，称为垄断竞争。

美国学者戴维·施瓦茨曾经指出，在垄断竞争的条件下，厂商定价时广泛地利用心理因素。产品差异是制造商控制其产品价格的一种主要战略。各企业仍然按照边际成本等于边际收益（MR）的原则决定其价格和产量。

3. 寡头垄断的市场结构

只有少数几家生产者垄断某一行业的市场，控制这一行业的供给时，由于企业数量很少，每家企业都占有举足轻重的地位，进出该市场都存在较大的难度，彼此之间的信息较难沟通。他们各自在价格或者产量方面的变化都会影响整个市场和其他竞争者的行为，因此，在进行价格决策时非常的小心谨慎。一般地，在不存在相互勾结的情况下，价格决定的方法是价格领先制和成本加成法。

寡头垄断类型的市场结构在我国还是比较多见的。比如，在我国的飞机运输行业，主要存在以中国国航、东方航空和南方航空、海南航空等四家企业；在发电行业，以华能集团、大唐集团、华电集团、国电集团和中国电力投资集团五大发电集团为主；在石油石化行业，以中国石油、中国石化和中国海油三大集团为主；通信行业主要以中国移动、中国联通和中国电信为主。这些行业中的民营企业和地方国企业虽然正在取得积极的发展，但占有的市场份额有限，总体上依然具有寡头垄断市场结构的基本特征。

4. 完全垄断的市场结构类型

该市场结构类型具有如下特征：一是只有一家厂商；二是市场上不存在同质的产品；三是信息等资源只由其一家厂商掌握。这种市场的形成大多要依靠政府的授权或者得天独厚的资源条件，抑或对生产某种产品的特殊技术的控制等。因此，生产者的价格决策在没有政府价格行为干预的条件下是较为随意的，可以通过市场细分的方法实行价格歧视，以获取最大利润。比如城市燃气、供电、供水、公共交通等具有城市基础设施特征行业的企业就属于完全垄断的市场结构类型，一般都由政府授权经营，并按照成本加合理回报的原则（也经常被称为准许收益定价）确定服务价格，实施较为严格的价格管制。

（四）政府行为

政府对经济的干预是解决市场失灵的结果。一方面，政府可以通过价格限制对产品的生产和消费进行管理；另一方面，政府又利用税收手段调节经济的运行以及生产和消费。比如，石油及其经过炼油厂加工后生产的汽油、柴油、煤油等成品油，在我国由计划经济向市场经济的转型期的过程中，实现了由政府定价到实行国家指导价，以及21世纪以来与国际原油市场价格挂钩的原油和成品油定价机制，并确定了市场化定价的基本原则和方向。但是，时至今日，成品油价格依然没有实现完全的市场化定价，而是按照国家发改委发布的成品油定价机制，参照国际原油市场价格的变化和一定的变化周期进行调整。在实践中，国家发改委所发布的价格为最高限价。同时，近年来随着对环境保护和治理大气污染力度的不断加大，汽油和柴油的消费税税率多次提高，石油炼制产品的消费税应税品种不断扩展，并同时征收增值税，以及以应缴纳消费税和增值税为税基的教育费附加、城市维护建设税等，成品油的税负水平不断增加，汽油和柴油的整体税负已经超过40%，接近欧洲国家的成品油税负水平。这将不可避免地对成品油的生产和销售产生影响。

政府限价对产品生产和需求的影响可用图1-4加以说明。

以汽油为例，假设汽油由市场需求和供给决定的市场均衡价格为P^*（E点），市场均衡需求量为Q^*。现在由于国家对汽油实行最高限价为P'，且$P^*>P'$。从图1-4可以看出，实行限价时的厂商供给量为Q_2，而市场的需求量为Q_1。显然，市场的需求量要大于供给量，存在供给缺口。限价在短期内确实达到了保护消费的目的，起到了平抑物价的作用；但从长期来看，这种缺口会不断地压抑生产，提高需求的欲望，最终必将引起汽油生产的萎缩，可能助长形成黑市或者腐败行为，对经济的发展将非常的不利。尤其随着对外开放程度的加深，势必导致成品油走私的增加，这样不仅不能保护和促进我国石化工业的发展，而且还要对其产生巨大的冲击，导致国家大量税收的流失。

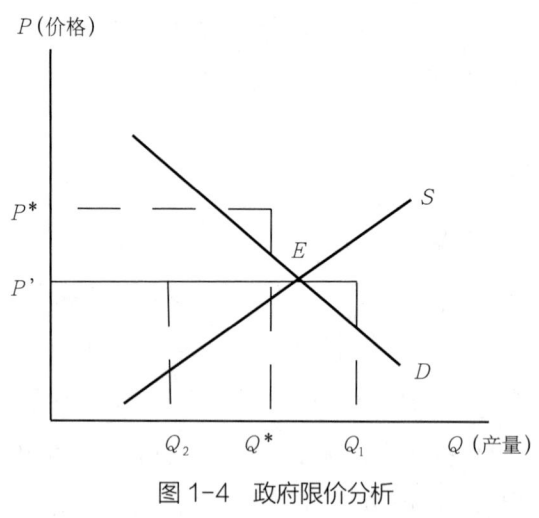

图 1-4 政府限价分析

S—供给曲线；D—需求曲线；E—均衡点

（五）税收影响

我国税收法律法规不断完善，税收体系持续深化，对国内生产的产品以征收消费税、增值税等流转税为主，对进口的产品还要征收关税。按照税收体系设计的基本原则，对产品征收流转税不会增加企业的税收负担，最终会由消费者承担，从而不会对企业的定价行为产生影响，也不会影响企业所应该实现的利润。但在现实生活中，税收负担最终必然由最终消费者负担，所有的征税行为也将都会对市场的需求产生一定的影响，从而使企业的销售情况发生变动，引起企业利润的增减变化和企业经营的变化。

仍然以汽油的销售为例，如图 1-5 所示。

假设在没有征收任何税时市场的需求曲线和供给曲线分别为 D 和 S，此时的市场在点 E_0 达到均衡，均衡价格和需求量分别为 P_0 和 Q_0。

按照税法的规定和财政部、国家税务总局的通知规定，自 2015 年 1 月 13 日起，汽油消费税税额为 1.52 元/升。征收消费税后，在每一需求水平上的价格将升高，汽油的供给曲线由 S 向上平移到 S_1。此时市场在 E_1 达到均衡。均衡价格和需求量分别为 P_1 和 Q_1。可以看出，市场的需求量减少，企业所获收入由原来的 $P_0OQ_0E_0$ 减少为 ABQ_1O。

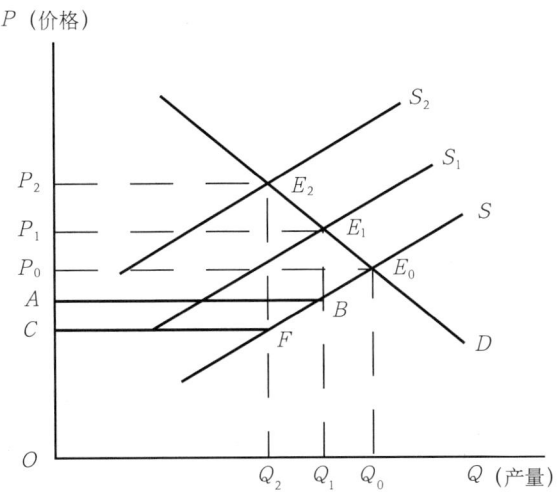

图 1-5 税收对价格的影响分析

同时，按照我国税法的规定，在销售环节需按产品售价的17%（根据产品不同适用不同的增值税税率，一般商品为17%）征收增值税。因此，在每一销售量时的价格将上升17%，汽油供给曲线将向上平移$0.17P$（$=T$），而变为S_2。此时的市场均衡点为E_2。P_2和Q_2分别为均衡时的价格和销售量。显然，市场的需求量进一步减少，企业的净收入也进一步由ABQ_1O减少为CFQ_2O。

因此，流转税的受益者是政府，生产企业和消费者并不能得到任何好处，甚至产生了消费者剩余和生产者剩余的流失，从而使整个社会的福利减少。

总之，政府行为对企业产品的定价行为并不产生直接影响，但会引起企业利润的变化。在市场经济条件下，企业要追求利润的最大化，必须对政府的干预行为给予足够的考虑。

（六）企业自身行为

企业的定价总是出于自身的考虑而采取不同的方法和方式。这里我们将撇开促销方面的因素，而对企业的扩张和目标利润加以考虑。

1. 企业扩张

企业为了实现更大的发展，实现更高的投资回报和利润，一般具有扩展企业规模的动力。同时，企业扩张也受到追求规模经济和规模效益，从而克服西方经济学上收益递减效应的影响。具体到石化行业，炼油企业是一个非常讲求规模经济的行业。原油加工能力越大，加工深度越深，企业越能发挥规模效益。因此，它们对生产规模的扩大抱有极大的兴趣。一般来说，企业扩张属于长期的范畴，但是迟早要由长期变为短期。也就是说，在完成了一个阶段的扩张之后，必然在一定规模上稳定下来，直至进入下一个扩张阶段。

炼油企业规模的不断扩大将导致成本的不断上升，从而引起成本曲线的变化。但就现阶段而言，我国炼油企业远未能达到规模经济。也就说，企业规模的扩大，原油加工量的增加，会导致企业平均单位成本和边际成本的下降。企业的定价空间进一步随之扩展，存在价格下降的趋势。因此，企业的扩张有利于定价行为。

2. 目标利润

企业所追求的经营目标对其定价行为起着决定性的作用。在短期中企业追求利润最大化时，企业就要制定一个能够实现目标的最大化价格。假定企业对其成品油的需求函数和成本函数有充分的了解，则借助其便可制定确保利润最大化的价格。

假定 Q 为需求量，N 为需求潜量，P 为价格，e 为需求随价格变化而变化的速率（常为负值），则需求函数可表述为：

$$Q=N+eP \qquad (1-10)$$

假定 C 为总成本，F 为固定成本，V 为单位产品可变成本，Q 为与需求量相同的生产量，则成本函数可表达为：

$$C=F+VQ \qquad (1-11)$$

假定 R 为销售收入，Z 为利润，则有：

$$\begin{aligned}Z&=R-C\\&=QP-C\end{aligned} \qquad (1-12)$$

将式（1-11）和式（1-10）先后代入，整理可得：

$$Z = eP^2 + (N-eV)P - (F+VN) \quad (1-13)$$

将式（1-13）的两边分别对 P 求导后得：

$$Z' = 2eP + N - eV \quad (1-14)$$

令式（1-14）等于 0，即

$$2eP + N - eV = 0$$

则

$$P = \frac{eV - N}{2e} \quad (1-15)$$

而 $Z'' = 2e < 0$

所以，当 $P = (eV-N)/2e$ 时，Z 有极大值，企业利润最高。

（七）进口的影响

随着经济的发展和全球经济贸易一体化，世界变得越来越小，国际经济交往和进出口贸易越来越多。在我国加入世界贸易组织之后，迅速融入世界经济体系，并伴随着全球经济一体化的发展，成长为国际贸易的重要参与者。与此同时，我国进口产品的种类和数量持续增加，极大地丰富了人民的生活，促进了生活水平的持续提高。

图 1-6 对进口产品的影响进行了分析。D 为国内某产品（如汽油）市场的需求曲线，S_0 是该产品国内生产的供给曲线，其均衡点为 E_0。现在，由于市场开放，该产品以国际采购的方式进入我国国内市场进行销售。此时，在国内产量未进行及时调整的情况下，该产品在我国市场的供应量将快速增加，供给曲线将由 S_0 移动至 S_1，其均衡点为 E_1。按照水平相加的原理，整个国内市场的成品油供给曲线将是 S，市场在 E 点达到均衡。此时的价格为 P，需求量为 Q。从图 1-6 中不难看出，E 点要低于 E_0 和 E_1。也就是说，由于进口，促使其价格下降，需求增加。但是生产者的利润却减少了。因此，国内企业的定价行为需要对进口行为作出适

当的反应，适时调整价格，以增加产品的销售量（或者维持原有的市场占有率），尽可能降低进口对自身生产产品所造成的冲击，为实现企业的利润目标创造条件。

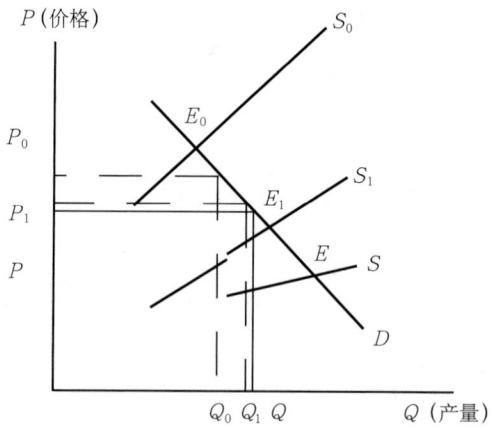

图1-6　进口成品油对国内市场的影响

五、定价的基本方法

在市场经济发达的国家，价格的自发调节作用非常明显，企业的定价也主要依据市场信息而确定或者加以调整。由于利润最大化是企业的追求目标，因此人们经常利用边际分析的原理，通过边际成本与边际收益之间的关系分析价格，并适时作出调整，采用的定价方法也是围绕着"利润最大化"的目标而多样化。但基本上采用以下几种形式：

成本导向的定价方法，包括成本加成定价法、加工成本定价法、收支均衡定价法、系列产品定价法、目标利润定价法和目标贡献定价法等。

市场需求导向的定价方法，包括习惯定价法、价格歧视定价法、多种产品定价法等。

竞争导向的定价方法，包括随行就市定价法、竞争性投标中的最佳标价法等。

这些基本的定价方法，都给予了市场相当的重视。至于企业的具体操作，则更是根据企业自身条件和市场环境变化给自己的产品制定一个基本的价格幅度或者浮动幅度，然后采用不同的定价策略来吸引或者留住顾客，实现利润及市场目标。

下面结合实际情况，对通常主要采用的定价方法进行讨论说明。

（一）产品价值定价

按照马克思的经济学说，价格确定的基础是产品的价值。即生产商品的社会必要劳动时间，决定着市场上商品的价值，以至销售价格。

这一定价的基础是无可质疑的。实际上，构成产品价值的是生产该产品的成本，包括原材料、劳动工具等生产资料的成本，以及雇佣工人和管理人员等的人工成本，只不过要依靠这些成本的社会平均水平确定生产该产品的价值。实际上，产品价值定价法的基础就是生产该产品的全行业平均成本水平。

但是，在我国传统的产品定价过程中没有给予产品价值应有的重视，而是从整个国民经济按计划运行的角度考虑社会经济发展，靠行政命令来决定资源的配置，所确定的价格总是脱离其应有的价值。这与依靠价格的力量，利用市场自动调节机制来引导，达到产业结构调整的目的存在明显的不同。长期这样确定并执行价格的结果适得其反，不仅没有从根本上解决发展的问题，反而使很多较有前途的行业沦为了计划经济体制的牺牲品。

（二）成本加成定价

成本加成定价是被广为采用的一种定价方法。据经验数据表明，该方法不仅在德国广泛应用，在英国"成本加成"的思想更为历史悠久，至于美国则"很多厂商在很大程度上有时完全以成本加成定价为基础确定价格"。威尔德·内伯林的调查显示：301个被调查厂商中至少有71.6%以成本加成定价法作为指导，这更加证明了该方法所受青睐的程度。

1. 成本加成定价的优点

成本加成定价,一般指在平均成本的基础上,加上一定的加成率来确定价格,其模型公式为:

$$P=(1+R)\times \bar{C} \tag{1-16}$$

式中　P——所需确定的商品的价格;

　　　R——所确定的成本加成率;

　　　$\bar{C}$——某种产品的平均成本。

从式(1-16)中不难看出,成本加成定价法有以下优点:

(1) 定价方法简单明了,定价过程操作简单;

(2) 企业中有关成本的资料易于收集,且能较为准确地反映产品的成本状况,有利于减少管理者的不确定感;

(3) 加成率完全由管理者根据企业的经营目标决定,因此,该方法易于被最高管理者控制和掌握;

(4) 在现实生活中的很多情况下,管理者需要制定成千上万种产品(或商品)的价格,所以迫切需要一种简单实用的定价方法;

(5) 在竞争激烈的市场条件下,成本加成定价可以在经营者中形成心照不宣的加成率,从而确保所有竞争均有利可图。

成本加成定价法的以上优点足以说明其在众多国家的厂商中被广泛采用的原因,同时也说明该方法在市场较为稳定的前提下,不失为一种较好的产品定价方法。

2. 成本加成定价的理论分析

尽管成本加成定价法具有以上无可争议的优点和实用优势,但是,从定价的逻辑角度来考察,其暗含有如下假定:价格是成本的函数。而实际上,成本由生产(或者销售)的数量确定,即成本是产量(或者销售量)的函数;产量或者销售量是由价格决定的,即产品在市场上的价格某种程度上决定着产品的需求(反映为销售数量),从而进一步影响到产品的产量,产量是价格的函数。所以,成本加成定价有可能导致非理性的价格政策和价格。

比如，当产品平均成本的总成本函数是不变或者递减的边际成本类型时，厂商有可能由于销售数量减少而导致单位产品分摊的固定成本增加，形成平均成本上升的势头，在成本加成率不变的条件下，使产品的价格升高，从而使价格不能反映市场的信号，扰乱市场秩序。我们可以非常容易地加以证明。

设总成本函数为：

$$C=C(Q) \qquad (1-17)$$

则平均成本函数为：

$$\bar{C}=C(Q)/Q \qquad (1-18)$$

所以，式（1-16）可变为：

$$P=(1+R)\frac{C(Q)}{Q} \qquad (1-19)$$

在式（1-19）中，对 Q 求导数，可得：

$$\frac{dP}{dQ}=(1+R)\frac{QC'(Q)-C(Q)}{Q^2} \qquad (1-20)$$

一般地，销售量与价格呈反方向变动。价格升高，销售量降低；价格下降，销售量增加。故式（1-20）小于零。式（1-20）表明：

销售量 Q 越低，则分摊到每一单位产品上的固定成本越高，从而价格也越高。显然，这是与需求定理相矛盾的，那么也完全与我们所追求的最优定价策略相矛盾。

3. 最大化价格的确定

既然存在以上矛盾，那么成本加成定价能否产生最优价格呢？我们的回答是肯定的。在某些特定的条件下，能够得到一个最佳的成本加成率，所以也能得到一个最优价格。

有鉴于上面所讨论的成本加成定价法的逻辑缺陷，最优价格也只能依据特定的条件，即：

（1）平均成本独立于产量（或者销售量）Q，成本函数应为：

$$C=KQ \qquad (1-21)$$

其中，K 为常数，表示边际成本。

故，将式（1-21）代入式（1-18），平均成本函数转化为：

$$\bar{C}=K=C' \tag{1-22}$$

（2）价格反应函数必须始终具有相同的价格弹性，即它必须是乘数形式：

$$Q=aP^b \quad (b<0) \tag{1-23}$$

则价格弹性为：

$$e=\frac{dQ}{dP}\times\frac{P}{Q}=abp^{b-1}\times\frac{P}{ap^b}=b \tag{1-24}$$

当满足以上两个条件时，成本加成定价的方法就无懈可击了。

从企业的角度看，只有使企业的利润达到最大的价格才是最大化价格，所以设利润函数为（Z 代表利润）：

$$Z=P\times Q-C$$

将式（1-21）和式（1-23）代入，然后对 P 求导，得：

$$\frac{dZ}{dP}=a(b+1)p^b-abKp^{b-1} \tag{1-25}$$

若要取得最大化价格，则式（1-25）必须等于零，整理后可得最大化价格为：

$$P^*=\frac{b}{b+1}K=\frac{e}{e+1}K \tag{1-26}$$

此时的加成率为：

$$R^*=\frac{e}{1+e}-1 \tag{1-27}$$

但值得注意的是，式（1-26）一般并不代表最优解，而仅仅是必要条件，因为价格弹性和边际成本都要依赖于价格。可是，我们可以直观地看出：最优价格只能在 $e<-1$ 的区间上。所以，最优价格大于 $e=-1$ 时的最大化价格。

4. 对成本加成定价法的基本评价

通过以上分析，我们不难看出：

（1）成本加成定价的方法并不一定能够使厂商获得利润最大化，而只有在某些特定的条件下才能导致利润最大化，并且这些条件是非常苛刻的，很容易导致非理性的决策行为。

（2）成本加成定价法只考虑了成本和企业的目标利润两个因素，而没有给予市场因素以足够的重视。因此，虽然通过该方法可以得到一个最优的加成率，但其定价的最终结果也只能是片面的，不能反映市场的变化情况。

（3）该方法所依据的是企业的会计成本，而会计成本属于历史成本，但价格所影响的是本期利润。

（4）这里所确定的加成率是由需求的价格弹性唯一决定的，但是需求的价格弹性由于受市场不确定性的影响而难以准确度量，所以成本加成定价法确定的价格更具有主观色彩。

（5）如前面所分析，炼油企业属于纯寡头垄断的市场类型，那么彼此之间更容易达成妥协，维持加成率方面的一致，这样双方都能够获得较多的利润或者将损失减到最小。因此，成本加成的方法有利于维持寡头之间的相对稳定和市场均衡，维持彼此之间现有的竞争状态。

（三）供需均衡定价

均衡价格（Equilibrium Price）是商品的供给曲线与需求曲线相交时的价格（图1-7），也就是商品的市场供给量与市场需求量相等，商品的供给价格与需求价格相等时的价格。在市场上，由于供给和需求力量的相互作用，市场价格趋向于均衡价格。如果市场价格高于均衡价格，则市场上出现超额供给，超额供给使市场价格趋于下降；反之，如果市场价格低于均衡价格，则市场上出现超额需求，超额需求使市场价格趋于上升直至均衡价格。因此，市场竞争使市场稳定于均衡价格。

一种商品市场的均衡出现在该商品的市场需求曲线和市场供给曲线相交的点上，该交点被称为均衡点（图1-7中的E点）。均衡点上的价格和相等的供求量分别称为均衡价格和均衡数量。

均衡价格在一定程度上反映了市场经济活动的内在联系。均衡价格就是消费者为购买一定商品量所愿意支付的价格与生产者为提供一定商品量所愿意接受的供给价格一致的价格。

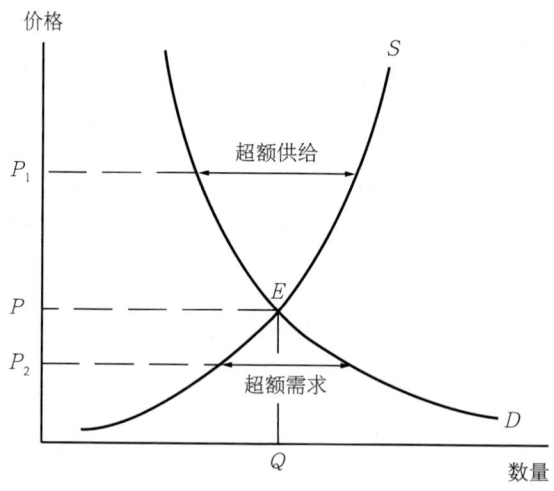

图 1-7　均衡价格的形成

市场均衡是指市场供给等于市场需求的一种状态。当一种商品的市场处于均衡状态时，市场价格恰好使得该商品的市场需求量等于市场供给量，这一价格被称为该商品的市场均衡价格。

均衡价格是在市场上供求双方的竞争过程中自发地形成的。均衡价格的形成也就是价格决定的过程。因此，价格也就是由市场供求双方的竞争所决定的。需要注意的是，均衡价格形成，即价格的决定完全是自发的，如果有外力的干预（如垄断力量的存在或国家的干预），那么，这种价格就不是均衡价格。

从企业的角度看，产品的供给曲线就是生产的边际成本曲线，而需求曲线就是其边际收益曲线。因此，当供需均衡时，边际成本等于边际收益，等于均衡价格。也可以说，某种商品的均衡价格，就是该产品的边际成本与边际收益相等时的状态。

从现实的角度出发，供需均衡定价方法更多的是一种对产品定价行为理论上的解读和论证，而现实中很难对行业或者企业的边际成本、边际收益做出精确的计算或估算，从而也不太可能按照市场均衡理论开展产品定价。

（四）联产品定价

1. 联产品定价的基本方法

所谓联产品是相对于单一产品而言的。由于受加工工艺的限制，通常情况下投入原材料后只能一次性生产出一种单一的产品。比如面粉加水和面之后，要么生产馒头，要么生产花卷，不能一块面在做出馒头的同时做出花卷，只能二选其一。但是，也有一些原材料，在特定的工艺条件下，可以一次性投入原材料，同时生产出两种及以上的产品，这些产品就是联产品。比如，原油加工过程的连续性非常强，其所能加工出的产品一方面取决于加工的工艺技术，另一方面取决于原油的性质，可以通过物理加热之后"先蒸馏、后冷却"的方法，同时生产出汽油、煤油、柴油、蜡油、渣油等组分油作为加工的产出品。同时，通过对加工工艺流程的改造、技术更新等措施能够在原油的组分构成极限内调节不同成品油的生产数量，从而调整产品结构，提供适应市场需要的产品，提高企业的经济效益。因此，我们可以将成品油的生产视为按照变动比例生产的联产品。

以成品油的生产为例，炼油企业所投入的原油是最主要的一种生产要素，通过采用不同的生产设备和工艺流程，可以按照不同的比例来生产出汽油、煤油、柴油和润滑油等成品油以及石蜡、液化气等石油产品，有的还可以通过进一步加工而生产出许多的石油化工产品。所以，我们可以把生产函数写成：

$$X = h(q_1, q_2, q_3, \ldots, q_n) \tag{1-28}$$

式中　X——生产要素原油的总投入量；

　　　q_1——汽油的总产量；

　　　q_2——煤油的总产量；

　　　q_3——柴油的总产量；

　　　q_n——其他产品的总产量。

相应地我们设：

　　　P——原油的价格；

P_1——汽油产品的价格；

P_2——煤油产品的价格；

P_3——柴油产品的价格；

P_n——其他产品的价格。

则不同产品对其自身的价格反应函数为：

$$q_1 = f_1(P_1) \tag{1-29}$$

$$q_2 = f_2(P_2) \tag{1-30}$$

$$q_3 = f_3(P_3) \tag{1-31}$$

$$q_n = f_n(P_n) \tag{1-32}$$

当进一步将其写为反函数时，可得：

$$P_1 = g_1(q_1) \tag{1-33}$$

$$P_2 = g_2(q_2) \tag{1-34}$$

$$P_3 = g_3(q_3) \tag{1-35}$$

$$P_n = g_n(q_n) \tag{1-36}$$

设 L 表示利润，则炼油企业的利润函数可以写成：

$$\begin{aligned} L &= P_1 q_1 + P_2 q_2 + P_3 q_3 + \cdots\cdots + P_n q_n - P \cdot h(q_1, q_2, q, \cdots, q_n) \\ &= q_1 g_1(q_1) + q_2 g_2(q_2) + q_3 g_3(q_3) + \cdots\cdots + q_n g_n(q_n) - P \cdot h \\ & (q_1, q_2, q_3, \cdots, q_n) \end{aligned} \tag{1-37}$$

将式（1-37）对 q 求一阶偏导数，并使之等于零：

$$\frac{\Delta L}{\Delta q_1} = q_1 g_1'(q_1) + g_1 q_1 - Ph_1 = 0 \tag{1-38}$$

$$\frac{\Delta L}{\Delta q_2} = q_2 g_2'(q_2) + g_2 q_2 - Ph_2 = 0 \tag{1-39}$$

$$\frac{\Delta L}{\Delta q_3} = q_3 g_3'(q_3) + g_3 q_3 - Ph_3 = 0 \tag{1-40}$$

$$\frac{\Delta L}{\Delta q_n} = q_n g'_n(q_n) + g_n q_n - Ph_n = 0 \tag{1-41}$$

因式（1-38）、式（1-39）、式（1-40）和式（1-41）均只含有一个未知数，故可以分别解得 q_1、q_2、q_3、…、q_n，将其分别代入式（1-33）、式（1-34）、式（1-35）、式（1-36）即可解得 P_1、P_2、P_3 和 P_n。这里所得到的是满足企业利润最大化的必要条件，可以通过验证二阶导数来取得充分条件。

总之，只要我们能够测算出各种产品的需求函数和生产函数，已知投入要素的价格，就能求出企业利润最大化时的产量和价格。

2. 联产品定价的基本评价

联产品定价所考虑的是利用同一种生产要素生产不同种产品时的定价。因此，它具有以下特点：

（1）充分考虑了市场对价格的作用。在式（1-29）、式（1-30）、式（1-31）和式（1-32）中，分别列出了汽油、煤油、柴油和其他产品的需求对价格的反应函数，该函数中的价格是市场上的价格，因此，它们反映的也是市场的实际需求量。

（2）与成本加成定价相比，它考虑到了企业现实的生产技术水平，它的定价依赖于企业现有的生产技术条件。因此，它的生产函数和成本函数所反映的也是企业当期的水平。

（3）联产品定价法的定价基础是各种产品的市场需求和市场价格。成品油的整个市场构成包括国内的生产数量和进口的数量，整个市场的价格也取决于这些数量和市场的需求量。这样，影响成品油价格因素的进口也给予了重视和考虑。

（4）正如开始所论述的，由于成品油生产的连续性，决定了其成本难以在不同的产品之间进行非常合理的分摊。所以，建立的联产品的生产函数必然带有一定的主观色彩。

六、价格机制

（一）机制

"机制"是从"机器"与"制动"这两个科技术语中各取一字构成的。原意是指机器构造及其制动原理和运行规则。后来，生物学和医学借用机制一词来指生物体尤其是人体的结构和功能，即它们内在运行、调节的方式和规律。20世纪40年代末，美国科学家维纳提出控制论后，人们把社会作为一个有机的整体，机制一词被用来说明社会本身的运行、调节的方式和规律。

（二）价格机制

价格机制又称市场机制，是指价格调节社会经济生活的方式和规律。价格机制包括：

（1）价格调节经济的条件；

（2）价格在经济中的作用；

（3）价格调节经济的方式。

因此，价格机制概述了经济中价格调节经济的方式及其内在规律。

（三）计划经济条件下的价格机制

在计划经济体制下，各经济单位虽然实行独立核算，但其行为要受到国家以及各级政府部门的行政干预。它们之间的经济关系是以政府行为为媒介进行的，即通过各级政府部门的行政命令干预商品的价格和企业的供销行为。换言之，计划经济条件下价格完全是政府制定，并通过各级政府的众多管理部门管理国民经济，主导整个经济的运行，价格几乎或者很少能够起到调节经济的作用。

（四）市场经济条件下的价格机制

在市场经济条件下，价格机制调节经济的条件肯定是市场的存在，这就要符合：

第一，各经济单位作为独立的经济实体存在。从而它们可以根据最大化的原则做出自己的消费或者生产决策。也就是说，参与市场运行的经济主体是完全独立的市场主体，并依法对自己的交易行为负责。

第二，存在真正的市场。因为市场是各经济实体发生关系，进行交易的场所。同时，这个市场应该是参与交易的各方除了受到法律规定的监管之外，可以自由进行交易，包括出价和讨价还价。在这样的市场中，政府主管部门完全依法履行第三方监管责任，不干预市场运行和参与者之间的交易行为。

第三，市场竞争的完全性和公开性。即没有垄断或者国家干预市场活动，特别是干预价格的形成及其作用，市场信息完全公开、透明。

只有在具备了以上三个条件的基础上，市场价格才能发挥其价格显示器、调节供求和促使资源最优配置的作用。在这所有的过程中，价格机制是通过市场媒介自发地调节经济。

第二章　原油价格

随着中国经济的发展，石油与人民生活的相关度日益提高。同时，中国的能源需求日益增长，2016年中国石油表观消费量达到5.56亿吨，净进口3.56亿吨，对外依存度为64.4%。2017年中国石油进口量达到4.2亿吨，对外依存度接近70%，2018年还将进一步攀升。国际石油价格的变化已经对民众的日常生活产生深刻影响，引发高度关注。如何认识国际油价，分析影响国际油价变化的主要因素，较为科学、合理地判断国际油价的变化及其趋势将对我国采购国际原油的成本产生重大影响，值得研究。

从国际原油价格运行的基本情况看，影响国际原油价格变化的因素众多，包括世界和地区宏观经济形势、供需关系及其弹性、石油战略储备与商业储备、地缘政治、突发事件，以及美元价值、货币政策、财政政策、汇率、金融市场投机、市场预期、交易者情绪与心理等诸多现实的和主观上的因素。

在国际石油市场上，被普遍接受的有英国北海布伦特（Brent）原油价格和美国西得克萨斯中质原油（WTI）价格。考虑到美国经济数据较为透明，易于获得，在本章，我们以WTI原油为主要研究对象，从实证分析的角度，收集整理了自1985年国际原油价格实行市场化定价和石油期货市场建立以来，影响国际原油价格变化的美元价值、石油供需关系、原油期货市场、突发事件等因素方面的数据，利用回归分析的方法进行实证分析，探讨国际原油价格变化的机理。同时，结合中国原油期货的发展继续分析探讨。

一、美元价值

无论是布伦特原油，还是WTI，都是以美元进行标价和交易。因此，美元价值的变化对原油价格产生直接影响。影响美元价值的主要因素是美国的宏观经济形势（包括GDP增长率、就业率等）、货币政策（包括联邦基准利率、货币投放等）和财政政策，且彼此之间存在相互影响的复杂关系。通常，以美国的年度通货膨胀率和美元指数衡量美元价值的变化。其中，通货膨胀率对美元价值从纵向角度进行衡量，即当期美元价值与历史美元价值的对比，反映美元价值的自身变化，即货币的时间价值；美元指数则从横向角度，放在世界货币体系中衡量美元价值，反映与他国货币的相对价值。因此，以美元计价的WTI原油价格和布伦特原油价格都反映了美元价值横向和纵向的变化。

首先，从通货膨胀的角度看，随着年度通货膨胀率在历史长河中的演变，美元自身价值存在逐渐贬值的过程。也就是说，从货币的时间价值看，历史某一时期T时的1美元，在经历了N年之后，受年度通货膨胀率影响，第N年时的1美元折算回基期T时的价值将减少，同一商品的价格将上升。例如，1981—2015年15年间美国通货膨胀率平均为3.08%，2015年的1美元，在按照通货膨胀率折算后，相当于1980年的0.3320美元，贬值67.8%。因此，原油价格在某个时点看起来可能很高，但如果用某个历史时期的美元价值进行衡量，可能就不是很高。

从图2-1可以看出，布伦特油价和WTI油价都随着美国通货膨胀率的变化而变化，波峰和波谷基本出现在相同的时点上。按照美元1980年的不变价值计算，油价总体运行在40美元/桶的范围之内，其变化幅度远没有实际表现的那么大。与此同时，布伦特油价对美国通货膨胀率的变化在2010年之后变得更为敏感。通过回归分析得知，布伦特油价与美国通货膨胀率的相关系数为0.2872，高于WTI油价与美国通货膨胀率的相关系数0.2542，但该因素只能分别解释油价的4.85%和3.12%。

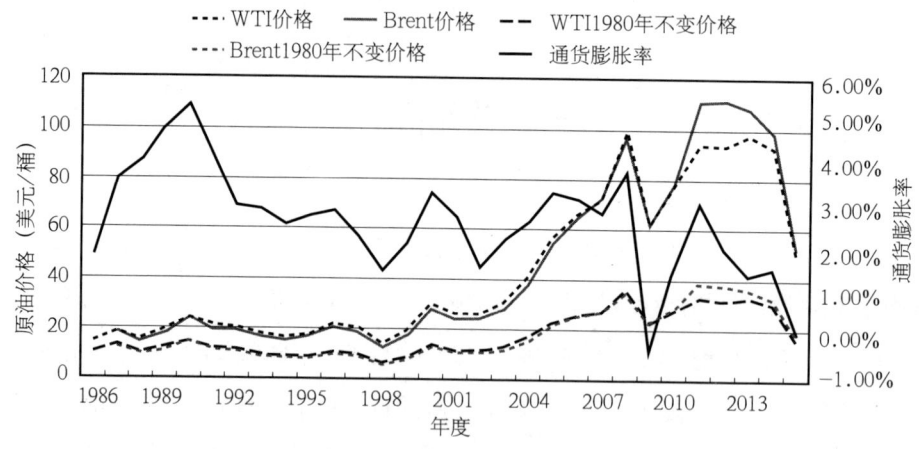

图 2-1　国际原油价格与美国通货膨胀率的关系

其次，从美元指数的角度看，原油价格反映了美元价值的相对变化。美元指数走高，则意味着美元相对升值，其他国家的货币相对贬值，用美元标价的原油价格则存在下降的可能和空间。反之，则意味着美元相对贬值，其他国家货币相对升值，原油价格存在上升的可能和空间。

从图 2-2 可以看出，油价走势与美元指数呈现反向关系，且在 2005 年和 2015 年形成了两次交叉，在此期间更易于观察二者之间所表现的反向关系。图 2-3 所收集的交易数据更多，WTI 油价与美元指数的走势关系更为明显，可以观察到油价波峰与美元指数波谷出现在同一时点的现象。

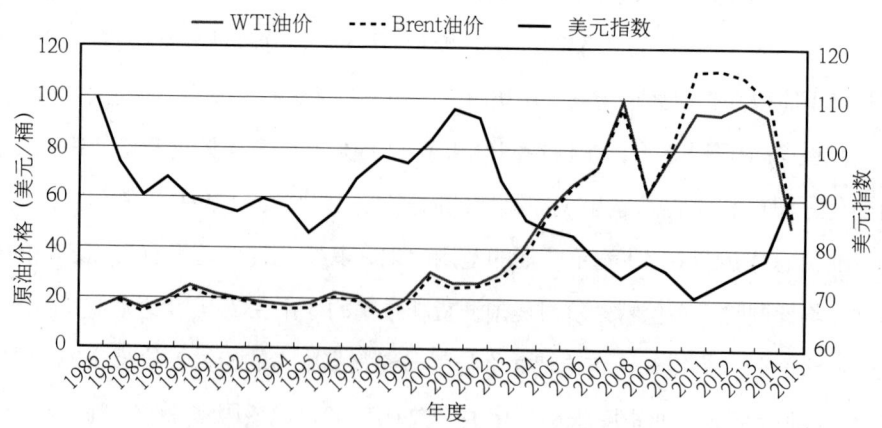

图 2-2　国际油价与美元指数的关系

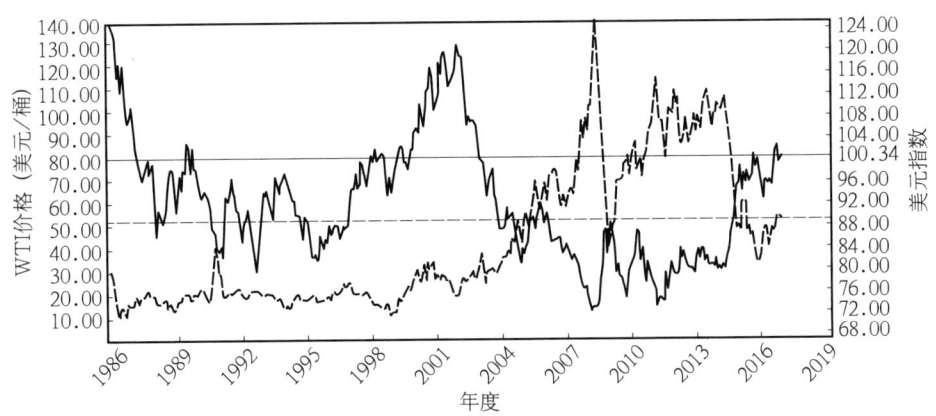

图 2-3 WTI 油价与美元指数的关系

通过对 1986—2015 年 WTI 和布伦特原油价格与美元指数进行回归分析，结果显示，WTI 油价与美元指数的相关系数为 0.7873，美元指数可以解释 60.62% 的油价变化；布伦特油价与美元指数的相关系数为 0.7907，美元指数可以解释 61.14% 的油价变化，见表 2-1 和表 2-2。这说明油价与美元指数之间存在比较强的负相关关系，且布伦特油价对美元指数更为敏感，这也与通货膨胀分析中的表现一致。

表 2-1 WTI 与美元指数关系回归分析结果

回归统计	
Multiple	0.787268
R Square	0.619791
Adjusted	0.606213
标准误差	18.91215
观测值	30

方差分析

	df	SS	MS	F	Significance F
回归分析	1	16325.39	16325.39	45.6437873	2.46E-07
残差	28	10014.75	357.6695		
总计	29	26340.14			

	Coefficients	标准误差	t Stat	P-value	Lower 95%	Upper 95%	下限 95.0%	上限 95.0%
Intercept	244.2218	29.99797	8.141278	7.30107E-09	182.7737	305.6698	182.7737	305.6698
X Variable	-2.2776	0.337122	-6.75602	2.4557E-07	-2.96817	-1.58704	-2.96817	-1.58704

表2-2　Brent 油价与美元指数关系

回归统计	
Multiple	0.790728
R Square	0.62525
Adjusted	0.61137
标准误差	21.12851
观测值	29

方差分析

	df	SS	MS	F	gnificance F
回归分析	1	20110.07	20110.07	45.04804	3.32E-07
残差	27	12053.17	446.4139		
总计	28	32163.25			

	Coefficient	标准误差	t Stat	P-value	Lower 95%	Upper 95%	下限 95.0%	上限 95.0%
Intercept	284.9757	36.02768	7.909908	1.67E-08	211.053	358.8984	211.053	358.8984
X Variabl	-2.74229	0.408578	-6.71178	3.32E-07	-3.58062	-1.90396	-3.58062	-1.90396

最后，将美元指数和通货膨胀率放在一起对油价进行回归分析，可以得出 WTI 油价和布伦特油价与这两个衡量美元价值的主要指标的相关系数分别为 0.8124、0.8132，两个变量对油价的解释程度可以分别达到 63.49%、63.52%，这也充分说明美元价值对国际原油价格有着较为显著的负相关影响见表 2-3。

表2-3　WTI 油价与美国通货膨胀率和美元指数关系

回归统计	
Multiple R	0.812428
R Square	0.66004
Adjusted R Square	0.634858
标准误差	18.2113
观测值	30

方差分析

	df	SS	MS	F	gnificance F
回归分析	2	17385.55	8692.773	26.21056	4.72E-07
残差	27	8954.591	331.6515		
总计	29	26340.14			

	Coefficient	标准误差	t Stat	P-value	Lower 95%	Upper 95%	下限 95.0%	上限 95.0%
Intercept	253.8862	29.3877	8.639199	2.97E-09	193.5876	314.1848	193.5876	314.1848
美元指数	-2.23765	0.325397	-6.87668	2.18E-07	-2.90531	-1.56999	-2.90531	-1.56999
通货膨胀率	-492.624	275.532	-1.7879	0.085022	-1057.97	72.72083	-1057.97	72.72083

此外，有研究报告指出，美元指数和 WTI 原油价格走势存在显著的负相关关系，1991—2007 年美元对原油价格的引导系数为 -0.92。其中，1991—2000 年引导系数为 -0.41，2001—2007 年引导系数为 -0.70。由此可见，石油价格与美元具有高度的负相关性，且呈现逐步增强的趋势见表 2-4。

表 2-4　Brent 油价与美国通货膨胀率和美元指数关系

回归统计	
Multiple R	0.813207
R Square	0.661306
Adjusted R Square	0.635252
标准误差	20.46902
观测值	29

方差分析

	df	SS	MS	F	Significance F
回归分析	2	21269.74	10634.87	25.38271	7.72E-07
残差	26	10893.51	418.981		
总计	28	32163.25			

	Coefficients	标准误差	t Stat	P-value	Lower 95%	Upper 95%	下限 95.0%	上限 95.0%
Intercept	291.8171	35.14456	8.303335	8.74E-09	219.5764	364.0577	219.5764	364.0577
美元指数	-2.65933	0.398954	-6.66574	4.52E-07	-3.47939	-1.83926	-3.47939	-1.83926
通货膨胀率	-521.719	313.5929	-1.66368	0.108185	-1166.32	122.881	-1166.32	122.881

二、原油供需关系

按照西方经济学的基本观点，价格是由供求关系决定的。因此，原油价格也是由原油的供给和需求关系所决定。

从供给方面看，原油的供应来自本国生产和进口，但供给能力的变化首先表现为国内油田石油生产供给能力的变化，并进而引起原油进口和出口的变化，国内的原油生产能力是决定原油有效供给的基础性因素。

从需求方面看，原油的需求主要表现在炼油厂加工能力和商业库存、国家石油战略储备。其中，炼油厂加工能力表现为炼厂实际加工量和炼厂开工率，且炼厂开工率可以衡量炼厂加工能力的使用状况，以及潜在的原油需求。国家石油战略储备和商业库存则可以反映对未来原油价格的预期。预计原油价格上涨，则库存相应增加；预计原油价格下降，则库存相应降低。但是，美国的战略石油储备在具有保障应急供应能力的同时，还经常被用于平抑其国内原油价格，在某种程度上库存可以在供给与需求之间相互转换，形成了相互影响的复杂关系。

（一）原油产量

图 2-4 反映了 WTI 原油价格与美国原油日产量之间的关系。总体上看，原油日产量在 2009 年之前呈现下降趋势，原油价格呈现震荡上行走势，相关性较为明显；2009 年之后，原油日产量开始上升，原油价格则出现了较大的波动，原油产量与价格的关系不明显。

在回归分析中，二者的相关系数为 0.2702，产量因素只能解释原油价格的 7.25%，相关程度不高。其中，1986—2008 年油价与原油日产量的相关系数为 0.6545，产量因素可以解释原油价格的 42.78%，具有较好的相关性。这实际上说明，2008 年以后，原油产量对于原油价格的影响已经减弱，还存在影响原油价格变化的其他更为重要的因素。

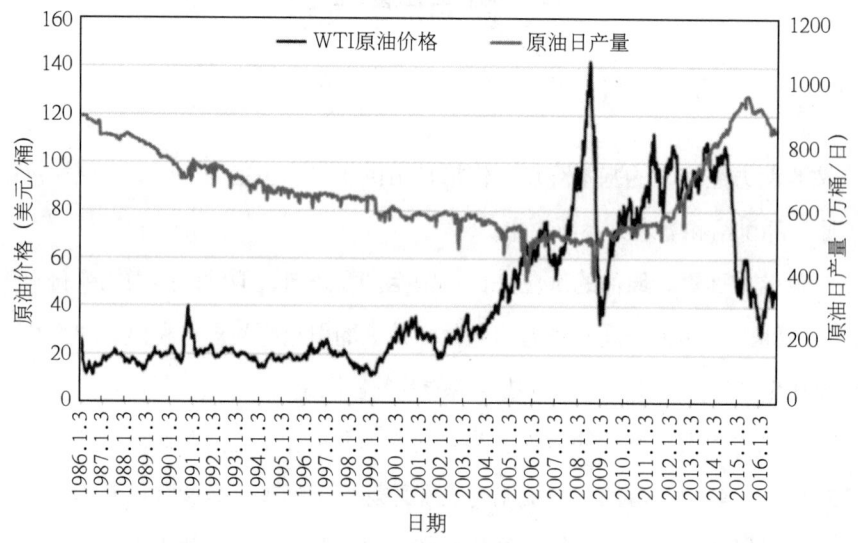

图 2-4　WTI 原油与美国原油产量的关系

（二）炼厂原油加工量

图 2-5 描述了 WTI 原油价格与美国炼厂平均日加工量之间的关系。总体上看，2005 年之前，炼厂平均日加工量表现出增加的趋势，同期原油价格出现了

不规则的上涨，特别是在1997年之前原油价格相对平稳，之后出现波动性上涨。2006—2010年，平均日加工量呈下降趋势，但油价表现出大幅度的波动。2010年之后，平均日加工量开始回升，重新回到上涨趋势，但2014年之前波动频繁，趋势不明显；2014年以后，可以看出日加工量上升和油价下跌的反向关系。

在回归分析中，油价和原油日加工量之间的相关系数为0.4351，日加工量可以解释原油价格的18.87%，其相关性明显强于原油日产量。其中，1986—2005年油价与原油日加工量的相关系数为0.4698，可以解释油价的22%。分段回归的结果同样表明，原油加工量作为原油的重要需求，其对原油价格的影响也存在减弱的趋势。

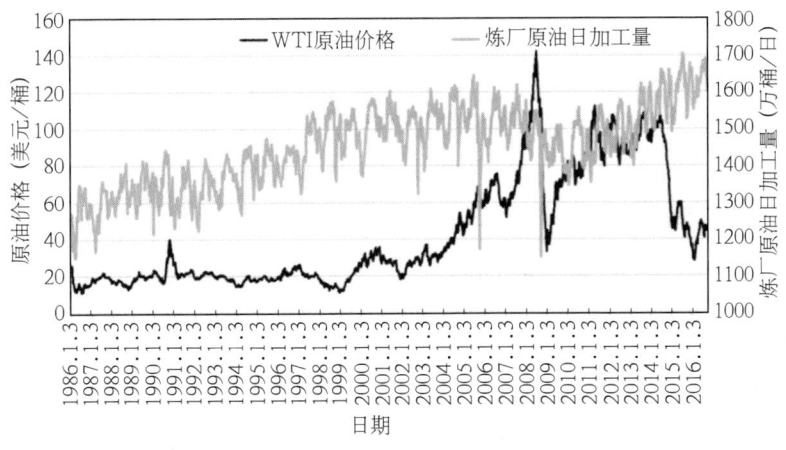

图2-5　WTI原油价格与美国炼厂加工量的关系

（三）炼厂开工率

图2-6显示了WTI原油价格与美国炼厂开工率之间的关系，与图2-5略有区别，所展现的关系更为清晰。其中，2008年之前，炼厂开工率基本呈现一个向下弯曲的弧形，油价则走出了向上弯曲的弧形，二者表现出反向关系。2008年以后，炼厂开工率虽再度表现出向上趋势，但油价的波动更为频繁。特别是自2014年出现油价快速下跌之后，二者没有表现出清晰的变化关系。

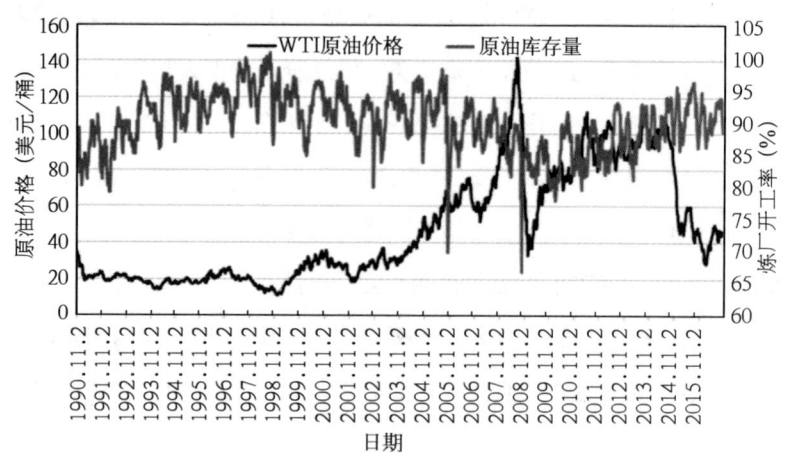

图2-6 WTI原油价格与美国炼厂开工率的关系

在回归分析中，油价与炼厂开工率的相关系数为0.4261，炼厂开工率可以解释原油价格的18.09%，与炼厂加工量的影响基本一致。

（四）原油库存

原油库存具有在不同时期内增加供给或增加需求的作用。因此，在分析原油库存（包括商业库存和美国战略石油储备）变化时，很难将其确定为供给因素，还是需求因素，更难以判断其与油价之间的因果变化关系。从图2-7可以看出，原油库存在1997年之前经历了快速上升期，在达到阶段峰值后出现了一定程度下降，而原油价格相对稳定；1997—2009年，原油库存和原油价格共同展现了上升趋势；2009—2015年，原油库存基本稳定，但原油价格经历了快速上升和震荡；2015年以后，原油库存重回快速升势，再度增加到一个新的水平，原油价格出现断崖式下跌，并在低位震荡。

以原油价格为因变量，以原油库存为自变量的回归分析，相关系数为0.70748，原油库存可以解释原油价格的50.02%，说明原油库存对价格具有比较显著的相关性和影响，且这种相关性要强于原油的日产量和日加工量因素。

图 2-7　WTI 原油价格与美国原油库存的关系

（五）原油供需关系对原油价格的综合影响

原油价格的变化受供需两方面因素的影响。在经济学分析中，经常在假定供给不变的条件下分析需求，或者在假定需求不变的条件下分析供给。而在现实中，特别是从一个长期的时间轴看，比较难以区分价格的变化是由供给还是由需求所引起。一般情况下，供给和需求对价格的影响具有阶段性。可能是供给先增加，引起价格的下跌，随后刺激需求增长，引发价格的上涨或回归；也可能是需求先增加，引起价格的上涨，之后刺激供给的增加，使价格出现下降或回归。

因此，我们将以上所有供给和需求两方面的因素放在一起进行回归分析。从回归的结果看，原油价格与供需关系的相关系数为 0.8058，原油产量、炼厂加工量、炼厂开工率、原油库存这四个因素可以解释原油价格的 64.82%，且原油价格与原油产量和炼厂开工率负相关，与炼厂加工量和原油库存则表现为一定的正相关，见表 2-5。四个因素共同作用的力量远大于单独因素。这说明原油价格虽然受到供需关系的影响，但供给也需求本身也包含了诸多的条件和因素，且这些因素对原油价格的影响具有不同的作用，从而导致在实际分析中，较难以将每个因素对原油价格的影响进行独立分析和度量。在这样的意义上，人们经常谈论的供需关系对原油价格的影响应该是总体上的影响，尽管在可能在谈论时所指向的是影响供需关系中的某一个特别的因素或条件，存在一概论之的嫌疑，也将导致分析结果谬之千里。

表2-5　WTI油价与原油产量、炼厂加工量、炼厂开工率和原油库存的综合分析

回归统计	
Multiple R	0.805767
R Square	0.649261
Adjusted R	0.648221
标准误差	18.29791
观测值	1354

方差分析

	df	SS	MS	F	significance F
回归分析	4	836084.8	209021.2	624.2911	5.4E-305
残差	1349	451663.6	334.8137		
总计	1353	1287748			

	Coefficient	标准误差	t Stat	P-value	Lower 95%	Upper 95%	下限 95.0%	上限 95.0%
Intercept	49.1067	14.78438	3.321526	0.000919	20.10383	78.10958	20.10383	78.10958
原油产量	-0.00619	0.000496	-12.472	7.23E-34	-0.00716	-0.00521	-0.00716	-0.00521
炼厂加工量	0.01533	0.000986	15.55459	2.63E-50	0.013397	0.017264	0.013397	0.017264
炼厂开工率	-3.49625	0.201226	-17.3747	3.53E-61	-3.891	-3.1015	-3.891	-3.1015
原油库存	0.000131	9.55E-06	13.74958	2.35E-40	0.000113	0.00015	0.000113	0.00015

（六）世界石油市场供需平衡

世界石油市场的平衡与再平衡始终是普遍关注的焦点和经常讨论的热点问题。在石油价格的上涨阶段，市场普遍担心石油需求快速上涨，而石油供给的增加难以满足需求的增长，希望石油供给的增加能够最大限度地满足石油需求的增量，达到石油市场在较高供给和较高需求水平上的平衡，以维持石油价格在较高水平上稳定运行，不至于再出现大幅度的上涨；在石油价格的下降阶段，市场则普遍担心石油供给产生严重过剩，全球经济何时才能复苏以带动石油需求的增长，希望石油需求的增加能够足以消化石油供给的产能，达到石油市场在较低石油供需水平上的平衡，以维持石油价格在相对较低水平上的稳定运行，不至于再出现大幅度下跌。对于石油市场的平衡与再平衡，在石油价格运行的不同阶段具有不同的含义，市场具有不同的预期，不能完全以一概之的进行解读和分析。

1. 世界石油市场平衡的基本内涵

无论石油价格运行在哪个阶段,在谈到世界石油市场的平衡与再平衡时,必须明确其中的具体内涵。从西方经济学理论看,在一个自由竞争的市场环境下,当市场达到均衡时,必然是商品的供给量等于需求量,此时商品的市场价格由生产商的边际成本和边际收益决定,且边际成本等于边际收益。而当市场结构不能满足自由竞争的条件时,则意味着市场处于垄断或者寡头垄断的状态,生产商可以在高于边际成本水平上进行定价,控制市场的供给量,使市场始终处于非均衡状态,此时形成的价格总体上将高于自由竞争的均衡价格。对于当前的石油市场而言,在供给侧,欧佩克(OPEC)确实曾经作为石油市场的垄断组织出现,但随着俄罗斯和美国等非欧佩克成员国石油供给能力的增加,欧佩克对世界原油市场的影响力已经日渐式微;在需求侧,经济合作与发展组织(OECD)也曾经协调过成员国的石油政策而象征着世界石油市场的最大需求方,但随着中国、印度等发展中国家的迅速崛起,其对世界石油市场的影响力也大不如往日。目前,世界石油市场已经非常接近自由竞争的市场结构。媒体热议的世界石油市场平衡与再平衡,应该是指世界石油市场供给与需求处于相等的均衡状态。

2. 世界石油市场平衡的现实表现

根据美国能源信息署(EIA)的数据,编制了1980—2015年36年间的国际原油现货年均价格与原油供需平衡关系图(图2-8)。图中的柱状是原油日供需差额(日供给量减日需求量),折线分别是布伦特现货年均价格和WTI现货年均价格。从此图上,我们至少可以得出四个方面的结论:

(1)从原油供给与需求的角度看,36年来,国际原油市场几乎从来没有达到过教科书阐述的供给量等于需求量的均衡状态。在36个年度内,供需差额在正负50万桶/日的年度达到了20年(其中只有1986年达到了真正的供给等于需求,供需差额基本为零);在50万~100万桶/日的年度有9年;超过正负100万桶/日的年度有7年。

(2)从原油价格的角度考察,原油价格始终处于变动之中,难以找到真正的均衡价格。但是,在1997年之前,原油价格基本围绕20美元/桶运行,可以看作具有均衡价格的基本特点；从1998年开始直到2008年，原油价格基本上是单边上涨的趋势，布伦特原油价格从12.76美元/桶上涨到了96.94美元/桶；市场在2009年短暂回调后，在2011—2013年布伦特原油价格在110美元/桶、WTI原油价格在95美元/桶窄幅波动运行，同样具有均衡价格的基本特征。

（3）从市场均衡的角度考察，在1997年之前，原油价格基本围绕20美元/桶运行时，原油的供需差额基本处于正负50万桶/日的范围内；在2011—2013年的高价格水平均衡阶段，原油的供需差额则处于正负100万桶/日的范围内。在这两个阶段，都没有出现供需状况频繁转变，基本上保持了供需关系的稳定。

（4）在原油价格处于单边上涨的1998—2008年，原油的供需差额在多数年份保持在了正负100万桶/日的范围内，但没有表现出较好的连续性，个别年份高于正负100万桶/日，打破了原有的连续状态，使原油供需状况的变化并没有改变原油价格上涨的趋势。

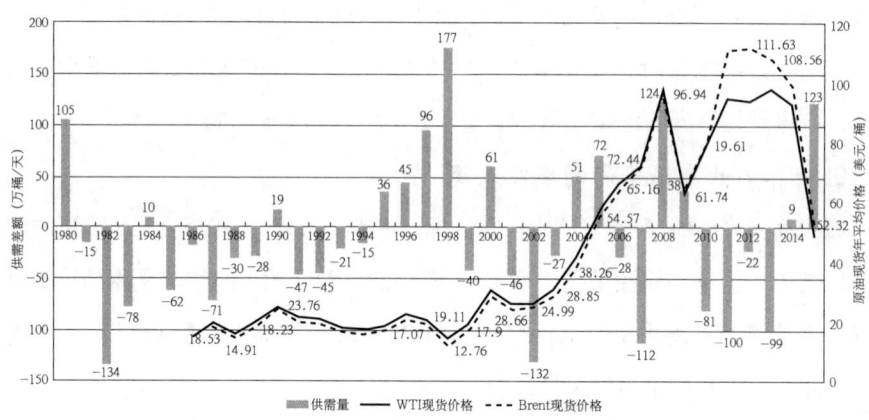

图2-8 国际原油现货年均价格与原油供需平衡关系图

因此，石油市场作为一个现实运行的市场，从绝对数值上看，其市场的均衡的状态不可能像西方经济学理论描述的那样，完全是供给总量等于需求总量的平衡。现实市场的平衡，只能是供给与需求基本接近，石油价格窄幅震荡的相对平衡，不应出现剧烈的波动。如果石油价格处于单边上涨或者单边下跌状态；或者石油的供给水平与需求水平存在较大的缺口，则说明石油市场没有处于均衡状态，依然需要等待供求双方的力量发生变化，直至达到供需基本接近的水平。从历史发展轨迹的角度考察，世界原油市场可以在供需差额连续保持在正负 100 万桶／日的范围内达到市场的相对平衡，或者称之为"接近的市场平衡"；如果能连续保持在正负 50 万桶／日的范围内，市场则将达到非常接近的市场平衡，可以称之为"现实中的市场平衡"。

根据对上图的分析，我们可以看到，从有油价记录的 1986—1997 年的 12 年内，连续 10 年供需差额保持在了正负 50 万桶／日内，且供需关系改变较为自然，这也是价格最为稳定的一个时期，WTI 和布伦特的平均价格分别为 19.44 美元／桶、18.58 美元／桶；2009—2014 年，同样出现了供需差额持续保持在正负 100 万桶／日内的情况，WTI 在 2011—2014 年平均价格 95.02 美元／桶，布伦特 2011—2013 年平均价格 110.48 美元／桶，两种具有国际原油定价基准作用的原油价格均出现了持续 3～4 年的均衡状态。这样，世界石油市场的供需平衡，应表现出供需关系的稳定性，且这种稳定性必须要连续保持相当长的一段时间，不应仅仅在一两个年度出现，而至少应该持续两个连续的年度以上，且供需关系不发生突然的转变。

此外，图中一个非常值得思考的现象是，1983 年以后总计发生了 5 次原油供需差额大于 100 万桶／日的情况，其中原油供给大于需求 3 次，小于需求 2 次。在原油供给大于需求超过 100 万桶／日的三个年度中，1997 年和 2015 年均为原油价格的低点；2008 年则为原油价格的高点。在原油供给小于需求超过 100 万桶／日的 2002 年和 2007 年，均成为原油价格保持上升趋势的中继点。在 1998—2008 年的原油价格上涨过程中，供需差额在正负 100 万桶／日范围内连续的年份没有超过 4 年，被 2002 年和 2007 年出现的供给小于需求超过 100 万桶／日所打断，且供需状况持续发生方向性转变，时而供给大于需求，时而供给小于需求，使原油价格维持了波动中上涨的趋势，直至 2008 年出现供给大于需求达到 124 万桶／日而扭转了价格上涨趋势，在 2009 年出现大幅下降。

3. 现实中的石油市场平衡

通过以上分析，我们有理由相信，世界石油市场的均衡是一个供求相对均衡，供需差额的区间应连续保持在 100 万桶/日的水平，如果能够在较长的时间内稳定在 50 万桶/日的范围，且不发生供需状况的频繁转变，则可以达到较为理想的市场平衡，原油价格也将在一定的水平上稳定运行。

但是，受人们对绝对数字感知的影响，波动的幅度视原油价格处于高位还是低位会出现不同的波动幅度。当油价高位运行时，波动的幅度在 10% 以内较为正常；而在低位运行时，波动的幅度在 20% 以内较为正常，均可以视为市场处于均衡价格状态。

因此，世界石油市场的平衡不是供给与需求相等的绝对平衡，而是供给与需求较为接近的相对平衡。其基本特征是供需差额能够同方向保持至少连续两个年度以上，不发生频繁的供求关系转换，原油价格没有大幅度的波动而呈现出同样连续的稳定性。

对 2018 年的世界石油市场平衡问题分析

2017 年以来，国际原油价格在全球经济复苏的带动下，石油需求出现了一定程度的增长。与此同时，欧佩克和俄罗斯等主要产油国相继减产，美国页岩油产量受油价下跌影响增速放缓。原油需求的恢复性增长和原油供给的刚性控制，使原油价格出现了恢复性增长。WTI 和布伦特 2017 年现货平均价格分别为 50.79 美元/桶、54.10 美元/桶。目前，在国际地缘政治因素的影响下，WTI 和布伦特已经基本稳定在 65 美元/桶以上运行。我们必须看到，2017 年欧佩克达成了减产 180 万桶/日的协议，俄罗斯跟随减产 30 万桶/日，但原油实际供给能力却达到了 9780 万桶/日，较 2016 年的 9705 万桶/日增加了 75 万桶，美国页岩油增产等因素抵消了欧佩克和俄罗斯等国减产的效果。

从世界石油市场的整体情况看，原油的供给能力依然存在较大的过剩，明显大于需求能力，需要等待需求的增长加以消化，还没有出现平衡的迹象。目前，原油价格呈现出的上涨趋势是欧佩克和俄罗斯等主要产油国营造的原油减产氛围和全球经济复苏创造的原油需求恢复性增长氛围双重叠加的结果。随着原油价格的上涨，欧佩克和俄罗斯等主要产油国有充足的理由停止执行减产策略而释放原有的产能。同时，在较高的油价水平上，也将刺激美国页岩油实施增产和全球边际油田恢复生产，增加原油供给能力。而全球经济复苏的步伐已经开始放缓，欧美央行加息和缩表出现较多争论且有放缓迹象，在特立独行的特朗普总统领导下，美国高举单边主义的大旗，退出多边协议或协定，挑起贸易战和地区争端，世界政治经济形势处于持续紧张状态，将对世界经济增长造成严重负面影响，原油需求难见显著性增长。另一方面，世界政治局势紧张，地缘政治进入敏感期，特别是美国打击叙利亚、将美国大使馆迁往耶路撒冷、也门内战持续、土耳其入境打击库尔德武装等隐含着中东地区局势潜在深度动荡的风险，成为影响世界石油市场的重要关键因素。一旦出现突发事件，将引发石油市场新的恐慌，形成石油供给能力锐减的预期，助推原油价格上涨。

在这样的国际政治经济环境下，短期内，世界原油市场难以实现新的平衡。长期看，世界原油市场的平衡将依赖于世界经济何时恢复到美国次贷危机之前的增长水平，以及中东地区何时消除敏感因素而缓解紧张局势，以形成稳定的石油供给和需求变化预期，使现有的产能得到较好释放，供需差额出现连续的稳定局面。

总之，在当前的国际政治和经济环境下，原油供给依然持续过剩较大，还没有出现世界石油市场稳定的迹象，长期均衡更需较多时日。

（七）欧佩克对世界原油市场的影响

石油输出国组织（欧佩克）成立后，对全球原油市场表现出积极的巨大影响。但是，在美国和英国相继推出WTI、布伦特（Brent）原油期货之后，欧佩克逐渐放弃了对其投放国际原油市场的定价权，而改为与原油期货价格挂钩确定欧佩克的一揽子原油价格，其对国际原油市场的影响力逐渐受到挑战。

1. 欧佩克组织成员国之间达成协议的难度不断增加

2018年6月22日，为了一致应对国际原油价格的上涨，沙特阿拉伯竭尽所能说服其主要竞争对手伊朗进行合作，欧佩克终于艰难达成增产协议。这一过程正如2016年达成减产协议一样，充满了其不同成员国之间的巨大分歧和争议，以及在成员国内部不平衡的减产份额。但是，在欧佩克公布达成增产协议之后，世界石油市场却做出了相反的解读，原油价格不跌反升，当日布伦特原油期货价格上涨2.50美元/桶，报收于75.55美元/桶，上升3.4%；美国WTI原油期货价格上涨3.04美元/桶，报收于68.58美元/桶，上升4.6%。

对于欧佩克达成增产协议之后，国际主要原油期货价格出现的大幅度上涨，市场普遍解读为所达成的增产协议没有提出明确的增产目标，实际增产幅度可能在60万~80万桶/日，低于市场普遍预期的100万桶/日的增产幅度。再加之美国近期宣布了对欧佩克主要产油国伊朗和委内瑞拉逐步升级的制裁，严重打击了交易者对世界石油市场稳定供应的预期，导致市场总体上认为欧佩克达成的增产目标在现实中较难达成，市场供求状况短期内难以转变，依然保持供应紧张局面。除此之外，此次欧佩克最终达产增产协议的大背景包括了伊朗和美国两大因素。

一方面，美国总统特朗普曾指责欧佩克执行的限产协议导致了国际原油价格的上涨，公开呼吁欧佩克增产100万桶/日以上，并使诸多业内人士对特朗普的做法产生了极大困惑。另一方面，伊朗基本没有受到目前欧佩克限产协议的影响，某种程度上，由于奥巴马时期致力于达成的六国伊核协议，使伊朗成为欧佩克限产保价的受益者。而特朗普政府宣布退出伊核协议并提出将对伊朗实施最高、最严厉制裁之后，则意味伊朗的石油工业将遭受到巨大打击，一旦制裁得以实施，将增加伊朗维持现有产量和向国际市场出口石油的难度，使增产协议的实际效果大打折扣。在这样的时间点上，维持现有较高的油价将最符合伊朗的利益，使伊朗能够利用在美国真正实施制裁之前时间尽可能多地出口原油，获取石油收益。这也是欧佩克在此次会议期间面临来自伊朗坚决反对的重大原因所在。

2. 原油期货市场使欧佩克面临挑战

事实上，在WTI和布伦特等国际原油期货市场发展之后，欧佩克就已经渐渐失去了对国际原油价格的定价权和关键影响力。欧佩克是作为世界石油市场的垄断组织出现的，其成立的主要目的就在于协调各成员国的石油产业政策、商定原油产量和原油价格，通过公布一揽子油价的方式影响国际石油价格的运行。

但是，随着原油期货市场的设立和发展，国际原油价格的定价权已经逐渐被期货市场所取代。同时，加之原油期货市场建立之后，美国在格林斯潘主政美联储时期和2008年美国次贷危机之后，世界主要经济体或国家的货币政策呈现出了连续的宽松，大量的机构投资者开始参与原油期货市场交易，并依靠其巨大的资金规模和成本优势，逐渐发展成为原油期货市场的重要参与者，其对市场的影响力也渐渐超过了以套期保值为主要目的的商业交易者，原油期货市场的金融属性凸显。这导致原油期货市场最终与原油现货市场形成了两个不同的市场，但期货价格却成为现货市场的定价基准。

在这样的情况下，原油期货市场更多地受到了交易者预期和交易者情绪的影响。其中，交易者预期中最主要的包括对原油供给和需求的预期，以及对货币政策变化的预期，近年来又逐渐加入了对美国战略石油储备等国际重要原油库存数据变化的预期。一旦现实发生的状况或官方公布的数据与交易者的普遍预期发生较大差异，市场将不顾实际情况而做出激烈反应，有时甚至出现相反的市场表现。

欧佩克达成增产协议后价格不降反升，就是预期因素在发挥作用。当然，从交易的角度看，也可以看作前期的交易价格已经反映了市场的普遍预期，而一旦现实与预期发生差异，市场交易者将做出调整，这难免出现市场矫枉过正。交易者情绪则是在交易者之间不断传染的一种对市场变化总体感受的汇总。这种情绪包括市场预期、交易者心理、情绪渲染等诸多因素，也是对影响市场运行的最大但最不稳定的因素。这就像庞氏骗局中所产生的传染一样，最终将对市场的健康运行产生深刻影响。

因此，欧佩克产油国的石油公司或其他机构虽然参与原油期货市场的交易，但在整个原油期货市场中，其影响力相对不大，难以从根本上改变国际原油期货市场运行的轨迹和最终形成的价格。

3. 欧佩克成员国利益诉求纷繁复杂

除了对国际原油期货市场的影响力因素之外，欧佩克各成员国出于自身利益的考虑，面临着逐渐分化的风险，对达成增产或减产协议的难度越来越大。向国际石油市场出口原油所获取的石油收益，是欧佩克产油国重要的经济支柱和国家财政收入来源。随着油价的变化，欧佩克国家的国际收支经常账户由2012年的盈余5111.8亿美元，到2015年发生亏损970.7亿美元，2016年油价虽有回升，但当年依然亏损361.8亿美元，2017年转为盈余764亿美元也仅是2012年的14.95%。各成员国面临巨大的财政压力和国际收支压力，宏观经济状况恶化，货币相继贬值，以及所处的地缘政治环境不同等因素，导致了对石油利益的不同诉求，并经常在欧佩克会议上得以展现。

比如，沙特阿拉伯是欧佩克第一大产油国，为了发挥和保持在欧佩克的影响力，不得不经常做出妥协，成为欧佩克产量的调节阀，以尽可能促使欧佩克能够达成关键性协议。同时，沙特阿拉伯又是美国在中东地区的重要战略盟友，在欧佩克议题设置和会议讨论、最终协议签署等方面，有时也不得不考虑美国在中东地区的战略需求。另一方面，伊朗和委内瑞拉与美国政治关系持续紧张，美国不断强化针对这两个国家石油工业实施制裁，这也导致其必然基于现实需求在欧佩克内部争取最多、最大的利益，以维持国家财政收入稳定和满足人民基本生活的需要。而至于安哥拉、利比亚、尼日利亚、阿尔及利亚、厄瓜多尔、加蓬等国家则经济实力羸弱，更加易于受到原油价格变化的制约和影响。

欧佩克内部主要成员国的利益诉求渐趋分化，国家经济结构和产业结构单一，对原油价格承受力显著不同，这都增加了欧佩克形成统一决策、达成统一协议的难度。也就是说，只有在市场最为恶化的情况下，欧佩克才有可能形成一致的共识，达成一致协议。

4. 欧佩克国际石油市场份额下降

按照欧佩克公布的数据，虽然从原油储量的角度看，欧佩克占世界总储量的比例由1960年成立时的71.7%上升到了2017年的79.80%，储量增长较为稳定。但从原油产量的角度看，2017年欧佩克原油产量占世界总产量的比例为43.53%，与1960年的39.47%比较，仅上升了4.06个百分点；与最高时1973年的54.15%则下降了10.62个百分点，特别是自2008年以来基本上呈现出下降的趋势。从国际原油出口的角度看，1980年欧佩克原油出口占世界原油出口的比例为68.21%，2017年为55.55%，下降了12.66个百分点；从近年情况看，2017年占比较出现下降拐点时2012年的61.36%下降5.81个百分点，且呈现出稳定的下降趋势。世界石油市场供应国多元化格局的变化引起了欧佩克份额的下降，必然导致其影响力下降。

5. 欧佩克影响日渐式微

欧佩克虽然作为世界石油市场的一个垄断组织依然存在，但是随着世界石油工业的发展，原油供应国和出口国已经呈现出多元化，再加之世界政治经济和地缘政治局势的演变，以及欧佩克成员国利益诉求的分散化，欧佩克对世界石油市场的影响力已经下降。

同时，伴随着国际原油期货市场的发展，以及金融机构携其资金优势更频繁、更深入地参与国际原油期货市场交易，金融属性凸显，影响期货市场价格的因素与市场预期和情绪、货币政策和金融环境等高度相关，渐渐使期货市场与现货市场分离为两个不同的市场，而欧佩克除了能够影响基础的原油供需因素外，无力对美国的货币政策、投机性交易者的进出和参与期货市场交易的深度、市场预期及情绪变化等其他因素施加足够影响。随着这些国际原油价格形成因素和环境的变化，欧佩克已经基本失去了对国际原油市场的重大影响能力，已经从国际原油价格的制定者转变成国际期货市场原油价格的接受者。

三、原油期货市场

自美国纽约商业交易所（NYMEX）1986年上市西得克萨斯中质原油（WTI）期货合约以来，石油定价开启了新的历程，石油的金融属性逐渐显性化。目前，世界上重要的原油期货合约有 4 个：纽约商业交易所的轻质低硫原油，即"西得克萨斯中质油"期货合约和高硫原油期货合约，伦敦洲际交易所（ICE）的布伦特原油期货合约，新加坡交易所（SGX）的迪拜酸性原油期货合约。随着石油期货市场的发展，以获取交易价差为目的的投机性交易（亦称非商业性交易）和以套期保值为目的的商业性避险交易都快速增长，导致期货交易量呈现加速增长的趋势。按照美国商品期货交易委员会（CFTC）每周公布的持仓报告数据，2017 年 3 月 21 日的非商业性多空净持仓比 2009 年 8 月 4 日增长了 11.26 倍。其中，非商业性多头持仓增长 2 倍，空头持仓仅增长 29.72%，且多头持仓始终大于空头持仓；2017 年 3 月 21 日商业性多头持仓比 2009 年 7 月 21 日增长 22%，空头持仓增长 87%，多头持仓始终小于空头持仓；未平仓合约增长 91%（因 2009 年 7 月 21 日的非商业多空净持仓量和 2009 年 8 月 4 日的商业性多头持仓量明显低于其他各报告期，故选择了两个不同起始日期，以排除异常数据）。这说明非商业性交易活跃度远高于商业性交易，成为石油期货市场的重要力量，对油价走势具有较大影响。

原油期货有商业性和非商业性两类交易者，且在每类交易者中有多头交易者（即对原油期货价格看涨）和空头交易者（即对原油期货价格看跌）。在每日交易收盘后，多、空双方都存在一定数量的未平仓合约，形成了多头持仓和空头持仓，二者之间的差额即为多空净持仓。在一般情况下，多空净持仓可以用来衡量买卖双方的力量对比，是影响市场变化的重要因素。如果多空净持仓大于零，则说明多头在市场中占据主导地位，称为"多头市场"；反之，如果多空净持仓小于零，则市场由空头主导，称为"空头市场"。在多空净持仓大于零的情况下，如果净持仓量上升，则说明多头主导地位突出；如果下降，则说明空头的力量相对更强，对市场的阶段性行情有更大影响。

因此，在多头市场中，由于空头对市场的抑制作用，应该对空头给予更多的重视；而在空头市场中，由于多头将对空头形成打压，抵消空头的力量，则应对多头给予足够重视。

从图 2-9 可以看出，在商业交易者中，空头持仓始终大于多头持仓，多空净持仓小于零，空头力量始终占据主要地位，应注重观察多头的变化；在非商业交易者中，多头持仓始终大于空头持仓，多空净持仓大于零，多头占主导地位，应多观察空头的变化。

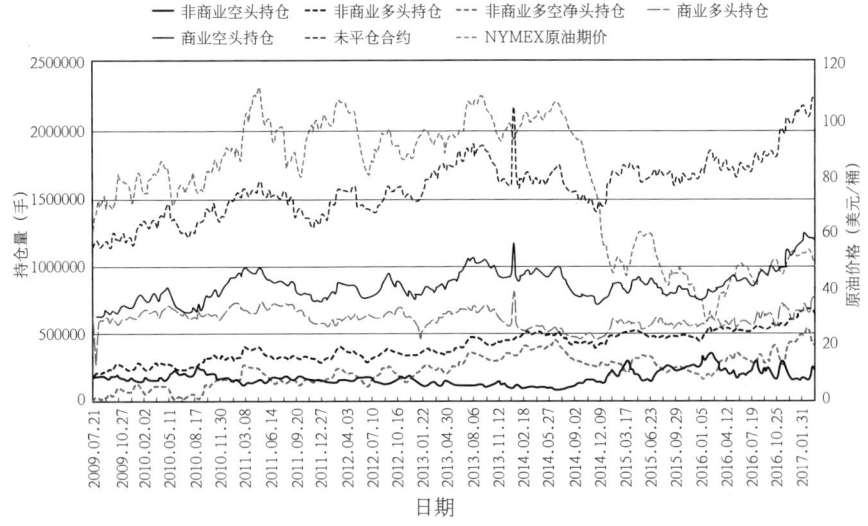

图 2-9 WTI 原油期货交易持仓

图 2-10 则揭示了原油价格变化累积与商业性空多净持仓变化和非商业性多空净持仓变化之间的关系，表明净持仓变化的走势与油价累积变化的走势较为一致。对此，我们将油价变化作为因变量，多空净持仓作为自变量，进行了回归分析。从回归的结果看，WTI 期货价格变化与商业及非商业净持仓变化的相关系数为 0.4210，与商业性多空净持仓变化的相关系数为 0.2979，与非商业性多空净持仓变化的相关系数为 0.4196，说明非商业性交易对 WTI 期货价格变化的影响更为显著。

如果从油价与商业性交易和非商业性交易的多头、空头角度考察，通过回归分析，我们得出的结果显示，WTI 期货价格与市场多头的相关系数为 0.4453，且为正相关，可以解释油价变化的 19.56%；与市场空头的相关系数为 0.8305，且为负相关，可以解释油价变化的 68.81%。说明市场空头对油价的变化影响更大。

下面分别从商业性持仓、非商业性持仓和期货市场未平仓合约的角度进行分析，进一步寻找影响 WTI 期货市场的主要力量。

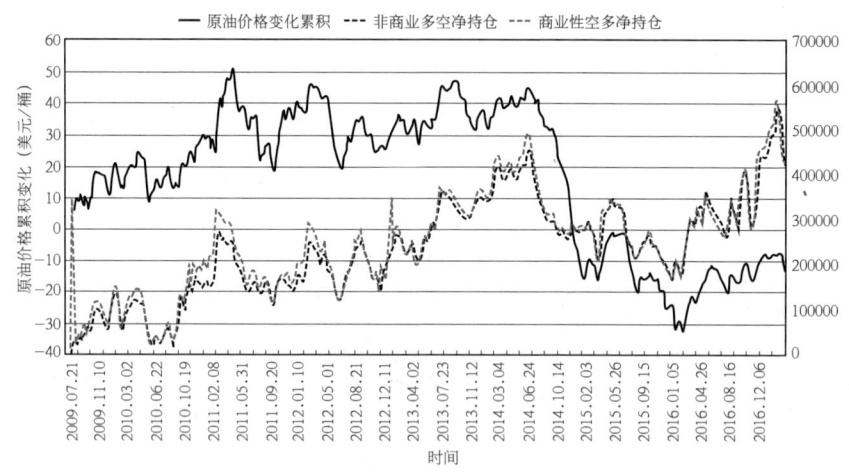

图 2-10 纽约原油期货价格变化累积与净持仓

（一）商业性持仓

根据美国商品期货交易委员会的定义，商业性持仓是以对冲风险为主的商业套期保值持仓。商业交易者需要实际使用该交易商品作为他们业务的一部分，主要是利用期货市场进行对冲以有效管理公司面临的商品价格波动风险。在一般情况下，原油期货市场上的商业性持仓交易者是原油的生产商或者贸易商，其从商业需求的角度，以稳定收益或者成本为目的，将手中持有待出售的原油（数量），或者拟购买的原油（数量）利用原油期货进行对冲，锁定未来的可交易价格，以有效化解原油价格出现剧烈波动的风险。这些交易者在通常情况下需要在期货到期时进行实物交割，一般不根据期货市场的变化对持有的合约进行反向交易以实施平仓操作。

表2-6中油价与商业性持仓的回归分析结果表明，油价变化与商业性多头持仓的显著性高于空头，但相关系数小，显著性较弱，基本上不能解释油价的变化。同时，从商业性持仓的总体角度看，油价与商业性持仓的相关系数仅为0.1147，显著性依然不明显。但回归结果同时表明，油价与商业性持仓为正相关关系，商业性持仓的增加将推升油价；反之，将促使油价降低。

表2-6 油价与商业性持仓回归分析结果

项 目	商业持仓	商业多头	商业空头	多空净持仓
相关系数（Multiple R）	0.1147	0.1090	0.0704	0.0017
方差（R Square）	0.0131	0.0119	0.0050	0.0000
调整后的方差（Adjusted R Square）	0.0082	0.0094	0.0024	−0.0025
标准误差	22.2993	22.2855	22.3635	22.4320
截距（Intercept）	52.0041	55.7883	65.9177	77.7244
变量1	3.15×10^{-5}	3.57×10^{-5}	1.37×10^{-5}	-3.35×10^{-7}
变量2	7.38×10^{-6}			

注：在"商业持仓"列，将商业多头和商业空头作为自变量进行了二元一次回归，其中变量1代表多头，变量2代表空头。

（二）非商业性持仓

按照美国商品期货交易委员会的定义，非商业性持仓也称基金持仓，即以对冲基金为主的投机性机构持仓。这部分交易者进入原油期货市场的根本目的是逐利或套利，并不直接消费原油，不会等到合约到期时进行原油交割，而是根据原油期货市场的变化及其对市场的预期，利用油价的涨跌趋势，以及影响油价变化的供求关系、美元价值、原油库存、炼厂开工率等因素进行投机性开仓或平仓，通过获取油价变化的差价而赚取收益。P·沃勒格的研究认为，对冲基金投入大量资金购买原油期货是为了寻求规避通货膨胀和弥补证券市场震荡所形成的风险，是一种重要的风险管理工具。因此，对冲基金进入原油期货市场体现了风险管理的需要和资本的逐利本性。

表2-7显示了油价与非商业性持仓回归的分析结果。该回归表明，油价与非商业性多头持仓的相关系数为0.4446，明显低于油价与非商业性空头持仓的相关系数0.8200，且空头持仓作为自变量，可以解释油价变化的67.15%，相关性较为显著。由于非商业性持仓与油价之间呈现负相关，意味着空头持仓增加，油价将下降；反之，则油价上升。从非商业性交易的整体看，油价与非商业性持仓的相关系数为0.8719，可以解释油价变化的75.90%，说明油价与非商业性交易存在显

著的相关关系，且为负相关，说明原油期货市场具有较强的投机性。

表 2-7　油价与非商业性持仓回归分析结果

项目	非商业持仓	非商业多头	非商业空头	多空净持仓
相关系数（Multiple R）	0.8719	0.4446	0.8200	0.0519
方差（R Square）	0.7602	0.1977	0.6723	0.0027
调整后的方差（Adjusted R Square）	0.7590	0.1956	0.6715	0.0002
标准误差	10.9916	20.0816	12.8329	22.3888
截距（Intercept）	161.2784	115.4378	139.9909	80.2257
变量 1	-6.25×10^{-5}	-9.21×10^{-5}	-3.56×10^{-4}	-1.05×10^{-5}
变量 2	-3.31×10^{-4}			

注：在"非商业持仓"列，将非商业多头和非商业空头作为自变量进行了二元一次回归，其中变量 1 代表多头，变量 2 代表空头。

（三）未平仓合约

未平仓合约是所有期货合约未平仓头寸的累计，是期货市场活跃程度和流动性的标志。如果一个新的买家和新的卖家进行交易，未平仓合约就会增加相应数量。如果已经持有多头或空头头寸的交易者与另一个想拥有多头或空头头寸的新交易者发生交易，则未平仓合约数量不变。如果持有多头或空头头寸的交易者与试图了结原有头寸的另一个交易者对冲，那么未平仓合约将减少相应数量。因此，未平仓合约数量的变化体现了期货市场资金的流入和流出状况，亦即期货市场面临的资金面松紧情况。当未平仓合约增加时，意味着有新的资金进入期货市场；当未平仓合约减少时，则表示资金在从期货市场流出。在图 2-8 中可以清楚地看到，WTI 期货的未平仓合约虽然总体上呈上升趋势，但自 2009 年 7 月份以来仅增长了 91%，远远落后于非商业交易多空净持仓量 187.69 倍的变化幅度，这也说明原油期货市场的炒作非常剧烈。

图 2-11 展现了纽约原油期货价格与未平仓合约的关系。从图中可以看出，未平仓合约每周的变化相对比较稳定，远没有图 2-8 中非商业性多空净持仓的变化剧烈，总体上仍然呈现上升的趋势，说明不断有新的资金进入原油期货市场。在与油价的走势关系上，原油价格随着未平仓合约的增减而呈现相应的上升或下

降,而 2015 年开始,油价持续低位震荡运行,与未平仓合约的关系开始变得不再那么明显,未平仓合约的数量依然保持了较大幅度的增长,这应该与油价震荡环境下商业性交易风险对冲需求有较大的关系。

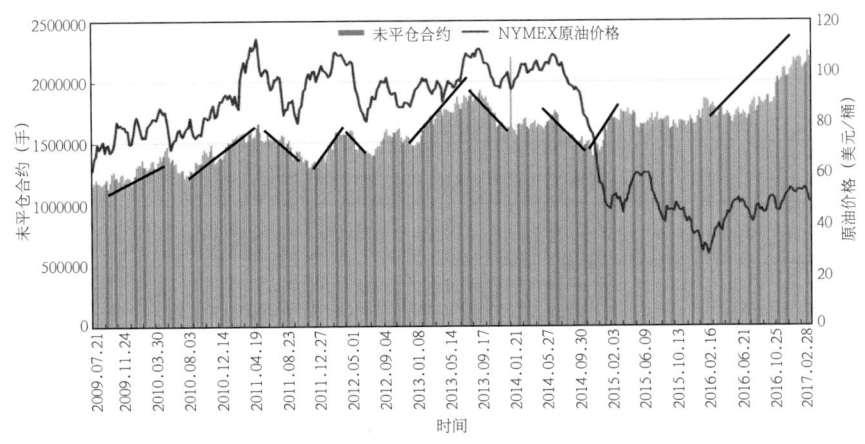

图 2-11　纽约期货原油价格与未平仓合约关系

从表 2-8 油价与未平仓合约回归分析结果看,二者的相关系数为 0.3002,存在一定的相关性,但不甚显著,未平仓合约作为自变量只能解释油价变化的 8.78%。油价与未平仓合约变化,以及油价变化与未平仓合约及未平仓合约变化的相关性更低,几乎完全不能解释油价及油价的变化。这也说明,资金确实能推动期货市场产生变化,但更为关键的是要看这些资金在期货上是形成多头还是空头,以及其操作的力度。

表 2-8　油价与未平仓合约回归分析结果

项目	油价与		油价变化与	
	未平仓合约	未平仓合约周变化	未平仓合约	未平仓合约周变化
相关系数(Multiple R)	0.3002	0.0393	0.0404	0.0826
方差(R Square)	0.0901	0.0015	0.0016	0.0068
调整后的方差	0.0878	−0.0010	−0.0009	0.0043
标准误差	21.3973	22.4146	2.4996	2.4931
截距(Intercept)	126.6218	77.8642	0.7007	−0.0453
变量 1	-3.07×10^{-5}	-2.11×10^{-5}	-4.61×10^{-7}	4.95×10^{-6}

四、突发事件

在通常情况下，突发事件对原油市场的影响主要体现在供给的突然改变。历史上曾经出现的三次石油危机（1973年中东战争、1978年伊朗伊斯兰革命、1990年伊拉克攻占科威特）、欧佩克（OPEC）大幅度减产、委内瑞拉大罢工、美国"卡特里娜"飓风、墨西哥湾漏油事件等，都曾经在短期内造成原油供给骤减，迅速改变了原油供求关系，供需失衡，并导致油价剧烈变化。但是，这些突发事件对原油价格的影响，首先是事件发生之后原油市场的应急反应，之后，市场根据突发事件的延续情况和后续发展做出了更加理智的判断和决策。事件持续时间越长、越恶劣，对市场的影响越大，影响的时效也越长。

2008年美国次贷危机所引发的全球性金融危机，使美国联邦储备委员会（FED）将联邦基金利率降低至零，且大规模实施量化宽松（Quantitative Easing，简称QE）政策。此次突然爆发的金融危机影响的主要是美元价值，而非原油的供求关系。2008年7月次贷危机得以确认后，WTI原油价格从历史最高点近150美元／桶，快速回落到当年年底的32美元／桶。随后，伴随着美联储实施量化宽松的货币政策，美元贬值预期形成，以及市场较为普遍地认为危机将很快过去，WTI油价出现了较大回升，2011年4月再度升至110美元／桶以上。然而，次贷危机的蔓延和影响程度不断加深，加之"欧债危机"出现，世界范围的经济衰退被确认，最终导致原油需求持续减少，原油市场的供求平衡被打破，原油价格在2014年走到高点之后开始快速回落。直至目前，原油价格依然处于低位。

从实证分析的角度，难以从数量上较为准确地衡量突发事件对油价所产生的影响。但也有学者构建模型，试图实证分析油价变化与突发事件持续性之间的关系。中国科学院数学与系统科学研究院张珣等学者在《重大突发事件对原油价格的影响》中，将突发事件划分为台阶事件（造成原油价格突变，且不再恢复到事件发生前的水平)、脉冲事件(造成油价突然变化,但事件影响过去后油价将恢复到以前的水平)和混合事件(同时包含台阶与脉冲两种效应),并根据结构性断点检验构建断点模型,对伊朗伊斯兰革命及"两伊"战争、海湾战争、伊拉克战争进行实证分析。北方工业大学经济管理学院王书平等学者在《突发事件对国际油价的影响分析》中按照台阶事件、脉冲事件和渐进变化事件构造 ARIMA 传递函数模型对伊拉克攻占科威特、美国"9.11"恐怖袭击、"卡特里娜"飓风等事件进行了实证分析。

这些分析有助于市场参与者观察突发事件,并对事件进行分类,预判其对原油市场的影响。但是,由于突发事件所具有的突然性、偶发性和随机性,以及有关各方应对事件存在不同的逻辑和目的考量,比较难以在事件发生时对其持续性和影响深度、广度进行较为全面的评估,往往需要等待事件平息,或者延续一段时间后,才能评价最终的结果。因此,突发事件一方面难以进行数字化的实证分析;另一方面,即使构建模型进行了实证分析,其得出的结论也难以应对下次突发事件。

美国退出伊核协议对世界原油市场的影响

2018年5月8日,美国高调宣布退出伊核协议并发布声明称,将对伊朗重启制裁,将对伊朗能源、石化和金融等关键经济领域产生重大影响。6月26日,美国政府进一步明确希望包括美国盟友在内的所有国家在11月4日前停止从伊朗进口石油,否则将面临美国制裁。同时,有美国高级官员表示,此事已被定为美国国家安全层级最高的事项之一,不会给予任何国家豁免。受此影响,全球原油价格猛烈上涨。WTI 上涨逾 3.5%,突破 70 美元/桶;布伦特油上涨超过 2%,突破 76 美元/桶。这成了正在谋求再平衡的世界原油市场的最大搅局事件。

特朗普政府退出伊核协议的主要考虑有三个原因:一是美国与伊朗是政治上的"死敌"。在伊朗伊斯兰革命之后,新成立的伊朗政府扣押了美国大使馆人员作为人质,引发了两国的根本性对抗,并成了两国之间不可逾越的"旧仇"。叙利亚危机之后,鉴于伊朗与叙利亚阿萨德政府同属于伊斯兰什叶派,伊朗在叙利亚与以美国为首的西方国家对抗中扮演了支持阿萨德政府的角色,再加之俄罗斯对叙利亚现政府的支持,使叙利亚问题久拖不决,美伊之间再填"新恨"。二是伊核协议被认为美国做出了巨大让步,而伊朗是最大的赢家。从协议的条款看,并没有全面禁止伊朗的核活动,并在未来为解禁对伊朗的武器禁运确定了时间表。为了美国在中东地区及其盟国的安全利益,特朗普政府希望永久限制伊朗铀浓缩活动,而不是协议规定的从2025年起部分放松,并将限制伊朗弹道导弹项目和伊朗在中东地区的军事动作纳入核谈。三是在伊核协议签订之后,伊朗从石油出口中获取了巨大的经济和政治利益。伊朗的石油出口从协议签订之前的100万桶/日恢复到了210桶/日左右,没有受到欧佩克达成减产协议的任何影响,多获取的石油收益超过千亿美元,稳定了伊朗的经济形势,并使伊朗有能力介入叙利亚战争和也门内战,被美国认为对中东地区国家加强了什叶派的渗透,影响中东地区地缘政治形势的发展和演变。一旦伊朗在中东地区做大,将对美国在该地区的利益产生重大影响。

但是,从世界石油市场的角度,美国退出伊核协议搅动了正在寻求的再平衡。在协议达成的2015年,世界石油市场正在经历惨痛的低油价,原油供给超过需求,市场严重失衡。低油价使产油国饱受冲击,经济陷入低迷,货币严重贬值,国家财政收入锐减,民众社会福利降低,产油国政府感受到了极大的维持经济社会稳定的压力。沙特阿拉伯政府开始寻求其国家石油公司沙特阿美(Saudi Aramco)的上市,俄罗斯政府寻求向国际资本市场减持其持有的俄罗斯石油公司(Rosneft)的股份等,各产油国使出了浑身解数。为了促使油价走出低迷,欧佩克与俄罗斯等主要非欧佩克产油国在2016年艰难达成原油减产协议,促使国际油价出现了较快回升。

在油价上涨之后,为美国页岩油带来新的发展机遇。美国页岩油产量持续增加,超过700万桶/日,占美国原油产量的比例达到65%以上,导致美国实现了追求已久的能源独立,解除了1975年制定的原油出口禁令。美国原油出口量屡创新高，日前已达到创纪录的 300 万桶/日，较 2017 年平均出口 150 万桶/日实现了翻番，成为仅次于沙特阿拉伯和伊拉克的最大石油出口国，大大挤占了欧佩克的原有市场份额，抵消了欧佩克成员国减产的效果，引发了欧佩克内部终止实施减产协议转而增产的巨大争论。恰恰在此时间点上，特朗普不断抨击欧佩克的减产政策，指责欧佩克操纵国际油价，推高了国际市场的价格，要求欧佩克增产 100 万桶/日。而在欧佩克艰难达成增产协议之后，美国宣布，所有国家应在 11 月 4 日前停止进口伊朗原油，否则将对进口伊朗原油的国家实施二级制裁，引起了国际原油价格的快速上涨。

因此，我们有理由相信，美国对于其制裁伊朗的政策应做过评估，试图通过施压欧佩克增产而抵消因制裁伊朗所导致的国际原油市场供应量的减少，以维持国际石油市场和油价的基本稳定。正是基于这样的逻辑，美国已经为即将到来的 11 月 4 日全面禁止伊朗原油出口做准备，这就是日前媒体透露特朗普与沙特达成增产原油 200 万桶/日的重要原因。这表明，美国正在对制裁伊朗进行全面的准备和政策效果评估，需要沙特等有闲置产能的产油国能够增产以弥补制裁后国际原油市场供应减少形成的巨大缺口，尽可能减低因制裁对世界原油市场和全球经济可能造成的影响，获得伊核协议其他五方，特别是英、法、德三个欧盟国家的支持，编织完整的制裁网，实现全面制裁伊朗的预期效果。这将对当前正在寻求再平衡的国际石油市场产生巨大冲击，有可能使国际原油市场从供过于求突然间转变为供不应求。

按照美国目前的制裁目标和公布的制裁口径，最终要使伊朗的石油出口降低至零，这标志着美国要对伊朗实施全面的石油出口禁止性制裁。按照伊朗《金融论坛报》的报道，2017 年在 OPEC 和其他原油生产国家减产、去库存时，伊朗出口原油和天然气凝析油近 10 亿桶，平均 262 万桶/天，其中原油 210 万桶/天、凝析油 49 万桶/天。伊朗出口的原油 62% 销往亚洲，38% 销往欧洲，最大买家分别为中国、印度、韩国、日本。一旦制裁得以实施，将对这些进口国产生重大影响，需要积极研究和应对。

从伊朗方面看，应该意识到了美国退出伊核协议可能对伊朗产生的严重后果，所以直至目前伊朗的应对态度虽然较为强硬，但行动较为理性，正在与协议其他五国谋求解决的办法和途径，试图挽回不利局面。但实际上，如果参与协议签署的英、法、德三国迫于压力向美国倾斜，将使伊核协议真正的名存实亡，伊朗不得不预防性的抬高调门，声称将重启核设施，并不惜封锁石油运输咽喉要道霍尔木兹海峡截断中东地区对世界原油市场的供应，颇有破釜沉舟之势。而一旦果真这样实施，则可能引发美国在中东地区更加深度的介入，甚至不排除发生战争的风险，严重打击全球原油市场。

从伊朗原油进口国的角度看，将陷入两难的境地。一方面需要承受国际市场供需失衡所导致的高油价风险，另一方面需要寻找新的进口原油资源以满足对原油的需求。如果依然进口伊朗原油，将面临美国实施的二级制裁，使其不能进入美国主导的 SWIFT（环球同业银行结算系统）美元结算系统，增加进口企业经营风险，对这些企业使用美元开展国际贸易产生深刻影响。如果英、法、德三国参与制裁，则意味着欧元结算通道也不再畅通，进一步增加了进口伊朗原油企业所面临的风险。这需要进口伊朗的国家需要从政治上做出决断，是完全配合美国实施的对伊朗制裁，还是另辟蹊径，研究实施人民币等其他货币结算、建立专门从事进口伊朗原油业务的企业和金融机构、加强货币互换等央行之间的协作等措施，摆脱美国制裁的阴霾，支持本国企业继续开展与伊朗的石油贸易。

总之，美国与伊朗是一对延续了几十年的宿敌，再加之双方对中东地区利益和影响力的争夺已经进入白热化，美国退出伊核协议具有较强的国内民意基础，美国对伊朗实施全面制裁几无更改可能。只不过由于欧洲与伊朗的贸易关系更强，美国希望英法德等欧洲国家能够配合实施伊朗制裁，以编织成完整的制裁网，使欧洲不对伊朗出口的原油提供航运保险，以及将伊朗排除在美国主导的 SWIFT 系统之外，不能开展美元和欧元国际贸易结算，彻底堵死伊朗开展国际贸易和向国际石油市场出口的结算路径。美国制裁如果得到严格实施，国际原油市场供应将锐减，严重打击正在寻求的再平衡，而不得不迫使沙特等原油产能闲置的国家实施增产以弥补供应缺口。面对这样的形势，伊朗几乎没有更好的良策可以有效应对，而伊朗原油的主要进口国，需要未雨绸缪，早作决断，做好预判和预案以有效应对。

五、国际原油价格运行机制

国际原油价格与美元价值、供需关系和原油期货市场之间存在一定的显著性相关关系，且与原油期货市场的相关性最高，与美元价值的相关性次之，与供需关系的相关性则并没有想象中的那么突出。但是，任何一个因素都不能单独解释国际市场原油价格的变化，必须从整体上进行分析和把握。那么，这些因素是如何影响国际原油价格变化的呢？对此，我们在图2-12中进行了分析。

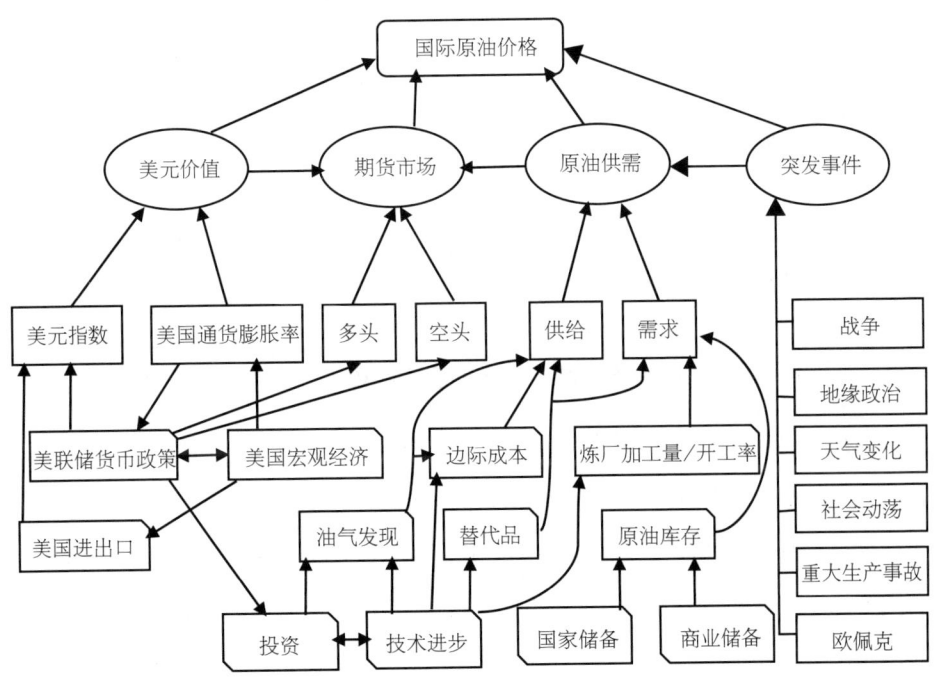

图2-12 国际原油价格影响因素分析

（一）供需关系是影响国际原油价格的基础性因素

从经济学的角度来看，供给曲线是生产的边际成本曲线，需求曲线是生产商的边际收益曲线。从供给侧看，影响边际成本的主要因素包括投资和技术进步。一方面，科技发展将推动生产条件的改善和生产效率的提高，从而使边际成本降低；同时促进新的油气发现，降低油气发现和开采的边际成本，使不具备开采价值的油气资源变得具有开采价值，从而最终推动供给曲线向下移动，在需求曲线不变的情况下，使价格能够在更低的水平达到均衡。另一方面，科技发展也将促进原油品种范围的扩大和供给量的增加。例如，近年来科技水平的提高促进了页岩油和页岩气的发展，从而对常规油气资源产生了较强的替代作用，并对油气市场的供给产生了重大影响。投资是科技发展的根本驱动力，但投资受到货币政策、利率水平等金融因素的影响。

从需求侧看，原油的重要需求方是炼油厂，以炼油加工量或炼厂开工率为主要衡量指标。炼厂开工率提升或炼油规模增加将增加原油需求，反之，则减少原油需求。同样，科技发展使炼油厂能够适应品质更为广泛的原油种类，提高产品收率和商品收率，降低加工损失，并有助于提升成品油使用效率，从而对原油需求产生影响。此外，国家石油战略储备和石油商业储备所具有的供给和需求的双重属性，使其对原油价格的影响具有两面性，既可以在油价较低时形成有效需求，也可以在油价较高时形成有效供给。

（二）美元价值是影响国际原油价格的直接因素

这主要是由于国际市场的原油交易以美元进行标价和结算。美元价值的变化，直接对原油生产商的收益和采购商的成本产生影响。在世界范围内，美元价值的变化体现为与他国货币汇率的变化。美元升值，意味着他国货币贬值，原油生产商换算为本国货币所获取的收益增加，可以使石油生产国政府获取更多的财政收入，有利于增加供给；原油进口商换算为本国货币所付出的采购成本增加，使其所在国的国际收支恶化，减少对原油的需求。

影响美元价值的根本性因素是美国的宏观经济发展状况（GDP增长率）。宏观经济向好，GDP增长率上升，货币政策将趋于收紧，货币供应量减少，利率上升，促使通货膨胀率下降，美元价值升高，对他国货币将升值，同时对投资起到抑制作用；宏观经济转弱，GDP增长率下降，货币政策将趋于宽松，货币供应量增加，利率下降，促使通货膨胀率上升，美元价值降低，对他国货币将贬值，同时将促进投资增加。如果全球经济普遍处于增长或者衰退状态，则要考察美国经济与他国经济的相对发展状况。即使美国经济衰退，但只要与他国比较发展较为强劲（或衰退的更慢），则美元依然有升值的空间；反之，即使美国经济增长，但相对他国而言，GDP增长率更为迟缓，则美元仍然有贬值的需求。

（三）原油期货市场是影响国际原油价格的决定性因素

原油期货市场是一个信息透明、公开交易的市场，所形成的价格能够充分反映影响价格的几乎所有信息，包括供求关系、美元价值、突发事件等诸多方面。由于原油期货市场集中了投资者、投机者和避险者，交易的参与者种类和数量众多，他们对同一信息的认知程度和反应程度不尽相同，在市场上形成了多头力量与空头力量的不均衡，最终推动价格发生变化。市场参与者因难免对信息过度解读，产生过度交易，交易者的情绪和预期变幻莫测，使期货市场成为信息的放大器，具有较强的炒作性和情绪宣泄性。但是，期货市场归根结底要依靠资金作为推动力，市场的参与者对利率较为敏感，从而更多地受到美国货币政策的影响。

（四）突发事件是影响国际原油价格的扰动性因素

总体上看，突发事件包括战争、地缘政治、天气、社会动荡、重大油气生产事故、石油组织（例如欧佩克）协议等诸多方面。突发事件的影响主要在于造成原油供给或需求的突然减少（或者增加），其影响多为短暂性的，但很容易被市场过度解读，而使原油价格出现剧烈变化。这种剧烈变化，主要是由于市场参与者对风险的厌恶而产生的紧急避险需求。在一般情况下，随着时间的推移和事件影响的消失，市场将恢复到原来的价格水平和状况。如果事件影响非常深远，持续时间较长,则对原油市场的影响在短期内难以消除,原油价格也难以恢复到原先的水平。

六、国际原油价格走势判断分析框架

(一)判断原油价格走势的主要因素

国际贸易的发展使得原油具有更为广泛的全球可交易性,特别是原油期货市场的发展使原油具有金融属性之后,原油价格变得更加不可预测,何时、在哪个价位出现拐点则更难以预知和判断。但是,通过分析影响国际原油价格的主要因素,我们可以对国际原油价格的变化趋势进行分析和判断,并制定合适的风险管理策略,利用原油期货和期权对原油价格变动的风险进行管理,规避原油价格剧烈变动的影响。在判断原油价格变动趋势时,应重点关注以下因素,并对各因素发生共振的可能给予高度重视。

1. 应特别关注原油期货市场和期权市场

原油期货市场所具有的金融属性和交易属性,增强了原油市场的活跃度,其形成的价格对影响原油价格的各因素变化情况进行了充分反应,对信息的捕捉和反应也最为快速。因此,应跟踪、分析美国商品期货交易委员会及其他原油交易监管机构定期公布的原油期货市场持仓报告。对于石油公司而言,应研究制定适当的交易策略,以"风险对冲"为基本原则,参与国际原油期货或期权交易,降低所面临的油价剧烈波动的风险。同时,养成跟踪、分析市场的良好习惯,尽可能多地获取市场信息,提升决策速度和效率,增强应对油价变化的能力。

2. 应重点关注美元价值

一是要关注美国的宏观经济走势,把握美联储货币政策走向,主要指标包括GDP增长率、就业率、通货膨胀率、联邦基金利率、货币供应量等。二是要关注美元指数。美元指数是对美元价值的综合反映。由于美元指数同样存在期货市场和期权市场,可以进行公开交易,因此,美元指数的变化能够对美国的经济发展状况、通货膨胀情况,以及国际贸易变化和国际收支平衡等做出及时、迅速的反应。在此基础上,可以对国际原油价格的走势做出基本判断。

3. 应关注油气行业科技发展状况

影响油气供需的最根本因素是科技进步。油气行业的重大科技进步将提升油气发现能力,降低油气发现和开采成本,增加油气供应能力。炼油和化工等油气行业下游的重大科技进步,将促进能源效率的提高,扩展石油化工产品的用途,对原油需求产生重大影响。此外,煤炭、电力、可再生能源等能源领域的重大科技发展将增强油气可替代产品的竞争力,原油需求存在降低压力。因此,应对油气行业科技投资、钻井技术、压裂技术、开采技术、油气处理技术、原油加工技术及工艺改进等,以及可替代原油行业的技术发展给予足够关注。

4. 应关注油气行业投资变化情况

油气行业具有高投资、高风险、高回报,以及油气生产自然递减的特点,对资本投入具有较高的依赖性。无论是维持或增加原油产量,还是促进技术进步和油气发现,都依赖于油气行业的投资。对油气行业投资变化的跟踪,可以较好地预期未来原油供应能力的变化。同时,应关注油气领域投资和融资模式的变化与创新,这有助于合理分担油气行业的风险,促进投资活跃度。

5. 应关注潜在突发事件发生的可能性

一是要跟踪地缘政治、国际政治关系的变化;二是要跟踪石油输出国组织等油气国际组织的研究报告、会议议题及决议等情况;三是要跟踪重要产油国的社会发展状况;四是要跟踪气候及地区天气变化的情况。通过跟踪可能会出现突发事件的地区、领域的潜在变化,提升对突发事件的预判能力和反应能力。

(二)国际原油价格短期判断和长期判断

从短期看,油气行业及油气相关行业出现重大技术发展的可能性不大,供求关系发生突然性转变的可能性相对较小。因此,在进行短期趋势判断或价格预测时,应着重关注发生潜在突发事件,特别是中东地区和非洲地区主要产油国地缘政治事件发生的可能性,及其演变进程、持续的时间长短等因素,并同时关注影响美元价值变化的相关因素，特别是美国宏观经济发展状况与世界其他主要经济体相对强弱变化的情况，以及美国货币政策的变化情况。

从中长期看，世界经济形势的变化将使供求关系变的不稳定，从而更应该关注原油供求变化的情况，以及与原油供给和需求相关的技术领域取得技术创新或技术突破的基本情况。技术发展将对供求关系变化起到重大的影响作用。比如，可燃冰商业性开采、电动汽车加速发展，以及人工智能、工业化4.0、生物技术、可再生能源技术的发展等，将导致出现更多的替代原油选项，对未来石油市场将产生深刻影响。而美元价值可能具有的周期性，以及突发因素在较长时间内难以预见等，则显得不再那么重要。

此外，鉴于原油期货市场的发展，及其金融属性的越发显现。无论从短期看，还是从长期看，原油期货交易所形成的价格，都包含了市场参与者对所有可能对原油市场运行产生影响的因素变化发展的预期。这是所有石油行业人士永远需要时刻关注的事项。

总之，虽然人们总是出于各种原因喜欢对原油价格进行预测，但是，对具体油价的预测几乎是不可行的，鲜有能够准确预测的，甚至只要能预测对油价的运行方向或者拐点，就已经可以称得上是高手中的高手了。而基于原油价格预测结果的应用，实际上也很少需要准确的预测结果。无论是石油行业内的企业出于风险管理的需要，还是在期货市场上从事交易的机构，大多都是对油价走势及其变动的趋势存在客观需要。因此，判断油价走势比预测具体原油价格的意义更大，只要不犯方向性错误，就不会产生巨大的损失，便可以实施有效的风险管理。在油价走势的判断上，我们的基本观点是：短期看突发事件，长期看供需关系，而时刻要关注美元价值的周期性变化，关注原油期货市场的非商业性持仓，特别是其多空变化的情况。

（三）美国因素对世界石油市场的影响分析

伴随着美国宣布退出伊朗核协议，市场出于对供需关系影响的预期，国际原油价格冲破了平台整理，快速突破了每桶80美元。与之相对应，已经有众多的国际机构开始预测国际油价将在不远的将来重新上升到每桶100美元。我们暂且可以将此看作是石油市场的一个"梦想",但是,确实需要对影响当前国际油价的主要因素进行梳理和分析。

按照一般的分析框架,影响国际油价的因素可以归结为以下四个方面:世界石油市场的供需状况、美元价值、期货市场和突发事件。其中,世界石油市场的供需状况是影响油价的最基础因素,包括了供给侧、需求侧和原油库存等基本面的变化。美元价值是影响油价的最直接因素,这主要是由于布伦特、WTI和迪拜等具有国际影响力的原油期货均以美元进行标价、交易和结算。期货市场是国际油价的决定性因素,这是因为当前的国际原油价格主要依赖于期货市场的价格发现功能而形成。原油期货市场在交易的过程中对世界原油市场的供需状况、美元价值、突发事件,以及世界主要经济体宏观经济状况、货币政策、市场预期、投资者心理等市场因素和非市场因素均做出了反应。突发事件则是影响油价的最大扰动因素,其通过对石油供给或需求产生突然变化的预期影响原油价格的变化,且其影响力要受到突发事件持续的时间,以及对石油市场造成的实际影响等后续变化的制约。在突发事件发生时,原油期货市场将通过投资者的预期首先做出应激性反应,尔后将根据实际情况做出调整,回归理性分析和理智交易。

当前,美国已经通过特朗普总统的"美国优先"政策对世界原油市场产生了深刻影响。其主要表现在以下三个方面。

1. 美国持续"退群"导致突发事件频发

在经济领域,美国连续退出奥巴马时期强力推行的跨太平洋伙伴关系协定(TPP),对持续稳定运行几十年的北美自由贸易协定(NAFTA)与加拿大和墨西哥重新展开谈判,从2018年开始对美国进口的钢铁和铝制品征收高额关税,从而在世界范围内挑起了国际贸易战,更是在声称对进口自中国的500亿美元商品提高关税征收率后,进一步提高声调,将提高关税的商品推升到1000亿美元。美国在全球范围内发起的贸易摩擦将对世界经济发展产生重大影响,不排除抑制全球经济复苏,甚至引发新的衰退的可能。在外交领域,不顾国际舆论的强烈反对,一意孤行地坚决将美国驻以色列大使馆搬迁至有争议的耶路撒冷、军事打击叙利亚，先后退出应对气候变化的《巴黎协定》、联合国教科文组织（UNESCO）和联合国主导的《移民问题全球契约》，更是在近日退出多国促成的伊核协议。美国在外交领域采取的这些行动导致世界地缘政治格局和国际合作关系出现裂痕，将对全球和平发展进程产生重大影响，并将随着对中东地区局势影响程度的演进，不排除引发全球原油供给严重紧缺的预期。同时，美国以各种借口制定的制裁国家名单逐渐拉长，俄罗斯、伊朗、委内瑞拉、苏丹、南苏丹等世界重要产油国都相继成为被美国制裁的国家，一方面限制其原油出口到国际市场，另一方面限制其他国家对这些产油国进行投资和开展国际贸易，在打击被制裁国家原油生产能力的同时，也将造成国际石油市场供给水平下降。

2. 美国原油生产能力逐步提高

2007年发端于美国的次贷危机，虽然对全球经济和金融市场造成了重创，导致了世界经济的衰退，但是，此次危机也造成了全球货币政策的宽松。美国的联邦基金利率长期设定为零，并实施了大规模的量化宽松（QE）政策，美元"泛滥"；欧元区央行和日本央行则相继将基准利率设定为负值，同时伴以美国式的量化宽松，大规模投放基础货币。这也成为导致美国在经历了几十年的技术积累之后，借助低利率和基础货币宽松的金融环境出现了"页岩革命"，页岩油气产量猛增，使美国国内原油产量达到了当前创纪录的1072.5万桶/日，连续13周保持增长。其中，页岩油产量超过700万桶/日，占美国原油产量的比例达到65%以上，且美国能源信息署（EIA）预计页岩油产量将在今年的6月份达到720万桶/日。普遍预计，今年年末，美国原油日产量将超过1100万桶。与此同时，美国已经从石油净进口国转变为石油净出口国，实现了其追求已久的"能源独立"，向国际市场出口的原油第一次升至250万桶/日，比2017年的年均150万桶/日增加近2/3。美国已经成为世界石油供给的重要力量，对国际原油市场的影响力与日俱增。

3. 美元价值是国际原油价格始终绕不开的重要因素

国际原油价格由期货市场形成的迹象越来越明显，并在进入21世纪以后，伴随着油价的持续上升，被称为影响国际油价的金融因素，普遍认为国际油价存在一定的金融溢价。之所以这么说，就在于期货市场作为大宗商品的衍生品市场，实质上是一个金融市场。期货市场参与者的交易行为受到货币政策和国际金融市场风险变化的影响，并导致资金在期货、股票、债券等主要投资交易品种之间频繁流动，以及国际资本的跨境流动。在国际油价以美元标价的环境下，美国货币政策的变化直接影响到美元的价值，并导致国际油价与美元价值具有高度负相关性。而美国货币政策的变化，又受到美国宏观经济发展状况的影响，且货币政策的制定者美国联邦储备委员会（FED）主要跟踪通货膨胀率和失业率的变化对宏观经济发展趋势做出判断，并相机调整联邦基金利率和基础货币投放等货币政策，进而使通货膨胀率的变化反映美元历史价值的变化，使美元指数（代表了美元汇率）的变化反映了美元相对于其他国家货币价值的变化。应该说，美国当前的货币政策已经进入紧缩期，上调联邦基金利率实施连续加息和实施美联储缩表以收缩基础货币投放已经成为市场的普遍预期。但全球经济发展的不平衡增加了对美国宏观经济走势判断的复杂性，美国经济能否独立前行是当前市场出现的经常性分歧，对美国实施货币紧缩政策的力度产生影响。这将影响到美国货币政策调整的力度、时机和节奏，增加了对美元价值发生变化产生合理预期的复杂性和难度，不排除美元价值在某个时点上由于突发因素或小事件累积效应发生的变化，形成美元价值急速重估或超调，迫使国际油价做出相应的连锁反应，产生剧烈的波动。但总体上看，美国依然处于加息周期，美国的宏观经济状况相对西方主要经济体和新兴市场国家依然保持强势，美元不具备出现大幅度贬值的空间，且具有一定的升值空间，这将抑制国际油价的上升。

但是，我们也应该看到，这三个因素中，除了因页岩油产量持续增加而导致美国原油产量依然具有增加的潜力之外，美国"退群"和美元价值对世界石油市场产生的影响更具有间接性。也就是说，这些影响是特朗普总统奉行"美国优先"政策的"副产品"。美国如此实施这些政策和行为的首要考虑，并非要对世界石油市场施加直接影响，促使国际油价发生变化，更重要、更直接的是要实施美国的强国战略，始终保持美国的世界强国和霸权地位。但无论如何，无论是否刻意，除了高盛、美银美林等美资金融机构和研究机构出于商业利益或维持自身对石油市场的影响力等目的经常发布国际油价预测之外，美国的官方机构几乎很少对国际油价的变化做出预测，更多的是对已经发生的石油市场信息，包括原油供需、原油库存、国际油价运行等多方面的信息进行收集后集中发布，提升石油市场信息的透明度。美国的内政、外交政策和经济政策、货币政策等的制定和实施都已经、并且在未来依然将对世界石油市场产生重要影响，这也是美国世界强国地位的现实体现，而并非蝴蝶效应。美国成为当前对世界石油市场产生影响的最大扰动因素。

（四）原油价格预测分析

随着美国宣布以严厉措施制裁伊朗，有机构预测国际原油价格将再度攀升，有望达到150美元/桶。事实上，能否真正达到预测的油价充满较多的不确定性。但是，美伊博弈的持续深化，确实为国际油价带来了新的风险，值得关注和分析。

1. 油价预测具有前提条件

回顾近年来对于国际油价预测将达到150美元/桶左右的报道，主要发生过三次。一是2011年11月9日，国际能源署（IEA）预测国际原油需求将在2010年到2035年期间增长1/3，其中非经合组织国家将占新增需求的90%，特别是中国、印度等新兴经济体国家的原油需求将高速增长。如果产油国的油气投资低于每年1000亿美元，新增产能将不能满足国际原油需求的增长，国际油价将上升至150美元/桶。此时，WTI和布伦特油价分别处在95美元/桶和115美元/桶左右，分别需要上涨57.89%和30.43%才能达到预测油价。二是2013年10月21日，欧佩克秘书长巴德里（Abdalla El Badri）表示，由于欧佩克成员国削减油气投资，新建产能减少，将导致原油价格达到150美元/桶。此时，WTI和布伦特油价分别处在100美元/桶和109美元/桶左右，要达到预测油价需要分别上涨50%和37.61%。三是2014年6月13日，BP公司资本管理部门创始人皮肯斯（T. Boone Pickens）表示，由于伊拉克国内冲突加剧导致政治局势紧张，可能造成其原油供给中断，国际油价将达到150美元/桶以上。此时，WTI和布伦特油价分别处在107美元/桶和114美元/桶左右，油价需要分别上升40.19%和

31.57%才可以达到预测目标。

从这三个预测中,我们可以明显地看到,预测目标油价有着较为充分的前提条件。首先,做出油价预测时的国际原油价格处于高位运行,只需要大约30%至50%的涨幅就可以达到150美元/桶的预测水平。预测的绝对油价看起来比较高,但涨幅并不算特别大,有可能在一个相对较长的时间段内实现。其次,供求关系存在潜在性较大失衡。IEA预测中的需求大幅增长,以及欧佩克秘书长巴德里预测中的产油国大幅度削减投资,都会使供应的增长不能满足需求的增加,从而引发国际原油市场失去平衡,成为单边市场。再次,突发事件引发原油供应中断的预期。这标志着国际原油市场将受突发事件影响,在一个相当短的时间内造成供应急剧减少,引发市场的剧烈变动。最后,这些预测从来都是使用"可能"较为不确定的词定义预测油价。这说明预测者本身阐明的是一种不确定的结果,潜台词是:有可能发生,也有可能不发生。

2. 美伊博弈加大油价快速上涨风险

在国际油价的历史上,突然出现油价翻倍,也仅仅发生在第四次中东战争导致的阿拉伯国家对美国的石油禁运期间和伊朗伊斯兰革命所引发的石油供应锐减期间这样特殊的历史时期。除此之外,实现油价翻番至少需要3个月到6个月的时间,且一般都伴随着突发事件所引起的原油供应骤减的影响,并伴随着油价的波动。

就当前国际原油市场本身而言,从需求端看,世界主要经济体处于经济复苏和温和上涨的边缘,再加之新能源汽车快速增加所导致的对原油的替代效应,全球的原油需求不具备短期内出现爆发性增长的条件,而更多的是随经济增长所表现出的持续较长时间内的温和增加。从供给侧看,美国在页岩油产量快速增长的带动下,原油产量屡创新高;欧佩克和俄罗斯等主要非欧佩克产油国依然处于执行减产协议的状态,即使在美国的压力下于6月份勉强达成了增产协议,但增产的效果并不明显,产能仍然存在较大过剩,等待市场消化,国际原油市场供应较为宽松的局面并没有从根本上改善。

从美元环境看,在美国经济强劲增长的带动下,美元处于加息周期,再加之美联储正在实施的"缩表",货币政策紧缩,美元保持强势。在特朗普总统奉行"美国优先"政策环境下,挑起了世界范围的贸易争端,使全球经济发展面临更多的不确定性,但正是这种不确定性风险,使美元的避险价值更加凸显,助推美元走强。因此,美元强势的地位短期内不会发生根本性的转变。由于国际油价普遍以美元标价,且存在负相关的关系,美元强势,将对国际油价的上涨产生抑制作用。

在现阶段,需要引起高度关注的是因美国制裁可能导致的原油供应中断或锐减。目前,美国对俄罗斯、委内瑞拉和伊朗这世界三大产油国都在进行制裁。其中,对委内瑞拉的制裁,以及该国政治局势不稳,已经造成了大幅度的减产,原油产量已经降至120万桶/日,较去年同期下降1/3,较原有的330万桶/日下降近2/3,如继续恶化,将几近丧失原油出口能力。

对未来市场将产生巨大影响的是美伊围绕伊核协议博弈加剧。美国致力于在11月4日将伊朗原油出口量降至零,这将使国际原油市场减少250万桶/日的供应量。虽然沙特阿拉伯、俄罗斯等国可以释放现有原油产能,美国也可以向国际市场出口原油,但是,较难在短期内弥补伊朗出口原油的缺口,将引起国际原油市场骤然失衡,国际油价不排除出现快速上涨的可能。而一旦美国真正迫使伊朗原油出口降至零,伊朗已经声称将封锁中东地区原油运输要道霍尔木兹海峡,存在引发战争的风险,这将导致国际原油市场减少2000万桶/日以上,这是任何其他产油国都不能弥补的,国际油价涨至150美元/桶以上并非只是"幻想"。如果战争持续,油价可能涨至更高。

3. 积极做好油价快速上涨的应对

从美国公布对伊朗制裁措施之后,美国政府对欧洲的盟友国家和进口伊朗原油的国家展开了强有力的游说,且态度非常坚决和强硬,不准备给予任何国家豁免。从目前形势判断,美国并没有改变将伊朗原油出口降至零的目标和决心。而伊朗原油各进口国,除了停止进口伊朗原油外,在美国制裁的"长臂管辖"原则下,也没有好的应对措施以规避因进口伊朗原油可能招致的美国制裁。这将使伊朗原油进口国面临原油进口来源减少和油价快速上涨的巨大风险。

为此,应未雨绸缪,做好迎接高油价的相应准备。对于石油对外依存度已经相当高的中国而言，必须加快与中亚地区国家和俄罗斯等邻近产油国的合作，增加进口量以满足中国经济发展的需要。其次，高油价并非完全是坏事，在不得不承受高油价的情况下，将有利于促进中国加快提升能源效率的步伐，激励相应技术的创新和发展。再次，应加快深化油气体制改革，研究取消石油特别收益金，针对国内油气勘探开发领域实施税收优惠，鼓励企业加大勘探开发力度和前沿技术研发创新、投融资模式创新，激发行业活力，强化新增原油产能建设，增加国内原油产量。最后，应着手研究并加大对新能源和生物能源领域的政策支持力度，促使尽快实现技术突破，降低投资和生产成本，形成替代原油使用的优势，促进中国实现能源转型。

七、中国原油期货

经过多年的准备，中国原油期货于 2018 年 3 月 26 日在上海国际能源交易中心挂牌上市交易，上涨 3.34%，实现开门红。这标志着中国原油期货在时隔 25 年之后再度出现在公众视野，特别是在中国于 2017 年首度超越美国成为世界最大石油净进口国的现状下，原油期货上市引起了国内外媒体和专家学者的广泛关注，中国原油期货对推动中国在国际原油市场的定价话语权和人民币国际化以及建立石油人民币的积极作用，更是成为大家议论的热点。

（一）中国原油期货的历史

此次原油期货挂牌交易不是第一次在中国出现，但却是交易制度和监管制度最为完善的一次。1993 年，原上海石油交易所成功推出石油期货交易，合约包括大庆原油、90 号汽油、0 号柴油和 250 号燃料油 4 个品种，1994 年的日平均交易量超过新加坡国际金融交易所，在国内外产生了重大影响。当时最为活跃的 90 号汽油期货合约与 WTI 期货的相关系数达到 0.691。1995 年 1 月，证监会下发《关于暂停原油、成品油期货交易的通知》(证监发字〔1995〕7号),原油期货停止上市交易,主要原因在于以下两个方面。

1. 期货市场发展的法律制度建设滞后

中国自1988年开展期货交易后,一些地方和部门竞相开办期货交易所,盲目成立期货经纪公司,甚至一些执法部门也参与交易活动,出现了期货经纪公司蓄意欺骗客户等行为,1993年11月,国务院发布《关于坚决制止期货市场盲目发展的通知》(国发〔1993〕77号),对期货市场进行整顿。当时有原油期货上市交易的交易所包括原上海石油交易所、原华南商品期货交易所、原北京石油交易所、原北京商品交易所等,期货合约标准化程度低,且由其所在地承担监管职责,监管差异较大,缺乏国家层面的统一监管和期货市场法律制度安排,期货市场较为混乱。

2. 原油、成品油流通体制改革使期货市场失去了存在的意义

1994年4月,《国务院批转国家计委、国家经贸委关于改革原油、成品油流通体制意见的通知》(国发〔1994〕21号),明确规定"原油、成品油一律实行国家定价",原油期货的市场化价格形成机制与之明显不匹配。原油实行国家定价之后,期货市场的价格发现功能无从发挥。

自1993年国务院开始整顿期货市场以来,期货市场的法制化建设不断加快。在通过以一系列政策文件为主对期货市场进行规范之后,1999年6月2日,国务院颁布《期货交易管理暂行条例》,标志着中国期货市场正式走向法制化的轨道。1999年8月31日,中国证监会颁布《期货交易所管理办法》《期货经纪公司管理办法》《期货经纪公司高级管理人员任职资格管理办法》和《期货经纪公司从业人员资格管理办法》等一系列与《期货交易管理暂行条例》相配套的规章制度。1999年12月25日,《中华人民共和国刑法修正案》将期货领域犯罪纳入刑法。2007年,为了适应期货市场的发展需要,国务院修订发布了《期货交易管理条例》,随后证监会又对一系列相关的期货管理规章制度进行了修订和完善。其间,郑州商品交易所、大连商品交易所、上海期货交易所得到了长足发展,期货交易的商品涵盖农产品、矿产品、有色金属、化工和钢材等多个领域,为实施商

品期货交易监管积累了较为丰富的经验，监管制度趋于完善，应对期货市场风险的管理能力不断增强。

与此同时，中国原油和成品油的市场环境发生了深刻变化，市场化程度不断提高，在原油和成品油领域确定了市场化定价机制的方向，其价格形成已经实现与国际市场接轨。随着原油和成品油市场化定价机制的不断完善和中国经济的快速发展，普通百姓和各行各业对价格的承受能力已经明显增强，对实行完全市场化定价给予厚望；民营炼化企业和成品油流通企业、加油站发展迅速，其市场占有率已经与中国石油、中国石化和中国海油基本平分秋色；油气体制改革步伐加快，向民营等社会资本开放已成定局，油气生产运营主体呈现多元化；原油进口配额逐步开放，以民营为主的地方炼厂获得的原油进口配额已经超过1亿吨。这些都说明中国原油和成品油市场的竞争主体已经由三大国有石油公司寡头垄断逐步向开放的市场竞争格局转换，竞争主体的多元化呼唤价格的市场化，原油期货市场的开放性和充分竞争的特性恰恰适应了行业发展变化的需求。

（二）中国原油期货上市的重大意义

中国原油期货的推出体现了"高起点、跨越性"的特点：

一是中国还没有汽油、柴油等主要石油产品的期货交易，而布伦特、WTI等有国际影响力的原油期货都是在汽油、柴油等期货产品上市相当长的一段时间后才推出的。

二是中国还没有形成有效的石油产品市场化定价机制。即使国内原油价格已经与国际原油市场接轨，但从本质上说，依然不是完全的市场化定价，没有反映中国的原油供需状况；成品油定价则是成本加成定价机制，其价格也没有反映中国成品油市场的供需变化。

三是中国还没有规范繁荣的原油现货交易市场和现货价格报价体系，使原油期货价格缺乏对价标杆。

在这样的背景下，中国原油期货上市交易的重大意义，从表面上看，在于提升中国在国际原油市场的话语权，冲刺亚洲原油定价基准，助推人民币国际化，以及为油气行业提供新的风险管理工具。从更深层次看，中国原油期货重新上市的重大意义主要体现在四个方面：

一是将推进中国资本市场的对外开放，吸引更多的境外参与者和国际资本投资中国资本市场，增强中国资本市场的流动性和国际化程度，打造世界金融中心。

二是将推进深化油气体制改革。原油期货上市后，原油和成品油价格的市场化进程将进一步加快，通过期货市场的价格发现功能和引导，实现完全由市场定价，并通过市场化价格的杠杆作用和传递机制，吸引更多的各类资本进入油气行业，激发活力，实现类似美国页岩气革命的中国油气行业的"革命"，为油气体制改革各项措施落地和实现改革目标创造条件。

三是将推进提升利用国际市场原油资源的能力。原油期货市场的健康发展，将合理反映中国原油市场的供需状况，有利于引导国际原油、成品油资源有效流入中国市场，提升利用国际市场资源服务中国经济发展的能力和效率，有效控制发展成本。

四是将推进国家能源安全保障能力建设。原油期货是重要的能源期货品种，原油期货的成功将为进一步推出成品油、天然气、电力、煤炭等能源品种的期货起到示范作用，推动中国能源市场的深度变革，提升国际化水平，满足国家能源安全战略需求。

（三）中国原油期货的作用

中国原油期货的推出顺应了中国经济实力不断增强和中国进口原油与日俱增、原油对外依存度在21世纪以来节节攀升的大环境。总体上，中国原油期货的热度主要集中在提升中国在国际原油市场的定价权和话语权，以及将成为助推人民币国际化的重要载体，丰富了中国甚至亚太地区油气企业、行业参与者风险管理工具，也为世界范围的投资者提供了新的投资工具。中国原油期货将具有以下三个方面的作用。

1. 提升国际原油定价权

为原油定价是原油期货市场交易的最直接体现。在国际原油价格的历史上，其定价模式经历了早起的成本加成定价、"石油七姐妹"时期的垄断定价、欧佩克成立之后的寡头定价和20世纪80年代原油期货上市之后的自由竞争市场定价四个阶段。应该说，在原油期货市场建立的早起阶段，期货市场的参与者以油气行业的生产商、消费者和贸易商为主，交易的目的主要是实施风险管理，避免价格剧烈波动对企业带来的不利影响。但是，随着期货市场的不断发展，以获取交易价差为目的的投机商开始参与原油期货市场的交易。特别是美国在经历了里根的供给侧改革，取得巨大经济成就之后，格林斯潘成为美国联邦储备委员会（FED）主席，实施了连续十多年宽松的货币政策，为各种基金投资原油期货市场提供了充裕而成本低廉的资金，使WTI和布伦特原油期货脱颖而出，并借助其活跃的交易而成为世界原油的定价基准。

进入21世纪以来，伴随着中国经济的快速发展，中国对能源的需求不断攀升，特别是对原油和天然气的进口表现出了巨大的需求，并被世界解读为带动新世纪原油价格上升的重要因素。与此同时，中国原油进口量虽然巨大，但由于布伦特和WTI，以及后来出现的迪拜原油期货已经成为全球范围内原油的定价基准，中国只能做原油价格的被动接受者。因此，近年来有很多专家一直在呼吁增强中国在国际原油市场的定价权和话语权，使中国进口原油的价格能够较为客观地反映中国市场的供需状况和消费结构。

正是在这样的大背景下，中国的原油期货被给予了厚望，期待着中国原油期货的挂牌交易，在短期内成为中国原油价格的定价标准，并在未来成为亚太地区的原油定价基准，充分反映中国和亚太地区的原油供需状况，消除国际原油市场上的中国溢价，引导国际原油资源有效流入中国和亚太地区。这固然是一个良好的愿望。但是，我们应该客观看待中国原油期货市场的作用。中国原油期货成为中国和亚太地区的原油定价基准，并不意味着一定是在未来降低进口原油的价格。布伦特和WTI原油期货价格的波动已经充分证明，原油期货市场很可能加剧市场参与者的不理智行为和对某些供需变化的过度解读，或形成过度悲观预期打击油价，或形成过度乐观预期推高油价，导致油价波动频繁，并可能在全球范围内形成不同原油期货市场之间的套利操作，使油价并不能完全真正反映中国和亚太地区的原油供求状况。

2. 助推人民币国际化

中国原油期货以人民币标价客观上已经使原油期货成为人民币国际化的重要载体。应该说，在人民币加入国际货币基金组织（IMF）特别提款权（SDR）货币篮子之后，人民币国际化已经正式开启。在国际金融和货币体系中，人民币在国际结算、国际融资、外汇储备、外汇及衍生品交易等领域的排名虽然徘徊在第5名左右，但在各领域中所占比重则非常小，与美元、欧元存在巨大的差距。因此，人民币国际化客观上需要合适的载体，以推进提高人民币在国际货币体系中所占的比重，使人民币的排名更具有真正的意义。

原油作为在全球范围内广泛交易和活跃的商品，在国际贸易中占有及其重要的地位。就中国而言，2017年原油进口量4.2亿吨，如果按照美国能源信息署（EIA）发布的2017年国际原油市场WTI原油平均价格50.79美元／桶（布伦特原油平均价格54.15美元／桶）测算，中国进口原油价值约1557亿美元。按2017年人民币兑美元平均汇率6.7518计算，折合人民币约10513亿元。如果采用人民币结算，将大大提升人民币在国际货币体系中的地位。

更为重要的是，人民币在中国进口原油中的使用将会带动人民币在全球原油和天然气贸易中的使用。2016年，世界原油贸易总量为32.23亿吨，占当年原油产量43.82亿吨的73.5%；管道天然气贸易7375亿立方米、LNG贸易量3466亿立方米，合计占天然气生产量3.55万亿立方米的30.5%。如果使用人民币结算的贸易量能够达到20%以上，将对人民币国际化起到极大的促进作用。

因此，中国原油期货以人民币标价和结算为扩大人民币的使用范围和活跃人民币在国际贸易中的使用频率和结算占比，具有重大的带动作用，也将提升国际货币体系对人民币的可接受程度，有力助推人民币国际化。

3. 提供风险管理工具

为市场参与者提供丰富的风险管理工具是期货市场的基本功能。从期货市场产生的历史看，芝加哥商品交易所作为世界上第一家开展商品期货的交易所，为美国的农民提供了较好的风险管理工具和规避风险的手段，使其可以通过期货市场,锁定农产品未来的出售价格,以获取稳定的收益,规避农产品市场供求剧烈变化的风险。目前,全球主要油气生产企业、消费者和贸易商都广泛的使用了期货、期权等油气衍生品作为风险管理工具,较好地平缓了其面临的油气价格变动的风险。中国原油期货的上市,将为中国的石油生产商、消费者和贸易商提供行之有效的、便捷的风险管理工具,依据各自对未来原油市场供求关系和走势的判断,从各自的角度锁定收益或成本,对所面临的原油价格风险实施有效管理,避免原油价格波动可能对其造成的损失。同时,也将降低中国企业使用布伦特、WTI等国际原油期货品种实施风险管理的成本,规避美元汇率变化的风险,提升风险管理的效率和效果。

(四)中国原油期货的特点

在原油期货合约和交易制度的制定上也瞄准了国际原油市场和境外参与者。按照上海国际能源中心发布的有关文件,中国原油期货确立了"国际平台、净价交易、保税交割、人民币计价"的基本思路,实现了制度上的突破。

"国际平台"就是交易国际化、交割国际化和结算环节国际化,引入境内外交易者参与。这意味着中国原油期货将向布伦特(Brent)、WTI、迪拜(Dubai)等国际原油期货看齐,并在未来的国际原油期货市场上展开竞争与合作,争取首先成为亚太地区原油市场的定价基准。

"净价交易"就是原油的计价为不含关税、增值税的净价。这将减少因为税制和税率不同对原油价格的影响,便于国际原油供应商定价决策,以及与其他国际基准油价比较,满足不同投资者建立跨市场交易的需要。

"保税交割"就是依托保税油库,进行实物交割。主要是考虑保税现货贸易的计价为不含税的净价,保税贸易对参与主体的限制少,保税油库又可以作为联系国内外原油市场的纽带,有利于国际原油现货、期货交易者参与交易和交割,也有效回避了中国对原油进口实行的配额制。

"人民币计价"就是采用人民币进行交易、交割,并同时接受美元等外汇资金作为保证金使用。这既体现了建立人民币标价的国际原油基准的客观需求,也反映了中国原油期货的国际化特征，在中国没有完全实现人民币可自由兑换的情况下，最大限度地吸引和便利境外投资者参与中国原油期货的交易。

（五）中国原油期货合约的基本特点

总体上看，中国原油期货合约具有以下六个方面的基本特点：

1. 人民币标价和结算

按照《上海国际能源交易中心交易规则》（以下简称交易规则）第7条的规定，"合约以人民币或者能源中心规定的其他货币计价"。《上海国际能源交易中心交易细则》（以下简称交易细则）第23条规定，"人民币作为能源中心结算币种。经能源中心同意，外汇资金和价值稳定、流动性强的标准仓单、国债等资产可以作为保证金"；第37条规定，"盈亏、费用、交割货款等款项应当以人民币货币资金支付"。这从交易制度上规定了中国原油期货以人民币标价、交易和结算，也是中国原油期货有别于其他国际原油期货的最大特征。

目前，具有国际影响力和定价基准作用的布伦特、WTI和迪拜原油期货，无论开展期货交易的场所、标的原油产地和交割库在哪里，都唯一使用美元进行标价和结算。俄罗斯虽然在圣彼得堡推出了以卢布标价的原油期货，但市场影响力非常小，导致俄罗斯向国际市场出口的原油，包括其强力打造的乌拉尔牌原油，全部以美元标价和结算。

为了吸引境外投资者，中国原油期货在交易制度上允许其以外汇资金或外汇资产作为保证金使用，并为其将交易获得的人民币收益兑换外汇和汇出中国境外提供便利。按照能源中心规定，可用于作为保证金的外汇币种为美元，以中国外汇交易中心公布的当日人民币汇率中间价作为其市值核定的基准价，折扣率为0.95。

2. 设置涨跌停板

交易规则第16条规定，"交易指令的报价应当在涨跌停板幅度之内"。能源中心原油期货标准合约规定（以下简称标准合约），涨跌停板幅度不超过上一交易日结算价±4%（其中期货合约上市第一个交易日的涨跌停板幅度为基准价的10%）。在实际运行中，交易中心根据市场运行情况和临近交割的情况，灵活性设定并执行了不同的涨跌停板幅度限制。

设置涨跌停板制度充分体现了中国市场投资者和风险承受能力现状，以及监管的审慎、稳健原则。与国际原油期货比较，布伦特原油期货，没有设置交易日价格的任何涨跌幅度限制。WTI原油期货，设置了上涨或下跌10美元／桶的阶梯涨跌停板暂时熔断机制，当交易日任何一个合约的交易价格在涨跌停板上的交易或出价达到5分钟，则暂时停盘5分钟，之后，涨跌停板扩大10美元／桶。如果再次出现同样的情况，暂时停盘5分钟后，涨跌停板再扩大10美元／桶，并依此类推，给予了市场参与者冷静思考和寻求引起市场价格变化原因的时间。因此，设置涨跌停板制度，有助于提升理性交易。但在影响市场的因素出现剧烈变动时，则可能引发市场表现出一定程度的恐慌，而使市场无法及时出清，进一步加剧市场的恐惧情绪。

3. 中质含硫原油

标准合约规定，中国原油期货标的原油的交割品质为中质含硫原油，基准品质为API度32.0，硫含量1.5%，并发布了阿联酋联合酋长国迪拜原油和上扎库姆原油、阿曼苏丹国阿曼原油、卡塔尔国卡塔尔海洋原油、也门共和国马西拉原油、伊拉克共和国巴士拉轻油和中国胜利原油等七个原油期货可交割油种、品质及升贴水。而布伦特原油的API度38，硫含量0.4%；WTI的API度39.6，硫含量0.24%；迪拜原油API度31，含硫量2%，具有较为明显的品质差异。同时，中质含硫原油约占全球原油产量的40%左右，产量大意味着可交割的原油量充足，易于实施交割，有利于维护期货市场的稳定。另一方面，也比较符合当前中国进口原油的品质构成和炼油厂的加工特点。

4. 实物交割

按照标准合约的规定，中国原油期货采取实物交割的方式，交割地点为能源中心指定交割仓库，交割期为该期货合约最后交易日后的连续5个交易日。同时，《交割细则》第140条规定，"原油期货合约交割实行保税交割，即以原油指定交割仓库保税油罐内处于保税监管状态的原油作为交割标的物进行期货交割的过程"，这意味着保税标准仓单持有人需要对保税原油办理报关进口，按不含税的原油价格交割。因此，卖方需要在合约到期之前完成原油入库，形成仓单。

布伦特原油采取的是现金交割的方式。期货合约到期之后，未平仓合约的持有双方，可以在伦敦洲际交易所（ICE）的交易系统按照 Brent Index[①]的现货交易价格确定布伦特期货的现金结算价，并进行清算和资金交割。这是一种非常简便和易于操作的交割方式。

WTI 原油期货合约虽然也采取了实物交割的方式，但在交割地点的选择上相对比较集中，交割日相对比较短，为最后交易日后的连续三个交易日。实物交割须在俄克拉荷马州库欣（Cushing,Oklahom）的任何管道或储油设备按离岸价（FOB）条件进行交割，且有权使用 Enterprise 库欣储油设备或 Enbridge 库欣储油设备的管道，并同时规定了便利于买方的交割原则。

中国原油期货的交割方式虽然可以最大程度上减少违约的发生，但相对于 WTI 原油期货的现货交割而言，拉长了管理环节，增加了交割成本。同时，对于买方来说，在能源中心完成配对之前，并不知道原油的具体交割地点。而按照目前能源中心公布的交割仓库，分布于大连、日照、舟山、宁波、湛江等五个地理位置相距相对较远的地点，对原油交割后的买方完成交割原油的使用存在诸多不便。

5. 固定比例保证金

按照标准合约，中国原油期货保证金采取固定比例保证金，即保证金为合约价值的 5%（目前，规定为 7%）。而布伦特和 WTI 原油期货采用的是基于 SPAN[②]系统的阶梯式保证金制度。在该方式下，合约时间越近，所交纳的保证金金额越高；合约时间越远，所交纳的保证金金额越低。这充分体现了交易所对不同时间合约的风险控制，交割日越近，违约风险越高，保证金越高；交割日越远，违约风险越低，保证金越低。总体上看，布伦特和 WTI 原油期货的保证金比例大

---

① Brent Index 是 25 天 BFOE（北海地区 Brent，Forties,Oseberg 和 Ekofisk 四种原油）当月船货的加权交易价格、25 天 BFOE 次月船货的加权交易价格和指定媒体报价的均值。

② SPAN (Standard Portfolio Analysis of Risk) 是一个基于投资组合的保证金计算与风险评估系统，其核心体现了高效的资金风险管理能力。SPAN 是由芝加哥商业交易所（CME）为加强风险控制，于 1988 年 12 月 16 日设计推出的。目前，已成为计算投资组合保证金和风险评估的国际标准，被全球 50 家交易所等金融机构采用。

约为合约价值的 2% 和 3% 左右。从保证金比例来看，中国原油期货的杠杆率较布伦特和 WTI 低，相对增加了期货交易参与者的交易成本，有利于控制和降低期货炒作的风险。

6. 合约时间跨度相对较短

中国原油期货的合约月份为最近的 1—12 个连续月份和随后的 8 个季月，最多 20 个合约品种（目前即将上市交易的有 15 个合约），时间跨度为 36 个月。按照洲际交易所公布的信息，布伦特原油期货合约最长为 96 个连续月，目前有 83 个有效合约[①]可进行交易；纽约商品交易所公布的 WTI 原油期货合约由当年月份合约和之后 8 个年度的月份合约，以及此后的另外两个连续月合约组成，目前有 107 个有效合约[②]可开展交易。但是，最为活跃的为当年的月份合约，之后年份合约的活跃度非常低，且距离当前时间越近，相应合约的活跃度越高。中国原油期货合约的时间跨度最短，合约品种相对较少。

（六）中国原油期货市场发展的四个关系

期货市场发展到今天已经发生了很大变化。商品属性逐渐减弱，金融属性逐渐显现，期货市场与现货市场开始分离为两个不同的市场，期货的商品衍生性质凸显。原油期货作为原油商品的衍生品，虽然从理论上看期货市场形成的价格决定了现货市场的价格，但在现实中经常出现两者不一致的情况，存在期现套利空间，基差（现货价格减期货价格）交易越来越活跃。特别是在投机者参与原油期货市场交易的气氛非常浓厚的情况下，期货市场运行已开始脱离原油供需的基本面，而更加依赖于货币政策、资金成本、突发事件、心理预期等多种非原油供需因素，"全球原油价格基准已经与实体市场没有直接联系"。因此，在寄望中国原油期货稳健发展的同时，我们也必须看到期货市场存在的风险，冷静分析和审视这些风险，从中国原油期货市场自身角度处理好投资与投机的关系、期货市场发

---

① BRENT CRUDE FUTURES EXPIRY DETAILS. https://www.theice.com/products/219/Brent-Crude-Futures/expiry.

② Crude Oil Futures Calendar. http://www.cmegroup.com/trading/energy/crude-oil/light-sweet-crude_product_calendar_futures.html.

展与人民币国际化的关系,从外部角度处理好期货市场风险与实体经济风险、中国原油期货与国际原油期货的关系。

1. 原油期货市场投资与投机的关系

原油期货市场的参与者由投资者和投机者组成。投资者将原油期货市场作为风险管理工具,为了规避原油价格变动的风险而进行交易,一般包括原油生产商、消费者和贸易商,其持仓称为商业性持仓。投机者将原油期货作为获取盈利的工具,为了获取原油期货合约价格的价差而进行交易,其本身并不经营原油以及与原油相关的实体经济业务,主要包括各类基金、大型投资银行等金融机构,其持仓称为非商业性持仓。从美国商品期货交易委员会(Commodity Futures Trading Commission,CFTC)公布的 2009 年 7 月 21 日到 2017 年 3 月 21 日的原油期货交易每周持仓数据看,商业性持仓占持仓总量的比例由 77.03% 下降到 68.83%(其中 2010 年 1 月 26 日占比最高,为 78.61%),非商业性持仓占比则由 22.97% 上升到 31.17%(其中 2016 年 2 月 9 日占比最高,为 38.4%)。同期,非商业性多空持仓总量上升 136%,而商业性多空持仓总量仅上升 55%。非商业性交易者的参与度和活跃度稳步提高,对原油期货市场产生了显著影响。

投资者构成了原油期货市场存在和发展的基石,投机者则成为使原油期货市场保持高度活跃性的重要机构。但是在实际运行中,比较难以对投资者和投机者进行完全区分。有时候,投资者也会追逐原油期货合约的价格差异,持仓量超过正常的商业避险需求,从而使自身的交易具有一定的投机性,不再是完全的投资者。在某种条件下,或出于获取行业发展第一手信息,或出于投机交易的风险控制,或出于利用规则蓄意操控期货市场等多种目的,投机者也会寻求参与原油行业的实业投资,收购原油生产企业、储存设施等实体资产并运营,一定程度上转变成了原油期货的投资者。

因此,必须正确认识投资者和投机者在原油期货市场健康运行中的作用,既要保护投资者以使原油期货市场不失去其最基本的原油定价和风险管理功能,也要建立适当的规则,加强市场监管,容忍投机者遵守交易规则参与原油期货市场交易,保持投机者的参与度,提升原油期货市场的活跃度水平。

2. 原油期货市场发展与人民币国际化的关系

原油期货市场发展与人民币国际化是相辅相成、相互促进的关系。从设计上看，中国原油期货以人民币标价和结算，实质上已经成为人民币国际化的重要载体。中国原油期货的稳健发展和交易繁荣将有力地推动人民币国际化的进程。但是，原油期货仅仅是人民币国际化的一个方面，解决了人民币在国际原油贸易领域可接受和使用的问题，更为重要的是，要设定人民币国际化的路线图和时间表，从人民币成为国际货币的角度，提升人民币币值的稳定性和跨境自由流动性，逐步降低直至消除人民币跨境流动的障碍，使人民币能够较为有效地投放国际货币体系，并通过建立人民币境内外可投资的市场、工具，完善人民币国际清算体系，使人民币持有者能够享受人民币国际化的红利。随着人民币国际化进程的加快，中国原油期货市场将成为人民币重要的投资工具和风险管理工具，进而促进中国原油期货市场的繁荣发展，助推中国原油期货成为亚太地区乃至全世界重要的原油定价基准。

因此，中国原油期货上市交易，从短期看，为人民币国际化提供了较好的工具，从长期看，只有人民币真正实现国际化，才能实现通过原油期货增强中国在国际原油市场定价权，并成为亚洲定价基准的初衷。否则，中国原油期货的境外参与者必然将人民币价格与布伦特、WTI等原油期货的美元价格进行对比，甚至建立跨市场套利模型开展套利交易，并在欧美地区出现人民币原油期货价差交易、波动交易等衍生品，人民币兑美元汇率将成为影响中国原油期货价格的重要因素，且境外参与者的参与程度越深，汇率因素越重要，对人民币国际化的要求就越高。

3. 原油期货市场风险与实体经济风险的关系

风险具有系统性和传导性，也就是说，期货市场的风险和实体经济的风险相互传导。一般情况下，期货市场会对实体经济面临的风险进行较为充分的反映。例如，原油勘探成本不断增加，将增加原油发现的投资风险，意味着原油生产的总成本升高，供给能力可能会产生不足，原油期货市场将对此做出及时反映，并表现在原油远期期货合约价格升高。反过来，原油期货市场在预期下被炒作而脱离原油供需基本面之后，则存在原油价格泡沫，原油价值被夸大，导致原油产业投资增加，一旦泡沫破灭，原油价格可能会出现较大下跌，使原油生产商的收益锐减，造成投资失败和实体产业的连锁反应，影响实体经济的发展。2014年，布伦特和WTI期货价格暴跌对沙特阿拉伯、俄罗斯等主要产油国的经济发展造成巨大冲击，以至于欧佩克不得不达成减产协议，实行减产保价，维护自身经济利益。

因此，在强调"防范化解重大风险"的大环境下，必须要处理好原油期货市场风险与实体经济风险的关系。首先要研究和认清两方面可能存在的风险，并进行分析、评价和评估，找出现阶段需要重点防范的风险。其次要研究和分析两方面风险相互传导的机制和方式。最后要有针对性地制定风险传导的监控指标及其预警值，建立风险防控的预警机制和应对措施，当出现临界值或者达到预警值后立即做出有效反应和控制，防止风险扩大。对两方面风险的相互传导和影响保持清醒的认识，并进行及时有效的应对，有助于原油期货市场的稳健发展。

4. 中国原油期货与国际原油期货的关系

中国原油期货与国际原油期货终将形成竞争性的合作关系，既有竞争，又有合作。竞争主要体现在对世界范围内原油市场参与者的吸引力，以凸显中国原油期货市场的特色；合作就是要在交易规则、合约条款标准化、监管安排等方面进行合作，规范跨市场的套利交易行为，使期货市场保持健康的发展。

从全球范围看，布伦特和WTI原油期货已经分别成为欧洲和美洲地区的原油定价基准。由于欧洲原油资源较为匮乏，大量依赖国际原油贸易获取所需的原油资源，因此布伦特原油期货更加精准地反映了欧洲的原油供需状况。相对于WTI原油期货更加偏重于反映美国原油供需关系而言，布伦特原油期货在全球原油贸易体系中的定价基准作用更为突出。在亚洲地区，迪拜酸性原油期货合约已经在新加坡交易所（SGX）上市交易，并成为反映亚太地区原油供需状况的定价基准。同时，日本东京商品交易所，以及印度等国的交易所也已经上市原油期货交易，试图争夺亚洲原油定价基准。

中国原油期货作为国际原油期货体系中的新生事物，首先，必须加强与纽约商品交易所（NYMEX）、洲际交易所（ICE）和新加坡交易所（SGX）等的合作，使中国原油期货合约条款在保持自身特色的前提下，尽可能与布伦特、WTI、迪拜等成熟的原油期货合约条款实现接轨，便于境外投资者的理解和参与。其次，要找准中国原油期货定位，设定中国原油期货的发展路线图和目标。在发展初期，应以完善交易规则，增强投资功能，逐步提升活跃度为主，将成为世界原油定价基准设定为长期目标。最后，要充分认识到中国原油期货的发展最终将与现有具有世界影响力的其他原油期货，特别是在新加坡交易所上市的迪拜原油期货形成竞争。这就要求我们必须未雨绸缪，对可能形成的竞争态势，以及如何突出和提升中国原油期货对全球参与者的吸引力早做准备，制定相应的对策。

（七）中国原油期货市场发展的九个问题

为了实现中国原油期货的健康发展，应处理好以下九个方面的问题和矛盾。

1. 如何塑造中国原油期货的特色

目前，普遍认为，中国原油期货合约标的原油为中质含硫原油，填补了当前国际原油期货市场的空白，且中质含硫原油占世界原油产量的45%左右。但是，这仅仅是原油交易品种的不同，并未必成为中国原油期货合约的特色。我们认为，所谓特色，必须与布伦特、WTI、迪拜酸性原油等国际期货品种相比，在合约要件上具有明显优于其他期货交易品种的不同特点，能够弥补其他原油期货交易品种存在的不足。而从目前看，无论从合约品种、交易时间、市场出清等交易属性，还是从保证金机制、期货交割等风险管控和期货交割便利性等角度，我国原油期货都不具有明显优势。因此，我们寄望于上海国际能源交易中心能够沿着市场化的逻辑，深入分析当前国际原油期货品种的优劣势，改进中国原油期货合约的要件，真正形成自身的交易特色和服务特色。

2. 如何充分反映中国原油供需状况

我国虽然已经超越美国成为世界最大的原油净进口国，但是中国原油市场的供需基础数据和原油进口数据还没有形成定期发布机制。同时，我国的国家原油储备正在推进建设过程中，库容和原油进出国家储备库的信息没有公开；原油商业储备库的情况也没有权威性的公开数据。炼厂原油加工量和开工率，以及成品油市场供需情况等方面的详细数据更缺乏权威性公开信息，大多依赖于一些研究机构的推测。一个缺乏权威行业信息发布渠道的市场，其形成的价格不可能具有充足的客观性和权威性。为此，应研究建立石油行业公开信息官方发布机制，加强权威信息透明化发布建设，尽快建立起类似路透社、布隆伯格等非官方机构权威信息机构，使原油期货市场的参与者能够较为客观、全面的掌握我国原油供需状况及其变化情况，合理引导市场预期，降低炒作风险，将对中国原油期货市场的健康发展起到关键性作用。

3. 如何提升中国原油期货价格的认可度

期货市场的活跃度是保证期货价格有效性的重要前提。但是，活跃度和交易量并不能必然决定实体企业对期货价格的认可程度和接受程度。从行为科学的角度说，只有亲身参与了价格的形成，才能认可这个价格。否则，在这个价格没有被广泛认可之前，必然会对其公允性存在疑虑。因此，按照中国原油期货建设成为亚洲原油定价基准的目标，必须千方百计制定有针对性的措施吸引境外参与者，特别是与中国有原油贸易的沙特阿拉伯、俄罗斯、伊朗、安哥拉、委内瑞拉、伊拉克、卡塔尔、哈萨克斯坦等产油国的石油公司和国际原油贸易商广泛参与中国原油期货交易。其参与度越高，对中国原油期货价格的接受度越高，越愿意在与中国的原油贸易中采用中国原油期货价格进行定价和交易。同时，应改变当前国内原油价格和成品油价格与境外原油期货价格挂钩的机制，将我国原油期货价格纳入定价机制体系，逐步增加权重。此外，还应加快我国原油现货市场建设，建立现货市场价格信息采集和综合报价体系，进一步开发基差交易品种，逐步确立原油期货价格和现货价格之间的紧密联系，增强原油期货价格的应用深度和广度。

4. 如何降低人民币汇率对原油期货价格的影响

应该说，国际原油市场的参与者，包括中国的石油生产企业、消费者和贸易企业，都已经习惯了原油的美元标价和交易。甚至鉴于我国已经建立与国际原油价格接轨的成品油定价机制，我国的老百姓也已经习惯盯着美元标价的布伦特和WTI原油期货思考、判断国内油价走势。在中国原油期货以人民币标价交易的初期，很多市场的参与者必然无形中用人民币标价和美元标价进行换算。这其中人民币兑美元汇率的变化将成为影响中国原油期货市场运行的重要因素。在国际金融市场发达的当下，不排除欧美等资本市场发达国家的交易所推出与中国原油期货市场对应的原油价差交易、价格波动交易、指数化交易等以美元标价的衍生品，这将进一步放大人民币汇率变化的影响。为此，一方面应强化市场化汇率形成机制，保持人民币汇率稳定。另一方面，应在吸引向中国出国原油国家的油气生产商和贸易商紧密参与中国原油期货交易的基础上，对其出口到中国市场的原油以 INE 原油期货价格定价，并实施人民币结算。

5. 如何提升中国原油期货的国际竞争力

中国原油期货是国际原油期货大家庭的"新成员"。在未来的发展过程中，不可避免地要形成与布伦特、WTI、迪拜等国际原油期货的竞争。竞争的核心将围绕争夺市场参与者展开。一方面要使合约具有自身的特色，最大限度满足市场参与者的需求，这包括要从市场参与者关心、关注的角度完善和优化合约要素。另一方面要为市场参与者提供优质、高效、贴心的服务，包括提升价格透明度、防范管控市场操纵与内幕交易、交易获利汇出境外等多个方面。这些都需要能源中心和监管机构能够设身处地地从市场参与者的角度进行思考和制定、完善交易制度和监督制度，为其提供便利化的服务。

6. 如何加强中国原油期货市场的监管能力建设

期货市场是一个市场化程度非常高的交易市场，且具有交易迅速和不可逆的特点。监管机构必须对市场变化和交易行为做出快速的反应和判断，否则，将可能对市场参与者造成损害，影响期货市场的健康发展。这首先要加快中国《商品期货交易法》的立法，针对商品期货市场与商品实体经济高度相关特性，以有效防范风险传递和风险渗透为核心，建立明确清晰的法律制度，对监管机构进行适当授权，为实施依法严格监管创造条件。同时，还应遵守审慎监管和市场有效性相平衡的原则，以维护市场参与者的合法权益为核心，提升监管机构的能力建设和监管的法制化建设，建立松紧适度的监管政策环境和机制，既要对期货市场的内幕交易、价格操纵、恶意炒作，以及期货经纪公司、投资银行的自营交易等行为进行严格监管和严厉的违规处罚，又要保持市场的活跃度，维护合法交易者的交易权益。

7. 如何防止中国原油期货的风险聚集和传递

期货市场是金融市场的重要组成部分。国内外的很多研究已经证明，原油期货市场与股票市场、债券市场和其他商品市场具有广泛的相关性。一方面金融市场的运行需要资金推动，货币政策的变化对金融市场的运行有着非常重要的作用。包括期货市场在内，都受到利率、汇率和货币供应量变化的影响。另一方面，受实体经济周期性变化和产业之间顺延影响变化等因素的影响，各类金融市场在对实体经济变化做出反应的时间上存在一定程度的时差性，这将导致资金在不同资本市场之间产生流动，存在风险聚集和传递效应。一旦发生市场共振，将对风险起到放大作用，影响宏观经济的健康发展。对此，应探索建立广泛的预警指标监控体系和金融市场间的风险隔离制度，并对资金在不同金融市场之间的相互流动建立监测和管控制度，采用基于SPAN系统的国际通用做法，变固定保证金制度为阶梯式保证金制度，增加跨市场炒作成本，以有效防范风险聚集和化解风险传递。

8. 如何提升中国原油期货交割的便利性

从目前中国原油期货的交割制度看，实物交割是唯一的交割方式，这对参与原油期货交易的非商业性机构而言存在诸多的不方便。因此，这增加了其选择在合约到期前平仓的可能性。同时，如果平仓交易聚集则将加大期货市场运行风险，造成期货价格剧烈波动。这就要优化原油期货交割的基础设施建设，改变当前交割库分散状况，而选择在某一地区建立集中化的交割设施，设立交割中心，尽可能为买方提供交割便利和交割后的原油运输、使用便利。同时，为了提高交割的效率，应探索加快实施现金交割和合约转换机制，保持市场交易的连续性。

9. 如何发挥中国原油期货的风险管理工具职能作用

为实体产业提供有效的风险管理工具是期货市场的最基本职能。但是，在中国原油期货上市发布的过程中，焦点普遍集中在了争夺原油定价权和助推人民币国际化，而选择性忽视了中国原油期货的风险管理工具职能作用。从风险管理的角度看，由于我国的石油生产企业、消费者和贸易商还比较缺乏风险管理能力，甚至对原油期货风险存在认识上的误区，风险容忍度水平低，这就需要加强我国的原油期货市场参与者教育，在正确认识风险的同时，能够帮助其建立起合适的风险管理制度、原油期货交易制度和原油价格风险管理策略，促使其能够充分利用原油期货的风险管理功能服务于实体经济发展。这也包括了加快原油期货研究机构的建设，通过专业机构的发展，满足不同实体经济组织对风险管理的需要，对其参与原油期货量身定制风险对冲交易策略，提供专业化服务，使原油期货市场的发展切实惠及石油行业。

总之，中国原油期货虽然已经上市，但必须要冷静地认识到还是一个"新生儿"的现实。应着眼于未来的健康发展，吸取国内外期货市场发展的经验和教训，从建立我国多层次的石油市场体系出发，加快石油价格市场化形成机制建设，打破行业垄断，构建竞争性的市场格局，促进原油现货市场发展繁荣，尽快推出汽油、柴油等成品油期货合约，坚定目标，未雨绸缪，妥善处理好、解决好发展道路上存在的各种矛盾和问题，使期货价格能够落地。

（八）中国原油期货市场发展建议

放眼未来，中国原油期货市场的发展必须放在世界原油期货市场体系中统筹考虑，既要充分借鉴国内外原油期货发展的历史经验和教训，又要充分考虑原油期货市场未来的发展趋势，特别是期货市场金融属性凸显的现实。应从期货市场法制化建设入手，加强市场化监管和信息透明化建设，提升国有企业参与原油期货交易的深度和广度，坚定投资者的基石作用，有效引导投机者参与交易的积极性，合理控制投机风险，不断提高中国原油期货市场的活跃度，向成为亚洲定价基准的目标迈进。

1. 提升中国原油期货的活跃度

活跃度是期货市场的灵魂。提升中国原油期货市场的活跃度是实现中国原油期货成为国际原油定价基准和推进人民币国际化的重要保障。

（1）要保持中国原油期货的特色。应对市场参与者进行广泛宣讲，使其能够全面理解中国原油期货合约设计的主要考虑、交易规则、结算规则、交割规则、监管制度等。

（2）要研究提高对市场参与者的吸引力。特别是要在吸引与中国有原油贸易的沙特阿拉伯、俄罗斯、伊朗、安哥拉、委内瑞拉、伊拉克、卡塔尔、哈萨克斯坦等产油国的石油公司和国际原油贸易商广泛参与中国原油期货交易上下足功夫。它们的参与度越高,对中国原油期货价格的接受度越高,越愿意在与中国的原油贸易中采用中国原油期货价格进行定价和交易。同时,应在加强监管和做好风险管控的前提下,按照为市场参与者提供交易便利的原则逐步完善交易制度,既方便投资者通过交易实现风险管理的需求,也方便投机者参与交易,并顺利实现清算和交割。

(3) 要完善原油期货交割制度。优化原油期货交割的基础设施建设,改变当前交割库分散的状况,选择在某一地区建立集中的交割设施,设立交割中心,尽可能为买方提供交割便利和交割后的原油运输、使用便利,并探索加快实施现金交割和合约转换机制,保持市场交易的连续性,提高交割效率。

(4) 要在投机者交易和期货市场风险防控之间寻找平衡点。没有投机者的参与,难以提升市场活跃度,不利于提高中国原油期货被世界接受的程度和影响力,延缓中国原油期货成为国际原油定价基准最终目标的实现进程。同样,如果任由投机者肆无忌惮地参与期货市场交易,不对其进行有效监管,将使期货市场形成的原油价格出现泡沫,在加大中国原油进口成本的同时,使中国的油气行业和金融机构面临重大风险,一旦价格泡沫破裂,可能对经济发展产生不可估量的损失。在现代经济和金融制度下,完全限制投机交易是不可能的,更为重要的是对投机交易者建立松紧适度的监管机制,做到既吸引其参与交易以提升原油期货市场的活跃度,又要对其恶意炒作和操纵市场等不法行为进行有效防范和严厉打击。

2. 加强期货市场的法制化建设

法制化是市场的基石,是实施有效监管和市场健康运行的重要保障。与欧美等国家相比,中国的期货法律制度建设依然相对滞后,当前实施的《期货交易管理条例》由国务院颁布,属于行政法规,在效力上低于法律。

(1) 要加快《商品期货交易法》立法,由全国人大制定并颁布,从国家法律层面规范期货市场行为,并对与《公司法》《证券法》等相关法律的交叉内容进行法律上的区分和界定。同时,应针对商品期货源于商品实体,并与实体经济保持密切联系的特点，从防范期货市场风险与实体经济风险相互传递、渗透的角度，建立商品期货有别于股指期货、外汇期货的监管法律制度。

(2) 加快与商品期货交易法相配套的刑事法律和民事法律建设，对商品期货市场欺诈、价格操纵、内幕交易等违法行为界定、损失因果关系、损失数额、举证责任等，以及相应的罪名、定罪标准、量刑处罚，与之相关的民事追偿机制、赔偿标准等做出明确的法律规定。

(3) 研究建立商品期货交易专门监管机构的可行性，赋予其较为健全的独立检查和执法职能，对商品期货市场实施专业化监管，对商品期货市场与其他资本市场的风险传递建立预警机制，防范风险在资本市场之间的渗透，提升专业监管能力和水平。

3. 实行与国际接轨的市场化监管

建立行之有效的期货市场监管制度和市场化的监管机制是促进中国原油期货健康发展的重要前提。

(1) 应加强与欧美等金融发达国家商品期货监管机构的合作，吸取其监管经验和成熟的监管制度、监管机制，不断完善中国的监管制度，建立市场化的监管机制，有效应对原油期货市场运行中面临的风险。

(2) 应研究建立系统性重要机构名单，对其参与原油期货市场的交易行为进行重点监管，对其开仓、持仓、平仓等交易行为进行严密跟踪和分析，防范市场操纵行为。

(3) 对中国原油期货市场的经纪机构制定严格的监管制度，区分经纪业务和自营业务，建立风险隔离墙，对其自营交易实施重点监管，一方面防止其损害客户的交易利益，另一方面防止其利用掌握的客户信息按照自己的逻辑营造市场氛围，为自营交易获利创造条件，使期货交易形成的合约价格发生扭曲，进而加大期货市场的风险。

(4) 不断完善原油期货交割制度和规则，优化实物交割条件，研究向现金结算交割转变的可行性，切实防止和规范参与期货交易的机构利用资金、管理、技术等优势进入交割仓库经营业务，损害其他市场参与者的利益。

(5) 加强对国内外原油期货典型交易案例，特别是违反监管制度典型案例的分析研究，吸取经验教训，不断完善监管制度和规则，提高监管效果，切实形成监管威慑力。

4. 加强原油期货市场信息透明化建设

信息透明化是期货市场健康发展的重要基石。在某种程度上，市场价格的剧烈变动经常与信息不对称相关，使得交易双方对市场预期形成巨大分歧，表现在交易行为上，就是对当前市场价格的严重不认同，从而产生价格扭曲。为此，一方面要加强官方发布信息的权威性，另一方面要对非官方信息发布进行规范。

(1) 由政府部门建立中国原油供需与进出口、炼油加工能力与开工率、原油及成品油库存（包括国家战略石油储备和商业石油储备）、原油及其产品价格变化等与原油期货市场运行相关基础信息的定期披露制度，并采取便利措施，使研究机构和独立研究人员能够易于获取信息。

(2) 应建立期货市场持仓报告制度，由监管机构制定期货持仓信息披露制度，对交易者主动报告持仓情况做出制度性安排，并定期公布原油期货的各类持仓及其变动情况，引导期货市场参与者的行为，建立良好的原油期货市场预期，促使期货市场处于良好的运行状态。

(3) 对期货经纪公司和原油期货市场投机者发布的研究报告进行规范和跟踪检查，防止其利用信息优势发布不符合市场真实状况的趋势性研究报告，进行非法交易牟利；四是加强原油及相关行业权威信息发布的非官方机构建设，利用市场化的手段促进优胜劣汰，尽快形成中国原油信息权威性发布机构。

5. 放松对国有企业开展原油期货的管理

当前，中国的原油资源主要集中在中国石油、中国石化和中国海油三大集团。原油期货虽然为原油生产的实体企业提供了可行的风险管理工具，但期货市场还是具有一定的风险，国有企业参与原油期货交易受到较为严格的监管。

为促进国有企业参与原油期货交易，较好地利用期货市场实施风险管理，降低原油价格波动对企业生产经营的影响，需注意以下几点：

一是应放松对国有企业开展原油期货交易的监管，由限制开展期货交易转变为企业按需交易，并向国有资产监督管理部门定期报告原油期货交易的情况；

二是国有企业应建立开展原油期货交易的管理制度，明确交易、风险管理、资金管理、财务等部门的职责，建立交易授权审批、交易限额管理、交易止损止盈、风险敞口管控等风险管理制度，并利用信息化手段对交易开展的情况进行实时监控，从制度上做好原油期货交易的风险防控工作；

三是加强原油期货知识的培训，建立起一只能够经得起市场风浪和考验的高素质交易员队伍；

四是强化原油期货交易策略研究，使之能够与企业的生产经营实际实现高度匹配，较好地控制企业实体业务风险敞口。

（九）中国原油期货上市运行情况分析

1. 经受了突发事件的考验

自 2018 年 3 月 26 日中国原油期货（INE）挂牌上市后两个月的运行情况看，经历了四个方面国内外政治经济形势持续演变的考验。

（1）美国宣布退出伊朗核协议。奥巴马时期，通过中国、美国、俄罗斯、德国、法国和伊朗的共同努力，签订了和平解决伊朗核问题的协议，对稳定世界政治经济局势，特别是中东地区的地缘政治局势起到了极大的缓和作用，伊朗原油生产能力得到快速恢复，向国际市场的原油出口稳定增加。美国宣布退出伊朗核协议后，紧接着宣布将对伊朗实施最高、最严厉制裁，这不仅打击伊朗对国际原油市场的出口能力，导致原油供给水平严重下降，而且也将禁止伊朗进入美元金融体系，再加之美国实施的"长臂管辖"，将对世界的原油生产和供应格局产生重大影响。在这种预期下，导致了国际原油价格出现了一波快速的上涨，布伦特原油期货在盘中突破 80 美元／桶，引发了油价重上 100 美元／桶的巨大猜测。同时，鉴于欧佩克组织（OPEC）和俄罗斯等主要非欧佩克组织产油国实施限产的现状，油价上升之后，它们宣布将研究停止执行减产协议，致使国际原油价格出现了快速下跌，期间最低价格与最高价格相比，WTI 下跌 8.9%，布伦特下跌 7.46%，INE 下跌 7.53%。

(2) 中美贸易摩擦加剧。以美国宣布对进口的钢材和铝制品提高关税为开端，挑起了世界范围的贸易摩擦，使全球经济发展环境面临恶化的趋势。同时，鉴于中美之间长期存在的巨大贸易不平衡，以及中国综合国力的持续增长，美国以消除巨额贸易不平衡和中国缺乏知识产权保护为由先后对中国发起了"双反调查"、232调查、337调查，声称对进口自中国的高达1000亿美元的商品加征关税，开出了两年内减少2000亿美元贸易逆差和加强美国投资与服务在中国的市场准入、加强知识产权保护等天价条款。甚至在5月19日，中美双方就经贸磋商发表联合声明，短短10天之后的5月29日，重新抬高调门，宣布将对中国在美国科技领域投资进行限制，就知识产权保护诉诸世界贸易组织（WTO），并对中国对美国出口的价值500亿美元的货物征收25%的关税。中美之间持续加剧的贸易摩擦，使两国宏观经济发展面临新的风险，对处于供给侧结构性改革关键期的中国而言，影响也更为深刻。这是原油期货市场运行绕不开的关键重要因素。

(3) 人民币汇率持续波动。在中国原油期货上市的初期，人民币兑美元汇率走出了一波升值的行情，从3月26日的6.3193，升值到了最高时3月30日的6.2764，并在之后的一段时间内稳定在6.29左右，直至4月26日进入贬值通道，从6.3283贬值到了5月31日的6.4144，贬值幅度1.36%。如果按此期间的最低和最高汇率计算，人民币汇率变化幅度为2.3%。中国原油期货经历了人民币汇率先升后贬，且短期内波动幅度较大。

(4) 金融环境发生了较大的变化。期货市场是商品的衍生品市场，一定程度上就是一个金融市场。金融环境的变化对期货市场的运行有重大影响。近两个月以来，中国不断加大防范和化解金融风险的力度，基础货币投放变慢，M2增速放缓；市场利率抬升，贷款等金融资源持续紧张；《关于规范金融机构资产管理业务的指导意见》正式出台，明确资产管理业务不得承诺保本保收益，打破刚性兑付；降杠杆、减负债工作深入推进，减杠杆、去杠杆成为紧要工作。这都为期货市场发展带来了新的影响。

2. 上市运行总体平稳

中国原油期货上市运行取得了可喜成绩。按照官方权威人士公开发表的数据，截至 2018 年 5 月 25 日，按单边统计，原油期货累计成交量 221.57 万手，期末持仓 1.61 万手，累计成交金额 1.01 万亿元。两个月期间，单日成交量平均 5.40 万手，最高曾达到 12.23 万手；单日持仓量平均 9598 手，最高达到 1.62 万手；单日成交金额平均 246.57 亿元，最高达到 557.56 亿元。对比欧美市场，达到了一定市场规模，对欧美原油期货市场产生了一定影响。

应该说，中国原油期货上市后三个月的运行情况基本呈现出了四个方面的特点：一是参与者的数量与参与程度将出现境内参与者高于境外参与者、非商业性交易者高于商业性交易者、个人参与者高于机构参与者的现象；二是交易量呈现快速增长趋势；三是难以形成独立的原油期货价格，市场参与者对价格的预期判断将"锚定"布伦特、WTI 等国际原油期货，不排除产生深度共振；四是人民币兑美元汇率的变化将影响中国原油期货价格。

(1) 从市场参与者的角度看。个人以及境内客户成为保持原油期货交易活跃的重要主体，个人客户的占比超过八成；无论从开户数量，还是持仓量占比来看，原油期货市场境内客户占比均超过九成。虽然已完成 23 家境外中介机构备案，来自香港地区、新加坡和美国、英国的境外投资者已顺利开展了原油期货交易，但国际交易者持仓量仅占全市场的 5% 左右，境外客户参与比例较低。

(2) 从交易量的角度看，表现出了快速增长，且明显超过 WTI 的同期交易量和增加幅度。截至 2018 年 5 月 31 日，共有 48 个交易日，单边总交易量 263.44 万手，日均单边交易量 5.84 万手。其中，5 月 31 日单边交易量 11.73 万手，是上市首日 2.03 万手的 5.77 倍；5 月份日均单边交易量 8.53 万手，是 5 月份之前 3.3 万手的 2.59 倍，交易量呈现出快速上升的趋势。与同期的 WTI 相比，是 WTI 单边总交易量 95.65 万手的 2.75 倍；日均单边交易量 2 万手的 2.92 倍；5 月 31 日 WTI 的单边交易量 30.6 万手，较 3 月 26 日的 2.02 万手，增长 51.27%，明显低于中国原油期货交易量的增幅。从与 WTI、布伦特的关联度看，表现出了强相关性和共振趋势。

但是，从将 INE 收盘价用当日人民币兑美元汇率中间价折算成美元价格之后的走势看（图 2-13），在 4 月 25 日之后，与 WTI 的价差出现了增加的趋势，与布伦特的价差保持稳定；而INE的人民币价格走势也从与布伦特的走势基本重合、与WTI的走势保持稳定空间转变到了拉开距离。这充分说明，三种油价在后期的走势出现了一定程度的变化。从回归分析的结果看，INE与WTI和布伦特的相关系数分别为0.8947、0.9588，展现了高度相关的关系，而布伦特与WTI同期的相关系数为0.9336。INE与布伦特期货价格相关程度更高。同时，也有学者对截至5月3日的INE日收盘价格进行了统计和计算，发现其与WTI、布伦特的相关性分别达到92.2%、91.8%。这从另一个方面印证了INE与国际原油期货主要品种保持了高度相关，且在后期出现了与WTI相关性下降、与布伦特相关性增强的变化。

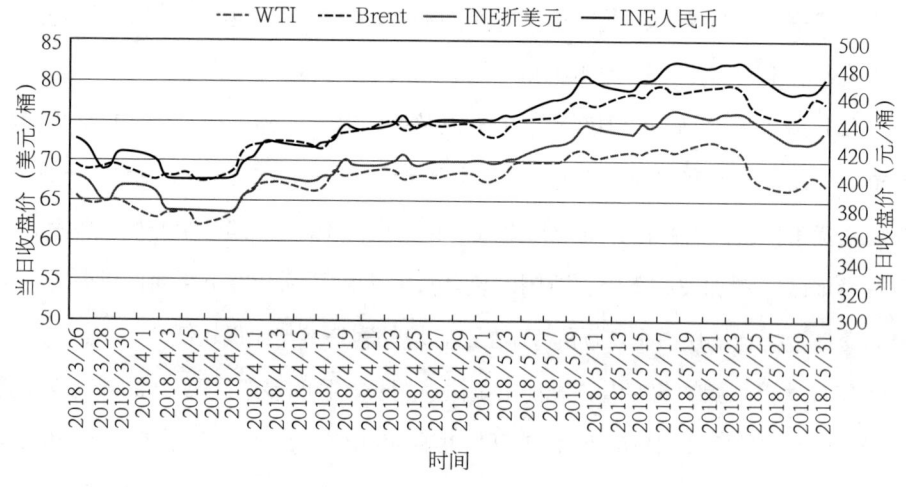

图2-13　中国原油期货日收盘情况

（3）从人民币兑美元汇率的角度分析。汇率变化对INE的影响较为明显。首先，随着4月25日之后人民币兑美元汇率持续贬值，INE的走势开始背离之前的走势，逐渐与WTI和布伦特拉开距离；其次，从INE与WTI和布伦特的价格比值角度，对人民币汇率的走势进行综合分析（图2-14），可以看出WTI比值的趋势线与汇率变化的趋势线基本重合；再次，从INE与人民币汇率回归的分析看，二者的相关系数0.95976，表现出了非常高的相关性。人民币汇率对INE存在重要影响。

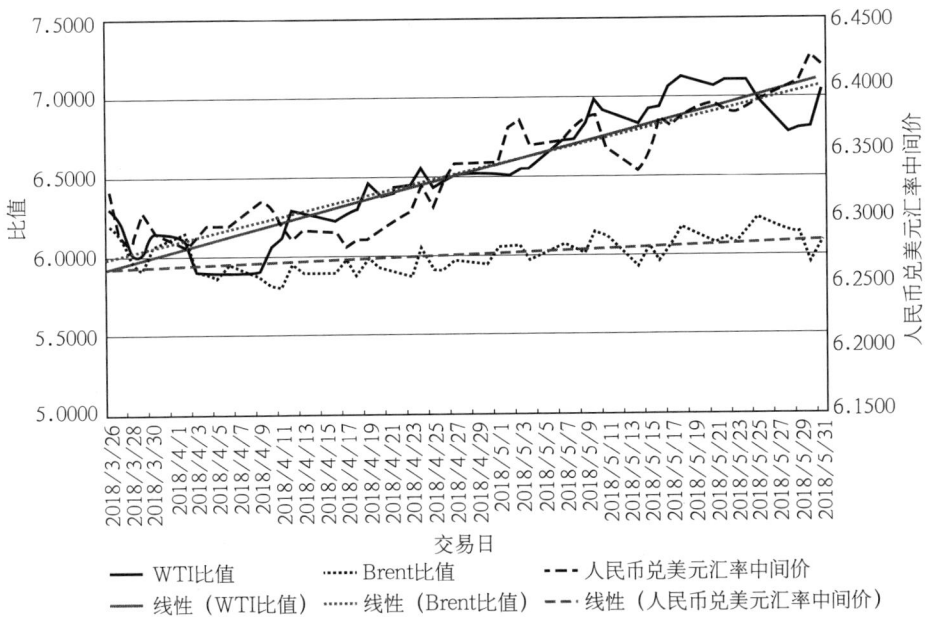

图 2-14　人民币兑美元汇率变化对中国原油期货价格影响分析

3. 未来着力点

经历了考验之后，中国原油期货交出了满意的答卷，对于其未来的发展和表现，可谓是非常值得期待。但是，从中国原油期货运行和朝着成为亚洲定价基准目标迈进的角度分析，应至少做好以下三个方面的工作：

（1）提升交易质量。现在看，INE 的交易量实现了迅速攀升，保持了较大的交易量，市场活跃很高。但是，交易者的组成结构不尽合理，特别是境外机构和商业性交易者参与度低，有待于积极研究，加强中国原油期货的境外宣传力度，强化吸引境外机构和境内外石油产业链实体企业、贸易企业参与期货交易的各项措施，着重从改善交割条件、优化交割措施、加快推行实施合约转换和现金交割以保持市场交易的连续性等便利交易者的多个方面，提升中国原油期货的吸引力。需要深刻认识到，市场的活跃度和高交易量虽然是市场健康运行的基础，但更需要减低市场炒作，吸引石油产业链上的各类客户参与，优化交易者结构，提高套期保值参与者的活跃度和交易量，最终形成以商业性交易和机构交易者为主，以非商业性交易和个人交易为辅的交易结构,挤压交易泡沫,不断提高交易质量。

(2)提升价格质量。期货市场基本功能在于价格发现和提供套期保值风险管理工具。也就是说,期货市场交易形成的价格必须能够得到实际应用,成为现货交易的定价基准。否则,所形成的价格就是没有实际意义的价格,必然与实体经济相脱离,最终不仅不能实现期货市场的健康发展,还将增加期货市场的炒作风险,影响实体经济运行,甚至可能传导并影响金融环境的稳定性。因此,提升INE价格的质量,就是要增强其在原油现货交易中的应用,增强与中国进口原油价格挂钩的力度,使更多的中国原油生产者、原油进口商、原油使用者等有关各方更愿意使用INE价格管理自身的交易风险、市场风险,提升风险管理的价值创造能力。这需要加强中国的原油现货市场建设、将INE价格纳入现行的中国成品油定价挂钩油价体系并逐步增加其权重、放宽原油产业链上国有企业参与期货交易并使用INE价格进行套期保值的政策,以及适时上市汽油、柴油、煤油、液化石油气(LPG)等成品油期货,完善扩展化工产品期货,为扩大INE价格的使用范围积极创造条件,甚至实现政策上的突破。

(3)提升运行质量。就是要使INE的价格能够真正反映中国的原油供需状况,增强INE的独立性。一方面,中国的原油供需状况发生改变时,INE价格应及时做出合理的反映。另一方面,INE在保持与WTI、布伦特等国际活跃的原油期货品种一定程度相关性的基础上,还需对与中国进口原油相关的产油国原油供应能力、运输能力、运输方式等方面发生的变化,以及相应的地缘政治形势变化等做出贴切的反映,以突出中国市场的特点和欧美等其他地区市场的不同。同时,要加强对期货市场运行的监管,建立期货市场运行信息定期发布制度,加强中国原油市场信息的官方和非官方发布渠道建设,增强中国原油期货市场运行的透明度。此外,上海国际能源中心应不断完善交易规则和制度,加强日常交易监管,利用信息化的手段及时发现可疑交易,对恶意炒作和市场操纵行为实施严厉打击和处罚。

总之,中国原油期货即将告别"新生儿"时期,很快将迎来中国传统上非常重视的"百日"。回顾成长的过程,经受了环境的考验,保持了健康发展的态势。

展望未来，长途漫漫，还需不断强身健体，从期货市场的透明化、制度化、法制化建设入手，提升运行素质和抗风险的免疫力，加强与国际期货市场在交易规则、交割制度、监管实施、人才培养、交易所管理、期货品种开发等方面的全方位合作，改善交易者结构，提升交易质量、价格质量和运行质量。中国原油期货市场的未来值得期待。

第三章 成品油价格

一、成品油生产的简单介绍

成品油指将石油经过各种加工过程后而生产出来的燃料油类、溶剂油类、润滑油类、真空油类、电器用油类、液压油类、工艺用油类、润滑脂类等产品。一般而言,成品油仅指各种牌号的汽油、柴油、煤油、润滑油和重油等最终能够被各种机械用作燃料或者保证燃料充分燃烧的油类产品。

(一) 炼油加工企业的生产特点

炼油加工企业是以各种石油类产品为原料,将其经过各种设备,采用多种类的石油炼制加工过程,生产出最终产品的企业。这类企业的生产一般具有以下特点:

(1) 加工原料单一,加工设备多样,加工过程复杂;

(2) 产品品种多样化;

(3) 加工过程在密闭容器内进行;

(4) 连续性生产,上游的半成品在管线内流动,并通过管线转移到下游工序继续加工;

(5) 最后的半成品必须经过调和后才能成为最终产品,以供出厂销售。

(二) 成品油生产的基本工艺过程

成品油的加工装置一般分为常减压蒸馏等一次加工装置,催化、焦化及重整等二次加工装置,以及烷基化、气体分馏等三次加工装置。现在随着环保标准不断提高和炼油加工技术的不断发展,越来越向深度加工方向发展,以及对生产的初级馏分油进行加氢处理,提高辛烷值和满足环保标准的要求,降低成品油燃烧后的尾气排放。上游装置生产的产品不能直接出厂销售,而要继续经过下游的二次和三次加工后,并经加入各种添加剂、降凝剂等最后调合才能正式出厂,向用户销售。其生产的简单工艺加工过程如图 3-1 所示。

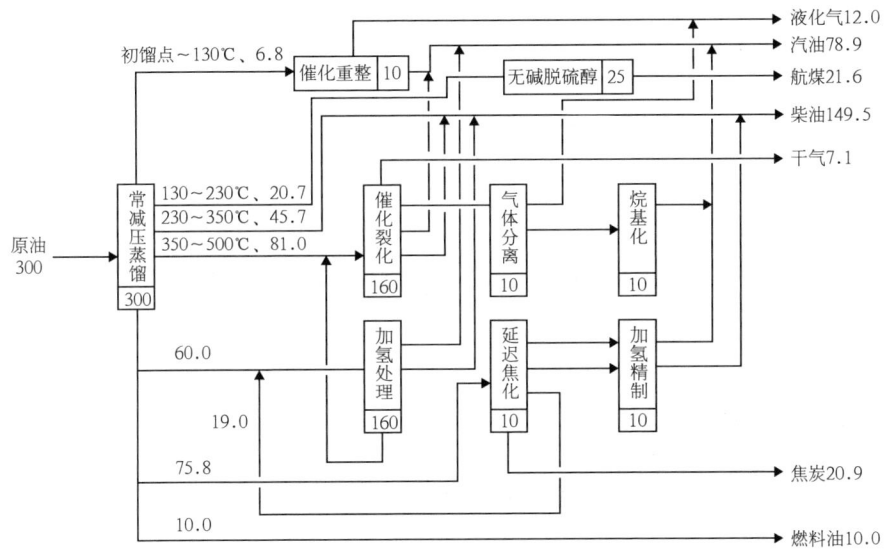

图 3-1　成品油生产简易流程图

二、成品油成本的基本特征

产品价格的确定必须依赖于产品的成本,这是企业持续经营的必然要求,否则,企业会因生产成本长期不能从销售的价格得到弥补而走向破产关闭。这就是我们在第一章中曾经提到的四个定价基本原则中的"弥补成本原则"。当然,成品油的定价也离不开其生产成本。有赖于以上所介绍的成品油生产的特点,其生产成本的决定有如下特征。

（一）原油成本占比较高

在成品油的成本构成中，原油等原材料费用占主要部分。在成品油的加工过程中，主要原料——原油为一次性投入，经过不同的加工工艺，最后生产出汽油、煤油、柴油、润滑油等产品。因此，原油的价格高低直接影响着成品油的成本。

在常减压蒸馏的一次加工过程中，原油成本占产品成本90%以上。随着加工过程的不断深入，应用化学药剂、催化剂等辅助材料，消耗水、电、气、蒸汽等燃料动力，使用贵重而又复杂繁多的生产工艺设备，有的甚至需要为加工过程创造特殊的环境，再加上生产管理部门和企业管理部门的费用、财务费用和产品销售费用等，这些因素促使在成品油生产的总成本中原油成本的比重总体上呈下降趋势，但最终依据不同时期原油价格的不同，原油成本的占比在80%以上，一般长期保持在85%左右。

（二）人工成本占比较小

炼油厂一般是大型现代化企业，自动化、机械化水平很高，属于资本密集型和技术密集型的企业，人均占有固定资产原值高，且随着科学技术的发展，其自动化、机械化程度还在不断提高，大量的人工操作已经被自动化控制系统所替代和完成，对人工的需求大幅度下降。因此，活劳动耗费相对于物化劳动消耗很少，人工成本费用在总成本构成中的比重不大，且有下降趋势。

（三）燃料动力成本占比相对较高

原油加工过程是一个物理变化的过程，需要对主要原料原油先进行加热，根据不同组分的沸点不同，在冷凝后获取不同的组分，然后按照不同组分的凝点进行冷却，以获得相应的产品或产品组分。因此，这是一个动力、热力消耗的过程，相应的，动力、热力消耗费用在总成本中所占比重较大。

(四)催化剂等药剂成本所占比重较高

在原油加工的工艺过程中,为了达到生产的基本条件以生产出相应的产品,经常需要添加催化剂等药剂,这通常对生产过程起着决定性的作用。而催化剂等药剂一般由稀有贵金属作为主要原料进行生产,这导致催化剂的价格相对很高,且需要在生产装置投产时一次性投入,满足相应生产周期的需要,其成本列入长期待摊费用,按照使用的会计期间进行分摊,计入相应生产期的生产成本。但是,催化剂并不构成产品的组成部分,而只是为实现生产过程创造条件。催化剂成本在总成本中有较大比重。

成品油生产成本的以上特征,决定了成品油定价的复杂性,同时也决定了其灵活性。但必须考虑到成品油各品种间以及成品油与原油间的比价关系,保证价格体系的合理性。

三、成品油定价机制

我国成品油定价机制自 1998 年以来已历经六次变革,确定了市场化的改革方向,并沿着市场化的改革思路逐渐推进和完善定价机制,市场化程度持续提高。

(一)由国家定价向国家指导价转变

1998 年 6 月 3 日,原国家计划委员会出台了《原油成品油价格改革方案》(计电〔1998〕52 号),规定国内原油、成品油价格按照新加坡市场油价相应确定,原油价格自 1998 年 6 月 1 日起执行,成品油价格自 1998 年 6 月 5 日起执行。

按照文件规定,原油基准价由国家计委根据国际市场原油上月平均价格确定,每月一调。汽油、柴油零售价格由政府定价改为政府指导价,由国家发展计划委员制定并公布各省、自治区、直辖市汽油、柴油(标准品)零售中准价格,由中国石油、中国石化两个集团公司在上下5%的幅度内制定具体零售价格。

汽油、柴油零售中准价格制定的原则是：以国际市场汽油、柴油进口完税成本（离岸价加海上运保费、关税、消费税、增值税、港口费用等）为基础，加按合理流向计算的从炼厂经中转配送到各加油站的运杂费，再加批发企业和零售企业的经营差率制定。当新加坡市场汽油、柴油交易价格累计变动幅度超过5%时，由国家发展计划委员会调整汽油、柴油零售中准价格。汽油、柴油销售由两个集团公司统一组织配送到基层零售单位，实行城乡统一价格（包括对用户的批发价格），原则上实行同一集团内一省（自治区、直辖市）一价。汽油、柴油的出厂价格、批发价格、批零差率由两个集团公司自主制定，报国家发展计划委员会备案。

此次成品油定价机制改革，标志着我国的原油成品油定价已经开始由计划经济体制向市场经济体制转变，并告别了由政府主管部门定价的历史，首次在原油定价中引入了国际原油市场元素，使我国的原油价格与国际市场原油价格建立起了紧密联系。同时，汽油和柴油作为最主要的成品油品种，其价格由国家定价转变为实行国家指导价，允许企业在一定幅度内进行调整。在这样的定价机制下，企业获取了一定的价格制定权，并在价格执行上具有一定的弹性，可以依据市场情况和自身经营情况在规定的浮动幅度内具体调整执行价格。

（二）与国际市场接轨

2000年6月，开始了国内成品油价格完全与国际市场的接轨阶段，即国内成品油价格随国际市场油价变化相应调整。这是我国成品油价格首次与国际成品油市场价格接轨，国内成品油价格的确定和调整受国际市场影响，价格主管部门的自主决定权进一步削弱，成品油定价开始去行政化。

（三）扩大挂钩市场范围

2001年10月15日，原国家计委下发《关于完善石油价格接轨办法及调整成品油价格的通知》（计电〔2001〕96号），针对石油价格接轨办法存在的调价滞后期长、方法过于直接透明、与国内市场供求不一致，以及价格变动频繁等问题，将国内汽、柴油价格与新加坡市场单一挂钩改为与新加坡、鹿特丹和纽约三地市场价格挂钩，当新加坡、鹿特丹和纽约市场汽、柴油月加权平均价格变动超过一定幅度时，相应调整国内成品油价格。同时，设定国内成品油涨（降）价区间，稳定成品油价格，即：当国际原油价格高于一定水平时，考虑用户的承受能力，由国内炼化企业消化部分原油涨价因素，成品油价格适当少提；当国际原油价格低于一定水平时，考虑国内石油企业面临的压力，成品油价格适当少降。此外，将石油、石化集团公司的调价幅度由上下浮动5%扩大到上下浮动8%。我国成品油价格与国际市场接轨的深度持续加强，联系更加紧密。

（四）成品油价格和税费改革

2008年12月18日，国务院发布《关于实施成品油价格和税费改革的通知》（国发〔2008〕37号），完善成品油价格形成机制，提出国产陆上原油价格继续实行与国际市场直接接轨；国内成品油价格继续与国际市场有控制地间接接轨。成品油定价既要反映国际市场石油价格变化和企业生产成本，又要考虑国内市场供求关系；既要反映石油资源稀缺程度，促进资源节约和环境保护，又要兼顾社会各方面承受能力。

（1）国内成品油出厂价格以国际市场原油价格为基础，加国内平均加工成本、税金和适当利润确定。当国际市场原油一段时间内平均价格变化超过一定水平时，相应调整国内成品油价格。

（2）汽、柴油价格继续实行政府定价和政府指导价。

第一，汽、柴油零售实行最高零售价格。最高零售价格由出厂价格和流通环节差价构成。适当缩小出厂到零售之间流通环节差价。

第二，汽、柴油批发实行最高批发价格。

第三，对符合资质的民营批发企业汽、柴油供应价格，合理核定其批发价格与零售价格价差。

第四，供军队、新疆生产建设兵团和国家储备用汽、柴油供应价格，按国家核定的出厂价格执行。

第五，合理核定供铁路、交通等专项部门用汽、柴油供应价格。

第六，上述差价由国家发展改革委根据实际情况适时调整。

（3）在国际市场原油价格持续上涨或剧烈波动时，继续对汽、柴油价格进行适当调控，以减轻其对国内市场的影响。

（4）航空煤油等其他成品油价格继续按现行办法管理，液化气改为实行最高出厂价格管理。

（5）国家发展改革委根据上述完善后的成品油价格形成机制，另行制定石油价格管理办法。

（五）细化价格调整条件

2009年5月7日，国家发展改革委员会发布《关于印发〈石油价格管理办法（试行）〉的通知》（发改价格〔2009〕1198号）。办法规定：

（1）成品油价格区别情况，实行政府指导价或政府定价。汽、柴油零售价格和批发价格，以及供应社会批发企业、铁路、交通等专项用户汽、柴油供应价格实行政府指导价；国家储备和新疆生产建设兵团用汽、柴油供应价格，以及航空汽油、航空煤油出厂价格实行政府定价。

（2）当国际市场原油连续22个工作日移动平均价格变化超过4%时，可相应调整国内成品油价格。

（3）当国际市场原油价格低于每桶80美元时，按正常加工利润率计算成品油价格。高于每桶80美元时，开始扣减加工利润率，直至按加工零利润计算成品油价格。高于每桶130美元时，按照兼顾生产者、消费者利益，保持国民经济平稳运行的原则，采取适当财税政策保证成品油生产和供应，汽、柴油价格原则上不提或少提。

（4）国家发展改革委制定各省（自治区、直辖市）或中心城市汽、柴油最高零售价格。汽、柴油最高零售价格以国际市场原油价格为基础，考虑国内平均加工成本、税金、合理流通环节费用和适当利润确定。

这次改革进一步为成品油价格调整设定了明确的条件，并确定了按照成本加合理利润的方式具体实施价格调整。

（六）优化价格调整条件

2013年3月26日，国家发展改革委下发《关于进一步完善成品油价格形成机制的通知》（发改价格〔2013〕624号），为克服成品油价格形成机制在运行过程中暴露出的调价周期过长、难以灵敏地反映国际市场油价变化、容易产生投机套利行为等问题，决定缩短成品油调价周期，取消调价幅度限制，调整挂靠油种。完善成品油价格形成机制的主要内容：

（1）缩短调价周期。将成品油计价和调价周期由现行22个工作日缩短至10个工作日，并取消上下4%的幅度限制。为节约社会成本，当汽、柴油调价幅度低于每吨50元时，不作调整，纳入下次调价时累加或冲抵。

（2）调整国内成品油价格挂靠油种。根据进口原油结构及国际市场原油贸易变化，相应调整了国内成品油价格挂靠油种。

（3）完善价格调控程序。当国内价格总水平出现显著上涨或发生重大突发事件，以及国际市场油价短时内出现剧烈波动等特殊情形需对成品油价格进行调控时，依法采取临时调控措施，由国家发展改革委报请国务院批准后，可以暂停、延迟调价，或缩小调价幅度。当特殊情形消除后，由国家发展改革委报请国务院批准，价格机制正常运行。

（七）设定成品油价格调控下限

2016年1月13日，国家发展改革委发出《关于进一步完善成品油价格形成机制有关问题的通知》（发改价格〔2016〕64号），决定进一步完善成品油价格机制和推进价格市场化。主要内容为：

（1）设定成品油价格调控下限。下限水平定为每桶40美元，即当国内成品油价格挂靠的国际市场原油价格低于每桶40美元时，国内成品油价格不再下调。

（2）建立油价调控风险准备金。当国际市场原油价格低于每桶40美元调控下限时，成品油价格未调金额全部纳入风险准备金，设立专项账户存储，经国家批准后使用，主要用于节能减排、提升油品质量及保障石油供应安全等方面。

（3）放开液化石油气出厂价格。液化石油气出厂价格由供需双方协商确定。

（4）简化成品油调价操作方式。发展改革委不再印发成品油价格调整文件，改为以信息稿形式发布调价信息。

（5）供军队用成品油价格按既定机制计算确定；航空汽油出厂价格按照与供新疆生产建设兵团汽油供应价格保持1.182∶1的比价关系确定，均不再发布。

（6）正式印发《石油价格管理办法》。

从当前成品油价格定价机制的实际情况看，虽然实现了与国际市场的接轨，且价格的市场化程度持续稳步提高，但从根本上讲，我国的成品油价格定价机制依然实行的是成本加成定价法，按照国际市场的原油采购成本和我国炼油行业的平均利润率进行定价。这使在价格的具体执行上，国内成品油价格的调整依然落后于市场的变化，行业内的企业，特别是成品油批发和零售企业可以依据国际原油市场的变化情况调整自身的经营决策，在国际原油价格上涨时，购入并存储一定的成品油存货，待调价后出售以获取相应的价差；在国际原油价格下降是，则采取各种措施最大限度地降低库存，直至实现库存清零，从而降低可能面临的损失。这实质上扰乱了成品油批发和零售市场的健康运行，增加了市场的不稳定性。2016年正式印发《石油价格管理办法》，标志着我国的成品油价格形成机制已经基本完成，之后没有再对办法进行修改，发改委更多的是发布成品油价格调整信息。

（八）关于成品油定价机制的讨论

1. 成品油定价机制存在的主要问题

按照国家发改委2009年5月7日公布的《石油价格管理办法（试行）》的规定，当国际市场原油连续22个工作日移动平均价格变化超过4%时，可相应调整国内成品油价格。同时，当国际市场原油价格低于每桶80美元时，按正常加工利润率计算成品油价格；高于每桶80美元时，开始扣减加工利润率，直至按加工零利润计算成品油价格；高于每桶130美元时，按照兼顾生产者、消费者利益，保持国民经济平稳运行的原则，采取适当财税政策保证成品油生产和供应，汽、柴油价格原则上不提或少提。这个办法本身确立了成品油价格市场化形成机制的方向，但仍然为发改委保留了最终定价的权利。从执行的情况看，主要存在以下六个方面的问题。

(1) 价格调整的区间过长，幅度太小。按照办法的规定，当国际市场原油连续 22 个工作日移动平均价格变化超过 4% 时可相应调整国内成品油价格。22 个工作日的运行时间实际上至少要跨越一个自然月的时间，看似能保持国内成品油价格的稳定，但是却大大的滞后于国际市场原油价格的变化，从而为投机者创造了投机机会。国际原油价格处于高位运行的趋势已经确立，且由于国际政治和经济形势处于动荡期，原油价格极易受到突发事件的影响，波动频繁、幅度大，很容易达到 4% 的变化幅度，从而造成价格调整不及时。目前，虽然将调价区间调整为 10 个工作日，并取消了国际市场原油价格的变化幅度的限制，但实际上，还是在依照国际市场运行的既定结果对国内的成品油价格进行调整，仍然没有从根本上实现同步调整。

(2) 价格调整的具体情况不透明。按照 2001 年出台的成品油价格调整机制，虽确定与美国纽约、新加坡和荷兰鹿特丹三地的平均价格挂钩，但在具体执行上，国家发改委作为主管部门和政策的执行者，始终没有公布过所采集的三地每日原油价格、平均价格及其计算方法。同时，发改委所认可的炼油企业的加工利润率是多少；三地平均原油价格高于 80 美元时，如何扣减，以及按什么原则扣减加工利润率；超过 130 美元时，什么情况下不提价，什么情况下少提价，按什么原则把握不提或者少提等，都未见具体实施细则和说明。这就导致本应公开的信息公众无法知晓，发改委也背上了不按办法规定执行而进行暗箱操作之嫌。

(3) 价格调整的实施未能完全执行办法的规定。办法规定的 22 个工作日移动平均和变化幅度超过 4% 是触发成品油价格调整的两个硬性条件。一般情况下，为了体现国家政策的严肃性，达到条件就应该调整。但在具体执行上，何时调整，以及如何调整，都由发改委根据自己的判断把握。客观上讲，这么做有利于国家宏观调控目标的实现，但事实上却破坏了其作为国家政策制定者和执行者的严肃性。最终，使市场化的价格调整机制依然表现为人为掌控和相机决策，名不符实。

(4)价格调整的预期影响成品油市场正常运行。按照办法的规定,当国际市场原油价格的变化趋势已经形成时,很容易在行业内或者其他投机者之间形成成品油价格调整的预期。当预期上涨时,部分供应者会出现惜售,投机者则会利用其掌握的各种资源进行套利,从而滋生腐败。当价格上涨预期严重时,甚至可能出现油荒等极端的情况。这都将对成品油市场的正常运行产生负面影响,并通过成品油销售的各个环节,最终影响到炼油厂的正常运行,造成储罐爆堵、加工量降低,为安全平稳生产埋下了隐患。

(5)削弱了企业消化成本变化的能力。企业作为市场的参与者和自负盈亏的主体,应该能够独立面对市场的变化,具备较强的消化成本变化、产品价格变化的应对能力。对于原油加工企业而言,原油成本占总成本的比重总体上在80%以上,企业确实难以完全消化剧烈的、长期性的原油价格变化,这应该通过产品顺价的办法加以解决。但是,目前的国际原油市场就是一个变化非常频繁的市场,原油加工企业、成品油销售企业等各市场参与者都要提高应对市场变化和消化原材料成本上涨的能力。否则,仅仅让广大消费者承担价格上涨的压力,也有失公允和社会公平。

(6)未能反映中国成品油市场需求的实际情况。价格是一把尺子,是市场经济条件下配置经济资源的一种手段。表面上看,中国的成品油价格与国际市场接轨了,就能够反映成品油市场的变化,引导国际上的经济资源流向中国。其实不然。这种接轨,仅仅是反映了国际市场上供需的变化,而国际市场的供求关系及其变化并不能反映国内的实际情况,中国的原油和成品油市场有着自身的特点。这其中包括中国自身原油资源的禀赋及其供给能力、成品油可替代产品供给能力、中国消费者的消费倾向和消费能力、成品油的市场结构等诸多方面。甚至在国内的不同地区,成品油的市场状况都存在较大的差异。比如,东北地区炼厂分布较多,西北地区原油资源比较丰富,而华东、华南地区则是成品油消费强劲等,各个地区的市场结构也不尽相同。当前的成品油定价机制并没有充分顾及中国市场这些自身的因素,从而使形成的价格一定程度上存在扭曲,影响了价格作用的发挥,造成部分地区成品油资源季节性和突发性紧张,保障成品油稳定供给的矛盾突出。

2. 完善成品油定价机制

根据国家发改委最近披露，伴随着中国工业化、城市化进程加快，成品油消费持续快速增长，原油对外依存度不断提高，保障石油稳定供应的压力日益加大。这充分说明中国原油和成品油资源短缺，其定价机制应坚持市场化的方向，以合理、有效引导国际市场的原油和成品油资源流入中国市场，为中国的经济发展服务。但在市场化过程中，应突出做好以下四个方面的工作：

（1）增强成品油定价的透明度。这不涉及成品油市场化定价机制的政策层面，而更多地体现在定价机制的执行上。目前，欧美等市场经济国家，都建立了政府定期发布原油价格和成品油价格信息的机制，由政府能源主管部门按日采集主要国际市场和所管辖区域内市场原油和成品油的价格，并定期公布，宣布下次更新的日期，这都有利于政策制定者、研究学者、经营企业和社会公众能够及时掌握相关信息，调整自己的经营策略、研究思路和生活状态。中国既然确定了与三地国际市场价格挂钩的机制，就应该由能源主管部门逐日公布所采集的价格信息，当达到规定条件时，立即触发成品油价格调整机制，并尽可能在第一时间做出调整。同时，在价格调整的公布形式上，也应建立工作时间内决策、工作时间内公布的机制，不再强调从某日零时起开始实施，发布之时即实施。对于成品油经营企业而言，可以给予1～2个小时调整零售价格的时间，但在挂牌明示销售价格前只能执行原有价格，这也有助于提高经营企业的市场意识。

（2）增强成品油定价的市场化程度。中国的成品油定价机制虽然与国际市场进行了接轨，但是并没有反映中国整体的市场供求状况，更没有反映国内各地的市场供求关系，定价机制的市场化程度还不够。在未来的成品油定价机制改革中，应统筹考虑中国原油资源的供给能力、获取国际原油和成品油资源的能力、宏观经济发展速度、消费者消费能力等多个方面，在坚持现有与国际市场接轨的定价机制下，引入中国市场调节系数。同时，在国内市场上，建立全国性和地区性的成品油现货和期货交易市场，依靠市场的力量逐步形成全国性和地区性的成品油价格，提高成品油定价的市场化程度，最终建立竞争机制下的成品油市场自我定价机制，真正体现中国和各地区的供求关系及其变化，引导原油、成品油资源的高效流动，促使原油和成品油经营企业主动提高市场供给能力。

（3）增强加油站等终端销售市场的竞争性。成品油市场化价格的形成，特别是成品油零售价格市场化程度的提高，必须依靠在加油站等终端销售设施方面形成有效的市场竞争，这就需要有足够的参与者。在市场化程度比较高的国家，我们几乎在所有道路的交叉路口都能看到加油设施，有的甚至是路口的四个角都各有一个加油站，从而在成品油的终端销售市场形成了充分的竞争，服务和价格都存在差异，消费者可以自由选择。与此相比，中国的加油站等终端销售市场还远没有形成竞争之势，有必要从促进市场竞争出发制定和完善城市、高速公路，甚至农村的加油站建设规划，鼓励民营资本投资成品油零售业务，简化加油站建设的审批手续，尽快在终端销售环节改善成品油市场结构，形成竞争性的终端销售市场。

（4）增强政府对市场的监管能力。成品油定价市场化之后，对政府监管部门、能源主管部门行使公共管理的能力提出了更高的要求。比如，如何设置市场准入门槛，如何鼓励和监管竞争，如何对市场化形成的价格进行监管，如何建立和释放国家石油储备以调节市场，如何利用税收手段调节市场供求变化和引导国际资源的流入，如何加强对经营企业实现利润进行有效监管，如何区分企业合理的经营利润和价格暴利等诸多问题，都需要政府监管部门进行深入研究，既要防止经营企业利用国家政策产生投机和不当得利，更要促进经营企业主动提高保障供应能力和市场竞争能力。

（九）成品油价格市场化

1. 价格市场化的内涵

要发挥市场的作用，突出市场对价格机制和资源配置的引领作用，首先要回答"什么是市场"和"什么是价格的市场化"这两个基本问题。现在，"市场化"已经成为一个时尚的名词，各市场参与主体从自身的角度有着不同的解读。只有统一了对市场和市场化的认识，才能真正发挥市场的作用，按市场规律办事。我们认为，市场和市场化是一个经济学的概念，应从经济学的角度进行解释和解读。

在经济学上，市场是一个由供给方、需求方和监管方构成的体系。按照市场参与者的多寡、进入市场门槛的高低和退出市场的难易程度，以及产品差异化、可替代性等因素，可以划分为完全竞争市场、垄断竞争市场、寡头垄断市场和完全垄断市场四种市场类型。在这个体系中，价格是市场运行状况的基础性信号反馈，反映了供给与需求之间的关系。当供给等于需求时，市场达到均衡，此时的价格称为市场均衡价格。在市场中，监管者的作用在于收集和发布市场信息、健全市场规则、防止市场垄断，保障市场的可公平竞争性，促进市场的透明化运行。因此，价格的市场化，就是市场按照供求关系自行确定价格的过程，其所形成的价格就是市场价格。供求平衡时的价格称为均衡价格。在均衡价格下，消费者和生产者的福利都达到了最大化，市场的效率得以充分发挥，投入市场的资源得以充分利用。如果在价格形成的过程中，有监管者的干预或者市场参与者的恶意行为，则产生的价格并非市场价格，更远不是均衡价格，使价格信号产生扭曲，降低经济资源配置的效率。

对于市场及市场化价格，须明晰以下四个方面的认识：

(1) 供需关系是价格形成的基础性因素。简单而言，供给大于需求，价格就会下降；供给小于需求，价格就会上升。但供求关系又受到诸如收入水平、消费倾向、税收政策、市场结构、替代品竞争、互补品变化等众多因素的影响，从而使供求关系经常处于变动之中，而使价格不断波动。在现代经济中，由于期货市场的套利功能，以及期货市场的金融属性越来越强，供需关系的变化可能被放大、缩小或者忽视，从而引导市场出现非理性行为，形成扭曲的市场价格，导致商品价格的过渡波动。

(2) 边际成本是决定价格的重要因素。按照西方经济学理论，供给曲线和需求曲线实质上是产品的边际成本曲线和边际收益曲线。供求平衡时，边际成本等于边际收益，此时的价格亦等于边际成本。这也就是说，生产某种商品的边际成本水平决定了其供给水平。另一方面，按照马克思经济学的经典观点，价格围绕价值波动，价值是不变资本（生产资料成本 C）、可变资本（劳动力成本 V）和剩余价值（m）的总和，商品的价值最终决定商品的价格。因此，我们可以认为，在供求关系的背后，决定价格水平的重要因素是商品的生产成本和企业的利润水平，亦即价格不可能长期处于其生产成本之下，需求的增加会释放边际成本较高生产商的产能。反之，按照边际成本由高到低的顺序关闭产能。

（3）税收影响供求关系。对企业或者产品征税，将增加供给的成本，引起供给水平降低；对消费者征税，将增加需求的成本，引起需求的减少。税收政策的变化，无论是新增税种，还是改变税基或者税率，以及征税环节的改变，都将打破现有的供给平衡，引起市场的变化，谋求新的市场均衡，形成新的均衡价格。但由于供给价格弹性和需求价格弹性的不同，税收的负担会在生产者和消费者之间变化，并由二者共同承担税收变化的结果。一般情况下，需求弹性大于供给弹性，将更有利于消费者，税收更多地向生产者转嫁；需求弹性小于供给弹性，将更有利于生产者，税收更多地向消费者转嫁。建立稳定的税收环境将有利于市场的稳定。

（4）价格稳定有利于社会福利最大化。市场均衡能够使消费者剩余和生产者剩余最大化，从而使社会福利最大化（图3-2）。也就是说，市场均衡被破坏后，在寻求新的市场均衡过程中，必然引起消费者剩余和生产者剩余的变化，在最终达到均衡之前，将会造成社会福利的损失。比如，对产品增加税收，名义上政府会相应的多收税（图3-3），但实际的效果要打折扣。增税后，首先表现为提高了产品的价格，随后会引起需求的减少，在居民收入和消费者倾向等条件不变的情况下，需求曲线向左移动，在较低的需求上实现新的市场均衡。需求的下降使政府并没有按原有的预期实现税收的增加，消费者剩余和生产者剩余也相应减少，社会总体福利出现损失（图3-4）。同理，政府对产品设置或调整限价同样会打破市场均衡，引起供给或需求的变化。在均衡价格之上设置限价，会引起供给过剩；在其之下设置限价，则会引发供给不足，这都不能体现社会福利最大化。

2. 现行成品油价格机制市场化程度

中国的成品油价格机制改革经历了相当长的历程。从1998年颁布《原油成品油价格改革方案》开始，确定了成品油市场化的总基调，确立了与国际市场接轨

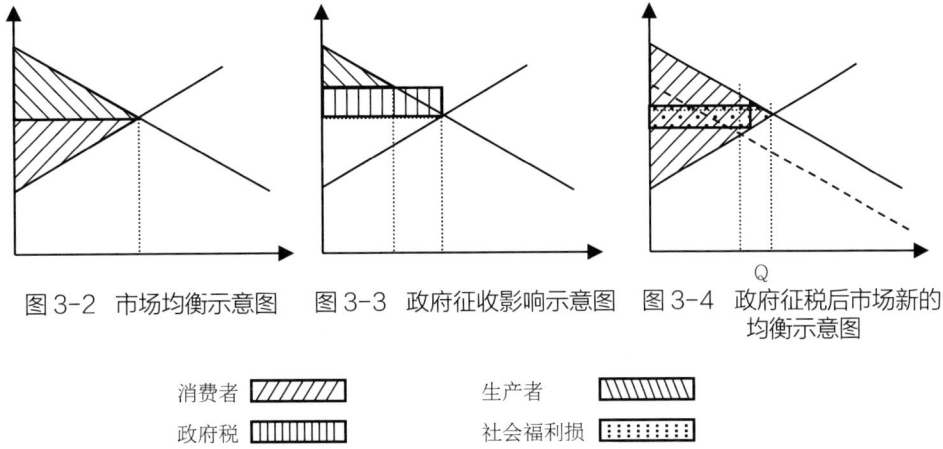

图 3-2 市场均衡示意图　图 3-3 政府征收影响示意图　图 3-4 政府征税后市场新的均衡示意图

消费者 ▨▨▨　　生产者 ▨▨▨
政府税 ▨▨▨　　社会福利损 ▨▨▨

的总体思路和机制。在实际运行过程中不断丰富国际原油挂靠品种、缩小价格调整区间幅度、缩短调价间隔期,并根据国际原油价格的变化设置了成品油的最低限价。但总体上看,中国成品油价格市场化改革实质上是原油采购价格的市场化,简单地用原油采购价格的市场化代替了成品油销售价格的市场化,并没有解决成品油价格市场化的问题。建立在原油价格市场化基础之上的成品油价格市场化,并不能真正反映成品油市场状况,也不能充分反映成品油边际成本的变化。当前的成品油价格形成机制至少存在以下三个方面的不足:

(1) 当前的成品油价格形成机制实质上是成本加成定价,并非市场化定价。1998 年 6 月出台的《原油成品油价格改革方案》规定,汽油、柴油由国家计委按进口完税成本为基础,加国内合理流通费用确定零售中准价。2009 年 5 月发改委印发的《石油价格管理办法(试行)》规定,国内成品油价格以国际市场原油价格为基础,加国内平均加工成本、税金、合理流通费用和适当利润确定。这实质上对成品油价格实行的是成本加成定价的方法。这固然简化了定价程序,但也较为明显地没有考虑成品油市场的实际需求状况,另一方面也存在保护落后和保证成品油生产企业利润水平的嫌疑,不利于促进降低中国的原油采购成本和增强成品油生产及销售企业降低成本的积极性。

(2) 当前的成品油价格形成机制反映的是原油市场的供需状况,并非成品油市场的供需关系。当前,中国的成品油价格机制已经实现了与国际市场原油价格的接轨,并且接轨的原油品种逐步过渡到了与中国进口原油的品种结构相适应,貌似已经实现了成品油价格市场化。原油虽然为生产成品油的重要原料,但成品油的供求关系、市场结构、消费者倾向、需求弹性等基本市场要素有其自身特点,并不能等同于原油的供求关系。一方面成品油市场的供需变化反映到原油市场环节存在时间差,导致对市场反映迟钝和滞后;另一方面,国际市场的原油价格反映的是国际市场供需关系及其变化,中国仅仅是国际市场众多参与者之一,且目前没有价格话语权,实质上中国是国际原油价格的跟随者,与国际原油价格接轨,不能完全反映中国对原油的供求状况。这在当前国际原油市场更多脱离基本供求状况,而反映金融元素、国际政治元素和地缘政治元素的情况下更是如此。

(3)当前的成品油价格形成机制缺乏透明度,不符合市场化对信息透明度的要求。信息透明化是市场的最基本特征,只有透明的市场信息才能更有利于市场参与者的决策行为,提高市场活跃度,发挥市场配置资源的功能和效率。但从目前的成品油价格机制看,挂靠原油的品种、中国进口原油的平均价格、原油平均加工成本、合理的流通费用水平,以及适当的利润水平等基本定价要素并没有明确公布,从而引起社会公众的广泛质疑和诸多怨言。虽然这可以规避一些企业的套利行为,但公众依然不认可成品油价格调整机制的科学性和及时性,也暗示了定价决定权依然在政府主管部门,这与所追求的成品油价格市场化定价存在冲突和矛盾,也使价格主管部门承受声誉压力。

关于中国与欧美主要国家成品油价格的比较

目前,普遍存在的一种观点就是中国的收入水平还比较低,而却要承受与欧美国家同样、甚至更高一些的成品油价格,价格水平和消费能力不匹配。对此,我们就国内的汽油价格与欧洲和美国进行了对比。

按 2012 年 3 月 20 日调价后北京地区 93 号汽油 8.33 元/升计算,扣除增值税、消费税、城市建设维护税、教育费附加等主要税金 2.43 元/升后,税后价格为 5.9 元/升。

根据美国能源署（EIA）公布的数据，2012年3月19日全美国常规汽油（Regular Gasoline）平均价格为3.867美元/加仑，平均包含税金12%（0.4108美元/加仑），以及20日美元兑人民币汇率中间价6.3029计算，折合人民币税后价格为5.76元/升，比北京地区93号汽油价格低0.14元/升。

按照欧盟石油价格公告（Oil Bulletin）公布的2012年3月12日欧洲27国95号汽油（Euro-supper 95）平均价格1.63487欧元/升、平均包含税金55%和20日欧元兑人民币汇率中间价8.3447计算，折合人民币税后价格为6.17元/升，比北京地区93号汽油价格高0.27元/升，但北京地区93号汽油的质量要低于欧洲95号汽油，见表3-1。

无论我们的收入水平如何，我们承受的成品油价格水平确实实现了与欧美等主要发达国家接轨。

表3-1 欧洲95号汽油价格表

国家	含税价格（欧元/升）	不含税价格（欧元/升）	税金（欧元/升）	税金占含税价格的比例	不含税价格折合人民币
奥地利	1.472	0.701	0.771	52.36%	5.852
比利时	1.644	0.745	0.899	54.69%	6.214
保加利亚	1.281	0.705	0.577	45.00%	5.879
塞浦路斯	1.343	0.778	0.565	42.05%	6.495
捷克	1.491	0.719	0.771	51.74%	6.003
丹麦	1.747	0.815	0.932	53.33%	6.804
爱沙尼亚	1.395	0.740	0.655	46.97%	6.173
芬兰	1.670	0.734	0.936	56.05%	6.125
法国	1.621	0.743	0.878	54.17%	6.200
德国	1.680	0.757	0.923	54.93%	6.319
希腊	1.779	0.761	1.018	57.20%	6.354
匈牙利	1.465	0.734	0.732	49.93%	6.122
爱尔兰	1.563	0.663	0.900	57.59%	5.531
意大利	1.804	0.786	1.017	56.40%	6.562
拉脱维亚	1.418	0.729	0.689	48.60%	6.083

续表

国家	含税价格（欧元/升）	不含税价格（欧元/升）	税金（欧元/升）	税金占含税价格的比例	不含税价格折合人民币
立陶宛	1.395	0.719	0.677	48.50%	5.996
卢森堡	1.415	0.768	0.647	45.70%	6.410
马耳他	1.450	0.759	0.691	47.63%	6.337
荷兰	1.771	0.752	1.019	57.55%	6.274
波兰	1.385	0.721	0.664	47.95%	6.014
葡萄牙	1.668	0.772	0.896	53.74%	6.439
罗马尼亚	1.287	0.683	0.604	46.94%	5.698
斯洛伐克	1.532	0.707	0.826	53.88%	5.896
斯洛文尼亚	1.463	0.725	0.739	50.48%	6.046
西班牙	1.451	0.780	0.671	46.24%	6.511
瑞典	1.722	0.745	0.977	56.74%	6.217
英国	1.643	0.679	0.964	58.69%	5.665

说明：①欧洲95号汽油价格为2012年3月12日欧盟石油价格公告公布的价格；②"不含税价格折合人民币"采用2012年3月20日中国人民银行公布的欧元对人民币汇率中间价8.3447计算，单位为元/升。

资料来源：Oil Bulletin, Euro Commission.

3. 推动成品油价格市场化

成品油价格市场化的根本目的在于充分发挥市场的作用形成有效的供给，并通过税收手段引导消费。市场化的基本条件在于构建充分竞争的市场结构，形成公平的竞争环境，防止出现垄断而损害消费者的利益，从而促进提高成品油资源的使用效率。

从需求侧看，随着汽车拥有量的不断增加，成品油消费已经成为大众化消费的必需品，消费者群体呈个体化、分散化的趋势，乘用车市场成为汽油消费的重要支撑。

从供给侧看，2015年中国成品油供应严重过剩，价格到位率呈下降趋势。据《2015年国内外油气行业发展报告》披露，中国成品油产量3.37亿吨，消费量3.18亿吨，供大于求1973万吨，较2014年扩大478万吨；同年1—11月，成品油净出口同比增加35.6%。主营单位93号汽油批发平均价格到位率91.3%，较2014年下降2个百分点；0号柴油批发平均价格到位率91.4%，较2014年下降6.6个百分点；社会单位93号汽油批发平均价格到位率88.2%，较2014年下降1.7个百分点；0号柴油批发平均价格到位率88.6%，较2014年下降5.6个百分点。这说明，当前的成品油价格形成机制已经与市场脱轨，不能反映成品油市场的供求变化。

与此同时，按照《中国加油站行业市场经营模式分析及投资发展战略咨询报告2015—2020》披露的数据，2017年末，全国加油站总量突破10万家。其中，中国石油自营及特许加油站占全国加油站总数近两成；中国石化自营及特许加油站数量占全国加油站总数的1/3左右；其他国有、民营、外资加油站约占全国加油站总数的50%。民营企业发展迅速，外资企业加快进入，中国加油站行业呈现出国企、民企、外企"三足鼎立"的发展态势。成品油市场在终端销售环节已经形成了完全竞争的市场结构，消费者有足够的自由选择余地，降价促销已经成为民营企业加油站和联营加油站经常采取的销售策略和手段，成品油终端销售价格市场化的条件已经具备。因此，应加快推动中国成品油市场化定价的步伐，可以考虑按照"先终端，后批发"的节奏展开，政府监管部门应着重建立公开透明的成品油市场信息化平台。具体包括：

（1）放开终端销售，在成品油零售市场首先实现市场化定价。目前，成品油消费已经完全大众化，消费者对价格变化已经具备了较强的心理素质和承受能力。另一方面，加油站总量已经接近10万座，完全竞争的市场格局已经基本形成，降价促销已经成为民营和联营加油站的常态，政府主管部门按照现有定价机制所公布的指导价格实际上已经失去了约束力，在民营和联营加油站大举降价销售的常态下，国有加油站长期维持按指导价销售面临较大压力。在这样的形势下，放开成品油终端销售价格，依靠市场自主定价已经成为大势所趋。2014年下半年以来，国际油价已经进入下降通道，当前处于低位运行，短期内难以出现报复性上涨，且在此轮国际油价下降过程中，连续三次上调成品油消费税率，成品油税负已经接近50%，高于美国的15%，与日本的41%、韩国的52%，以及欧洲部分国家持平，这无疑成为放开成品油终端销售环节价格，实行完全市场化定价的较好窗口期。选择此时放开零售价格，将使大众享受到更多的政策红利，增强对改革的认同感；政府也可以消除成品油价格变化对引发通货膨胀的担忧，有利于降低经济运行成本，进而促进宏观经济增长，收获较好的声誉。在未来价格回升时，由于成品油税负已经相对较高，单纯油价的变化相对税后价格而言变化的幅度将相应缩小，也将降低油价变化对整体物价水平的影响。

（2）放开成品油进出口，提高成品油批发市场的市场化程度。改变当前成品油价格的加成定价模式，提高市场化定价水平和能力，可以使成品油价格更多地体现中国成品油市场的供需关系，实现引导消费、治理环境、优化配置和提高资源利用效率的目标。市场化归根结底就是供给方按照价格自由调节供给能力，消费者按照价格自由选择消费和调节消费水平。这就需要使供给方具备充足的供给弹性，能够有效调动国内国外两种资源服务于国内市场，有力降低成品油供应的边际成本，满足市场需求。一方面，可以在国内市场供给充足时，将资源出口到国际市场；另一方面，可以在国内市场供给不足时，将国外资源输入国内市场。放开成品油进出口权，无疑是成品油市场化的一个重要条件。否则，将大大降低成品油的供给弹性，进而影响到市场的供应能力。特别是在中国原油对外依存度较高的情况下，放开成品油进出口，可以提高成品油批发市场的市场化程度，促进成品油贸易繁荣发展，原油进口和成品油进口可以成为相互替代品，有利于降低成品油供给的边际成本，使中国的成品油消费更真实反映中国的特点。

（3）完善成品油税制，营造稳定的税收环境，维护公平竞争。按照中国的现行税收管理制度，对汽油、石脑油、溶剂油、润滑油按 1.52 元／升，柴油、航空煤油和燃料油按 1.2 元／升，在生产环节征收消费税，这与欧美等西方经济发达国家在零售环节征收消费税有很大不同，更主要是体现了便于征收和监管的原则，降低税收征管成本。而石脑油、溶剂油和润滑油基础油同时还是重要的工业原料，一般并不直接销售而是用于深度加工。在生产环节对其征收消费税一方面增加了炼油企业的负担，另一方面也增加了深加工企业的成本，且在全国存在 100 多家地方炼厂（炼油能力占全国加工能力的 28.69%）的情况下，也难以对这些产品的流向实施完全的监控，导致部分加油站油品不合格的现象频发，对终端销售市场造成了负面影响。同时，由于成品油的税负已经占到价格的50%左右，一定程度上对成品油走私形成巨大的利润诱惑，不利于成品油市场的稳定运行，也增加了监管的成本。因此，应该汲取欧美等国家的成熟经验，稳定成品油的税制、税率，保持成品油税负的稳定，将成品油消费税的征税环节调整到终端销售环节。这实际上是最有效的征管途径，只要油品从加油枪出来，就可以计税，有利于创造公平的竞争环境，提高炼油企业的供给积极性，也更有利于抑制成品油走私，维护市场公平、自由竞争的秩序。

(4) 完善市场监管，建立公开透明的成品油信息体系。成品油市场化需要政府积极转变职能，由价格的制定者和发布者，转变为监管者，防止市场垄断，维护公平竞争。应按照公开、透明的原则，研究建立完善的成品油市场监管制度和市场信息披露制度体系，包括研究制定市场准入与退出门槛及机制、促进和保持市场的竞争态势、构建公平竞争环境和提高反垄断能力、定期发布权威的成品油市场信息数据、鼓励相关研究机构的发展、建立市场化的成品油报价体系等诸多方面，满足市场化运行的基本条件和需求，对非市场化的行为进行制止和惩戒。

总体上看，中国成品油市场化定价机制处于不断的完善和推进过程中，但成本加成定价的模式，以及非透明的挂靠国际油价定价机制，导致成品油价格并没有充分反映中国的资源禀赋和供给特点，以及消费特点，与完全的市场化定价还存在较大的差距。结合中国成品油市场当前的情况，应首先放开成品油终端市场，实现完全市场定价。在此基础上，放开成品油的进出口经营权，实现国内国外两个市场的融会贯通，增强供给能力和弹性。沿着市场化的路径，政府应积极转变职能，完善监管制度体系，建立公开透明的信息化平台，建立稳定的成品油税制，将成品油消费税的征收由生产环节转移到零售环节，创造公平的竞争环境。但任何改革都不是一蹴而就，成品油价格市场化依然在路上。对于坚持渐进式改革的中国而言，要给予成品油价格市场化更多的包容。

四、成品油价格运行机制

（一）计划经济条件下的成品油价格运行机制

在计划经济条件下，成品油销售各环节的价格由国家统一制定。随着我国由计划经济体制向市场经济体制转变，逐渐过渡到了成品油炼厂环节的出厂价格受到较为严格的管制，而批发和零售环节的价格相对具有较大的弹性，批发和零售企业可以依据市场的变化更好、更及时地做出反应，按照利润最大化原则进行决策，采取较为灵活价格调整措施，以提升市场份额和盈利水平，如图3-5所示。

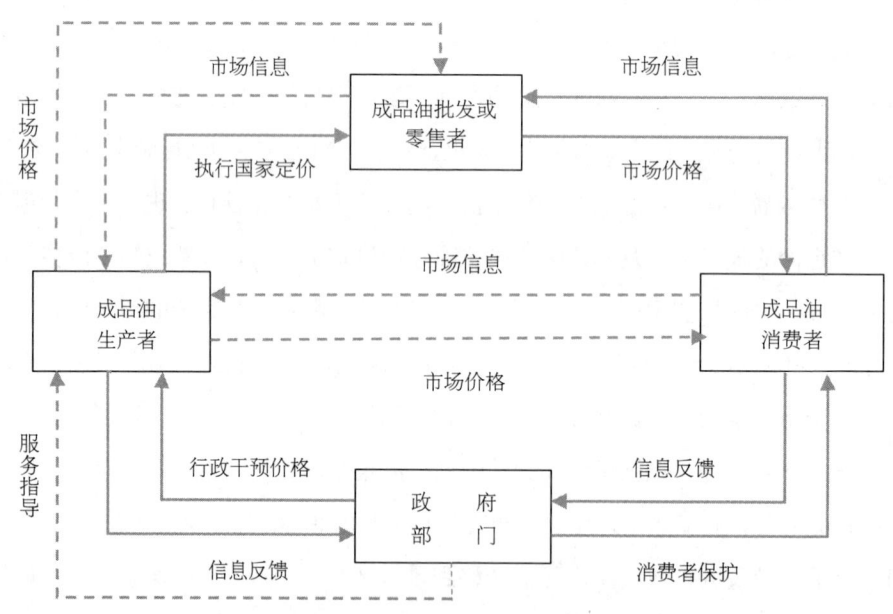

图3-5 计划经济体制下成品油的价格运行机制简图

备注：图中实线表示计划经济条件下的成品油的价格运行机制，虚线表示经济体制过渡期的成品油的价格运行机制。

（二）市场经济条件下的成品油价格运行机制

市场经济体制下的成品油价格基本运行模式可用图 3-6 描述。从图中我们可以了解到：一是政府只有通过修改税法等来调节生产、销售和需求；二是生产者与销售商和消费者之间的渠道多样化，信息流畅通无阻；三是生产者可以及时地根据市场的变化调整价格，并进一步调整企业目标；四是销售商和消费者可以及时地了解产品信息，调整营销策略和消费决策，确保效用最大化。

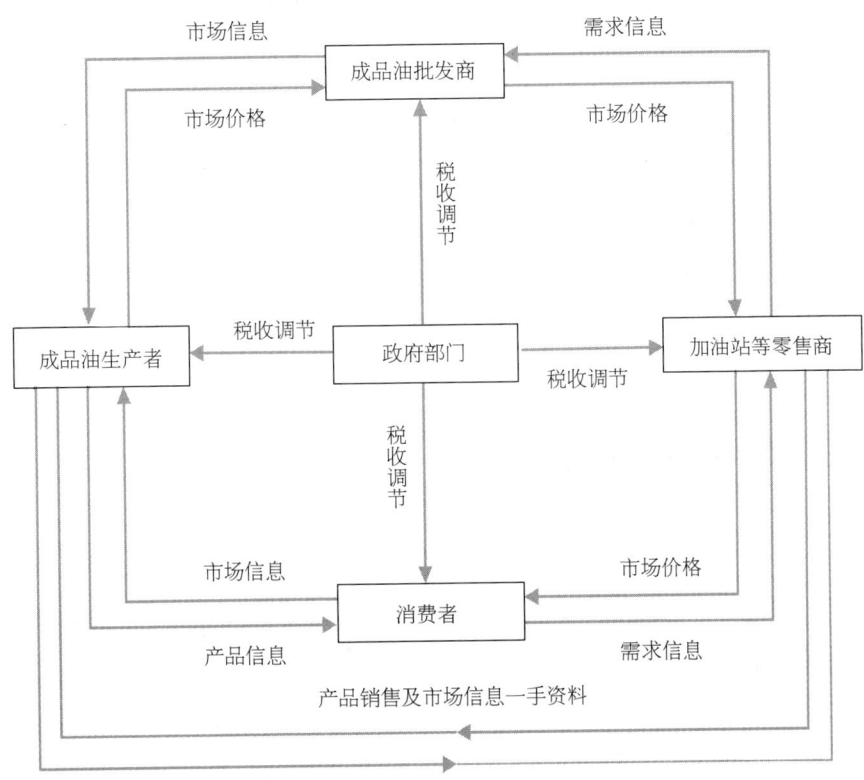

图 3-6　市场经济条件下的成品油价格运行机制简图

五、成品油定价确定实例

在第一章中，我们介绍了供需均衡的定价方法，并进行了理论上的分析阐述，在本节，我们将着手于对实际问题的研究，探索按照供需均衡的理论开展成品油供需均衡定价实践，力求通过对有关实际业务数据的处理求出原油加工的成本函数和收入函数，再进一步应用西方经济上边际收益等于边际成本（$MR=MC$）的方法确定出成品油的理论价格；之后，以柴油为例，通过对销售数量和供给数量与销售价格之间关系的数据的处理，求得柴油的需求和供给曲线，然后求出市场均衡时柴油的价格。

我们对某炼油企业某年度生产经营活动进行了分析，并收集到了大量的数据，经过精心细致的比较和筛选，将所收集到的截面数据和时间序列数据混合后，进行处理。

（一）成本函数的确定

某炼油企业的成本基础数据见表3-2。

表3-2 某炼油企业成本基础数据表

月份	原油加工量（吨）	总成本（元）	总可变成本（元）	总固定成本（元）
1	718269	782492830	730450079	52042751
2	679470	747114071	696101074	51012997
3	687215	776486118	711190292	65295826
4	585806	711274321	661071449	50202872
5	677194	808589966	740250971	68338995
6	704160	821893640	752145884	69747756
7	720007	829351594	538847500	75466844
8	721143	842664160	765351841	77312319

续表

月份	原油加工量（吨）	总成本（元）	总可变成本（元）	总固定成本（元）
9	535325	664573752	578727778	85845974
10	672610	808007679	730199372	77808307
11	678831	779880856	705410345	74470511
12	747021	789912381	726955852	46784840

为了适应数据处理的需要，显化生产成本与原油加工量之间的关系，以原油加工量为关键字段进行了排序索引和升序排列，其结果见表3-3，生产成本随原油加工量变化的趋势如图3-7所示。

表3-3　某炼油企业成本基础数据表（按原油加工量升序排序）

月份	原油加工量（万吨）	总成本（元）	总可变成本（元）	总固定成本（元）
9	53.53	66457	57873	8585
4	58.58	71127	66107	5020
10	67.26	80801	73020	7781
5	67.72	80859	74025	6834
11	67.88	77988	70541	7447
2	67.95	74711	69610	5101
3	68.72	77649	71119	6530
6	70.42	82189	75215	6975
1	71.83	78249	73045	5204
7	72.00	82935	75388	7547
8	72.11	84266	76535	7731
12	74.70	78991	72696	4678

从上图不难看出：原油加工的总成本和总变动成本与原油加工量之间可能存在一元二次函数的关系，总固定成本基本上是一条水平的直线，没有明显的波动。为了使曲线更加明显地表现出它们之间的关系，我们采用了数据处理中常用的移动平均法，对现有的数据进行了处理。为防止数据处理过程中的变形和失真，把

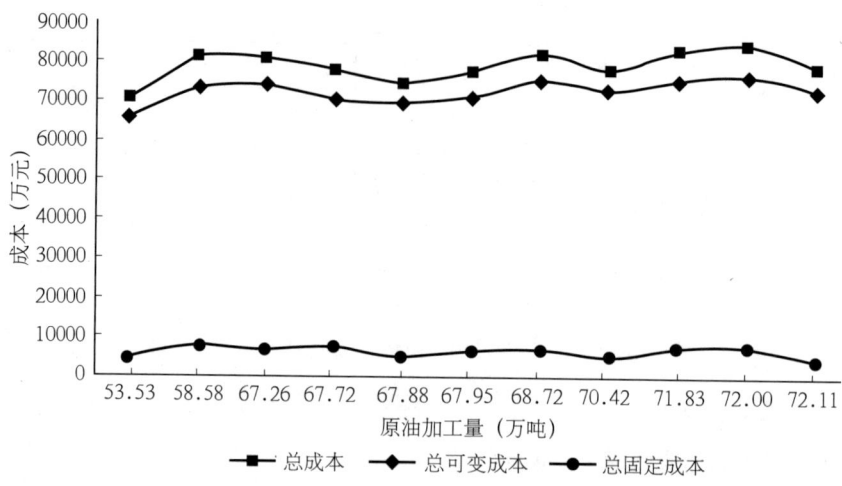

图 3-7 原油加工量与总成本、总固定成本、总变动成本关系

移动平均的间隔定为 2（下同），一次移动平均后的结果分别如表 3-4 和图 3-8 所示。

表 3-4 某企业成本数据表（一次移动平均）

序列	原油加工量（万吨）	总成本（万元）	总可变成本（万元）	总固定成本（万元）
1	56.06	68792	61990	6803
2	62.92	80830	73523	7308
3	67.49	80830	73523	7308
4	67.80	79424	72283	7141
5	67.92	76350	70076	6274
6	68.34	76180	70365	5816
7	68.13	76265	70220	6045
8	69.57	79919	73167	6753
9	71.92	80592	74217	6376
10	72.06	83601	75962	7639
11	73.41	81629	74616	6205

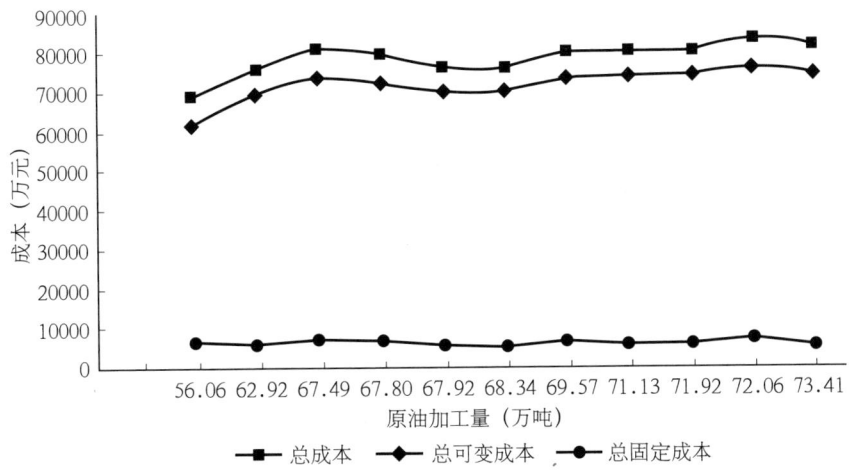

图 3-8　原油加工量与总成本、总固定成本、总变动成本关系（一次移动平均）

由上图可看出，几条曲线变得更加平滑，各变量之间的关系也相对趋于进一步明显。但为了研究的方便和曲线更加的直观，再次以 2 为间隔进行了移动平均，其结果如表 3-5 和图 3-9 所示。

表 3-5　某企业成本数据表（二次移动平均）

序列	原油加工量（万吨）	总成本（万元）	总可变成本（万元）	总固定成本（万元）
1	59.49	72378	65777	6602
2	65.21	78397	71543	6854
3	67.65	80127	72903	7224
4	67.86	77887	71179	6707
5	68.13	76265	70220	6045
6	68.95	78050	71766	6284
7	70.35	80069	73649	6421
8	71.52	80406	74173	6233
9	71.99	82096	75089	7007
10	72.73	82615	75289	6922

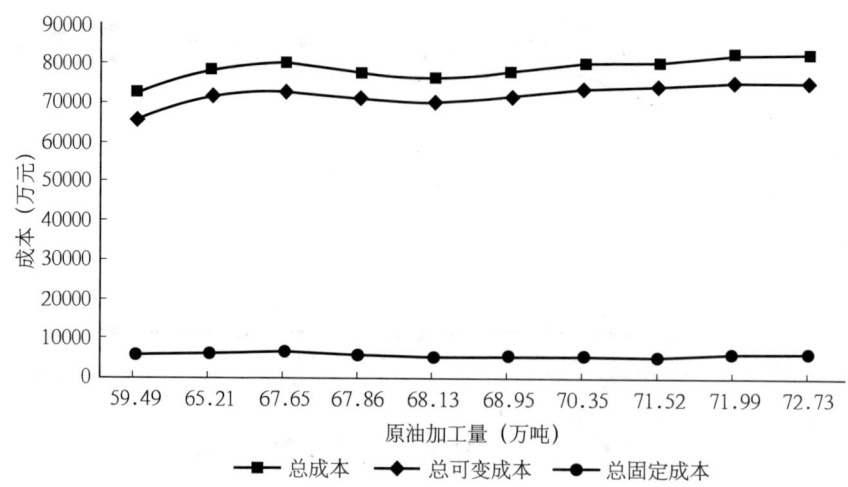

图 3-9 原油加工量与总成本、总固定成本、总变动成本关系（二次移动平均）

从图 3-9 可以得知，总成本和总变动成本与原油加工量之间存在较为明显的一元二次函数关系，而总固定成本基本上是一条水平的直线，其不随原油加工量的变化而变化。由于每年 4 月和 9 月份是炼油企业检修的旺盛季节，而原油加工量相对较低，检修期间的费用支出较大，所以该期间发生的成本与原油加工量是不完全匹配的。也就是说，该组数据是非常数据，在进行数据处理时应当去掉。

为了增加方案的可比性，以选取最为接近，而且最能反映炼油企业加工成本与原油加工量之间关系的方案，我们分别进行了一元一次方程的回归求解和一元二次方程的回归求解。

1. 一元一次方程的回归求解

（1）回归统计：

R 的倍数 0.82943046 R 的平方 0.687954888，

调整的 R 平方 0.643377015 标准误差 1075.338969 观察值个数 9。

（2）方程表达式：

$$TVC = 30585.37526 + 609.4833935Q$$

$$MVC = 609.4833935$$

2. 一元二次方程的回归求解

(1) 回归统计：

R 的倍数 0.899959691 R 的平方 0.809927445，

调整的 R 平方 0.746569927 标准误差 906.5041428 观察值个数 9。

(2) 方程表达式：

$$TVC = 112.0648143Q^2 - 14900.22678Q + 566617.6733$$

$$MVC = 224.129686Q - 14900.22678$$

从 R 和标准误差的值来考察，显然一元二次方程更能表达原油加工成本随原油加工量变化的趋势。因此，我们选用一元二次方程为成本函数的表达式。

（二）收入函数的确定

为了加强收入与成本函数之间的配比，进一步利用 $MR = MC$ 的原理求出成品油的价格，我们收集了该企业同期的销售收入数据，见表3-6。

表3-6 某企业销售收入据表

月份	原油加工量（吨）	销售收入（元）
1	718269	880187522
2	679470	768223499
3	687215	952002964
4	585806	906901306
5	677194	1016142213
6	704160	993936083
7	720007	985166663
8	721143	981740202
9	535325	858109190
10	672610	891213178
11	678830	920650873
12	747021	1152504198

为了明确原油加工量与销售收入之间的关系，按照原油加工量的大小进行了排序，企业销售收入数据见表 3-7，原油加工量与销售收入之间的关系如图 3-10 所示。

表 3-7　某企业销售收入数据排序表

月份	原油加工量（万吨）	销售收入（万元）
9	53.53	85811
4	58.58	90690
10	67.26	89121
5	67.72	101614
11	67.88	92065
2	67.95	76822
3	68.72	95200
6	70.42	99394
1	71.83	88019
7	72.00	98517
8	72.11	98174
12	74.70	115250

销售收入随原油加工量变化而变化的趋势如图 3-10 所示：

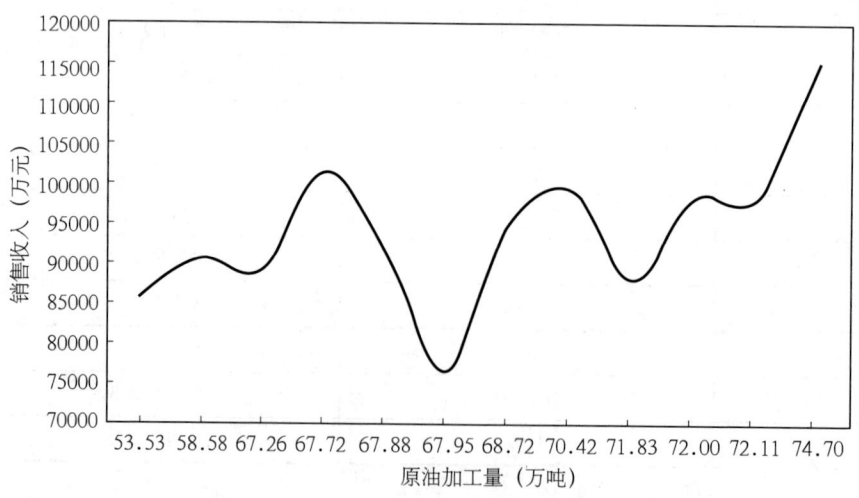

图 3-10　原油加工量与销售收入之间的关系

由图可以看出：销售收入与原油加工量之间有可能存在一个一元二次函数或一元三次函数的关系。为了将二者之间的趋势进一步明显化，同样采用了移动平均法进行处理，两次移动平均后的结果分别如表 3-8 和图 3-11 所示。

表 3-8　某企业销售收入排序表

序列	原油加工量（万吨）	销售收入（万元）
1	59.49	89078
2	65.21	92637
3	67.65	96104
4	67.86	90642
5	68.13	85227
6	68.95	91654
7	70.35	95502
8	71.52	93487
9	71.99	95807
10	72.73	102529

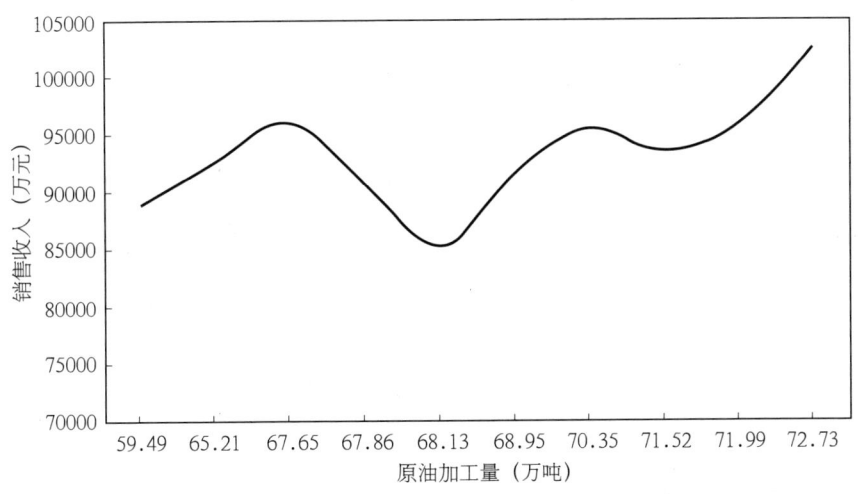

图 3-11　原油加工量与销售收入之间的关系（二次移动平均）

从上图我们不难看出：二者之间确实存在一元二次函数或一元三次函数的关系。但是原油加工量一方面要受成品油市场的影响，另一方面也受原油供应市场的影响。因此，在成品油销售不畅的月份和检修的月份，企业也要尽力维持加工量，从而引起销售收入与原油加工量之间存在不可配比的因素。在所收集的数据中，2、3、11月的市场存在一定的波动，使其加工量不能反映企业销售收入的实际状况，在进行数据回归时将其对应的67.86万吨和68.13万吨的加工量进行了剔除。同时，为了加强方案研究的可比性，将以上数据进行了回归，分别求出了一元一次方程、一元二次方程和一元三次方程。

1. 一元一次方程

（1）回归统计：

R 的倍数	0.70324	R 的平方	0.49454
调整的 R 的平方	0.42233	标准误差	3011.40
观察值个数	9		

（2）方程表达式：

$$TR = 676.051Q + 47906.8$$

$$MR = 676.051$$

2. 一元二次方程

（1）回归统计：

R 的倍数	0.75023	R 的平方	0.56285
调整的 R 的平方	0.41713	标准误差	3024.94
观察值个数	9		

（2）方程表达式：

$$TR = 58.2361Q^2 - 7043.27Q + 302564$$

$$MR = 116.472Q - 7043.27$$

3. 一元三次方程

（1）回归统计：

R 的倍数	0.84235	R 的平方	0.70956

调整的 R 的平方	0.5353	标准误差	2700.95
观察值个数	9		

(2) 方程表达式：

$$TR = 34.987Q^3 - 6907.48Q^2 + 453894Q - 9833309$$

$$MR = 104.97Q^2 - 13814.96Q + 453893.6$$

通过以上回归分析，我们可以得出：一元三次函数回归方程的标准方差最小，R 的值最大。因此，一元三次方程最能反映销售收入随原油加工量变化的趋势，采用其作为我们确定的收入函数。

（三）企业利润最大化时成品油价格的确定

根据 $MC=MR$ 的定价原理（由于总固定成本为一固定值，不影响边际成本函数，故在本例中我们忽略了对固定成本的求解，边际变动成本函数就是总边际成本函数），有如下等式：

$$224.129686Q - 1400.22678 = 104.97Q^2 - 13814.96Q + 453893.6$$

整理后，得：

$$104.97Q^2 - 14039.08 + 468793.83 = 0$$

对此一元二次方程求解，得：

$$Q_1 = 69.294 \text{ 万吨}；Q_2 = 64.450 \text{ 万吨}$$

因为总收益（销售收入）等于销售量乘以价格，即：

$$TR = Q \cdot P$$

故：

$$P = TR \div Q$$
$$= (34.99Q^2 - 6907.48Q + 453893.6 - 9833309) / Q$$

将 Q_1、Q_2 分别代入，有：

$$P_1 = 1349.632 \text{ 元／吨}；P_2 = 1475.387 \text{ 元／吨}$$

需要指出的是，这里求出的价格是每吨原油的收入，还需要进行下一步的求解才能得出每一种油品的价格。

通过对该企业原油加工后产品收率的统计分析，我们得出汽油、柴油、航空煤油和其他产品的收率分别为：21.18%、27.20%、4.72%和37.03%（加工损失率和自用率为9.87%），综合商品收率为90.13%。以综合商品收率为分母，求出各种产品占总商品的实际比率为：23.5%、30.18%、5.24%和41.08%。以汽油的品质为1，柴油、航空煤油和其他产品的品质比率分别为：0.958、0.983、0.672。应用我们先前介绍的炼油成本分摊相似的方法，设汽油的价格为X，则柴油、航空煤油和其他产品的价格分别为：$0.958X$、$0.983X$、$0.672X$。四者之和即是吨原油生产的产品销售之后可以实现的销售收入，故有：

$$0.235X+0.958\times 0.3018X+0.983\times 0.0524X+0.672\times 0.4108X=P$$

整理后得：$0.8516912X=P$

将P_1、P_2分别代入可得汽油的价格为：1587.65元/吨和1732.30元/吨。所以，柴油、航空煤油和其他产品的价格也分别为1518.09元/吨、1557.71元/吨、1064.88元/吨和1659.54元/吨、1702.85元/吨、1164.11元/吨。

（四）柴油市场均衡价格的确定

前面，我们按照西方经济学传统上边际收益等于边际成本的理论方法求出了企业达到利润最大化时的成品油的价格，即供求均衡的价格——均衡价格。但是，企业是置身于市场当中的，它的价格必须能够被市场所接受。因此，为了衡量和比较企业利润最大时的价格与市场均衡时价格之间的接近程度。我们将进一步以柴油为例，通过对所收集数据的处理，求得柴油市场均衡时的价格和需要量。我们所收集到的有关柴油市场的基础数据见表3-9。

表3-9 某企业柴油销售的基础数据

月份	供给数量（吨）	销售数量（吨）	销售价格（元/吨）	销售收入（元）
1	195369	163165	1541	251366080
2	184816	142530	1554	221446824
3	186922	210737	1503	316697792
4	159339	152853	1496	228704755

续表

月份	供给数量（吨）	销售数量（吨）	销售价格（元/吨）	销售收入（元）
5	184197	166438	1508	250958299
6	191532	180861	1514	273789553
7	195842	173825	1500	260762232
8	196151	173836	1452	252414702
9	145608	133966	1683	225440923
10	182950	119491	1641	196142899
11	184642	141020	1687	237931540
12	203190	219744	1739	382213212

1. 柴油供给曲线的确定

在原油的加工过程中，由于所加工原油的品质和工艺设备等生产条件相对稳定，该企业的柴油收率基本上稳定在27.2%左右。所以，从理论上说，在给定柴油的供给量时，我们以原油加工量为基础，以27.2%为乘数进行确定。即：

柴油供给量 = 原油加工量 × 27.2%

根据表3-9的基础数据，按原油加工量升序排列整理后，得到表3-10的数据，以进一步确定柴油供给曲线。

表3-10 确定柴油供给曲线的基础数据

月份	供给数量（吨）	销售价格（元/吨）	月份	供给数量（吨）	销售价格（元/吨）
9	145608	1683	3	186922	1503
4	159339	1496	6	191532	1514
10	182950	1641	1	195369	1541
5	184197	1508	7	195842	1500
11	184642	1687	8	196151	1452
2	184816	1554	12	203190	1739

柴油供给量与价格之间的关系如图3-12所示。

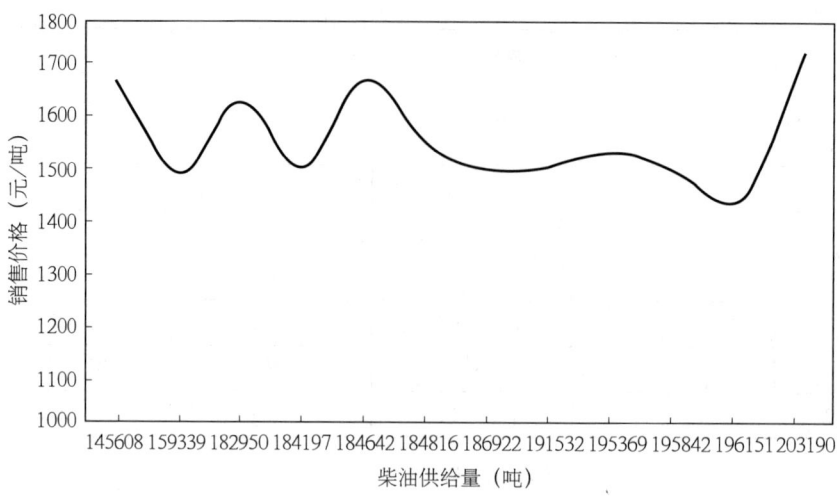

图 3-12　柴油供给曲线

由观察上图可知，供给量的变化波动较大，与价格之间的关系不明确。因此，利用移动平均法进行了两次移动平均，其结果如表 3-11 和图 3-13 所示。

表 3-11　确定柴油供给曲线的基础数据（二次移动平均）

序列	供给数量（吨）	销售价格（元／吨）
1	161809	1579
2	177359	1572
3	183997	1586
4	184574	1609
5	185299	1575
6	187548	1519
7	191339	1518
8	194528	1524
9	195801	1498
10	197834	1536

从图中我们可以看出，随着柴油价格的下降，其供给量在不断地增加，这违背了市场规律，是不符合企业追求利润最大化原则的。我们分析，原因可能是：

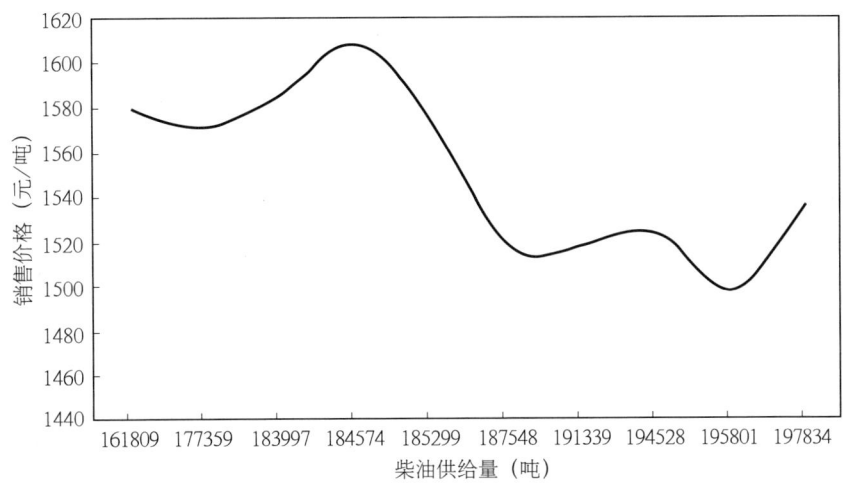

图 3-13　柴油供给曲线（二次移动平均）

（1）在 1996 年，成品油的价格由国家计划委员会进行确定，企业基本上完全按照国家规定的统一价格销售，而且是只能低，不能高。所以，炼油企业对于市场的变化非常的迟钝，也必然不能反映出企业经营的目标。

（2）企业的原油加工量受到国家原油配置计划的严重制约，炼油企业根本不可能按照自身的愿望安排生产。反映到市场上，就是企业不能随着产品市场的变化调整生产，增加或减少柴油的供给量。

（3）当前，成品油流通体制的不合理使炼油企业不能及时地取得市场信息，从而拉长了企业对市场信号反映的时间，最终表现为对市场信号反映的不灵敏。

虽然如此，我们还是利用回归的方法求出了一个能够反映柴油供给量随销售价格变化而变化规律的方程，其结果为：

$$Q = 462240.1 - 178.05P$$

R 的倍数为 0.62083，R 的平方为 0.38543，调整后的 R 平方为 0.30861，标准误差为 8791.57。

同时，我们还求得了一个一元二次方程，其表达式为：

$$Q = 2.08P^2 - 6642.07P + 5477263$$

R 的倍数为 0.65286，R 的平方为 0.42622，调整后的 R 平方为 0.26229，标准误差为 9081.32。

从以上结果来看，一元一次方程的回归结果要好于一元二次方程，故选用一元一次方程作为供给函数的表达式。

2. 柴油需求曲线的确定

以 1996 年某企业柴油销售的实际数据为基础，经过分析后整理出了相应的原始数据如表 3-12 和图 3-14 所示。

表 3-12　确定柴油需求曲线的基础数据

月份	销售数量（吨）	销售价格（元/吨）
10	119491	1641
9	133966	1683
11	141020	1597
2	142530	1554
4	152853	1496
1	163165	1541
5	166438	1508
7	173825	1500
8	173836	1452
6	180861	1514
3	210737	1503
12	219744	1649

从图 3-14 看，基本上有一个随着价格下降需求量增加的趋势，体现了需求定理。之所以在曲线的最后出现了一个急速爬升，是因为在 1996 年末，国家为了适应因国际原油市场的原油价格上升引起的成品油价格上涨的市场状况，相应提高了国内包括柴油在内的成品油的市场销售价格。在进行了二次移动平均后，对所得的数据进行了回归分析，反映柴油市场需求的函数表达式为：

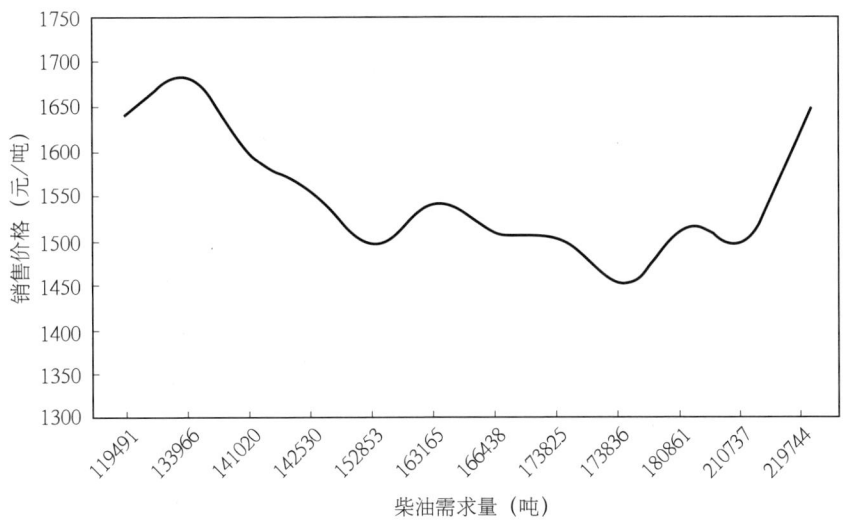

图 3-14 柴油需求曲线

$$Q = 593800.7 - 282.82P$$

R 的倍数为 0.89736，R 的平方为 0.80526，调整后的 R 平方为 0.77743，标准误差为 8538.76。

同时，我们还得到了一个一元二次方程，其表达式为：

$$Q = 1.7P^2 - 5600.82P + 4747887$$

R 的倍数为 0.93057，R 的平方为 0.86597，调整后的 R 平方为 0.82129，标准误差为 7651.33。

从两个回归的结果来看，无论是 R 的值，还是标准误差，一元二次方程的结果都要好于一元一次方程。因此，应当选用一元二次方程作为需求函数的表达式。

3. 柴油市场均衡的确定

将以上所求得的供给函数和需求函数联立后求解，即可得出柴油市场均衡时的价格和需求量。

供给函数：$Q = 462240.1 - 178.05P$

需求函数：$Q = 1.7P^2 - 5600.82P + 4747887$

当供需均衡时，供应量等于需求量，即：

$462240.1-178.05P=1.7P^2-5600.82P+4747887$

整理后，得：

$1.7P^2-5422.77P+4285646.9=0$

求解得：

$P_1 = 1746.06$ 元／吨；$P_2 = 1443.80$ 元／吨

相应求出市场均衡时的柴油需求量为：

$P_1 = 151354.117$ 吨；$P_2 = 205171.51$ 吨

（五）两种价格的比较

根据以上两种方法求得的市场均衡时柴油价格的结果，我们可以得出：

（1）炼油企业所追求的利润最大化时的价格与市场均衡时的价格是不相符合的。也就是说，企业的追求是与消费者的追求相背离的，在市场经济条件下，企业和消费者都是很难达到自己的目标的。

（2）从我们所求得的市场均衡价格看，要低于当时国家定价。换句话说，就是：国家规定的价格制约了市场对柴油的消费，在真正的市场上存在较大的潜在需求。这就是为什么前一时间内，有大量的国外柴油涌入我国市场，国内炼油企业就出现了大量的库存而影响到企业正常生产的原因。

（3）两种价格产生差异的结果告诉我们，在市场经济条件下，政府要对企业进行放权，给予其自主经营和决策的权利，使其能够适应市场的变化调整自身的生产状况和产品结构，逐渐缩小与消费者期望之间的差距，最终在市场均衡时达到自身利润的最大化。

原油价格与柴油价格之间的关系分析

随着我国对外开放的不断深入和市场全球化趋势的日趋明显，我国经济受国际大环境的影响越来越大。石油化工行业作为我国国民经济的支柱产业，也不可避免地受到了较大的冲击。尤其是进入九十年代以来，以海湾战争的爆发为标志，国际原油和成品油市场经受了最为严峻的考验。随着海湾局势的变化，国际市场的原油价格已经多次起伏，国内成品油市场也呈现出了较大的波动。最近，由于伊拉克石油换食品计划的实施和核查危机的出现，美国等西方盟国有可能对伊拉克再次实施军事打击，以及亚洲金融危机的爆发，国际原油和成品油市场又出现了新的动荡，原油价格降到了新的最低点，国际成品油通过各种途径不断涌入我国，对国内成品油市场再次形成了较大冲击。1998年1月份，石化工业首次出现了全行业性亏损。因此，如何研究国际原油和成品油市场的走势，较好地利用国际和国内两种资源和两个市场，使我国的石油化工业和经济发展受国际市场的冲击降低到最小的限度，已经成为迫切课题。

本案例通过1990年至1997年8年间的原油和柴油国际市场的年平均价格，以及二者之间互动关系的研究，找出能够预测国际市场变化的走势，以使我们能够较好地预测风险和防范风险，见表3-13。

表3-13　历年国际市场原油、柴油价格表

（美元／桶）

时间	原油价格	柴油价格
1990	23.81	29.32
1991	20.05	28.30
1992	19.37	25.14
1993	17.07	24.01
1994	15.98	20.88
1995	17.18	21.68
1996	20.75	27.03
1997	19.33	24.29

近年来国际市场原油价格和柴油价格变化的历史趋势，如图3-15所示。从图3-15中我们不难看出，原油价格和柴油价格自1990年以来经历了几乎相同的变化，二者呈现相同的走势。但是，二者之间存在怎样的关系呢？究竟是原油价格的变化影响柴油价格，还是柴油价格的变化影响原

油价格变化?

价格是对市场信号的综合反映。价格的变化要受到政治、经济、心理、文化、消费偏好、收入水平等诸多因素的影响,但最终都要通过市场上供需双方的较量而反映为适当的价格信号。因此,在本文中我们假设任何政治的、投机的和心理的影响都是已经完全地包含在了市场信号中,即以纯市场行为来研究二者之间价格的互动关系。

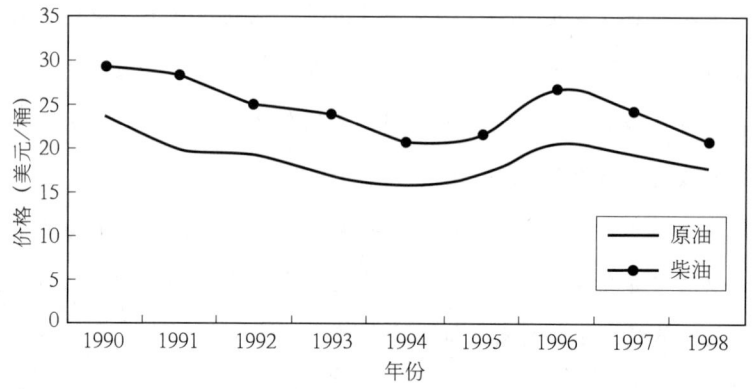

图 3-15　柴油价格、原油价格历史变化趋势

首先,我们以原油价格为动因,分析其变化对柴油价格的影响。图 3-16 反映了柴油价格随原油价格变化的趋势。从总的趋势看,柴油价格在随着原油价格的升高而不断攀升;但从局部看,则呈现出了某些不规则的波动。我们应用回归分析的方法,求得了表述二者之间关系的函数方程式。为便于比较分析,分别求得了一元一次方程和一元二次方程。

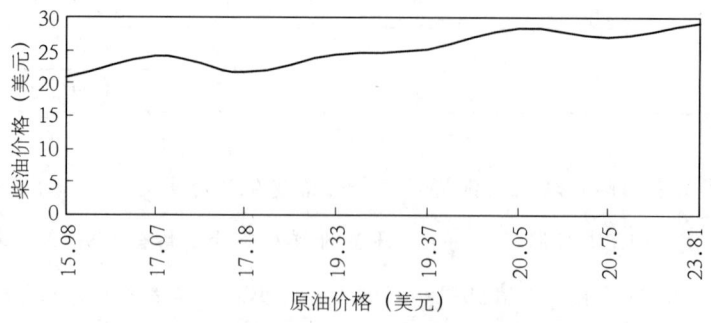

图 3-16　柴油价格与原油价格之间的关系

(1) 一元一次方程：
$$Y_{柴} = 3.909541+1.103124X_{原} \tag{3-1}$$
相关系数：0.914793

标准误差：1.310118

截距的标准误差：3.844429

X 系数的标准误差：0.19885

(2) 一元二次方程：
$$Y_{柴} = -23.6324+3.928051X_{原}-0.07137X_{原}^2 \tag{3-2}$$
相关系数：0.928208

标准误差：1.321959

截距的标准误差：29.40239

X 系数的标准误差：2.996117

X^2 系数的标准误差：0.75522

从以上两种方程式的相关系数看，一元二次方程比一元一次方程更能准确地描述二者之间的关系，但其标准误差要略大，而且截距的标准误差要高出一元一次方程近6倍。所以，我们认为一元一次方程更能较好地反映柴油价格随原油价格变化的趋势。

其次，以柴油价格为动因，研究原油价格受柴油价格影响而相对变化的趋势。

从图3-17可以观察到，原油价格随柴油价格变化与柴油价格随原油价格变化几乎呈现相同的趋势。采用与以上相同的方法，求得：

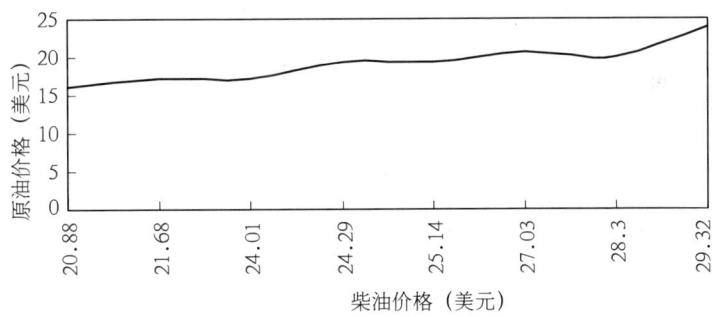

图3-17 原油价格与柴油价格之间的关系

（1）一元一次方程：

$$Y_{原} = 0.1655 + 0.7586 X_{柴} \tag{3-3}$$

相关系数：0.914793

标准误差：1.08645

截距的标准误差：3.451259

　　X 系数的标准误差：0.136748

（2）一元二次方程：

$$Y_{原} = 22.5295 - 1.04638 X_{柴} + 0.03596 X_{柴}^{2} \tag{3-4}$$

相关系数：0.92118

标准误差：1.146575

截距的标准误差：36.12367

　　X 系数的标准误差：2.904265

　　X^2 系数的标准误差：0.057795

采取与上述同样的分析方法，我们认为一元一次方程更能较好地反映原油价格随柴油价格变化的趋势。

通过分析两种因素之间的相互影响，并求得了相应的函数式，我们发现，两个函数式的相关系数都是 0.914793。那么，二者之间的影响是否等同呢？也就是说，如果二者之间是作用与反作用的关系，两个函数应当互为反函数。但两个函数式 X 系数的乘积为：

$$1.103124 \times 0.7586 = 0.83683 \neq 1$$

所以，两个函数不互为反函数，彼此之间的影响作用是不同的。这样，在实际应用中，就要分清主动因素和被动因素，从而选取不同的函数式进行相应的预测。

我们认为原油价格的变化处于主动，柴油价格在随着原油价格的变动而变动。我们选取 1998 年 1 月 20 日布伦特原油欧洲市场离岸价 15.50 美元/桶为例，代入（1）式，可求得当天国际市场柴油价格为 20.19 美元/桶，比当天新加坡市场的柴油离岸价 19.15 美元/桶高 1.04 美元/桶，误差率

0.54%。因此我们认为，用该方程式进行长期的市场预测是可行的。

根据当前国际原油市场形势，综合考虑影响原油价格变化的各种因素后，许多专家认为 1998 年的原油价格将保持在 18 美元/桶左右。故，可预计 1998 年的柴油价格将达到 22.95 美元/桶。如果按照人民币对美元的汇率保持在 8.3 计算，该柴油价格可折合为 1538.45 元/吨，含增值税的价格为 1800 元/吨。这一价格远低于我国现行的国家定价，而与我国大多数炼油企业生产柴油的完全成本大体相当。

所以，由于成品油市场竞争日趋激烈和原油价格与国际市场全面接轨已成定势，在今后相当长的时期内，炼油企业的利润将比 1997 年有较大幅度的下降。企业要避免受到国际市场的更大冲击，在激烈的市场竞争中能够不断地得到发展，建议：

一是企业要转变观念，坚持"三改一加强"[①]，夯实基础管理，努力调整产品结构，适应市场需求，提高产品的高技术含量。

二是国家要改革现行的成品油销售体制，使炼油企业能够直接面对市场，以提高对市场信号的反应能力。同时，赋予企业更大的定价权限，以提高价格决策水平。在此基础上，企业应加大市场预测和营销管理的力度，提高市场占有率，追求效益最佳化。

三是要发展规模经济，提高炼油装置的单套加工能力，以消除瓶颈为主，加大技术改造力度，避免重复建设和盲目建设。

四是必须把降低成本提高到关系企业存亡的高度看待。成品油本身没有太大的质量差别，炼油企业的竞争主要体现为产品价格的竞争。因此，建立起全员、全过程、全方位的成本管理和控制机制，加强成本管理，逐步挖掘潜力，降低成本，切实实行成本否决，提高价格竞争能力，是任何情况下企业求得生存发展的必备法宝。

---

① 指改革、改造、改组和加强企业管理。

第四章 天然气价格

一、我国天然气价格改革回顾

（一）天然气价格政策演变

目前，我国已经确定了天然气价格市场化改革的方向，并正处于逐渐转型的过程之中。总体上，我国天然气价格政策的演变过程大致可划分为五个阶段。

1. 第一阶段（1982年以前）：**单一井口价**

我国对天然气价格实行单一井口价。1982年之前，为了鼓励天然气消费，我国对天然气实行低价政策，天然气价格基本维持在0.03～0.05元/立方米，实行单一的井口气价，各类用户价格相同。例如，1956年，我国原石油工业部规定天然气井口价格为0.07元/立方米，1958年将天然气井口价格下调至0.03元/立方米。这段时期的天然气低价政策造成了天然气产业投资不足，天然气产量滑坡，1982年我国开始逐步提高天然气井口价。1982年5月，我国较大幅度调整了四川气田的天然气价格，从0.05元/立方米调整到0.08元/立方米，1984年7月提高到0.13元/立方米。1986年5月，其他气田的天然气价格也由0.05元/立方米调整到0.08元/立方米。

2. 第二阶段（1982—1993年）：**价格双轨制**

我国改变一直实行的单一井口价，实行包干内外生产的天然气执行不同价格，开启了天然气价格的双轨制模式。这种双轨制模式贯穿了我国天然气价格改革的全过程。随着形势的变化，时而并轨，时而以新的双轨制模式出现。如，2005年实行的一档气和二挡气价格；2013 年实行的存量气和增量气价格，以及按气源定价；2015 年实行的非居民用户用气门站价格和居民用户用气价格等。

为鼓励天然气生产，1982 年国务院对四川天然气开始按照包干基数内、外的天然气产量实行不同的价格政策，开启了我国天然气价格的双轨制运行。1987 年 4 月，经国务院批准，对全国天然气商品量实行常数包干政策，给予超过下达计划的产量以高于计划内产量的价格实施销售和结算。这项政策对企业增产、超产起到了鼓励和推动作用。1992 年 7 月，我国开始对包干内天然气实行分类气价，将天然气用户分为居民、化肥、商业和其他用户四个类别。

3. 第三阶段（1993—2005 年）：自销气价格

我国对企业自销天然气实行市场价格，开始探索实施企业自主定价。这一时期，我国对天然气出厂价格政策做出了较大的调整，对天然气价格进行了一定幅度的上调。1993 年，我国在四川石油管理局实行了企业自销天然气的价格政策，1994 年对天然气实行包干内外井口价格"并轨"提价，允许天然气生产企业自销天然气价格可围绕中准价上下浮动 10%。但是，由于调整幅度较大，在执行上遇到了较大的阻力，当时的国家计委不得不下发文件，调整为分步提高价格，三年到位。1997 年将计划内天然气价格和自销天然气价格实行并轨。2002 年，对天然气出厂价格做出明确规定，将净化费并入井口价，统称为天然气出厂价。

4. 第四阶段（2005—2011 年）：替代能源挂钩价格

我国对天然气出厂价格实行与替代能源价格挂钩调整的定价机制。2005 年 12 月，我国开始改革天然气出厂价格形成机制，首次将市场化天然气价格机制确定为天然气价格改革的最终目标，改革简化了价格分类，将出厂价归并为两档，实行政府指导定价。同时，建立了与可替代能源价格挂钩和动态调整的机制，根据原油、液化石油气（LPG）和煤炭价格五年移动平均变化情况，每年调整一次。2010 年 5 月 31 日，国家发改委发出通知，再次提高天然气出厂价格，并取消天然气价格的双轨制，扩大天然气出厂价格的浮动幅度，研究推行天然气季节性差价、峰谷差价和可中断气价等差别气价政策。

5. 第五阶段（2011年至今）：门站价格

我国对天然气价格实行门站价格管理，并逐步实现由最高门站价格管理向基准门站价格管理的转变。2011年12月，我国开始在广东、广西开展天然气价格形成机制改革试点，按照替代能源价格测算广东、广西两省的天然气门站价格。由此，我国的天然气价格定价机制由原来的对井口价或出厂价进行基础定价管理的模式，完全转换为以天然气通过管道输送至目标城市的门站价格进行基础定价管理。同时，将以成本加成为主的定价方法改为按"市场净回值"方法定价，并引入了热值计价的概念，首次规定了依据可替代能源价格进行天然气定价的公式。

2013年，首次区分存量气和增量气，并实行不同的价格政策。在天然气价格管理上，由出厂环节转向门站环节，开始实行按气源定价。2015年，实行了存量气和增量气价格并轨。2017年，提出鼓励天然气生产经营企业和用户积极进入天然气交易平台交易，所有进入上海、重庆石油天然气交易中心等交易平台公开交易的天然气价格由市场形成。2018年，提出推进天然气价格市场化，全面实行天然气购销合同，储气服务（储气设施注采、存储服务等）价格和储气设施天然气购销价格由市场竞争形成，储气服务和调峰气量坚持市场化定价，推行季节性差价政策，鼓励市场化交易。

（二）天然气价格政策梳理

1. 1987年以前的天然气价格政策[①]

1956年12月，燃料工业部计生〔1956〕670号文规定：1957年四川天然气价格为每千立方米70元，但这一价格仅作为计算工业产值之用，不是调拨价格。

1958年6月，经原石油工业部〔58〕油财字352号文件批复，四川石油管理局天然气价格定为每千立方米25～30元，这是我国最早出台的天然气调拨价格文件。

1972年1月，燃料化学工业部按照职责对天然气价格进行调整，对当年新增用气户，不分中央企业和地方企业，天然气井口价格一律按每千立方米30元执行。

---

① 毛家义. 中国天然气价格形成机制的历史演变及价格变化综述 (J). 国际石油经济. 2015 (4).

1978年1月，按照国家计划委员会发布的文件，四川天然气井口价格调整为每千立方米40元。

1980年1月，为弥补天然气开采成本，国家计委决定对四川省天然气井口价格上调到每千立方米50元。

1982年4月，国务院对四川天然气实行了商品量常数包干政策，规定每年商品气指标为50亿立方米，商品率88%，包干内计划天然气由国家分配和定价，包干外天然气由企业自行销售，自行定价，实行"以气养气"。同时决定自1982年5月1日起，四川天然气价格在原有价格的基础上每千立方米提高30元，提价收入作为天然气的勘探开发基金。

1983年1月，国家开始对四川超产天然气按每千立方米收取30元增供气补偿费。12月，国家物价局决定自1984年1月1日起，天然气井口价由每千立方米70元提高到80元。

1984年4月，国务院下发《关于提高四川天然气价格的批复》（〔84〕国函字62号），同意自1984年7月1日后，四川天然气井口价格由每千立方米80元提高到130元，调价后增加的收入全部转作勘探开发基金，专项专用。

1986年4月，经国务院批准，除四川石油管理局、江汉石油管理局、辽河石油勘探局、贵州石油勘探指挥部外，其他油气田的天然气井口交气价格自1986年5月1日起，由每千立方米50元提高到80元。

从上面的天然气价格政策梳理情况看出，我国的天然气价格政策主要围绕我国最早的天然气工业生产基地的原四川省进行制定和调整，更多考虑到了弥补天然气开采成本和促进天然气生产之间的平衡，着手建立天然气勘探开发基金，逐步取消价格优惠，提高天然气井口价格，以增加天然气生产企业的积极性，提高天然气产量。事实上，随着价格的逐步提高，国家出台的这些政策确实真正地起到了预期作用和效果，天然气产量稳步增长。

2. 1987年的价格改革

1987年前，完全由政府制定国内天然气价格，实行单一的井口价管理。1987年10月27日，原国家经委、财政部、石油部发布《天然气商品量管理暂行办法》

第 27 条规定，各油、气田商品气的价格，包括国家规定的井口气价，净化费和输气费，其中，包干基数以内的商品气的井口气价暂按各地现行价格执行；超过包干基数的部分，井口气价按 0.26 元/立方米结算。这首次开启了我国天然气价格的双轨制运行，并给予超过下达计划的产量以高于计划内产量的价格实施销售和结算，以调动企业的生产积极性。同时规定，为满足集输工艺生产需要和用户要求，对天然气进行脱油、脱水、脱硫等净化处理而发生的费用按实际成本向用户结算；商品气的管输费，根据商品气管道输送距离的不同，收取不同的管输费。

3. 1992 年的价格改革

1992 年 6 月，国务院专门制定了提高天然气价格实施方案。国务院下发了《关于提高铁路货运、煤炭、天然气价格的通知》（国发〔1992〕37 号），决定一是四川天然气实行包干内外价格并轨，并根据各用户用气性质，实行分类气价；二是其他油田天然气出厂价格不并轨，包干外天然气不区分用气对象，一律执行同一气价，出厂价格为 0.33 元/立方米，包干内天然气区分不同用气对象，实行分类气价；三是化肥用气执行原来的价格。

1992 年 9 月 22 日，国务院下发《关于提高化肥及化肥用天然气价格的通知》（国发〔1992〕53 号），为了缓解化肥及化肥用天然气生产、经营企业的困难，逐步解决其价格偏低问题，促进化肥及天然气工业的发展，国务院决定，自 1992 年 10 月 1 日起，适当提高计划内统配化肥及化肥用天然气价格。四川天然气已实行包干内外价格并轨，其中化肥用天然气出厂价格并轨 0.22 元/立方米；其他油田天然气价格未并轨，包干内化肥用天然气一律提到 0.16 元/立方米、包干外化肥用天然气与其他用气执行同一气价，为 0.33 元/立方米。该文件实质上是一次对化肥用天然气价格的调整，没有实质性的改革内容。

4. 1993 年的价格改革

1993 年 3 月 19 日，国家物价局下发《关于四川石油管理局自销天然气实行市场价格的通知》（〔1993〕价工字 97 号），为了更好地发挥市场机制作用，鼓励天然气生产企业提高天然气产量，筹集更多的生产建设资金，决定自当年 4 月 1 日起，同意四川石油管理局按国家计划规定由企业自销的天然气实行市场价格。

自销气由国家计划内安排的定向定量自销气、超产增加的外供商品气和生产企业节约自用降低损耗而增加的外供商品气三部分构成，自销气在不突破国家规定的最高限价基础上，由企业自主定价。自销气政策的实施，打破了几十年来天然气实行的单一政府定价模式，标志着我国天然气价格改革取得实质性突破进展。

5. 1994年的价格改革

1994年4月23日，《国务院批转国家计委关于调整原油、天然气、成品油价格请示的通知》(国发〔1994〕26号)，为扭转天然气价格偏低和部分油气生产企业亏损的局面，决定从1994年5月1日起，提高原油、天然气和成品油价格，其中天然气实行包干内外井口价格"并轨"提价，调整后的四川天然气每千立方米井口价格为：化肥用气470元，居民生活用气530元，其他工业用气490元，商业用气670元；其他油田天然气每千立方米井口价格为：化肥用气440元，居民生活用气460元，其他用气520元；企业自销的天然气（含中国海洋石油总公司生产并供应国内用户的天然气）中准价格水平为每千立方米900元，允许生产企业在上下不超过10%的范围内浮动。

但由于价格调整幅度较大，涉及地方政府、生产企业和用户等多方利益，在部分地区引起强烈反响，在执行调价文件过程中遇到很大阻力。国家计委于1995年4月向四川省政府回复了《关于四川天然气价格问题的复函》(国计价格〔1995〕400号)，决定对四川省小化肥生产和居民生活用气价格实行分步到位办法，1996年1月1日起将井口价格调整到国发〔1994〕26号文件规定的价格水平（即每千立方米再提高100元），但必须继续执行自销气政策，中准价格标准仍为每千立方米900元，下浮幅度由原定的10%扩大到20%。

为进一步平息国发〔1994〕26号文件提高天然气价格的影响，理顺天然气价格，1997年3月，国家计委决定自1997年3月20日起，调整四川天然气井口价格。一是提高计划内用气价格。除化肥用气井口价格维持每千立方米470元外，其他类别用气价格适当提高。其中，居民生活用气由每千立方米530元提高到630元，商业用气由每千立方米670元提高到870元，其他用气由每千立方米490元提高到590元，自销气价格不变。二是对国家制定的四川天然气计划价格和自销气价格实行"并价",对用户实行综合结算价。结算价格为化肥用气每千立方米 520 元,居民生活用气每千立方米 685 元,商业用气每千立方米 925 元,其他用气每千立方米 645 元。

6. 2002 年的价格改革

2002 年 1 月 16 日,国家计委下发《关于规范天然气价格管理等有关问题的通知》(计价格〔2002〕39 号),就规范天然气价格管理,实行优质优价等问题,要求将现行的天然气井口价外加收的净化费并入价内,合并为统一的天然气出厂价,不再单独收费,并本着按质论价、优质优价的原则,决定将天然气出厂价每立方米提高 3 分钱。

7. 2005 年的价格改革

2005 年 12 月 23 日国家发展改革委发布《关于改革天然气出厂价格形成机制及近期适当提高天然气出厂价格的通知》(发改价格〔2005〕2756 号),确定了改革天然气出厂价格形成机制的目标,即:进一步规范价格管理;逐步提高价格水平,理顺与可替代能源的价格关系;建立与可替代能源价格挂钩和动态调整的机制;从长远看,随着竞争性市场结构的建立,天然气出厂价格最终应通过市场竞争形成。这是首次将市场化天然气价格机制确定为天然气价格改革的最终目标。

按照文件规定,将居民用气、商业用气及通过城市天然气管网公司供气的小工业用户合并为城市燃气用气后,气价分类为化肥生产用气、直供工业用气和城市燃气用气。同时,将天然气出厂价格归并为两档价格。

一档气。根据天然气出厂价执行情况,同时考虑用户承受能力,将实际执行价格水平接近计划内气价且差距不大的油气田的气量,以及全部计划内气量归并为一档气,执行一档价格。范围包括:川渝气田、长庆油田、青海油田、新疆各油田的全部天然气(不含西气东输天然气);大港、辽河、中原等油田目前的计划内天然气。一档天然气出厂价在国家规定的出厂基准价基础上,可在上下 10% 的浮动范围内由供需双方协商确定。实际执行价格接近计划内气价且差距不大的油田气的气量以及全部计划内气量,气量占全部的 85%。

二档气。除一档气以外的其他天然气归并为二档气,执行二档价格。二档天然气出厂价在国家规定的出厂基准价基础上上浮幅度为10%，下浮幅度不限，并将当时正在执行的自销气出厂基准价格980元／千立方米作为二档气出厂基准价。

同时，对天然气价格按照替代能源进行调整做出了明确规定。天然气出厂基准价格每年调整一次，调整系数根据原油、液化石油气（LPG）和煤炭价格五年移动平均变化情况，分别按40%、20%和40%加权平均确定，相邻年度的价格调整幅度最大不超过8%。其中：原油价格根据普氏报价WTI、布伦特和米纳斯算术平均离岸价确定；LPG价格为新加坡市场离岸价；煤炭价格为秦皇岛车站山西优混、大同优混和山西大混煤的简单平均价格。其中一档气价格，用3~5年时间由政府指导价过渡到与可替代能源价格挂钩。

8. 2010年的价格改革

2010年5月30日，国家发改委发布《关于提高国产陆上天然气出厂基准价格的通知》（发改电〔2010〕211号），为解决国内天然气价格偏低的矛盾日益突出的问题，理顺天然气价格与其他可替代能源的比价关系，引导天然气资源合理配置，决定适当提高国产天然气出厂价格，完善天然气相关价格政策和配套措施。此次价格改革政策第一次提出取消所执行的"两档"天然气价格"双轨制"，并首次明确了进口天然气的定价政策，以及推行差别气价政策。

按照文件规定，一是各油气田（含西气东输、忠武线、陕京线、川气东送）出厂（或首站）基准价格均提高230元／千立方米，将大港、辽河和中原三个油气田一、二档出厂基准价格加权并轨，取消价格"双轨制"。二是扩大价格浮动幅度。国产陆上天然气一、二档气价并轨后，将出厂基准价格允许浮动的幅度统一改为上浮10%，下浮不限，即供需双方可以在不超过出厂基准价格10%的前提下，协商确定具体价格。三是明确进口中亚天然气价格政策，暂按国产天然气供同类用户价格执行。

同时明确，在用气量季节差、峰谷差较大的城市，可以研究推行天然气季节性差价、峰谷差价和可中断气价等差别气价政策，以引导用户合理消费，提高天然气利用效率，缓解天然气供应压力。

此外，针对车用天然气（CNG）在重庆等部分地区供应紧张的矛盾，提出理顺车用天然气与汽油比价关系。各地要按照与90号汽油最高零售价格不低于0.75∶1的比价关系,理顺车用天然气价格,保持车用气的合理比价。其中,车用天然气价格较低、一步执行到位确有困难的地区,可先按不低于0.6∶1的比价关系调整,两年内调整到位。

9. 2011年的价格改革

2011年12月26日,国家改革委发布《关于在广东省、广西自治区开展天然气价格形成机制改革试点的通知》(发改价格〔2011〕3033号),为进一步理顺天然气与可替代能源比价关系,引导天然气资源合理配置,决定在广东省、广西壮族自治区开展天然气价格形成机制改革试点,探索建立反映市场供求和资源稀缺程度的价格动态调整机制,为在全国范围内推进天然气价格改革积累经验。

试点改革的总体思路:一是将现行以成本加成为主的定价方法改为按"市场净回值"方法定价,选取计价基准点和可替代能源品种,建立天然气与可替代能源价格挂钩机制。二是以计价基准点价格为基础,考虑天然气市场资源主体流向和管输费用,确定各省(区、市)天然气门站价格。三是天然气门站价格实行动态调整机制,根据可替代能源价格变化情况每年调整一次,并逐步过渡到每半年或者按季度调整。四是放开页岩气、煤层气、煤制气等非常规天然气出厂价格,实行市场调节。

选取上海市场(中心市场)作为计价基准点,以进口燃料油和液化石油气(LPG)作为可替代能源品种,并分别按照60%和40%权重加权计算等热值的可替代能源价格,然后按照0.9的折价系数,即把中心市场门站价格确定为等热值可替代能源价格的90%。

天然气门站及以上价格由国务院价格主管部门管理。门站价格不再分类,实行政府指导价,按上述方法形成的门站价格为最高门站价格,供需双方可在不超过最高门站价格的范围内协商确定具体门站价格。门站价格以下销售价格由地方价格主管部门管理,地方可建立天然气上下游价格联动机制并对机制进行听证。

根据上述方法,按2010年燃料油和液化石油气进口价格(对应的国际市场原油价格为每桶80美元左右)测算,确定广东、广西两省(区)最高门站价格分别为每千立方米 2740 元和 2570 元。

此次价格改革，亮点突出，标志着我国天然气定价机制和方法出现了重大转变，从与国际天然气定价接轨的角度，出现了很多个第一次。主要为：一是首次抛弃了传统的成本加成定价方法，并首次提出了与市场高度接轨的市场净回值定价方法。二是首次引入了与国际接轨的计价基准点和天然气门站价格概念。三是国内天然气定价首次引入了热值计价的概念，并首次规定了依据可替代能源价格进行天然气定价的公式。

10. 2013 年的价格改革

2013 年 6 月 28 日，国家发展改革委发布《关于调整天然气价格的通知》（发改价格〔2013〕1246 号）。这是在总结广东、广西天然气价格形成机制试点改革经验基础上，研究提出的天然气价格调整方案，以深化资源性产品价格改革，首次区分存量气和增量气，并实行不同的价格政策。在天然气价格管理上，由出厂环节转向门站环节，开始实行按气源定价，全面放开非常规天然气和液化天然气（LNG）价格，实行供需协商定价，这将促进形成反映天然气市场供需关系的市场价格。

（1）区分存量气和增量气。

存量气为 2012 年实际使用气量，增量气为超出部分。增量气价格按发改价格〔2011〕3033 号确定的"两广试点方案"一步调整到位，调整到 2012 年下半年以来可替代能源价格 85% 的水平，并不再按用途进行分类；存量气价格分步调整，力争"十二五"末调整到位。

2013 年新增用气城市居民用气价格按该省存量气门站价格政策执行。

（2）天然气门站价格。

门站价格是指国产陆上或进口管道天然气的供应商与下游购买方（包括省内天然气管道经营企业、城镇管道天然气经营企业、直供用户等）在天然气所有权交接点的价格。现行门站价格由天然气出厂（或首站）实际结算价格（含 13% 增值税）和管道运输价格组成。门站价格为政府指导价，实行最高上限价格管理，供需双方可在国家规定的最高上限价格范围内协商确定具体价格。2013 年各省份天然气最高门站价格见表4-1。

（3）天然气价格管理。

天然气价格管理由出厂环节调整为门站环节。门站价格适用于国产陆上天然气、进口管道天然气。

放开页岩气、煤层气、煤制气出厂价格，以及液化天然气气源价格，由供需双方协商确定。需进入长输管道混合输送并一起销售的（即运输企业和销售企业为同一市场主体），执行统一门站价格；进入长输管道混合输送但单独销售的，气源价格由供需双方协商确定，并按国家规定的管道运输价格向管道运输企业支付运输费用。

表4-1 2013年各省份天然气最高门站价格表

（元/千立方米，含增值税）

省份	存量气	增量气	省份	存量气	增量气
北京	2260	3140	湖北	2220	3100
天津	2260	3140	湖南	2220	3100
河北	2240	3120	广东	2740	3320
山西	2170	3050	广西	2570	3150
内蒙古	1600	2480	海南	1920	2780
辽宁	2240	3120	重庆	1920	2780
吉林	2020	2900	四川	1930	2790
黑龙江	2020	2900	贵州	1970	2850
上海	2440	3320	云南	1970	2850
江苏	2420	3300	陕西	1600	2480
浙江	2430	3310	甘肃	1690	2570
安徽	2350	3230	宁夏	1770	2650
江西	2220	3100	青海	1530	2410
山东	2240	3120	新疆	1410	2290
河南	2270	3150			

注：山东交气点为山东省界。

资料来源：《关于调整天然气价格的通知》（发改价格〔2013〕1246号）。

11. 2015年的价格改革

2015年2月28日,国家发展改革委发布《关于理顺非居民用天然气价格的通知》(发改价格〔2015〕351号),按照2015年实现存量气与增量气价格并轨的既定目标,决定理顺非居民用气价格,试点放开直供用户用气价格,见表4-2。自4月1日起,中国天然气价格正式并轨,不在区分存量气和增量气,实行统一价格。

根据2014年下半年以来燃料油和液化石油气等可替代能源价格变化情况,按照现行天然气价格机制,增量气最高门站价格每千立方米降低440元,存量气最高门站价格每千立方米提高40元(广东、广西、海南、重庆、四川按与全国衔接的原则安排),实现价格并轨。

同时,放开天然气直供用户(化肥企业除外)用气门站价格,由供需双方协商定价,进行市场化改革试点。直供用户,是指直接向上游天然气供应商购买天然气,用于生产或消费、不再对外转售的用户。

表4-2 2015年各省份天然气最高门站价格表

(元／千立方米,含增值税)

省份	最高门站价格	省份	最高门站价格
北京	2700	湖北	2660
天津	2700	湖南	2660
河北	2680	广东	2880
山西	2610	广西	2710
内蒙古	2040	海南	2340
辽宁	2680	重庆	2340
吉林	2460	四川	2350
黑龙江	2460	贵州	2410
上海	2880	云南	2410
江苏	2860	陕西	2040
浙江	2870	甘肃	2130
安徽	2790	宁夏	2210
江西	2660	青海	1970
山东	2680	新疆	1850
河南	2710		

注:山东交气点为山东省界。
资料来源:《关于理顺非居民用天然气价格的通知》(发改价格〔2015〕351号)。

2015年11月18日，国家发改委下发《关于降低非居民用天然气门站价格并进一步推进价格市场化改革的通知》（发改价格〔2015〕2688号），自2015年11月20日起，降低非居民用气门站价格，最高门站价格每千立方米降低700元。同时，提高天然气价格市场化程度，将非居民用气由最高门站价格管理改为基准门站价格管理。降低后的最高门站价格水平作为基准门站价格，供需双方可以基准门站价格为基础，在上浮20%、下浮不限的范围内协商确定具体门站价格。方案实施时门站价格暂不上浮，自2016年11月20日起允许上浮。

该文件还提出要抓紧建立居民阶梯气价制度，着力做好天然气公开交易工作。非居民用气应加快进入上海石油天然气交易中心，由供需双方在价格政策允许的范围内公开交易形成具体价格，力争用2~3年时间全面实现非居民用气的公开透明交易，尽早发现并确立公允的天然气价格，定期向社会发布。

12. 2017年的价格改革

2017年8月29日，国家发展改革委下发《关于降低非居民用天然气基准门站价格的通知》（发改价格规〔2017〕1582号），根据天然气管道定价成本监审结果下调管道运输价格，结合天然气增值税税率调整情况，自2017年9月1日起，决定非居民用天然气基准门站价格降低每千立方米100元。

通知要求，推进天然气公开透明交易。鼓励天然气生产经营企业和用户积极进入天然气交易平台交易，所有进入上海、重庆石油天然气交易中心等交易平台公开交易的天然气价格由市场形成。交易平台要及时发布交易数量和价格信息，形成公允的天然气市场价格，为推进价格市场化奠定基础。

13. 2018年的价格改革

2018年4月26日，国家发改委和国家能源局联合印发《关于加快储气设施建设和完善储气调峰辅助服务市场机制的意见》（发改能源规〔2018〕637号）的通知，提出着力解决天然气发展不平衡不充分问题，加快补足储气能力短板，加快天然气产供储销体系建设，推进天然气价格市场化，全面实行天然气购销合同。储气服务（储气设施注采、存储服务等）价格和储气设施天然气购销价格由市场竞争形成。

同时，意见提出，坚持储气服务和调峰气量市场化定价。储气设施天然气购进价格和对外销售价格由市场竞争形成。储气设施经营企业可统筹考虑天然气购进成本和储气服务成本，根据市场供求情况自主确定对外销售价格。鼓励储气服务、储气设施购销气量进入上海、重庆等天然气交易中心挂牌交易。峰谷差大的地方，要在终端销售环节积极推行季节性差价政策，利用价格杠杆"削峰填谷"。

2018年5月25日，国家发改委下发《关于理顺居民用气门站价格的通知》（发改价格规〔2018〕794号），为进一步深化资源性产品价格改革，充分发挥市场在资源配置中的决定性作用，促进天然气产供储销体系建设和行业持续健康发展，决定理顺居民用气门站价格、完善价格机制。

自2018年6月10日起，理顺居民用气门站价格，建立反映供求变化的弹性价格机制，将居民用气由最高门站价格管理改为基准门站价格管理，价格水平按非居民用气基准门站价格水平（增值税税率10%）安排。供需双方可以基准门站价格为基础，在上浮20%、下浮不限的范围内协商确定具体门站价格，实现与非居民用气价格机制衔接。方案实施时门站价格暂不上浮，实施一年后允许上浮。

推行季节性差价政策，鼓励市场化交易。供需双方要充分利用弹性价格机制，在全国特别是北方地区形成灵敏反映供求变化的季节性差价体系，消费旺季可在基准门站价格基础上适当上浮，消费淡季适当下浮，利用价格杠杆促进削峰填谷，鼓励引导供气企业增加储气和淡旺季调节能力。鼓励供需双方通过上海、重庆石油天然气交易中心等平台进行公开透明交易，充分发挥市场机制作用，形成市场交易价格。

二、天然气价格改革的国外经验

（一）美国天然气产业发展历程与政策变迁

美国是世界最大的天然气生产国和消费国。历经了100多年的发展，美国已经成为全球天然气市场开放程度最高的国家，拥有成熟的监管制度和框架、经验丰富且众多的市场参与者、健全的天然气价格体系、高度透明的市场信息，以及基于开放的准入和竞争体系。总体而言，美国的天然气市场虽然历史上实行了严格的管制，但其已经完成了由严格管制到完全市场化的历程。当前，美国天然气市场的基本特征就是高度的市场开放和市场竞争，以及完全市场化的天然气价格体系。特别是完全市场化的天然气价格形成机制，较好地调动了天然气生产商的积极性，抑制了天然气的无效、低效需求，并成为促进美国发生页岩气革命的重要因素之一。

在美国天然气工业发展过程中，联邦政府和州政府不断改革并完善对天然气生产、管输和配送的监管，使之逐步适应天然气工业和天然气市场自身的特点，促进了天然气工业的健康发展。特别是从20世纪70年代末以来，直到90年代初期，根据天然气市场的发展状况，逐渐为天然气工业进行了"松绑"，转向市场化，先后实行放开井口价格控制、输气管道第三方准入、解除天然气捆绑式销售等天然气领域的改革政策，使天然气工业步入一个宽松的市场环境。

从美国天然气改革的进程看，我们可以以将其划分为四个主要阶段。即：垄断经营、严格监管、去监管、市场化经营。

1. 垄断经营时期（1938年以前）

这主要是天然气工业发展的初期，涵盖了1938年以前的、以煤气照明推动天然气工业起步的初级阶段。该阶段的主要特征就是垄断经营和垄断定价。

美国天然气工业起步于19世纪早期，产业发展的动力来源于煤气照明。1816年，马里兰州巴尔的摩市开始通过分销网络将煤气用于街灯照明。1821年，枪械工人William Hart钻出了美国第一口天然气气井，拉开了美国天然气发展的序幕，Fredonia Gas and Light公司成为美国第一家天然气公司。1890年电灯照明普及后，天然气公司转而开发燃气的热利用功能，天然气开始进入家庭。

进入19世纪末期，长距离输送管道的出现大大推动了美国天然气产业的发展。1891年，美国修建了从印第安纳油气区到芝加哥的120英里的管道。但直到20世纪20年代末，随着接缝密封及电焊接技术的成熟，天然气长输管道建设才真正步入发展。1927—1931年，10余条200英里以上的管线建成；1931年，3条长度超过1000英里的管线投用，天然气开始在能源市场占有一席之地。

此时天然气定价特征为管道公司垄断定价。根据美国联邦政府制定的相关法律，州政府监管州内的天然气业务，而联邦政府则监管跨州的天然气贸易，但不干预天然气的生产和运输。这样的法律背景下，管道公司受到的监管压力很小，且管道公司具有买方（相对于天然气生产商）和卖方（相当于终端用户）的双重身份。同时，天然气管道具有的天然垄断属性使管道公司具有明显的垄断型市场结构特征，管道公司具有很强的买方和卖方垄断力量。这使得管道公司对其购买天然气支付的价格低于竞争性批发价格，但其销售价格则超过竞争性零售价格。

2. 严格监管时期（1938—1977年）

该阶段的主要特征是，美国联邦政府加强了天然气领域的立法，对管道公司的垄断经营进行遏制，政府对天然气井口价进行严格监管。

按照美国法律的规定和天然气领域的立法精神，联邦政府对跨州管道公司贸易实施监管。因此，联邦贸易署对天然气管道跨州贸易的情况进行了调查，于1935年提交了关于跨州管道公司具有买方和卖方垄断地位，并滥用其垄断地位牺牲用户利益的报告。鉴于此，美国国会通过了《1938年天然气法》，要求联邦电力署监管州际管道的经营业务，并负责管道运营执照的发放，该法律的颁布实施标志着美国天然气工业进入严格的监管时期。

从1938年到1954年，联邦电力署只对跨州天然气管道运营业务实施监管，不涉及天然气生产商。跨州销售价格不包括生产商在气田对管道公司收取的价格，该价格最终由天然气管道公司转嫁给终端用户。因此，过高的井口价很容易抵消终端用户受到的其他价格保护。

为此，美国再度立法扩展了联邦电力署的监管管辖权。1954年，美国最高法院通过"菲利普斯决议"[①]，要求政府对跨州销售的天然气井口价格进行监管。但是，该监管措施造成了井口价格长期维持不变，以及对跨州天然气市场的过度监管，天然气生产商没有享受到天然气市场发展带来的利益，大大挫伤了生产商加大天然气生产供应的积极性，导致1976—1977年美国北部地区发生"气荒"，天然气供应严重短缺，不能满足天然气消费需求。

3. 去监管时期（1978—1996年）

该时期的主要特征是逐步取消了对天然气贸易的管制措施，并从打破管道公司垄断经营和自然垄断地位出发逐步放松监管和行业管制，实施天然气运管分离，诞生了天然气二级市场，促进了天然气独立销售商的增加，使美国的天然气供应市场开始由垄断型的市场结构向竞争型的市场结构转换，为天然气市场的整体繁荣奠定了基础。

美国北部地区发生的天然气严重短缺，引起了对解除天然气市场价格监管的广泛呼吁。美国国会通过了《1978年天然气政策法》，明确对首次销售的跨州和州内天然气定价（即天然气井口价格），实施统一监管，消除"菲利普斯决议"实

---

① 1938年美国国会通过《天然气法案》（NGA），组建美国联邦动力委员会（FPC，后变更改为联邦能源管理委员会 FERC），对州际输气公司的管道服务进行统一监管，但井口价格和州内天然气的输气和配送依然由各州公用事业委员会负责监管，而对跨州天然气价格的监管形成了空白。由于配气商拥有短距离的气田至城市门站的管道，配气商在专有地区拥有特许经营权，出现管道公司的运营垄断。同时，部分大生产商联合控制了天然气的供应，抬高井口价格，并将其最终转嫁到消费者身上。为此，美国最高法院于1954年形成了"菲利普斯决议"，对1938年的《天然气法案》进行修改，由FPC设定州际天然气贸易的井口价格。这个决议确立了美国早期的天然气供应结构：生产者将天然气销售给管道公司，管道公司再销售给地方配气公司，最后由地方配气公司销售给终端用户。天然气供应链上的各个环节的价格也都受到了监管：前两个销售价格受联邦政府或州政府机构监管，终端环节的价格受州或地方政府机构监管。根据菲利普斯决议，FPC对井口价格选择了"历史会计成本"的定价方法。法案规定上游井口价格，并让其作为永久性的最高限价。FPC虽然控制住了价格的波动，但是由于其设定的价格明显低于天然气实际的市场价值，导致了市场对天然气需求的增加，也打击了天然气生产商开发天然气的积极性，致使之后的十几年美国天然气开发处于滞留阶段，最终导致1976—1977年冬天美国中西部地区和东北部地区的天然气供应危机。

施后的导致的州内市场不受监管而资源过剩、跨州贸易受到严格监管而资源不足的"双重市场"的影响。该法案对实施新的定价机制和取消价格监管制定了明确的时间表，并使美国天然气行业面临新的重构。

此后，美国天然气市场走向了去监管的道路。1985 年，联邦监管委员会（FERC）颁布"436 号法令"，允许州际管道公司开放准入，向第三方提供运输服务，促使天然气现货交易市场的形成。1989 年，美国国会通过《天然气井口解除控制法》，明确于 1993 年 1 月 1 日完全解除对天然气井口价格的管制。1992 年，联邦监管委员会颁布"636 号法令"，要求管道公司彻底拆分运输和销售业务，以开放方式无条件向第三方提供管道和储存容量服务。该法令逐渐改变了美国天然气生产、运输、消费和市场贸易模式，创造了竞争性的天然气二级交易市场。这些法令的实施，使美国通过逐步解除对天然气井口价格的控制、强制性地要求管道公司实施公开准入等一系列措施，深化了天然气工业的改革发展，市场化的天然气价格形成机制随之逐步建立。

4. 市场化经营时期（1996 年至今）

该时期的主要特征是推行"用户选择计划"，分销商提供第三方运输服务。

管道公司实施开放准入服务后，导致地方分销商终端用户流失，为增加地方分销商的竞争力，地方监管机构鼓励其解除捆绑服务（即：将天然气成本及运输费用捆绑计价的传统分销业务），实施"用户选择计划"（Customer Choice Programs），即用户直接从生产商或其他中间商处购买资源，地方分销商和管道公司同样向大用户和市场营销商提供运输服务。与此同时，一些州着手对居民及小商业用户实施"用户选择计划"。

总之，美国天然气市场的发展历程表明，建立市场化机制是一个漫长的过程，有大量的市场参与者、管网第三方准入、有效的监管体制等都是建立天然气市场机制的必备条件。20 世纪 80 年代以前，美国天然气产业结构相对简单，勘探和生产企业钻探并开采天然气，然后在井口销售给管道公司，管道公司以"产品加运输"的捆绑方式出售给地方分销商，后者再分销至终端用户。联邦政府监管生产商的销售价格和管道企业销售给地方分销商的价格，各州政府监管地方分销商的销售价格。进入 80 年代后，由于井口价格放开，以及 436、636 号法令的颁布，美国天然气市场诞生了独立的市场营销商、经纪公司及交易中心等，天然气交易服务快速发展，井口价格不再被监管，洲际管道公司成为单纯的运输服务商，地方分销商继而推行"用户选择计划"，最终用户可以直接从生产商、地方分销商、市场营销商或经纪公司购买天然气，并可以在不同供气商之间进行无条件的自由切换，天然气物流渠道日益丰富。

随着天然气市场结构类型转变为充分的市场竞争，市场效率逐步提高，并促进了美国区域天然气交易中心的建立。1993—1998 年，美国天然气管网覆盖范围内共建成 36 个天然气市场交易中心。到 2003 年，其中 13 个天然气交易中心因为交易基础条件不够完备、交易量小、不具备竞争能力而被关闭。目前，美国共有 24 个天然气交易中心为天然气市场交易提供服务，其中大多数交易中心位于得克萨斯州和路易斯安那州。所有这些天然气交易中心中最有名的就是建立时间最早、规模最大的天然气交易中心——Henry Hub。

美国亨利港（Henry Hub）起源于 1988 年 5 月，Sabine 管道公司开始在 Henry Hub 所在地为相互连通的管网提供运输服务；1989 年 3 月，Sabine 管道公司承租 Henry 天然气厂的管道"集输库"，使其可以连接多个不同的管道系统；1989 年 11 月，纽约商业期货交易所选择 Henry Hub 作为新的天然气期货合同的交割地点；1990 年 4 月，纽约商业期货交易所天然气期货合同开始交易；1990 年 6 月，纽约商业期货交易所天然气期货合同在 Henry Hub 第一次实现现货交割。从交易主体构成来看，在 Henry Hub 进行天然气交易的参与者主要包括天然气生产商、管道公司、区域分销商、独立交易商、大型终端用户等。截至目前，Henry Hub 的市场参与主体超过 200 家，亨利中心天然气价格已经成为全球天然气贸易的重要定价基准之一。

（二）日本天然气产业政策梳理及改革进程

日本能源资源极度匮乏，能源进口依存度高。2011 年"福岛核泄漏事件"之后，核能发展基本停滞，对化石能源依赖程度不断上升。一方面，日本需要维护能源供给安全；另一方面，要保护生态环境不受破坏。提高天然气应用比例是日本保障能源供给安全和保护生态环境的重要途径。从天然气产业发展历程看，主要表现出了进口多元化、市场化改革和政策鼓励三个方面的突出特点。

1. 进口来源多元化

寻求天然气进口来源的多元化，保障天然气供给安全是天然气资源匮乏的日本的强烈需求。日本液化天然气主要从马来西亚、卡塔尔和俄罗斯等亚洲和中东国家进口。亚洲和中东的天然气出口国中，有些国内局势动荡，有些与日本有地缘政治上的竞争关系，进口安全性存在隐患。

为了避免遭受类似于历史上发生的两次石油危机那样的能源供给中断的冲击，日本一直积极寻求其他更为安全的进口途径。近年来，随着北美页岩气田的开发，日本天然气贸易伙伴国开始多元化。美国正在逐步增加对日本的天然气出口，由于美日之间的同盟关系，这将大大保障日本天然气供给安全。

2. 天然气市场化改革

通过放松管制和推进价格市场化改革，有效降低了天然气使用成本。由于全球天然气市场存在分割，加之定价方式的差异，亚洲进口天然气存在一定溢价。为了应对国际天然气贸易定价机制的缺陷，日本大力推行国内天然气和电力改革，以体制改革和价格形成机制改革促进天然气使用成本下降，并通过发展能源金融的手段，如在东京工业品交易所（TOCOM）推出全球首个液化天然气期货交易等，为国内天然气进口企业提供价格保护措施。

20世纪90年代中期，日本开始大力推进天然气行业改革。1995年，日本修改《天然气利用法》，并于1999年再次修改。允许天然气公司实施灵活的定价措施，即天然气公司可以根据自己所在区域的特殊性、设备运行效率和客户消费的基本情况，针对不同用户自行制定天然气价格和折扣率，而后在政府相关机构备案即可。其目的就是要调动天然气供应商的积极性，增加天然气的有效供给。

3. 实施政策鼓励

为增强天然气供应保障能力，日本政府采取了鼓励天然气产业发展的财税政策和投融资政策。主要包括：一是政府资助油气工业发展。例如，日本通过日本石油公团（JNOC）对能源开发项目实现融资担保等。二是能源企业之间联合投资。如电力企业与燃气公司之间的合作等。三是能源企业和金融企业之间的合作。日本 LNG 接收站的股东中有很多是保险公司和银行。例如，东京燃气的十大股东，多为银行、保险、信托等金融机构，且占有较大股份，大阪燃气、东邦燃气也是如此。

此外，由于天然发电成本高于煤电和油电，为了鼓励天然气发电，日本政府积极采取优惠的税收政策，减轻天然气企业的经营负担。从能源税收占能源价格比例看，无论是民用天然气还是工业用天然气，其税收在价格中的比重都是最低。煤炭和液化石油气的行业税收水平远高于天然气和石油。

（三）英国天然气市场化改革进程

20 世纪 90 年代中期以前，英国天然气市场由英国天然气集团垄断经营。通过 10 多年的市场化重构，实现了天然气供应环节和销售环节的市场竞争，成为欧洲第一个实现供应和输送一体化的国家，并构建起了竞争性的天然气市场结构。

1. 垄断经营时期

为了扶持天然气市场，减少环境污染，英国政府一直采用低价销售的方式鼓励天然气的消费。20 世纪 80 年代之前，英国的天然气行业是由国家通过英国天然气集团进行控制，实施以国家授权为特征的垄断经营。这致使企业经营成本，进而导致天然气价格偏高，天然气生产效率和服务质量下降，严重制约了整个天然气产业的发展。

2. 市场化改革时期

20 世纪 80 年代开始，撒切尔夫人政府对包括燃气行业在内的国有企业进行了以私有化、自由化为核心的改革，并通过立法、建立独立的监管机构等方式，构建公平竞争的市场结构。

在此背景下，1982 年的英国《石油与天然气法》奠定了天然气行业市场化改革的基础，取消了英国天然气集团从海上和陆上购买天然气供应全国的优先权，开放英国天然气集团运营的天然气管道，允许第三方公开、公平、透明地获取天然气管道输送能力。但是，因监管不力，没有培育其真正的第三方市场参与者和市场力量，天然气行业并没有形成真正的竞争，英国天然气集团依然可以通过输配气管网供应所有用户，实质上还是一个国家授权的垄断经营者。

为此，1986年英国出台的《天然气法案》提出，一是英国天然气集团实行私有化；二是成立天然气监管办公室，作为独立的监管机构，保护消费者合法利益，维护公平竞争环境；三是开放大用户市场，大用户可以直接向生产商购买天然气，英国天然气集团须承担输送。该法案真正拉开了天然气市场化的序幕。

针对英国天然气集团依然完全掌握和海上天然气生产商签有长期供气合同的状况，1988年，英国垄断与兼并委员会提出一是英国天然气集团要按照公布的价格表定价，杜绝输送其他企业天然气的价格歧视。二是引入90:10规则，即英国天然气集团与新气田最多只能签署90%的生产气量，剩余的气量供应其他竞争者，以使其他供应商有渠道可以获取经营所需的天然气资源。三是要求英国天然气集团到1995年将其合同市场份额降到40%，使其他供应商获取供应市场份额，彻底解决管道准入，提高向第三方开放的程度。

3. 运销分离时期

1994年，英国政府对英国天然气集团进行了分拆。分拆后，英国天然气集团拥有海上天然气供应、储气和所有前期已签订的供应合同；管道运输和储气业务重组为Transco，作为独立的运营商拥有下游的管道系统。1994年12月英国天然气集团的市场占有率迅速下降到47%，到1996年6月进一步下降到29%。

1995年，修订后的《天然气法案》从法律上为在居民用户市场引入竞争铺平了道路。1996年，英国《管网条例》正式实施，明确了第三方进入管网的规则、程序以及管网使用者的责任和义务。1998年，包括居民用户在内的所有的终端用户都可以自由选择天然气供应商。英国天然气市场在供应和销售环节都建立起了竞争性的市场结构，成为欧洲第一个将供应和输送一体化的天然气市场重构为竞争性市场的国家。

4. 高度市场化时期

1996年，英国国家平衡点（National Balancing Point，NBP）开创了以虚

拟交易枢纽为核心的市场运行和定价机制,并基于此建立了成熟的天然气市场,形成了具有全球影响力的 NBP 基准枢纽价格（NBP Benchmarking Price）。英国国家平衡点的成功经验在欧盟的支持下在欧洲得到推广,构建了欧洲一体化的自由天然气市场。

1997 年,伦敦国际石油交易所（IPE）发布了首份 NBP 天然气期货合约,随后又陆续推出多份天然气期货和期权合约。1999 年,APX-ENDEX 创立了英国天然气现货交易所 ENDEX（2013 年洲际交易所收购）。现货市场不间断运营,全部交易量都需要在当日进行实物交割,总交割量占英国天然气实物交割量的 1/9,ICE-ENDEX 为中央对手方负责清算和交割。与场外交易相比,交易所在政府的严格监管下运营,具有标准化程度高、流动性好、透明度高、买卖价差小、交易量大、市场参与者多等特征。

目前英国天然气批发市场有 120 多家参与者[①],包括由国内生产商和进口商组成的供气方,零售商和大用户构成的用气方,金融机构和贸易公司为主的中间商,以及利用季节价差和日间价差盈利的库存商。NBP 天然气期货和 ICE-ENDEX 天然气现货的发展,促进了天然气市场走向成熟,并使天然气价格逐渐脱离油价的影响,从根本上改变了天然气价格与原油等替代能源挂钩的定价模式,形成了"气—气竞争"定价机制,NBP 发展成为与美国亨利港价格相同的等具有全球影响力的基准枢纽,逐渐在国际天然气贸易中广泛应用,成为包含天然气管道贸易和液化天然气贸易在内的定价基准。

近年来,英国天然气零售市场,随着新的参与者不断进入,市场参与者数量已经由 2011 年以前的 6 家主要供求商发展到了 52 家,中小型供气商的市场份额也不断提高。同时,由于智能电表的推广应用,需求侧管理快速发展,最终用户可以根据实时价格和服务质量自由切换供气商,平均切换时间为 17 天,未来将在 2 天内实现切换。

---

① 周璇,董秀成,周淼,麻林和. 英国天然气市场运行机制及其对我国市场化改革的启示[J]. 天然气工业.2018(10).

（四）可借鉴的经验与启示

从上面的分析，我们可以看出，美国、英国和日本等国的天然气市场都经历了由垄断到管制，再到放开的过程，最后建立起了竞争性的市场结构和市场化的天然气价格形成机制，促进了天然气有效供给能力的增加。总体上看，这些可供借鉴的经验包括：

（1）坚持问题导向，优先解决天然气市场面临的突出问题。比如，1976—1977美国北部地区出现"气荒"之后，美国政府就放开了对天然气井口价格的管理，变双重市场为单一市场，调动了生产商的天然气生产积极性。

（2）坚持立法先行，通过法律理顺天然气产业各环节的关系。比如，天然气管道公司的运销分离，必须通过立法，对管道公司提出强制性的要求。否则，管道公司将没有充足的动力推动运销分离，不利于增加天然气市场参与者的数量，无法构建竞争性的市场结构。

（3）坚持依法监管，建立独立的监管机构。竞争性的市场结构建立之后，必须加强市场监管以规范市场行为，促进有序运行。这就要求监管必须具有足够的独立性和专业性。缺乏独立性，就会失去监管的权威，导致监管效力缺失；缺乏专业性，就会失去监管的有效性、针对性，导致天然气行业无所适从，不仅不能促进天然气行业的发展，反而会起到阻碍作用，形成天然气行业发展的障碍。

（4）坚持循序渐进，逐步实现天然气市场化。天然气市场化改革是一个漫长的过程，不可能一蹴而就。美国、英国、日本等国家的天然气市场化改革经历了长达几十年的时间，这就需要对天然气市场化改革具有充足的信心和耐心。有信心，就是要坚持市场化的方向不动摇，但是可以根据国内、国际形势的变化，采取适当的节奏，逐步推进和完善改革措施，逐个消除影响市场化改革的瓶颈，使天然气市场的发展不失去市场化的方向。有耐心，就是充分认识到天然气市场化改革的长期性和艰巨性，是打破垄断和既得利益者，而重新构建市场结构和重新分配市场利益的过程，这需要不同的群体都有相应的适应过程，尽可能达到"润物细无声"的效果，才能减少改革的阻力，提升改革的效果。

三、我国天然气市场发展状况

按照国家海关总署公布的数据显示，2018年1—5月份中国累计进口天然气3480万吨（折合473亿立方米），较上年同期的2550.4万吨（折合347亿立方米）增长36.4%；进口天然气总价值873.4亿元，较上年同期的565.4亿元增加54.47%。按此计算，进口天然气价格为1.85元／立方米（按同期人民币兑美元汇率中间价平均6.3556折合为8.24美元／Mmbtu），较上年同期1.63元／立方米（折合6.70美元／Mmbtu），上涨13.5%。中国进口天然气累计总量首次超过日本（3450万吨）。

（一）天然气消费需求快速增长

按照国家发改委公布的数据，2017年中国天然气消费总量2394亿立方米，较上年增长14.71%，而中国的天然气总产量为1474亿立方米，对外依存度38.43%。这是自2014年以来，中国天然气消费再度出现两位数增长。为满足市场需求，2017年中国进口天然气946.3亿立方米，比上年增加199亿立方米，增长26.9%，其中进口LNG增加占总增量的82%，管道气增加占比18%。与此同时，LNG市场价格从8月份开始上涨，12月中旬价格达到高峰，为11300元／吨（折合36.16美元／Mmbtu），是8月份价格的3.61倍。2017年中国LNG进口总量为3789万吨（折合515亿立方米），同比增幅高达48.37%，超过了韩国的3651万吨，仅次于日本的8162万吨，全球排名第二。这也说明，从国际市场的角度看，LNG进口较管道气进口具有更高的弹性和灵活性，也更能满足短期内出现的需求高峰。

中国天然气消费在2017年重回高速增长，主要有三个方面的原因。

1. 环保要求提升，大气污染治理进度明显加快

各级政府大力推动实施"煤改气"工程，将燃煤电厂转为燃气电厂，特别是在北方的冬季取暖季节，大气污染较为严重的华北等地区普遍关停了燃煤取暖，转变为燃气取暖，为加速天然气消费创造了条件。

2. 天然气定价机制没有实行市场化

当前，中国虽然已经确定了天然气价格市场化的方向，并采取了多种措施逐步放开了城市门站价格，特别是对 LNG 价格实行了按气源定价和完全放开，独立销售的煤层气、页岩气、煤制气和进口液化天然气等，可以按照进口价格和市场情况自行与用户协商定价销售。但是，国内自产天然气和进口管道气价格依然受到管制，现有的定价没有反映天然气市场的供需变化，而长期处于低价状态。应该说，正是低于市场均衡的天然气价格，使天然气价格相较于可替代的煤、成品油等其他燃料的价格具有明显的优势，推动了"煤改气"工程的快速实施，并在提升大气质量的巨大压力下推动了天然气需求在特殊季节的爆发式增长。

3. 供给侧结构性改革初见成效，经济出现恢复性增长

随着供给侧结构性改革的深入实施，落后产能得以淘汰，去库存取得较为明显效果，经济平稳回升带动用气需求整体回升。同时，煤改气、天然气发电和天然气分布式冷热电联供等天然气工业应用模式不断深入创新，推动了天然气消费市场进一步升级。

未来，中国对天然气需求将继续保持快速增长。国际能源机构（IEA）在 2018 年天然气年度报告中预测，从 2017—2023 年中国的天然气需求将增长近 60%，达到 3760 亿立方米，其中 LNG 进口从 2017 年的 510 亿立方米增加至 2023 年的 933 亿立方米。中国在 2019 年超越日本，成为管道天然气和 LNG 最大进口国。

（二）地区性和季节性供需矛盾突出

中国是一个新兴的天然气市场，但又是一个天然气商品资源较为缺乏的市场，中国天然气市场存在总体不均衡的状态。天然气作为一种清洁的能源，其使用状况与经济发展程度高度相关。在欧美等经济发达的国家，天然气在一次能源消费中的占比超过30%，在全球能源结构中天然气所占比重约1/4左右。中国天然气消费虽然经历了两位数增长，但在一次能源消费中的占比仅仅在8%左右，与世界平均水平存在较大差距。未来，中国对天然气的需求将继续保持快速增长。但是，从中国的天然气供给能力看，国内天然气产量虽然保持了较快增长，但明显低于天然气消费增长的速度，致使中国不得不依赖进口更多的天然气以满足国内需求，天然气对外依存度39%，并有进一步上升的趋势。IEA报告称，经济的稳定增长和环保政策的加码将促使中国天然气需求继续攀升，2019年中国成为全球最大的天然气进口国。

另一方面，中国天然气市场的地区间不平衡和季节性不平衡的矛盾较为突出。中国地域广阔，地区间经济发展不平衡。从经济发展状况看，南方经济实力明显高于北方，东部经济发达程度明显高于中西部地区，这些经济发展程度较高的地区对天然气的需求增长较快，价格承受能力相对较高；从地域看，广大的北方地区在冬季采暖期需要消耗大量的能源，而在治理大气污染力度逐渐加大的政策环境下，"煤改气"成为当然的首选项，冬季取暖期的天然气需求呈爆发式增长，但由于涉及众多民众温暖过冬的民生，对价格的承受能力相对较弱。在天然气供给侧，国内的天然气主力产区主要集中在陕西、内蒙古、新疆、四川、重庆、青海等地；陆上天然气进口主要来源中亚地区和即将通过中俄天然气东线将天然气出口至我国的俄罗斯；LNG进口来源地较广，但接收设施主要集中在东部沿海地区。这样，在夏季，大量的天然气通过管道输往南方和东部经济发达地区；而在冬季，寒冷的北方地区则会消耗更多的天然气，且同样由于冬季的原因，来自中亚地区的天然气进口经常出现减量。地区性和季节性不平衡的矛盾是中国天然气市场的最大特点，也是需要必须认真面对和解决的突出问题。

（三）价格制约天然气市场发展

天然气市场首先是作为煤炭、重油等传统燃料能源的替代品而得到发展的。在天然气没有大规模开发之前，天然气作为原油开采过程中的伴生气而出现。也正是因为这样的原因，在天然气市场发展的初期，石油企业将获得的伴生气作为原油开采的副产品进行销售和定价，其获取的收益主要是用于弥补或者降低原油开采的成本，从而使天然气以较为低廉的价格进入市场，在传统燃料能源产品的替代过程中具有充分的价格优势。随着天然气需求的增加，以及勘探开发与开采技术的发展，天然气逐渐成为独立的产品。在天然气市场开拓过程中，依然主要瞄准传统燃料能源的替代市场，以至于天然气的定价直到现在仍然保持了与原油、重油和煤炭等价格的挂钩模式。但是，在碳排放造成温室效应而致使全球气候变暖得到科学验证之后，天然气作为低碳、清洁、高效能源开始得到更为广泛的使用，成为独立的能源产品。再加之科技发展使天然气成为重要的工业原料，天然气的用途进一步扩展，并使天然气在作为燃料能源和工业原料之间产生竞争，输气管道等基础设施建设加快推进。这最终导致地区性的天然气市场开始形成，出现了具有地区影响力的美国亨利天然气交易中心价格（HH）和英国国家天然气交易中心（NBP）价格，并逐渐成为其所在地区天然气价格的风向标，对天然气资源的配置和流动具有极其重要的作用。而LNG贸易的发展，已经使全球性的天然气市场基本形成，天然气价格在国际市场之间的传导力逐渐加强。

就中国天然气市场季节性供需突出的矛盾而言，同样在于天然气与煤炭、成品油等替代品上具有的价格竞争优势。一定程度上，天然气在可比能源产品上的低价格催生了天然气市场的发展，但是，在天然气需求进入快速增长期之后，较低的天然气价格又成为天然气供给不足的重要推手。一方面，中国天然气的资源禀赋较差，多为致密气、页岩气和煤层气，且资源呈碎片化分布，导致勘探开发难度大、投资高、递减快、回报低，较难维持稳定的生产状况，必须依靠不断加大投资力度，才能基本保持产量的稳定，而要实现产量的快速增长，则需要更多的投资和更新的勘探开发与开采技术。另一方面，无论是通过陆上长输管道从中亚和俄罗斯进口天然气，还是从海上进口LNG，在全球性天然气市场基本形成的情况下，必然使出口国着眼于全球天然气市场的发展和各地区的天然气价格确定向中国出口天然气的价格以及出口量，而不会过多地考虑中国天然气市场处于培育期和价格较低的特性，这使中国在进口天然气时必须面对国际市场的竞争，与中国国内的天然气价格管制和低价格形成矛盾，特别是在天然气价格没有完全市场化的状况下，进口气价格倒挂使天然气进口企业承受亏损成为必然。也就是说，国内天然气价格未能反映中国天然气市场发展和供需不平衡的现状，且由于天然气价格较低，使天然气生产企业加大勘探开发大力增产的动力不足，并制约着天然气进口企业增加进口的积极性。

此外，天然气价格在天然气供应各环节上的不均衡对天然气市场的发展同样形成了制约。消费者最终消费的天然气至少需要经过生产或进口、主干管道输送和城市管网配送三个环节，并相应形成了天然气出厂（进口）价格、管输价格、门站价格和城市管网配送价格、最终消费价格。在整个天然气价格体系中，对天然气供应能力产生重大影响的是天然气出厂价格或进口价格，这直接影响着天然气供应商提供市场资源的积极性。如果天然气供应商不能获得稳定的利润，在投资回报上明显低于后续的天然气供应环节，那么他们就没有动力增加市场供应，而甚至可能将投资转向天然气供应的下游环节以提升投资回报率，这明显不利于增强市场供应能力。当前，在天然气最终消费价格的构成中，管输价格和城市管网配送价格相对占比较高，仅长输管输费就占全国平均天然气销售价格的 1/3 以上，挤压了天然气生产企业和进口企业的盈利空间。如不能理顺各环节之间的关系，除了三大石油集团主动承担天然气保供的社会责任之外，长期看，无助于中国天然气供应能力的增强。

总之，中国天然气市场存在的主要矛盾就在于天然气供应能力的增长落后于天然气消费需求的增长，特别是由于储气设施不足，导致结构性供应能力存在较大欠缺。破解天然气供应紧张的局面，需要充分发挥市场的作用，依靠市场化的天然气价格形成机制，通过价格变化促进增加供应、抑制不合理需求达到相对平衡而加以解决。如果仅仅使用行政手段，依赖于政府发布行政命令和进行压迫式的协调，只能使问题得到暂时性的局部缓解，并不能从根本上增强天然气的供应能力，无助于增加有效供给，长期看将使矛盾越积越深。着眼于中国天然气市场未来依然保持快速发展与天然气对外依存度逐步攀升的现实，地区性、季节性供需不平衡的矛盾将长期存在。这就必须要加大天然气价格市场化改革的力度，建立起多维度的价格体系，理顺天然气产业链各环节的比价关系，实施差异化的峰谷价格，切实发挥市场的自我调节作用和价格的杠杆作用，吸引各类资本参与天然气市场供应能力建设，促进天然气市场供需保持相对平衡和较高的弹性，较好破解天然气供应紧张难题。

四、液化天然气市场发展状况

（一）液化天然气国际贸易情况

LNG 贸易是一项复杂的系统性工程。LNG 产业链包括天然气勘探与生产、天然气液化、液化天然气运输、液化天然气接收与汽化等环节，投资巨大，设施专属性强，面临巨大的运营风险。鉴于 LNG 产业链的特殊性，在 LNG 贸易的初期大多采用较为固定的长期合同模式，并普遍执行"照付不议"条款以保护生产方的利益。在价格机制上，LNG 贸易实行与可替代能源产品价格挂钩的模式，并为了保护供求双方的利益而规定低价格区和高价格区的调整机制，该定价方式被业界称为"S"曲线价格。由于 LNG 运输船用途唯一，造价高昂，LNG 运输逐渐形成了固定服务模式，甚至从运输船的建造开始就签订长期的租船协议。由此形成供应商—船运公司—采购商之间固定的、长期的合作模式。

21 世纪以来，原油价格持续走高，并长时间处于高位运行，这使 LNG 贸易的"S"曲线价格机制受到较大挑战。在长期合同下，采购商面临价格高位运行的压力不断增大，而生产商认为自身没有充分享受到能源产业发展的红利。另一方面，美国非常规天然气的发展使美国对 LNG 的需求下降，同时期内全球天然气勘探不断获得新的发现，储量规模不断增长，卡塔尔、埃及、也门、阿曼、秘鲁、俄罗斯等国家相继加入 LNG 供应商的行列，LNG 市场供给能力增长迅速。此外，LNG 运输船只数量不断增加，单船运输能力不断提升，新的运力不断形成，LNG 运输的规模优势日益显现，单位 LNG 运输成本呈下降趋势，从而使 LNG 贸易具备更大的灵活性。在这些因素的共同作用下，LNG 现货市场和短期交易市场的供应量渐趋增加，交易价格逐步体现 LNG 市场实时的供求变化。

在这样的趋势下，LNG 的供求双方为了获取自身利益最大化，在 LNG 贸易中逐渐增加现货模式，长期合同模式受到挑战。1997 年短期合同涉及的 LNG 数量仅占全球 LNG 贸易量的 1.5%，2002 年为 8%，2005 年为 13%，2009 年为 16.3%。2010 年，现货 LNG 贸易量达到 9130 万立方米（液态），比 2009 年增长了 40.25%，占 LNG 贸易量的 18.9%，长期合同的 LNG 贸易量则下降了 17%。由于现货价格低于长期合同价格，且中东地区的 LNG 供应能力不断增加，2010 年欧洲地区的 LNG 现货贸易量增加了 50%，亚洲地区增加了 17%。一个渐趋活跃的 LNG 市场开始对管道气形成竞争。

（二）液化天然气市场的特点

LNG 贸易的繁荣使建立世界性的天然气市场成为可能，目前的全球 LNG 市场呈现出三个基本特点。

1. 跨区贸易持续繁荣

位于中东地区的卡塔尔作为世界最大的 LNG 出口国，2017 年 LNG 出口总量 1034 亿立方米，占全球 LNG 贸易量的 26.28%，其中出口到亚太地区 896 亿立方米，出口到欧洲 237 亿立方米，出口到非洲 55 亿立方米，出口到南美洲 22 亿立方米，中东地区内部贸易量仅为 23 亿立方米。居于全球 LNG 出口国第二位的澳大利亚，同期出口量 759 亿立方米，几乎全部出口到了亚太地区。美国放开 LNG 出口限制后，也已经将亚太地位设定为目标市场。

2. LNG 出口国和供应国数量持续增加

2000 年以来，LNG 贸易量从 1 亿吨增长到了 2017 年的 2.97 亿吨。同期，LNG 进口国数量翻了四倍，LNG 供应国数量实现翻番，亚洲成为 LNG 贸易最为活跃的地区，2017 年贸易量 2835 亿立方米，占全部 LNG 贸易量的 72.06%。即使长期以来限制国内天然气出口的美国，也在页岩气革命之后因天然气产量快速增长，而开放了天然气出口限制，成为全球 LNG 出口国的重要潜力国。

3. LNG 贸易呈现出更高的灵活性

在 LNG 市场发展的初期,由于液化设施和气化设施投资巨大,供需双方多采取长期贸易合同并附有照付不议条款以尽可能降低投资风险。近年来,LNG 现货贸易急剧增长,2017 年 LNG 现货和短期合同贸易量 1210 亿立方米,同比增长 23.4%,占总贸易量的 30.77%,而 2010 年时占比约为 20%,上升了约 10 个百分点。目前,全球 LNG 贸易合同的期限越来越短,合同量越来越小,目的地越来越不固定。有资料显示,2017 年新签 LNG 合同平均期限在 8 年以内,大大短于原有长贸合同的 20 年;合同年度交易量多小于 100 万吨;现货 LNG 运输船首次达到 1100 船,相当于每天 3 船。

4. 新增产能持续增加

在全球 LNG 贸易,特别是短期和现货贸易渐趋繁荣的同时,LNG 新增产能持续增加。全球已投产的大型天然气液化项目 43 个,分布于 19 个国家和地区,液化能力合计约为 3 亿吨／年;在建天然气液化项目 19 个,液化能力 1.4 亿吨／年,主要分布在澳大利亚、美国、俄罗斯、印度尼西亚和马来西亚。同时,规划建设项目 29 个,液化能力合计 2.3 亿吨／年。此外,还有 20 多个项目,预计液化能力合计 1.3 亿吨／年,正在等待政府审批。按此预计,全球天然气液化项目产能全部释放后,全球天然气液化能力将增至 8 亿吨／年(约合 10880 亿立方米,占天然气总产量的约 1/4 左右),将较好满足全球天然气贸易发展和消费增长的需求,也将有利于中国天然气市场的发展,为中国快速增长的天然气需求提供保障。

五、管道天然气与液化天然气的比较

(一)全球贸易情况对比

2000 年以来,LNG 市场份额不断发展壮大,而管道天然气贸易的市场份额不断缩小,二者之间的比例关系从 1:3 逐步变化到了 1:2,LNG 与管道天然气之间逐渐形成了竞争关系。

2010年，全球天然气商品量3.19万亿立方米，贸易量9752亿立方米，分别比2002年上升了26.34%和67.75%，2010年贸易量占总商品量的30.5%，天然气贸易活跃度不断增强。在2010年的天然气贸易中，管道天然气贸易量为6776亿立方米，占当年商品量的21.2%，比2002年增长了57.09%；液化天然气（LNG）贸易量2976亿立方米，占当年商品量的9.3%，比2002年增长了98.43%。LNG贸易的增长幅度远大于管道天然气贸易和天然气商品量的增长幅度（图4-1），LNG在天然气贸易中的比重也从2002年的25.8%上升到了2010年的30.52%。LNG贸易在天然气贸易中的作用日益突出，呈现出与管道天然气在同一市场中竞争的局面。

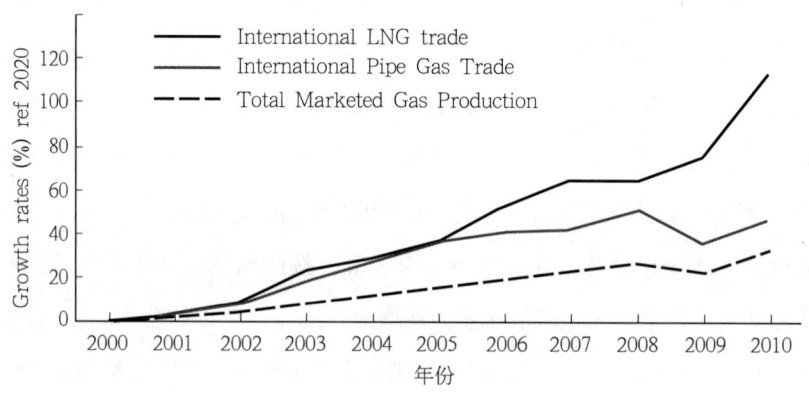

图4-1　2000年以来全球天然气贸易增长情况

资料来源：GIIGNL, The LNG Industry in 2010。

2017年，全球LNG贸易量再创新高，达到2.97亿吨，同比增长11.2%，延续了近五年良好的增长势头；管道气贸易量7407亿立方米，同比仅增长3.68%。LNG贸易量占全球天然气产量3.68万亿立方米的10.69%，管道气贸易量占比20.13%。虽然管道气贸易量占比约为LNG贸易量的一倍，但全球范围内的管道气贸易受地域因素影响较为明显，需要贸易国之间有大陆接壤作为基本条件，即使有天然气管道穿越海底的情况，但也受到海峡宽度、海水深度、海床状况等自然条件和高昂建设成本，以及潜在的运营风险和海底管道泄漏导致的环保风险较高、修复成本高等条件的限制，难以成为全球性的贸易模式。LNG 贸易则随着造船技术的发展以及海运安全的提升等有利条件的改善，使天然气已经开始打破原有的地域市场束缚走向全球化。

（二）成本对比

LNG 与管道天然气的成本都很高，但总体上，距离超过 3520 千米，LNG 贸易比管道更为有利。就 LNG 而言，在目前的技术条件和价格水平下，建设年产 750 万吨 LNG 规模的生产能力，整个产业链需要投资 100 亿美元。其中，勘探开发与生产环节占 15%～30%，液化环节占 40%～55%，LNG 运输环节占 10%～25%，LNG 接收站及气化环节占 5%～10%。如果考虑到项目生命周期为 10 年，那么每百万英热单位分摊的静态投资成本为 2.56 美元。加上天然气生产的操作费用、天然气液化厂的运行费用、LNG 船的操作费用和航次费用（从中东到日本或韩国的总航运费用约为每百万英热单位 1.1 美元，从澳大利亚到日本或韩国约为 0.69 美元），以及 LNG 接收终端运行、汽化费用（汽化过程需消耗 2.5% 的天然气，该部分的运行费用大约为每百万英热单位 0.75 美元），预计 LNG 到达消费管网前的总成本应在每百万英热单位 4～5 美元。

就大口径管道天然气来说，一般情况下，陆上管道的建设成本大约为 350 万美元／千米，跨海铺设管道的海底段建设成本约为 1000 万美元／千米，依据建设环境和环保标准的不同，实际建设成本可能还会有较大的变化。天然气管道每百千米的平均管输费用各地略有不同，俄罗斯为 1.7 美元／千立方米，美国为 1.53 美元／千立方米，欧洲大约为 1.7 美元／千立方米。实际管输费用依管道长度而不同，例如美国管输费用为 0.7～3.09 美元／千立方米，欧洲为 1.57～4.05 美元／千立方米。俄罗斯国内天然气市场的平均管输距离为 2300 千米，而输送到欧洲市场最远端的法国和意大利的运距要超过 5000 千米。如果中国按西线方案进口俄罗斯的天然气，从天然气进入中国边境开始，输送到江、浙、沪长三角地区的距离在 5000 千米以上，若输送到珠三角地区，运距更长。管输费用对天然气价格有重大影响。

因此，无论是LNG还是管道天然气，都需要巨大的投资才能使天然气到达终端消费市场。就二者的经济效益比较来看，美国得克萨斯大学奥斯汀分校的能源经济研究中心（Center of Energy Economics）的报告显示，海底天然气管道运距短于1120千米（700英里）时比通过海上船舶运输LNG更为有利；陆上天然气管道在运距短于3520千米（2200英里）时比使用轮船在海上运输天然气更为有利。也就是说，天然气生产地与目标市场的距离达到3520千米以上时，通过海上运输方式开展LNG贸易是最为有利的。

（三）市场对比

LNG的出现改变了天然气市场的原有格局，增强了市场的灵活性，使天然气市场更加广阔。天然气本身的特殊性使其销售市场和销售方式都有一定的局限性。LNG出现之前，天然气必须依靠管道设施才能实现生产与市场用户之间的衔接。因此，天然气开发依赖于天然气管道建设，天然气管道建设依赖于市场和对市场的预期，如果市场需求旺盛，还会出现管道能力不足导致的供需矛盾。同时，地理状况和地形的局限性决定着管道的可建设性，由此造成天然气的生产盲区和销售盲区。LNG贸易的发展使天然气面临更加广阔的市场，通过LNG运输船可以使某地生产的天然气到达任何建设有LNG接收设施的地方，再通过专用的LNG运输汽车或铺设在陆上的管道到达目标市场。理论上讲，LNG的发展消除了地球上可利用天然气的死角，在世界的任何地方都可以使用天然气这种清洁的能源。天然气的客户群体出现了较大的变化，市场更加多元化。

（四）价格对比

天然气价格具有很强的地域性，没有一个全球统一的定价机制或尺度，长期以来，天然气价格也没有充分反映天然气市场的供求关系及其变化。未来将向LNG现货市场价格靠拢，反映天然气市场的供求变化。天然气价格的这种特性是由天然气市场的分布状况所决定的。传统的管道天然气运输模式和LNG长期供应合同模式，使天然气的价格更多地体现为一种合同双方的一对一关系。这种长期合同模式的价格形成机制与可替代的燃料油、柴油、煤炭、原油等能源产品价格挂钩，导致天然气价格长期以来不能反映实际的天然气市场供求状况，而是更多地反映了合同双方的议价能力。天然气价格也容易受到地缘政治关系、输出国与过境国和输入国之间关系等非市场因素的影响。因此，在传统上，管道天然气与LNG的定价机制和运行模式基本保持了长期的稳定，在价格表现形式上也没有更大的差异。

随着管道运营市场化程度的提高和LNG现货贸易的发展，天然气价格的形成机制正在发生深刻的变化，市场化价格机制正在形成。目前，国际天然气贸易从区域上可以划分为北美洲、欧洲和亚洲三个市场，这三个市场各有其独特的定价方法和特点。

在北美洲市场上，美国较早地放开了天然气市场管制，促进了天然气管道运输和天然气终端销售市场的发育，一个开放的、自由竞争的市场格局已经形成，由此使美国亨利交易中心成为北美洲地区天然气交易和价格形成的中心。美国天然气市场的价格主要参照美国亨利管网中枢天然气的现货和期货价格，价格波动频繁，波动幅度较大。但北美洲地区始终是全球天然气价格最低的市场区域。

在欧洲市场上，天然气价格一般参考低硫民用燃料油、柴油、煤炭等可替代能源产品的价格，一些国家还引入了电力价格指数等能源产品指数，反映了天然气与其他能源之间的可替代关系，有利于能源产品之间的价格平衡和国家能源政策的制定、实施。近年来，由于LNG市场化程度的加深和LNG供给能力的增强，LNG现货和短期贸易量不断增长，从2010年的约4100万吨上升到了2017年的7700万吨，其占LNG总贸易量的比例在25%～30%（图4-2），其中2010年欧洲地区新增现货贸易量占全球新增现货贸易量的38.5%。现货贸易量的增长，增加了欧洲地区天然气价格的波动性，使管道天然气的长期合同价格面临挑战，贸易商要求与天然气现货贸易价格挂钩、修改管道气长期供应合同价格形成机制、降低实际交易价格的呼声逐渐高涨。总体上看，欧洲市场依然以管道天然气为主，现货贸易和短期贸易合同不断增加，天然气价格相对稳定，波动性逐步增强。欧洲地区的天然气价格长期高于北美洲地区。

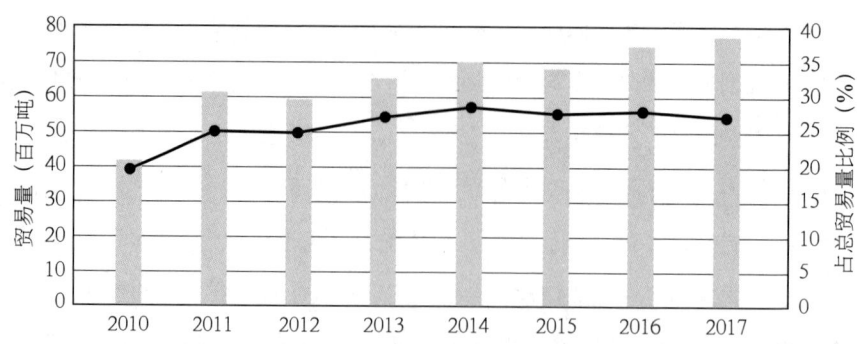

图 4-2 2010 年以来全球 LNG 现货及短期合同贸易情况

备注：柱状为贸易量，折线为占总贸易量的比例。
资料来源：液化天然气进口国际集团（GIIGNL）。

在亚洲市场上，天然气的消费国主要是日本、韩国和经济快速增长的中国、印度。日本、韩国天然气资源匮乏，且与主要天然气供应国没有陆地接壤，限制了其跨境管道天然气贸易的发展，只能采购 LNG。因此，在亚洲市场上，天然气价格基本上就是 LNG 的价格。从日本的 LNG 采购合同看，其价格主要与日本进口原油综合价格指数（JCC）挂钩，实际上体现的是天然气与可替代能源产品之间的比价关系。虽然近年来亚洲地区的 LNG 现货和短期合同贸易量也在不断增长，但由于日韩资源匮乏，不得不依靠长期合同保障供应稳定。因此，亚洲天然气市场依然是长期合同占主流，天然气价格受原油价格变化的影响较大，且始终高于北美洲和欧洲地区，是全球天然气价格最高的地区（表 4-3）。

表 4-3 国际市场天然气价

（美元／百万英热单位）

年份	日本 LNG 到岸价	天然气价格		
		德国进口平均门站价	英国国家平衡点指数	美国亨利中心价格
1996	3.66	2.50	1.87	2.76
1997	3.91	2.66	1.96	2.53
1998	3.05	2.33	1.86	2.08
1999	3.14	1.86	1.58	2.27

续表

年份	日本LNG到岸价	天然气价格		
		德国进口平均门站价	英国国家平衡点指数	美国亨利中心价格
2000	4.72	2.91	2.71	4.23
2001	4.64	3.67	3.17	4.07
2002	4.27	3.21	2.37	3.33
2003	4.77	4.06	3.33	5.63
2004	5.18	4.30	4.46	5.85
2005	6.05	5.83	7.38	8.79
2006	7.14	7.87	7.87	6.76
2007	7.73	7.99	6.01	6.95
2008	12.55	11.60	10.79	8.85
2009	9.06	8.53	4.85	3.89
2010	10.91	8.03	6.56	4.39
2011	14.73	10.49	9.04	4.01
2012	16.75	10.93	9.46	2.76
2013	16.17	10.73	10.64	3.71
2014	16.33	9.11	8.25	4.35
2015	10.31	6.72	6.53	2.60
2016	6.94	4.93	4.69	2.46
2017	8.10	5.62	5.80	2.96

资料来源：BP Statistical Review of World Energy, June 2018。

整体来看，随着LNG供应能力的不断增强，LNG贸易中的现货和短期贸易呈现快速发展的趋势，LNG现货和短期贸易以灵活的定价机制和准确反映天然气市场供求变化的特点，已经对LNG长期合同价格和管道天然气价格产生很大的压力。未来LNG现货贸易价格的灵活性将更加显现，全球天然气市场的价格将逐步向现货市场价格靠拢，不再仅仅反映替代能源之间的比价关系，将充分反映天然气市场的供求关系变化。

(五)稳定供应对比

以管道输送为主的天然气终端消费市场客观上需要天然气的稳定供应,不能中断。管道天然气和 LNG 面临不同的风险,分别影响着其供应的稳定性,但总体上看,管道天然气的风险小于 LNG。

从全球天然气贸易流向看,管道天然气国际贸易主要分布在有大陆接壤的国家之间,少部分通过铺设海底管道连接两个大陆,而 LNG 国际贸易主要发生在没有大陆相连接的国家之间,依靠 LNG 运输船在海洋上航行通过港口对港口的方式完成交易。因此,管道天然气的稳定供应更多地受地缘政治、相邻国家之间关系、天然气进出口国与管道过境国之间关系的影响,这些因素属于有关国家之间的可控因素,影响稳定供应的风险相对比较小。即使出现影响稳定供应的事件,也会由于天然气消费涉及全体国民的基本生活而被提高到国家层面上谈判解决,问题相对易于解决。

LNG 国际贸易的运输方式是在海上航行。航道的安全状况以及航道国和航道临近国维护航道安全的能力,特别是在苏伊士运河、巴拿马运河、马六甲海峡、霍尔木兹海峡等重要狭窄水域,使运输 LNG 的船舶面临较大的航道中断风险。海上运输还受暴风雨等不确定恶劣天气状况的影响。此外,随着 LNG 现货和短期合同贸易的发展,LNG 运输船的租金和运费快速增长。据航运咨询公司 Drewry Maritime Services Ltd 披露,2011 年 10 月 LNG 现货和短期合同贸易的运输日费率为 11.2 万美元,同比上涨 1.67 倍,这些因素都增加了 LNG 稳定供应的风险。

因此,从保持天然气稳定供应的角度看,管道天然气的风险要小于 LNG。对于不具备建设跨境天然气管道的日本、韩国、中国台湾地区等而言,LNG 只能是其唯一的天然气供应方式,为了维护供应的稳定,这些国家和地区必然加大 LNG 接收站储存能力建设,维持一定的超需求采购量。

六、对我国天然气市场发展的建议

随着经济的发展，中国的能源需求快速增长。特别是人民生活水平的提高和对环境的关注，使中国对清洁能源的需求逐步增强。有资料显示，中国将加快天然气利用，力争在"十二五"末使天然气占一次能源消耗的比例提高到8%，但这依然低于25%这一世界平均水平。2010年末，中国天然气储量3万亿立方米，当年生产天然气937亿立方米，储采比30∶1。有关数据显示，未来中国天然气消费仍将保持10%以上的增长速度，2015年消费总量将达到2600亿立方米；2020年将超过3000亿立方米。显然，中国仅仅依靠自身的天然气储量和产量难以满足经济发展的需要，必须在国际市场上采购天然气。中国天然气市场的发展，需增强天然气长期稳定供应能力。

（一）加快形成天然气的竞争性市场

1. 构建竞争性的市场结构

历史上，美国在放松天然气市场管制之后，促进了天然气市场的繁荣和非常规天然气的发展，目前美国国内的天然气价格在世界上处于最低水平。欧盟颁布的《欧洲能源宪章》放松对天然气市场的管制，大力推动管网独立与第三方准入机制的建立，增强天然气市场的竞争性。中国并非天然气资源充裕的国家，一方面需要增加天然气的供给保障能力，另一方面需要不断提高能源的使用效率，二者的支点就是天然气价格。为使天然气价格能够充分反映市场供求状况并推动能源使用效率的提高，就需要完善天然气市场建设，放开天然气市场准入，构建竞争性的市场结构，增强市场的竞争性，使市场通过价格杠杆发挥优化资源配置的作用。因此，中国放松国内天然气市场管制，有序放开管道运营，特别是放开城市天然气管道运营，逐步增强天然气市场的竞争性，将有助于增强天然气市场的活力和供应保障能力。

2. 加快天然气市场建设

（1）加快天然气区域中心建设。完善上海石油天然气交易中心、重庆石油天然气交易中心等天然气交易机构的运行，选取更多的天然气需求或供应活跃地区，如长三角、珠三角、环渤海等地区，建立区域性的天然气交易中心，建立完整的天然气现货报价体系。

（2）加快天然气期货市场建设。借鉴中国原油期货上市并实施国际化的经验，抓紧研究制定天然气期货标准合约，择机挂牌上市交易，与天然气现货报价体系共同形成中国天然气市场的基准价格，以促进天然气价格市场化、透明化，便于以合理的价格吸引更多的国际天然气资源进入中国市场。

（3）加快中国天然气枢纽建设。着眼于活跃天然气现货交易市场和期货市场交割，可以在陕西、宁夏、上海、深圳、川渝地区等天然气管道枢纽地位较为突出或LNG接收设施较为集中、天然气产量较大且稳定增长的地区建设中国天然气枢纽工程，逐渐形成中国的天然气枢纽中心标准价格，辐射各个区域中心和天然气期货市场。

（二）完善天然气价格的市场化形成机制

未来一个时期内，随着经济的发展和改善能源结构政策的实施，中国对天然气的需求将会保持持续快速增长的势头。中国天然气的供给来源、所采购天然气的价格、最终用户及其价格承受能力等多个方面将呈现多元化的格局。

放眼全球天然气市场，在LNG贸易，特别是现货贸易渐趋繁荣的背景下，天然气价格已经开始转向加大与美国亨利中心天然气价格和英国NBP价格挂钩的力度，标志着全球市场化的天然气价格机制正在形成。从中国天然气市场看，要提高天然气供应保障能力，就需要充分参与国际天然气市场的竞争，这就要加大天然气价格市场化改革的力度才能充分发挥价格在资源配置中的引导作用，使形成的价格能够充分反映市场的供需状况，并促进供应侧和需求侧不断提升对市场价格的适应能力，增强自我调节能力。因此，建立能够充分反映国内天然气市场供求状况及其变化的天然气市场化价格形成机制,就变得非常重要。

1. 加快天然气价格的市场化改革步伐

当前天然气市场季节性紧张的矛盾突出,恰恰说明了天然气价格没有很好地发挥对市场的调节作用。事实上,在全球范围内,天然气被视为昂贵的能源产品,只有经济较为发达的国家或地区才具有较高的价格承受能力,并得到较为广泛的使用。相对而言,中国仍然是发展中国家,对价格的承受能力相对较弱,且地区间差异较大,大规模、大范围推动天然气市场发展的基本条件还不甚成熟,当前中国天然气市场呈现出的快速发展态势颇有"拔苗助长"的意味。这就需要以推动天然气价格市场化为抓手,协调处理好供给与需求的关系,促进天然气市场在供需相对平衡中稳健发展。推进天然气价格市场化改革,加快区域性天然气现货市场、天然气期货市场和天然气枢纽工程建设,尽快形成包括区域价格、现货价格和期货价格在内的立体化天然气价格体系,使通过市场交易形成的天然气价格能够较为充分地反映天然气市场的供求状况,以价格为杠杆,促进天然气市场的自我平衡发展。

2. 理顺天然气供应链各环节的价格关系

必须深刻认识到,天然气供应链是一个完整的体系,各环节之间应该具有较为合理的比价关系,否则,任何一个环节出现价格不合理都会影响到天然气的最终供应能力。这就要按照国家发布的深化石油天然气体制改革若干意见确定的"管住中间,放开两头"的原则,加快各项改革措施及其配套措施的推进和落实。管住中间,重点是要管好长输管道和城市管网的系统性建设,有效控制建设成本,确定合理的管输和配送价格,保持较为合理的投资回报水平,减少垄断可能产生的弊端。在此环节也包括了如何管好LNG接收设施的建设、使用、气化价格确定,以及其与天然气输送主系统之间的衔接等。放开两头,一头是与最终消费者直接接触的终端销售商,重点在于增加消费者可以自由选择销售商的途径、方式和便利性,防止在终端销售环节借助城市管网配送环节的自然垄断属性实施市场垄断,并同时尽可能地防止重复建设,这也是改革的难点。另一头是天然气的原始供应商,即国内的天然气生产者和进口商,其对价格的反映程度直接决定了天然气市场的供应能力，充分放松对天然气生产和进口销售环节的价格及管制，将有利于引领各类资本进入生产和进口领域，从根本上增加天然气供应能力。

3. 按照市场化原则建立天然气峰谷价格

天然气供应的连续性是天然气市场最基础的特性，既要保障天然气生产供应的稳定性，更要保障天然气市场高峰需求的稳定性。要较好地解决中国天然气市场面临的地区性和季节性不平衡的突出矛盾，就需要建立天然气峰谷价格体系，通过市场化价格调节峰谷用气量，以达到用户自行填谷削峰，降低高峰供气压力。同时，要增强储气库建设和储气能力，而无论储气设施是独立运行，还是作为管道输送的配套设施，都应将储气库作为独立的供气资源，与用户签订供气合同，确定与市场调峰需求相匹配的储气库供气价格。一方面，该供气价格应充分反映注气、采气等储气设施的运行成本，另一方面应反映库存气的采购成本及资金占用成本，并在当前的环境下率先实行储气库供气价格的市场化，使之具有较好的盈利性，以增强储气库行业对资本的吸引力，提升储气设施和储气能力建设，满足调峰需求，缓解地区性、季节性供应紧张的矛盾。

4. 形成单一的市场化价格体系

在 LNG 价格已经放开、管道气价格依然管制的天然气价格管理体制下，必然对低价格的管道气产生优先需求，并表现出需求的高速增长，而高价格的 LNG 只能成为天然气市场的补充，在面临断气风险或没有管道气来源的情况下才选择使用 LNG。要改变这种局面，提升 LNG 供应能力从而满足中国快速增长的天然气消费需求，就必须加快天然气价格市场化改革步伐，由双轨制价格体系向单一市场化价格体系转变，实现管道气价格与 LNG 价格并轨。这将一方面有利于形成统一的天然气供应市场，使天然气价格深度反映中国的天然气市场供需状况；另一方面将有利于引导全球天然气资源向中国市场的有序流动，形成竞争性的天然气供应格局，使进口 LNG 资源与进口管道气资源形成竞争态势，在提升中国天然气供应安全的情况下，进一步提升 LNG 接收能力的利用率，盘活产能，有效分摊接收设施固定成本，降低供应成本，提高对 LNG 价格的弹性。

(三）处理好管道天然气和液化天然气之间的关系

1. 充分认识管道气和液化天然气的各自优势

在未来的国际天然气贸易中，管道天然气和LNG的竞争将会更加激烈，天然气价格将更充分地反映市场供求关系，价格波动将更加频繁，波动幅度更大。全球天然气的资源和生产主要集中在中东地区、苏联地区和美洲地区，这三个地区的天然气储量分别占世界的40.41%、31.52%和8.83%，产量分别占世界的13.52%、26.33%和31.6%。其中俄罗斯、土库曼斯坦、哈萨克斯坦、乌兹别克斯坦等与中国近邻的苏联地区国家的储量为59.3万亿立方米，年产量近6500亿立方米；卡塔尔、伊朗、伊拉克、沙特阿拉伯、阿联酋等中东地区国家的储量为76万亿立方米，年产量4300亿立方米。苏联地区和中东地区将是未来中国在国际市场采购天然气的主要来源地。苏联地区与中国大陆直接接壤，通过管道输送天然气是一个更合理、更有供应保障的选择。对于中东地区的天然气，中国只能以LNG的形式采购，在沿海港口或长江等江河的沿岸港口接收后并入中国国内的天然气供气管网，送达目标市场和客户。鉴于LNG供应所面临的各种风险要高于管道天然气，中国在进口天然气时需要考虑平衡管道天然气和LNG的进口量，以保证国内天然气市场供应的稳定。

2. 重视液化天然气的发展

受中国经济形势稳定向好、实施以煤改气为主的大气污染治理措施等影响，中国的天然气需求再度表现出了快速增长的态势。再加之管道天然气价格与LNG价格双轨制运行，在国内天然气产量增长能力不足和管道气进口来源主要集中于同样面临冬季供暖而导致天然气需求增加的中亚俄罗斯地区，进口LNG表现出了较强的"补位"能力，进口量增长迅速。

但是，我们应该看到，中国的天然气市场还处于发展的初期。就LNG而言，自第一个接收站投运至2017年，中国LNG接收能力增长超过14倍。截至2017年末，中国已建成LNG接收站17座，分布在沿海11个省市，总接收能力5040万吨/年。由于接收能力增长超过LNG进口量增长，中国LNG接收站利用率由

2010年的76%下降至2016年的52%。中国目前还有多个接收站在建设过程中，并按计划在2020年左右全部投产，届时总接收能力将达7700万吨/年，存在产能过剩风险。预计到2030年，在建和计划建设接收能力为3700万吨/年，总接收能力将超过1亿吨/年。多家机构预测，长期看，中国LNG接收站利用率将维持在50%~60%。未来，LNG接收能力将不再是中国LNG需求的制约因素。

从全球范围看，全球天然气液化能力继续保持较快增长。在未来，预计全球充足的天然气液化能力将有利于满足中国天然气增长的需求。LNG贸易渐趋繁荣，在天然气贸易中的比重逐渐提升，现货和短期贸易活跃度持续增强，全球LNG贸易向合同期更短、合同量更小、船运目的地更灵活转变，这为满足中国天然气市场日益增长的需求创造了有利条件。

另一方面，由于LNG价格明显高于管道气价格，只有当管道气不能满足需求时，市场才会选择LNG作为供气来源，具有"不得不用"的特点，这也导致了正在增长中的LNG接收能力利用率将长期维持在50%左右的水平。事实上，管道气进口和LNG进口来源上已经形成竞争性局面。但是，考虑到管道天然气地域要求高和液化天然气全球性市场正在向深度繁荣发展情况，未来应给予LNG进口更多的关注，积极创造条件，放松LNG进口限制，以引导国际液化天然气资源有序流入中国市场，弥补国内天然气生产不足和管道气进口受限的不足，满足中国不断增长的对天然气的需求和人民日益增长的美好生活需要，提升大气质量和生活质量，增强中国经济发展的认同感和获得感。

七、关于我国页岩气发展的讨论

财政部、税务总局联合下发通知，自2018年4月1日至2021年3月31日，对页岩气资源税（按6%的规定税率）减征30%，以促进页岩气开发利用，有效增加天然气供给。减征后，页岩气资源税的实际征税税率为4.2%，下降1.8个百分点。

（一）页岩气商业开发的主要矛盾

为了促进我国页岩气加快商业开发，国家一直保持了相应的政策支持力度。2012年，财政部、国家能源局出台页岩气开发利用补贴政策，2012年至2015年，中央财政按0.4元／立方米的标准对页岩气开采企业给予补贴；2015年，两部门明确"十三五"期间页岩气开发利用继续享受中央财政补贴政策，补贴标准调整为前三年0.3元／立方米、后两年0.2元／立方米。2013年10月，国家能源局公布《页岩气产业政策》，将页岩气纳入国家战略新兴产业，对页岩气开采企业减免矿产资源补偿费、矿权使用费等激励政策。

然而，我国页岩气行业的发展依然没有踏上国家能源局规划的大发展之路。以我国2015年页岩气产量45亿立方米为基数，要实现2020年300亿立方米的目标，需保持46.15%的年均复合增长率。而实际上，2016年和2017年的实际增长率分别为75.16%、14.18%，两年的复合平均增长率为41.43%，2017年的增长率明显偏低，后劲不足，需要加大页岩气的勘探开发支持力度。

根据《地质调查动态》公布的信息，在北美地区，页岩气全生命周期的实际生产成本需要考虑钻井的沉没成本、土地成本、管道、加工设备和运输至市场的成本、开采成本、税金和权利金、付出利息、气井的最终回收率，以及公司日常管理费等多种因素。莱斯大学贝克研究所能源研究中心资深总监KenMedlock的评估结果是："一些井每千立方英尺只投入2.65美元就可以盈利，其他的需要投入8.1美元……中值是4.85美元。"同时，根据研究，巴耐特页岩气井第二年到第五年的产量，将比第一年分别下降39%、50%、57%、66%。因此，我国要完成2020年页岩气产量300亿立方米的目标，实际建设产能每年应超过100亿立方米，5年新建产能应超过500亿立方米。按照KenMedlock评估的中值4.85美元／百万英热单位（MBtu）计算，需投资540亿元以上。显然，页岩气行业面临巨大的投资压力。

考虑此次页岩气减征30%将使资源税降低0.02268元／立方米，以2017年页岩气产量90亿立方米为基数，2020年实现300亿立方米目标，2018—2020年将累计完成页岩气销售量 641 亿立方米以上，预计可减少页岩气资源税支出 14.54 亿元，占产能建设实际需要投资 540 亿元的 2.69%。因此，减征资源税对页岩气行业发展的总投资而言，影响相对较小，难以与国家能源局规划的页岩气发展目标实现较好的政策匹配。

（二）美国页岩气开发的经验

按照美国能源信息署（EIA）的数据，美国的页岩气井口产量从 2007 年的 702 亿立方米增长到了 2016 年的 5855 亿立方米，年均复合增长率 23.62%，占美国天然气总产量的比例由 8.07% 上升到 50.81%，占据美国天然气供应的半壁江山。回归美国页岩气行业发展的历程，虽然普遍认为页岩气革命发生在 2007 年，但页岩气开发的核心技术并非发明于 2007 年或于当年取得重大突破。其中，水力压裂技术诞生于 1947 年，20 世纪 50—60 年代主要用于提高老油气井改造，提高采收率，70 年代进入低渗透油气田勘探领域；水平钻井技术也已存在多年。

真正导致页岩气革命发生在 2007 年的重要原因在于：

1. 天然气价格保持高位

美国的天然气价格由 2002 年的 2.95 美元 /MBtu 上升到了 2005 年的 7.33 美元 /MBtu，上涨 148.47%。虽然天然气价格在 2006 年和 2007 年出现了小幅度回落，但仍然在 6 美元 /MBtu 以上，并在 2008 年上升到了 7.97 美元 /MBtu，创造了美国天然气价格的最高纪录。2008 年，美国进口 LNG 的价格达到 10.03 美元 /MBtu，进口管道气价格达到 8.57 美元 /MBtu，城市供气门站价格为 9.18 美元 /MBtu。

2. 融资成本长期保持低位

在次贷危机后，美国联邦储备委员会（FED）实施货币宽松政策，通过量化宽松手段大量投放基础货币，并将联邦基金利率降低到零。受低利率影响，以债券为代表的固定收益市场受到较大打击，2008 年末美国 10 年期国债收益率降低至 2.25%，两年期国债收益率降低至 0.76%。在天然气价格高企和利率处于历史低位，且美元基础货币大量发行的环境下，受"资本逐利"本性的驱使，借助美国完善和高效的金融体系，资本很快成为页岩气开发的巨大推动力。金融机构及其从业人员不断游说投资者，将巨额资金注入页岩气领域（主要是一些进行勘探和开采的中小公司），大大推进了页岩气的开发进程。其创造的多赢机制，使开采者获得资金用以扩大生产；投资者因产量上升而获得收益；消费者获得了更多更便宜的清洁能源。稳定的投资回报促进了页岩气开发技术的持续进步，钻井时间缩短、钻机效率提升、单井产量上升、产量递减延缓，使开发成本稳中有降。

3. 融资模式创新保持强势

与常规油气不同，页岩气的产量递减率明显高于常规气。因此，要维持稳定的页岩气产量，就需要更多的资金投入，导致页岩气行业需要持续不断的、稳定的融资能力作为产业发展的支撑。融资模式创新对页岩气获取源源不断的资金流入创造了前提条件。美国的金融业高度发达，聚集了世界上的优秀人才，金融创新能力非常强。美国次贷危机在对金融业造成严重打击的同时，也进行了行业内人才的优胜劣汰，并对金融机构的创新能力提出了新的挑战。只有创新能力强的金融机构才能在行业不景气时活下来。正是源于"活着"的原始动力，满足了页岩气开发行业发展对资金的需求。在风险勘探阶段，页岩气开发行业主要靠股权融资，由股东投入资本。在勘探完成、进入开采阶段后，页岩气开发企业可以向银行贷款或发行债券，也可以和私募基金合作吸引其资金投入。同时，由于项目进入开采期之后，依靠持续的天然气生产和销售，可以获取较为稳定的现金流流入，用项目自身运营产生的现金流偿还借款，这导致项目融资成为页岩气开发的重要的融资方式。为有效控制项目融资的风险，相关金融机构普遍建立了以6个月为周期的页岩气开发项目回顾评估机制，对项目未来的现金流情况结合金融市场、天然气市场的变化等因素进行评估和预测，并据此作出增加资金投入或者加快资金回收的决策，使得当期尚无现金流或者自有现金流能力较弱的公司可以按照市场化原则获得稳定的长期贷款资金，用于项目开发。在美国金融机构的推动支持下，全美国6700余家中小页岩气开发企业获得了稳定的项目融资。

(三) 加快页岩气开发的建议

2017年我国页岩气产量占天然气总产量的比重约为6%，与2007年美国页岩气革命时的比例基本相当。但我国页岩气商业开发还处于起步阶段，要实现国家能源局规划的2020年300亿立方米和2030年800亿至1000亿立方米的目标，任务非常艰巨。为进一步加快我国页岩气行业的发展，提升高质量发展能力，我国应着力研究并出台鼓励页岩气行业发展的根本措施和激励机制。笔者认为，应做好以下五个方面的工作。

1. 加快天然气价格市场化改革

加快天然气价格市场化改革，使气价能真正反映我国的天然气市场供需状况。这是利用价格杠杆推进页岩气领域投资的重要前提条件。低于供需均衡的气价将难以保证页岩气投资获取稳定的预期投资回报，难以激发投资者投资的积极性。

2. 创新页岩气开发的融资模式

创新页岩气开发的融资模式，加强实施页岩气项目融资。同时，从金融政策上给予页岩气项目融资优惠利率，探索建立满足页岩气勘探开发的专业融资市场，放宽融资条件，给予资金提供方税收优惠，使页岩气开发能够获得较低的融资成本。

3. 继续加大税收政策支持和倾斜力度

着眼于增加页岩气有效供给，从提升页岩气项目投资回报率以吸引资金投入的角度，降低页岩气开发的税赋水平，免征页岩气资源税，并探索免征、减征页岩气增值税，或者实施页岩气增值税先征后返。对页岩气勘探开发所需的关键机器设备以及专利技术转让实施税收优惠。

4. 加大油气体制改革推进力度

建立页岩气矿权转让市场，加强天然气管网互通互联，实行页岩气销售行为市场化，先期实施市场化定价，由页岩气的买卖双方直接商定销售价格，活跃页岩气领域的市场氛围，吸引包括国有资本、民营资本、外资资本等在内的所有投资者参与页岩气勘探开发，增加页岩气开发主体和市场主体，构建竞争性市场结构，激发页岩气开发的活力。

5. 持续推进页岩气及相关领域的技术创新和技术进步

在页岩气工程技术服务、工程建设、管道运输、市场开发以及页岩气勘探开发主体、装备制造、技术研发等主体之间建立市场化的利益共享机制，使各环节的参与者都能够享受到技术创新和技术进步带动页岩气行业发展的红利，充分调动相关各方实施技术创新积极性。

减征页岩气资源税对页岩气的发展是一个非常好的兆头，预示着国家将进一步加大对页岩气开发的支持力度，以增加天然气的有效供给和充分利用。但是，从页岩气行业长远发展的角度考虑，为确保实现国家确定的 2020 年乃至 2030 年发展目标，必须将页岩气行业发展作为一个系统性工程，重点实施好天然气价格市场化改革和为页岩气开发创造良好的金融环境、税收政策环境，按照市场化和公平、公正、透明的原则吸引各类资本平等参与页岩气开发，激发页岩气行业上下游各业务环节的创新驱动力。

第五章 "一带一路"油气合作

"一带一路"国际合作高峰论坛于 2017 年 5 月 14–15 日在北京成功举办。29 个国家元首和政府首脑、130 个国家的代表、70 多个国际组织负责人参加会议，共同研议推进"一带一路"国际合作，取得了涵盖政策沟通、设施联通、贸易畅通、资金融通、民心相通 5 大类，共 76 大项、270 多项具体成果。油气领域的合作是推进"一带一路"发展的重要内容。油气企业应有针对性地落实好论坛达成的成果，建立促进油气合作的长效机制，使油气领域的合作由"一带一路"建设的重要内容转变为深化"一带一路"合作的重要基础。

一、"一带一路"油气合作的基本认识

正确认识"一带一路"油气合作的性质是合作的重要前提。目前，"一带一路"已经成为中国在新的国际政治经济形势下的重大国家战略，对崛起后的中国走向世界，传播中华文明，传播和平和谐发展理念，提升中国的世界影响力具有重大意义。油气合作是其中的一项重要内容，并因"一带一路"沿线国家的地域和地缘政治因素而具有不同的地位。

在中亚和俄罗斯地区，油气合作是重要的基础性合作领域，对稳定中国与区域内国家的政治关系和促进其经济发展具有重要作用；在中东地区，油气合作则有助于提升中国与区域内国家合作的经济基础，增强互信和互动；在非洲地区，

油气合作对促进资源国的经济发展和社会稳定具有重要意义,有利于巩固中国与其长期稳定的政治关系;在美洲,特别是南美洲,通过加强油气合作,有助于改善当地基础设施建设,使中国与域内国家保持经常性的往来,增加了解和互信;在环太平洋和亚太地区,油气合作则是中国与区域内国家合作的润滑剂。因此,我们可以将"一带一路"大环境下的油气合作看作是以资源为基础、以资金为推动、以技术为保障,促进域内国家经济发展的政治合作。

(一)资源是油气合作的基础

石油和天然气在中国一次能源消费中占比分别为18.1%和8%,与世界平均水平,特别是与欧美等发达国家的水平存在巨大差距,而中国2017年的石油对外依存度已经高达67%,天然气的对外依存度也快速上升到39%,油气供给安全已经成为影响中国未来发展的重要课题。石油和天然气资源是合作的对象,没有相应的油气资源,就不具备油气合作的基础条件和前提。但是油气资源的分布在"一带一路"国家是不平衡的,这由各国的资源禀赋决定。"一带一路"油气合作的重点是,与油气资源丰富的国家合作,并非与全部国家合作;油气合作的深度和广度,也将依照不同国家油气资源的丰富程度而有所不同。

中国迫切需要加强与"一带一路"沿线油气资源国,特别是与中国相邻接壤的中亚和俄罗斯地区的油气合作,以获取稳定、可靠的石油和天然气服务于中国经济发展。对于地域相对较远的中东、非洲等地区,更重要的是要通过油气合作参与国际油气行业发展和国际油气贸易。通过与国际大公司的合作,获取油气发展前沿技术,提升管理能力和水平,掌握国际油气贸易规则和流向,以获取相应经验和能力用于国内油气资源的开发,利用国际油气贸易满足国内经济发展需要。

(二)资金是油气合作的推动力

石油和天然气行业具有高投资、高风险和高回报的特点。这也决定了油气行业的发展需要大量的资金投入,且这些资金应该具有较高的风险承受能力,不追求短期回报,而是着眼于获取长期的投资收益。因此,油气领域的投资需要稳定且较长期限的资金来源。

目前来看,中国油气合作的重点地区主要集中在中亚俄罗斯、中东、非洲和南美地区。这些国家经济发展水平相对较低,国家实力相对较弱,自身不具有丰富的长期资金用于油气勘探开发行业,但同时油气行业在其国家财政收入中占有较高的比重,国家发展和稳定民生客观上需要加大对油气领域的开发,以获取稳定的财政收入。中国通过 30 多年来的改革开放,已经成为仅次于美国的世界第二大经济体,积累了大量外汇,需要长期而稳定的投资渠道,一方面支持中国企业"走出去"战略的实施,另一方面有效规避汇率波动可能带来的负面影响。这恰好契合中国对国际油气资源的需要,即通过适当安排将这些资金高效运用于"一带一路"沿线国家的油气资源开发,这样不仅满足了这些国家对资金的需求,中国也可以获取稳定的油气资源服务于本国经济发展。

(三)技术是油气合作的重要支撑

中国改革开放的总设计师邓小平曾经说过,"科学技术是第一生产力"。回顾油气行业发展的历史,始终充斥着"资源枯竭"论。但油气行业经历了一百多年的发展,油气资源并没有枯竭,世界原油产量仍在攀升,石油和天然气已经在世界范围内取代了煤炭在一次能源中的地位,成为第一重要能源。特别是美国次贷危机以来,美国的宽松货币政策造就的低成本资金环境激发了其页岩油气的活力,相应的开发技术经历了漫长积累期之后终于爆发,从而极大提升了美国的原油和天然气产量,并导致美国油气出口管制政策反转,使美国由油气净进口国转变为净出口国,对国际油气市场造成巨大冲击。

相对国际大石油公司而言,中国的油气勘探开发技术虽然还存在一定差距,但中国石油工业也积累了一批针对老油田多次采油的技术,掌握了一批自有的地球物理勘探、钻测井等特色技术,且中国的石油装备技术已经开始崛起。这些油气勘探开发和装备技术在"一带一路"沿线国家具有相对技术优势和成本价格优势,既有利于这些国家老油田的深耕细作,又有利于新油田的勘探开发。

(四)促进经济发展是油气合作的重要目标

油气是促进经济发展的重要资源。对于油气资源国而言，油气储量是其国家发展的重要支撑。但前提条件是，必须将储量资源转化为现实产量，并在市场上销售出去。这样才能在油气勘探开发的同时增加就业、获取税收、获得外汇收入，从而提升国家实力和提高全民福祉。对中国而言，通过加强与资源国的合作，推进油气领域的对外投资，既有利于本国企业参与国际投资、国际油气勘探开发、国际油气贸易，提升国际竞争能力，同时也有利于获取稳定的国际油气资源，满足国内经济发展对油气资源的需求。因此，在"一带一路"沿线国家提升油气合作能力与水平，对资源国和中国是互利双赢的重要举措，更是践行了中国提出的在"一带一路"合作中实现双赢和促进地区发展的理念。

(五)油气合作归根结底是政治合作

油气合作并非单纯的按照国际商业规则开展的商业合作，归根结底要涉及国与国之间的合作，是高于商业合作的政治协作。油气资源虽然分布在资源国的土地上，但无论是西方的私有制，还是部分国家的公有制，油气资源始终是掌握在国家政府手中。即使美国这样被公认的私有制国家，虽然资源附着在土地上，油气资源的收益归属土地所有者，但美国政府依然掌握着油气资源勘探开发的政策，并对油气资源的出口实施严格的管制。对于其他国家特别是油气资源丰富、经济发展水平较低的国家，油气资源的开发利用往往承载着促进国家经济和社会发展的重任，是其实现强国的重要资源基础。因此，一方面政府对其油气资源开发和国际合作实行严格的管制，另一方面，其对外合作和吸引外资的法律法规以及税收政策等是政府手中重要的工具，对油气行业的发展起着极其重要的作用。

国际油气合作看似是遵循国际商业规则开展，实质上是资源国利用手中的政策工具影响着油气资源的勘探开发和国际合作进程。因此，要想在国际油气合作中取得成功，国与国之间的政治合作及意愿是决定性因素。

二、"一带一路"油气合作的主要路径

油气合作的有序开展,必须要厘清合作各方的需求,明确合作的基础和基本原则。就"一带一路"沿线国家来说,经济发展水平、宗教信仰文化、对国家发展的诉求、地缘政治环境、员工文化素质、油气勘探开发技术和管理水平、油气基础设施完善程度等诸多方面都存在差异,甚至在某些国家表现为差异巨大。这就决定了若要取得合作的成功,必须考虑和针对不同国家的情况,实施"一国一策",建立互信,牢固合作基础。开展油气合作,应遵循国家推动、企业实施、共同发展的基本路径。

(一)国家推动

前已述及,"一带一路"油气合作最终是促进国家经济发展、造福国民的政治合作。因此,在油气合作中应坚持国家推动的基本原则。讲求国家推动,就是要把双方在油气领域的国际合作上升到国家意愿的高度,体现国家为促进经济发展、增加就业、提升全民福祉,从而将资源国的油气资源转化为国家发展和经济发展的重要途径。

实施国家推动,一是要将油气合作列入中国政府与资源国政府之间的合作目录,从国家高度给予油气合作政策稳定的最高保障,既体现中国作为投资方对资源国的义务,也体现资源国对中国投资人的权益保障。毕竟中国企业的投资是在资源国境内,企业无法把控资源国的法律法规和政策变化。即使投资后所获取的资源权益名义上可以归属到投资企业,但最终这些资源依然在资源国的土地上,很多时候无法移动搬走。二是建立良好的外交关系是确保油气合作顺利开展的重要基础。国际油气合作客观上将增加两国的人员交往和资金跨境流动,缺乏良好的外交关系将增加人员和资金进出的障碍,进而影响到合作进程与发展。例如,

美国对伊朗的制裁使西方石油公司不敢参与对伊朗的油气合作,而中国等国家的石油公司对伊朗的油气合作也面临资金跨境流动等诸多限制。三是油气资源合作的进展应成为两国高层交往关注的重要事项,这将更加有利于油气合作中问题和矛盾的解决,是推动油气合作不断深入发展的重要保障。

(二) 企业实施

油气合作必须依靠油气企业去实施,将国家层面的合作意愿转化为现实的合作成果。企业在实施油气合作的过程中,要以国家推动为基础,按照国际商业原则进行落实。这就要求企业,首先要充分认识到国家推动是促进"一带一路"油气合作的重要基础,没有国家层面的推动就失去了合作的保障。因此,在实施油气合作的过程中,要切实体现国家意愿和国家战略。其次,没有一套明确的、双方认同的商业运作规则,就不可能保障合作事业的良好运行,这就需要中外合作双方企业要充分认同和尊重国际商业规则,并以此为基础,建立起有效的企业运行机制、矛盾管控机制、激励约束机制,建立起一套合作项目的运行规则。最后,在企业实施的过程中,要做好油气合作项目的科学论证,有选择性地实施项目合作,规划好投资安排和未来的投资回收路径,在项目运行上体现出合作理念,妥善处理合作中产生的问题和矛盾。

(三) 共同发展

共同发展是实施合作的基本理念。合作是一种交换,用自己所拥有的交换自己没有的或缺乏的,交换之后,双方各取所需,志得意满。说得通俗一点,就当前"一带一路"的油气合作而言,就是利用我们拥有的相对丰富的资金资源、技术资源和管理资源去交换资源国所拥有的油气资源,从而获取投资资金的增值和油气资源的稳定供应;同时,资源国利用所拥有的丰富的油气资源去交换这些油气资源得以有效开发所需要的资金、技术和管理,换取外汇收入,从而将资源优势转化为国家经济和实力发展。这种交换的最终结果就是实现了国家、人民和企业、员工的共同发展。这种共同发展与 20 世纪上半叶西方石油公司对中东地区油气资源国实施的掠夺性开发有本质区别，掠夺性开发不关注资源国的发展和利益诉求，最终导致民众意识和国家利益意识的增强，产生政局不稳甚至革命。此外，21世纪开始的国际原油价格上涨的过程中，国家石油公司的崛起也从另一个角度印证了通过油气合作达成共同发展的重要性。

三、"一带一路"油气合作机制

"一带一路"油气合作机制的建设必须以沿线各国在政治、经济、文化等方面的差异为基础，又要体现加强合作意愿、弥补差异、提升规则透明度和适用性的基本原则。在合作机制的安排上，应体现国家推动、企业实施和共同发展的基本要求。因此，需要从国家层面、企业层面和社会层面三个层次设计油气合作机制的重要内容。

（一）国家层面

在国家层面建立有效的油气合作机制是推进"一带一路"油气合作的重要保障，也是落实"一带一路"高峰论坛达成的政策沟通、设施联通、贸易畅通、资金融通、民心相通等重大成果的重要措施。国家层面的油气合作机制应重点对制定油气开发统一政策、油气建设统一标准和促进油气投资资金的跨境自由流动进行协调与规定，加强合作规则的建设。

1. 促进油气勘探开发政策的连贯性和一致性

应充分利用"一带一路"高峰论坛所建立的沿线国家沟通协调平台，在油气合作领域着重规划油气勘探开发政策的相互协作，促进相关政策具有资源国内的连贯性和资源国之间的一致性，尽可能减少资源国之间的政策差异，以推进资源国之间的协调发展。这些政策应涵盖完善保护外国投资的法律、稳定税收政策、简化货物和人员通关手续、增强资金跨境流动、建立跨国油气贸易规则、油气基础设施跨境联通、油气合作争端解决规则、油气领域发展规划等油气行业发展和合作的诸多宏观层面，为双方企业参与油气合作创造稳定的法律环境和政策环境，提升企业参与合作的积极性。在国家政策协调层面，应首先与油气合作国家建立起政策协调机制，且在初期不应过分强调各国政策的一致性，使所建立的政策协作能够体现不同国家的实际情况。而在长期，应逐渐推动不同国家之间油气政策的统一，降低合作摩擦成本，增强合作基础和合作能力，促进"一带一路"国家的共同发展。

2. 促进油气建设标准的融通性和统一性

加快油气勘探开发发展，实现油气基础设施的相互联通，繁荣"一带一路"国家之间的油气贸易，就必须要推动相关建设标准的融通和统一。没有统一的建设标准和规范，就难以实现基础设施的相互联通，也将增加勘探开发建设的成本。因此，一是要建立油气领域建设标准的协调机制。初期目标是要推动实现各国标准的相互认同，特别是对于建设的质量标准应作为首期实现的目标。二是由各主要国家参与共同建立油气领域建设标准的研究机构。其职责是广泛收集整理各国在油气领域的现有标准，分析各种标准的科学性、先进性、可推广性，按照轻重缓急原则有步骤地推动共同标准的建立。三是推动共同认同标准的法制化。对于各国普遍认同的标准，应进行法律法规的修订，切实使标准建设的成果得到落实和执行。四是探索建立"一带一路"国家或重要油气资源地区的油气共同市场，增强相关国家在国际油气市场的话语权和油气产品定价权。

3. 促进油气投资资金的跨境自由流动

油气行业的发展需要长期稳定的资金支持，而作为投资方，对产生的投资回报也有汇出投资国国境的客观需要。如果油气投资资金及其产生的回报不能够自由地出入境，将打击投资者的积极性，使资源国不能得到充足的资金用于油气领域发展，延缓发展进程。目前看，"一带一路"沿线的很多资源国货币政策不稳定、实施汇率管理或者汇率波动频繁且波动幅度大，外汇资金出入境有较为严格的管制。因此，在油气投资资金的跨境流动方面需要各国央行能够做出切实可行的安排。一方面，各国央行应加强货币政策的协调，建立"一带一路"沿线各国之间货币自由兑换市场,逐步实施利率、汇率市场化;另一方面,应在央行之间建立货币互换机制,根据经济发展和投资及贸易需求,适时调整货币互换规模,鼓励相互之间的本币结算。考虑到中国的经济发展能力和潜力,以及与"一带一路"沿线各主要油气资源国的比较优势,应探索推动实施人民币用于油气投资和跨境油气贸易结算,逐渐取消油气投资资金跨境流动的壁垒,增强"一带一路"油气投资的活力。

(二)企业层面

建立企业层面油气合作机制的目的在于落实好国家之间油气合作的共识,理顺合资合作项目的运行机制,保障合作项目的高效运行。企业层面的油气机制应重点集中在公司治理、管理融合、技术推广和员工交流四个方面。

1. 建立高效运行的公司治理机制

公司治理是企业规范高效运行的重要保障。各国在公司组成和公司治理机构设置上存在必然的差异,为保持合资公司或合作项目的有效运作,必须首先在公司治理上进行科学、可行的安排,体现公司法的规范要求和双方合作的意愿。首先,应对股东会、董事会等公司决策机构的设置及组成在签署投资协议的初期就进行考虑和安排,包括对未来可能出现的股权转让、新股东进入等进行明确规定。同时,对公司管理层的组成、公司内部管理和运行机制、高管和员工激励机制等进行细致安排。最重要的是,合资公司或合作项目的股东高层应建立定期会晤机制,及时协调解决影响公司发展的重大问题,快速决策,并对未来的发展战略保持经常性沟通,纠正发展的战略偏差。

2. 实施管理融合

管理融合可以确保合资公司或合作项目的良好运行。参与合资合作的各企业,应充分发挥自身的管理优势和特长,将自身掌握的管理技术、技巧和管理经验,按照移植、包容的原则应用到合资合作公司中,建立起高效的内部管理机构、管理流程和管理制度体系,减少在管理决策、员工操作中可能产生的摩擦和不适应,使各级人员能够遵循透明化、规范化的管理制度和流程开展工作。在实施管理融合的过程中，要突出国家文化和企业文化的相互融合，突出规则制度意识，增强企业管理制度和运行规则的透明度，使各项管理措施和公司运行展现在阳光下。

3. 加强先进技术推广应用

开展油气合作，加强所掌握的先进技术推广应用是必然的途径。应该说，无论是作为投资方的中国油气企业，还是对于掌握了部分油气勘探开发生产技术的资源国油气企业，都有加强合作、推广应用先进技术的愿望，只有这样才能有助于合资合作项目的成功，并使投资各方获取预期回报。因此，在"一带一路"的油气合作中，必须注重相应技术的开发和推广应用，特别是已经得到验证的成功技术，各方要舍得拿出来，运用到合资合作项目中。此外，中外油气企业还可以探索建立联合科研机构，共同对重大油气勘探开发区块和技术进行联合研究，对影响油气发展未来的技术进行攻关。

4. 强化员工交流

"一带一路"油气合作是一项长期事业，强化合资合作项目的员工交流将有利于推进油气合作事业的发展。通过加强各层级员工的交流，可以促进相互学习，相互了解，更加有益于形成统一的合资合作企业文化，增强公司内部的凝聚力和执行力。在交流中，一是可以加强高级管理层员工对合资合作各方企业总部进行访问，充分了解各企业文化和管理决策机制流程；二是鼓励员工参加各有关企业组织的培训，进行管理知识和应用技术方面的交流，取长补短；三是定期组织各合资合作企业的优秀员工到中国进行参观访问，了解中国企业的发展历史和现状；四是探索中外油气企业的员工到各自公司总部或者所属企业进行交流任职，较为全面地参与企业的生产经营管理工作。

（三）社会层面

营造良好的社会氛围将有助于"一带一路"油气合作的实施、推进和深化。在社会层面的合作机制，重点是要使油气合作的成果能够惠及资源国民众，获取民众对开展国际油气合作的支持。因此，一是要加强对油气合作成果和成功案例的宣传，突出报道通过油气合作对资源国和投资国的贡献，加强舆论正面引导；

二是要加强文化交流,增强对彼此文化的了解,对彼此行为方式的理解,牢固树立合作意识;三是要在合资合作项目取得预期经济效益的同时,加强对当地医疗、教育等公共服务设施建设的贡献,以及公益事业的捐赠,使合资合作的成果惠及于民;四是要结合合资合作项目的发展需要,尽可能录用当地符合条件的人员加入公司员工队伍,实施员工属地化,增加当地就业。

"一带一路"油气合作是中国实施推动"一带一路"倡议的重要组成部分。在这样的大棋局下,油气合作并非仅仅是油气领域的商业合作,而是承载了推进"一带一路"倡议的重要任务。因此,在推进油气合作的过程中,必须要建立良好的合作机制,沿着国家推动、企业实施、共同发展的路径,在国家层面、企业层面和社会层面都应明确合作的主要方向和内容,各司其职,各负其责,做好相应机制内容的建立和实施,才能使"一带一路"油气合作取得预期成果,推进"一带一路"建设的深入开展。

四、"一带一路"油气合作伙伴关系

首届"一带一路"能源部长会议于 2018 年 10 月 18 日在江苏苏州召开。本次会议以共建"一带一路"能源合作伙伴关系和推动能源转型为主题,29 个国家和经济体的能源部长、官员,7 个国际组织代表以及能源企业、专家学者等参加了会议。由中国、土耳其、阿尔及利亚等 18 个国家共同发布了《共建"一带一路"能源合作伙伴关系部长联合宣言》。更为重要的是,中国国家主席习近平向大会致贺信,提出愿同各国在共建"一带一路"框架内加强能源领域合作,为推动共同发展创造有利条件,共同促进全球能源可持续发展,维护全球能源安全,推动建立"一带一路"能源合作伙伴关系,为推动构建人类命运共同体作出积极贡献。

石油和天然气领域的合作是"一带一路"能源合作的重要内容。此次能源部长会议共同发布的联合宣言,为进一步推动"一带一路"沿线国家的油气合作创造了积极有利条件。合作伙伴关系就是互惠互利、实现双赢的利益共同体，更是同呼吸、共存亡的命运共同体。在将来实施和推进过程中，相关国家应按照凝聚成的既定共识，在"一带一路"能源合作伙伴的总体框架下，就包括政策环境、油气贸易、技术开发、资金跨境流动、项目融资以及油气产品定价等内容在内的多个油气相关领域加强合作，并签订多边协议，健全完善各项便利化措施，做好合作伙伴关系的落地工作，深化合作伙伴关系。

（一）稳定政策环境是建设合作伙伴关系的重中之重

油气资产是产油国的重要资源，更是其国民经济发展的支柱产业和国家财政收入的重要来源，石油工业的发展关乎资源国全民福祉和经济社会稳定。油气勘探开发业务投资大、回收期长，所签署的投资合作协议短则10来年、长则30年以上，一个合作项目从签署协议到协议执行完毕，几乎需要一代人的辛勤工作和付出，而政府首脑、立法机构、政府官员则经常出现较大的更迭。因此，如何创造稳定的政策环境对加快油气合作，加大投资力度，使油气合作取得预期成果显得尤为重要。在政策环境中，稳定的税收征管政策是对依靠商业化原则实施油气投资决策影响最大的因素。在漫长的投资期和回收期内，资源国政府可能出于各种原因对税收政策做出调整，特别是在国家财政收入困难的时期，更容易收紧税收政策，使油气投资者面临较大风险。加强油气领域税收征管的合作，签订税收征管稳定协议，以及避免双重征税的协议，保护油气投资者的投资积极性，使油气企业更容易做出基于长期发展目标的投资决策。这也将为资源国带来稳定的经济社会发展机遇，使油气合作的成果惠及资源国大众，分享油气发展和国家发展的红利。

（二）畅通油气贸易是夯实合作伙伴关系的重要途径

在与资源国油气合作中所生产出的油气产品必须找到合适的市场，完成销售，才能使资源优势转化为经济发展能力。"一带一路"沿线国家油气资源禀赋存在较大差异，在资源丰富国家生产的油气产品需要寻找稳定的销售市场；资源禀赋较差的国家则需要获得较为稳定的油气供应渠道,这为沿线国家开展油气贸易提供了良好的机遇。但是,各国经济发展程度不同,导致海关管理制度、关税征收范围及税率、进出口配额管理、贸易壁垒和非贸易壁垒等影响油气贸易发展的配套政策与措施存在较大差异,对繁荣油气贸易形成了一定程度的制约。需要加强油气贸易合作,共同签订油气贸易便利化及繁荣发展的贸易协定,消除油气贸易壁垒,优化配额管理,简化签约国之间油气进出口通关便利措施,降低关税税率,以提升油气贸易效率。

(三)推进技术合作是加深合作伙伴关系的重要方式

随着油气资源的不断开发,寻找获取新的油气资源、提高油气开发效率、降低油气勘探开发和生产成本的难度持续加大。这就需要依靠持续不断的科技进步,加强油气领域的技术创新。但是,"一带一路"沿线各国经济发展程度不一,科技投入和科技创新能力存在显著差异。加强油气领域技术开发合作,签订技术转让和知识产权保护协议,建立技术创新合作机制和技术市场,鼓励在沿线国家之间开展技术研发机构之间的合作,以及新技术的转让和推广应用,使经济实力较强的国家和油气企业愿意加大技术投资力度,培养优秀科研人员队伍,使经济实力较弱、技术较落后的国家能够有合适的渠道和方式获取先进的技术,更好地实现由科技投入到技术创新、由技术研发到技术应用、由技术推广到提升经济效益的良性循环。

(四)放松跨境资金管制是深化合作伙伴关系的重要基础

油气行业的健康发展离不开稳定的长期资金支持。随着"一带一路"沿线国家之间油气合作的不断深入,同一投资主体将在不同的沿线国家从事油气业务。一方面,投资者需要在不同国家的油气项目之间分配资金资源,需要将成熟和进入投资回收期的"现金牛"合作项目产生的现金流,投入需要大量资金的新建、新开发项目之中。另一方面,投资者出于提高企业资金运营效率的内在需要,将会实施跨境资金集中管理,对在沿线各国开展油气合作项目的资金实行统一调度。

此外，投资者从事国际油气合作所产生的投资回报，客观上需要将相应的资金汇回国内，弥补国内项目的资金需求，维持总部运转，以及用于科技研发投入等。这都会产生跨境资金流动的需求。如果投资者的资金不能实现跨境资金自由流动和集中管理，将增加企业用于油气合作的资金需求量和运行成本，影响其开展油气合作的积极性、主动性。加强跨境资金合作，签订跨境资金流动的便利化协议，放宽沿线国家之间跨境资金流动管制，为投资者实施资金跨境集中管理和统一调度创造条件，将对深化油气合作伙伴关系起到积极促进作用。

（五）建立融资合作机制是落实合作伙伴关系的重要前提

油气勘探开发属于高度资本密集型行业，所需资金量巨大。为了油气项目的实施和发展，通常情况下，都采用合资、合作的方式，由多家油气企业共同出资建设。即使这样，参与合作的企业依然需要共同为项目担保开展融资，或者以各自的名义进行股东融资之后，再按照股比或约定的承担比例向合作项目提供资金，以满足项目建设的资金需求。而作为油气资源国的参与方，一般为其国有石油公司，由于受到本国经济发展状况、金融机构实力、国际信用等诸多条件的限制，难以独立筹集油气资源开发所需的大量资金，且要承担较高的融资成本，从而以开展国际合作的方式，吸引经济实力强、信用评级高、融资能力好的境外石油公司参与油气项目建设开发，引入低成本的国际资金，间接提高自身融资能力，弥补自身资金不足。加强筹融资合作，签订油气开发专项融资协议，可以更好地实现"一带一路"沿线国家之间的信用共享、风险共担，提升整体融资能力。同时，也可以在融资协议框架下，由资源国和消费国按照各自的经济实力共同出资，设立油气开发国际专项基金和专门从事油气合作业务的国际金融机构，支持油气合作项目开发。此外，还可以在国家层面建立油气合作项目资金援助机制，鼓励经济实力强的国家向迫切需要油气开发资金的国家提供资金援助。强化融资合作将提升金融创新能力，有利于全方位地探索建立低成本的融资模式，繁荣油气合作市场，促进油气合作深入发展。

（六）强化结算体系建设是实现合作伙伴关系的重要保障

目前，英国北海布伦特原油期货和美国得克萨斯中质原油（WTI）期货是在国际油气贸易中被广泛采用的定价基准，分别反映了以欧洲和美国作为消费地的原油供需关系。但是，欧美油气市场的供需关系并不能反映"一带一路"沿线国家的油气供需状况。如果在"一带一路"油气合作伙伴关系的框架内建立起能够反映沿线国家油气供需关系的定价基准，建设一套符合各方利益的结算体系，将沿线国家的强势货币作为结算货币，无疑将助推伙伴关系国之间的油气贸易发展，降低所面临的风险。按照这样的思路，加强沿线资源国和消费国之间的油气产品定价基准的合作，签订共同建设油气贸易结算体系协议，将油气产品定价基准、报价体系、价格发布机构、标价币种、结算货币、结算方式等纳入协议范围，逐步探索使用中国原油期货和人民币作为结算体系重要组成部分的方式、途径，协调平衡好资源国和消费国的利益，增强资源国获取稳定油气市场份额安全的同时，增强消费国获取稳定油气供给安全，实现合作双赢。

总之，在"一带一路"倡议提出的第五年，首次召开的"一带一路"能源部长会议，将沿线国家的能源合作提升到了合作伙伴关系，为"一带一路"倡议注入了新内容、新活力。油气合作作为能源合作的重要内容，应充分利用好能源部长会议这个舞台，紧紧抓住实现能源合作伙伴关系的有利时机，围绕建立稳定的营商环境、畅通油气贸易、推进技术合作、实现跨境资金自由流动、设立融资合作机制、加强油气贸易结算体系建设等，签署相应的具有国际效力和约束力的政府间多边协议，全方位稳固油气合作伙伴基础，提升合作效力和效果，共同建设好、实现好"一带一路"油气合作伙伴关系，成为践行"一带一路"倡议的典范。

五、"一带一路"油气投资回报机制

"一带一路"沿线国家具有自身特点,容易受到国际政治经济环境和地缘政治环境变化的影响,与此同时,中国经济结构和发展模式正在经历由中高速增长向高质量发展的转变。在此背景下,如何贯彻落实高质量发展的各项要求,使"一带一路"油气合作的成果转化为社会效益和经济效益,成为重要课题。

(一)油气合作现状

"一带一路"倡议提出的五年来,油气合作深入推进。中国油气企业不断深化政策沟通、加强基础设施互联互通、提升油气贸易畅通水平,积极探索"油气+金融"合作模式,与中亚、中东、非洲、美洲等地区的油气合作持续深化。

中国石油在"一带一路"沿线19个国家运作49个油气合作项目,累计投资占公司海外总投资的60%以上,累计油气权益产量占海外权益总产量的50%左右,参与投资建设的亚马尔液化天然气(LNG)项目已经投产,成为中俄经贸合作最大的平台以及"冰上丝绸之路"的重要支点,被称为"北极地区国际能源合作的典范"。中国石化在"一带一路"沿线30多个国家开展投资和项目合作,完成项目近30个,执行工程合同近600个,贸易实现全覆盖,累计获得权益油气6100万吨油当量,与沙特阿美合资建设了延布炼厂设计加工能力达到2000万吨/年,是中国在沙特最大的投资项目。中国海油、保利集团等国有企业,以及民营企业对"一带一路"沿线国家的油气合作始终保持浓厚兴趣,投资持续增长。

另一方面,"一带一路"沿线国家油气资源丰富,具有广阔的合作发展潜力。除中国外,沿线国家石油、天然气可采资源量分别为2512亿吨和292万亿立方米,占世界总量的60%和63%;产量分别为24.1亿吨、1.8万亿立方米,占世界总产量的58%和54%;在中国原油和天然气进口总量中的占比分别在66%和86%以上。

(二)建立投资回报机制的重要性

"一带一路"沿线国家大多是发展中国家,经济结构较为单一,对油气产业依赖性强,是国家财政收入的重要来源。这导致油气资源国对原油价格具有非常高的敏感性,相应的政治经济形势和社会稳定状况与国际原油价格周期性变化呈现强负相关,国际石油公司的投资和运营面临一些挑战,客观上需要建立稳定的投资回报机制,增强回收能力。

1. 经济社会稳定性问题

经济社会稳定性问题是投资者面临的首要风险。例如,在国际大石油公司的风险评估中,非洲和中东地区的资源国被列为较高风险国家。主要原因在于其对石油工业高度依赖,经济结构调整升级难度大,这导致其经济社会发展处于不稳定状态。再加之其法律制度较不健全,特别是税收法律法规经常做出重大调整,随意性强。此外,这些国家还极容易受到外来势力干涉和外部事件、欧美制裁等的干扰,影响社会稳定。因此,国际石油公司经常需要对资源国的经济社会发展、法律制度、税收征管等的稳定性做出评估,并作为投资决策和运营决策的重要考虑因素。

2. 金融环境问题

大多数资源国对外开放程度较低,金融机构受到严格的政府管制,几乎不存在竞争,导致金融服务能力比较落后。比如个别非洲国家,全国只有8家商业银行,全部由官方控股,其中只有1家有外资股份,几乎全部停留在手工处理业务阶段,银行间转账非常困难且耗时长,只能提供最简单的金融服务。同时,石油工业是这些国家非常重要的外汇来源,几乎全部实行外汇管制,实行官方汇率,缺乏市场化的外汇市场和汇率形成机制,经常实施突然性的汇率调整,资金的跨境流动受到非常严格的管制和监管。很多情况下,境外投资者获取外汇资金途径少、难度大、成本高,而外汇资金跨境汇回国内需要繁琐的审批手续,操作难度高。

3. 营商环境问题

资源国的油气资源普遍由国有石油公司经营,这首先表现为境外投资者只能与资源国的国有石油公司开展合作,而这些国有石油公司的市场意识和合作意识、契约精神与国际市场水平有一定差距，工作效率低。其次表现为与石油工业相关的税负高，税收法律法规稳定性差。资源国政府大多对油气产品实行多重征税，既有流转税，又有出口关税，还对油气企业实现的利润征收高税率的所得税，而在外商投资红利、利息等资金汇出境外时还需缴纳红利税。同时，税收法律法规受到原油价格周期性变化的影响较为明显，增加了外资运营的潜在风险。再次表现为对当地雇员比例、薪酬待遇、社会福利及设施建设等均有严格规定，而对外国雇员实行严格的签证制度，续签难度高。

（三）投资回报机制的主要内容

中国油气企业在践行"一带一路"倡议的过程中做出了艰苦卓绝的努力，成果显著。着眼于"一带一路"沿线国家的油气资源潜力，未来合作前景广阔。但是，资源国的经济社会发展状况、金融环境、营商环境对外国投资者挑战巨大。因此，中国油气企业在深化"一带一路"油气合作的过程中，应从商业化的油气合作机制、效益化的项目运营机制、现金化的资金回报机制和经常化的沟通协调机制等多个方面，加强投资回报机制建设。

1. 商业化的油气合作机制

毋庸置疑，"一带一路"油气合作具有较强的政治合作属性，经常通过政府间协议表达和固定合作的意愿及远景，甚至很多重大投资项目经常在政府首脑的见证下签署合作协议。但是，就油气企业的自身属性而言，首先它是一个依靠商业原则运营的盈利组织，在国际油气合作中，应始终坚持将商业化原则放在首要位置，力求合作项目取得预期的经济效益。如果投资项目不能取得较好的经济效益，将造成投资失败和损失，也将不能回报资源国的经济社会发展，实现增加社会福祉的目的，更有损于政府首脑对合作的高度重视。

2. 效益化的项目运营机制

经济效益是企业的灵魂。要增加投资项目获取稳定、可预期经济效益的可行性，就应紧紧围绕合作项目的效益性进行全面的风险评估。特别是要对税收法律环境的稳定性进行科学、细致、全面的评估，并将其作为影响项目经济效益性的重要因素尽可能地在政府间协议、项目投资协议或合作协议中做出合理的安排，甚至对政府更迭、议会重选等可能对税收法律制度安排产生颠覆性影响的不可预期的重大事件在协议中做出明确的规定，以期最大限度地为合作项目的良好运营创造稳定的环境。当项目进入运营阶段之后，应及时对资源国环境的变化开展持续性的动态风险评估，并依据评估结果，以经济效益和实现投资回收为中心，对合作项目的运营节奏做出适当调整。

3. 现金化的资金回报机制

开展海外油气合作的目的之一是要实现投资回报，尽快顺利地实现经济效益。这就要坚持现金化的原则，牢固树立现金为王的理念，时刻关注合作项目的现金流状况，一方面在项目论证和决策的初期就要做好现金流预测，充分利用中国油气公司全产业链经营的优势，规划好投资资金回收的节奏、渠道、途径和方式；而当项目进入运营阶段之后，应根据持续性的风险评估结果，对合作项目运营的可持续性做出科学判断，合理把握项目开发运营的节奏，增强项目依靠自我运营能力创造现金流的能力，控制好资金投入，尽可能地减少投资资金汇入和增加可能的资金汇出。与此同时，要深入挖掘资金回收渠道，关注资源国金融环境变化，特别是汇率、外汇管制等的变化情况，抓住有利时机，适时实现经济效益。

4. 经常化的沟通协调机制

油气合作项目的投资期、运营期和回报期一般都在十年以上，甚至几十年。在这样相对较长的时间内，资源国经济政治环境等多方面很可能发生深刻变化。应紧紧围绕适应资源国的各种环境变化，加强与合作方、资源国政府、利益相关方，乃至有关地区组织、国际组织的沟通、联系和协调，在影响合作项目运行的关键问题上能够获得相关方的理解与支持，为合作项目的健康运行创造持续、稳定、良好的环境，尽可能缩短投资回收年限和延长项目的有效运行期间。

"一带一路"油气合作应将实现经济效益和互利共赢放在极其重要的地位，同时，不断强化投资回报机制建设，实施有效的现金流管理，拓宽资金回收渠道和途径，增强合作项目的投资回收能力。

六、中俄油气合作的基本问题

中俄油气合作是"一带一路"油气合作的重要内容。中俄油气合作从开始接触到取得一定现实性成果，经历了漫长的过程。从1994年11月9日中国石油天然气总公司与俄罗斯斯西丹科公司签署合作备忘录启动了中俄油气合作的"火车"，十六年磨一剑，走走停停，最终在2011年1月1日实现中俄原油管道通油，标志着中俄油气合作取得了实质性成果。之后，中俄双方就天然气领域合作达成多项共识，并制定了相应的路线图。然而，受制于天然气价格未能达成一致，2012年中俄油气合作再度沉寂，重回"紧密接触，难见成果"的状态。2013年中俄两国签署原油增供贸易合同，同时中国的市场和资金优势吸引了俄罗斯最大的独立天然气生产商诺瓦泰克与中国企业开展合作，将中俄能源合作推向一个新的发展方向。

（一）中俄油气合作现状

中俄油气合作经历近二十年的发展，取得了一批可喜成果。总结起来，这些成果涉及原油贸易、勘探开发、管道建设和一体化经营四个方面。

1. 原油贸易

2005年1月，俄罗斯石油公司（以下简称"俄油"）与中国石油天然气集团公司（以下简称"中国石油"）下属中国联合石油有限责任公司签订长期石油供货协议，中国石油向俄油提供60亿美元贷款，俄油则保证在2005—2010年通过铁路共向中国出口石油4840万吨。这一模式被称为"贷款换石油"模式，开启了中俄实质性油气合作的大幕。鉴于该协议执行顺利，中俄再度启动了原油管道建设谈判，两国政府于2008年10月签署了《关于在石油领域合作的谅解备忘录》，中国石油和俄罗斯管道运输公司签订了《关于斯科沃罗季诺——中俄边境原油管道建设与运营协议》，为通过管道运输开展两国间原油贸易奠定了基础。2009 年，中国石油、俄油、俄管道运输公司三家公司签订了通过原油管道每年向中国输送原油 1500 万吨、为期 20 年的长期原油贸易协议，并从 2011 年 1 月 1 日开始通过中俄原油管道向中国出口原油。中俄原油管道的开通输油，增强了中俄两国油气企业之间的互信，该管道的顺利运行，使利用管道的剩余输送能力扩大原油贸易成为可能。俄油和中国石油在 2013 年年初步达成了通过中俄原油管道扩大原油贸易的协议，中俄之间的原油贸易量将达到 3000 万吨 / 年以上，进一步拓展了中俄油气合作的空间。2017 年，中俄原油管道复线已经投产运行，通过中俄原油管道、中哈原油管道和海上通道出口至我国的俄罗斯原油总量 5980 万吨，约占中国原油总进口量的 15% 左右。

2. 勘探开发

2006 年 8 月，中国石油化工股份有限公司（以下简称"中国石化"）与俄罗斯的英俄合资公司秋明—英国石油公司（TNK-BP）签订协议，以 35 亿美元收购 TNK-BP 所属子公司乌德穆尔特石油公司 96.86% 的股份，并随后将该公司 51% 的股份转卖给了俄油，中国公司终于在俄罗斯的石油生产领域谋得一席之地。同年 10 月，中国石油和俄油签署《东方能源有限责任公司创建协议》，俄油持有该公司 51% 的股份、中国石油持有 49% 的股份，对俄罗斯上伊恰尔和西乔两个区块进行勘探开发。这两次交易掀起了中俄勘探开发领域合作的小高潮。2007 年 4 月，中国石化与俄油再度合作，签订了有关萨哈林大陆架韦宁斯克矿区"萨哈林-3 油气开发项目"勘探和开发联合工作的股份与业务协议，俄油占 74.9% 的股份，中国石化占 25.1%。该区块石油储量预计为 1.694 亿吨，天然气储量预计为 2581 亿立方米。此外，2006 年 7 月俄油在英国伦敦 IPO 时，中国石油作为战略投资者，通过所属全资子公司中油国际（CNPCI），以 7.55 美元 / 股、总价 5 亿美元购买了俄油 66225200 股股票。

3. 管道建设

中国石油和俄管道运输公司按照签订的协议分别承担了俄罗斯斯科沃罗季诺至中国大庆原油管道的建设。其中，中国企业承担了黑龙江穿越工程的建设。因黑龙江为中俄两国的界河，穿越工程施工需在各自境内的江岸建立施工基地，双方政府对此给予了大力支持，在施工过程和施工管理上创立了"封闭建设区"模式，两国边防、边检、海关、检验检疫、海事等部门派人入驻现场办公，中俄双方施工人员和物资可以通过简化手续直接进入封闭区作业，为整个穿越工程施工彻底扫清了通关障碍。同时，中俄双方企业还建立协调会议制度，以确保施工和工程质量符合中俄两国的技术标准。中俄原油管道及复线已经建成投产，中俄天然气东线管道正在紧张施工建设，远东天然气管道正在积极筹划中。

4. 一体化经营

2013年中国石油完成了与俄罗斯最大的独立天然气生产商诺瓦泰克公司（Novatek）的合作，收购了其持有的亚马尔液化天然气公司（Yamal LNG）20%的股份。亚马尔公司持有位于俄罗斯亚马尔—涅涅茨自治区的南塔姆贝凝析气田的勘探开发许可证。根据俄罗斯国家储委2013年的审批结果，南塔姆贝凝析气田天然气、凝析油（C1+C2级）已探明地质储量分别为1.3万亿立方米和6018.4万吨，拟建设年产1650万吨的液化天然气厂，使该项目成为集气田勘探开发、液化天然气生产及贸易、项目融资、工程建设为一体的上下游一体化合作项目。目前，中国石油已经完成了所收购股份的交割，未来将与法国的道达尔（Total，持有20%股份）共同作为外国股东参与该公司的运营。目前，亚马尔液化天然气公司3条生产线已经全部投产运行，其生产的液化天然气已经出口中国。2018年7月19日，亚马尔液化天然气项目向中国供应的首船液化天然气（LNG），通过北极东北航道运抵中国石油旗下的江苏如东LNG接收站，交付给中国石油。根据协议，在亚马尔项目三条LNG生产线投产后，中国石油将从2019年起，每年进口亚马尔项目300万吨LNG。

（二）对中俄油气合作的基本认识

中俄油气合作呈现以资金为纽带、以原油贸易为助力、以政府间协议为保障，主要集中在国有油气企业之间以及俄罗斯非主要产油产气区的特点。随着原油贸易的逐步深入，互信度不断增强，合作的步伐持续加快、领域逐渐拓展、成果渐趋显现。但是，也应该看到，在具体的合作谈判过程中，也暴露出在项目选择、评价、决策、执行方面存在的不足，主要表现在以下五个方面。

1. 被动合作项目居多

俄罗斯是最早吸引外资开展国际油气合作的国家之一，积累了丰富的对外合作经验。同时，一批国际投行也对俄罗斯拟合作的油气项目、资产进行包装和推销。再加之俄罗斯特有的政治生态，产生了大量的所谓"代理人"作为经纪人从事对外油气合作的中介业务，推销油气合作项目。目前，中国石油和中国石化等国内主要油气企业每年都会有诸多推销者主动上门抛出合作项目，洽谈合作条件，一定程度上限制了中方的合作视野和选择范围，导致在项目选择上看推荐者背景的情况时有发生，呈现接触多、研究多、评价多，以及重复评价而难有实质合作的尴尬局面。

2. 依赖政府

中俄油气合作的基本定位是战略合作。为了保障能源安全，俄罗斯正在寻求油气资源出口市场和渠道的多元化；中国为满足经济高速发展的需求，也正在着手推进油气资源供应的多样性和稳定性，这也是双方合作的基点。与此同时，中俄之间独特的地缘关系，以及两国扩大贸易、提升经贸水平以适应建立全面战略协作伙伴关系的迫切需求，使中俄油气合作成为两国领导人重点关注的领域。但是，鉴于中俄两国都是由长期的计划经济向市场经济转变的国家，各自的市场机制以及与市场机制相配套的税收、法律、投资等环境和经济政策依然在完善中，以至于双方企业之间的合作，需要政府背书以确保各自合作利益的稳定实现。这就是中俄每有油气合作，必先签订政府间协议的原因所在，反映出合作双方没有达到完全依据国际通行的商业原则行事的高度互信。

3. 对俄罗斯油气资源状况缺乏全面了解

俄罗斯是一个油气资源非常丰富的国家。从表面上看，中国有关油气企业和研究机构对俄罗斯的油气资源分布、油田开发等石油工业的情况有着较为全面的认识，并进行了一定程度的积累，掌握了俄罗斯油气行业的总体情况。但是，当对俄罗斯油气项目进行评价时，对具体地区、区块以及区块的勘探开发情况、地质构造、开发特点、油田基础设施等详细情况则鲜有人能说清楚,对于开展经济评价所需的地震采集、勘探和开发钻井、地面建设、油气处理、操作费、油气井口净回价等主要经济指标更是语焉不详,缺乏实际可行的数据支撑,以至于经常进行保守的投资估算、产量评估和经济效益评价,缺失客观性和科学性。另一方面,中方对俄罗斯油气田勘探开发的技术标准、开发方案的编制和审批程序、油气资产弃置、环境保护等法律法规方面的情况及其细节,更是缺乏全面的了解。

4. 对合作的经济效益存在误解

与世界上所有资源丰富的国家一样,依靠其天然的资源禀赋特点,俄罗斯油气行业成为国家财政收入的主要来源,涉及油气行业的特有税种包括资源开采税,以及原油、天然气、成品油出口关税,其中资源开采税依据油气田的开采程度、地理位置而采取不同的税率。这些税种的税基与欧洲通行的布伦特原油价格挂钩,当布伦特原油为110美元/桶时,资源开采税和出口关税总额将占出口原油实现价格的70%左右。此外,俄罗斯油气企业还要按照联邦税法典和地方税法的规定缴纳增值税、消费税、财产税、公司利润税(企业所得税)、社会保险税等面对所有行业企业征收的税种。因此,税负被认为是影响油气合作效益的重要因素。

毋庸置疑,俄罗斯油气行业的税负确实比较高,俄油的实际税负水平一直保持在53%左右,但这也是所有油气资源类国家的共同特点。只不过俄罗斯油气行业的税收设计与国际油价挂钩,从而使油价上涨的红利更多归国家所有,这与中国国内按国际油价征收特别收益金并无根本性不同。从实际情况看,俄罗斯油气企业虽然不能借助高油价获得高额利润,但却保持了实现利润的稳定。2011—2013年,俄油的净利率(Net income margin)分别为12.3%、11.8%和11.7%;平均占用资本回报率(ROACE)分别为16.0%、11.4%和11.9%;平均净资产回报率(ROAE)分别为17.2%、16.6%和20.1%。俄罗斯天然气工业股份公司(以下简称"俄气")2010—2012年的净利率分别为12.7%、25.0%和15.2%,净资产回报率(ROE)分别为5.9%、11.7%和7.1%。近年来,俄油、俄气的股息收益率均超过5%,高于国际大石油公司的平均水平。

5. 主观担忧情绪较重

俄罗斯是国际上知名的谈判高手，是公认的最难缠的谈判伙伴。在谈判过程中，俄罗斯伙伴经常以报出高价，甚至对方明明不可接受的天价开启谈判，并充分发挥法律部门的作用，对谈判细节进行细致讨论，哪怕是一个用词都会纠缠很长时间；当谈判快达成一致意向时，则以需要授权为借口试探对方的底线，造成谈判很难在短期内完成。为此，与俄罗斯伙伴谈判的人员经常出现抵触情绪，担心过早被俄方摸清底牌，或者无意中中了俄方的埋伏。这种先入为主和主观担忧的情绪一旦渗透到谈判过程中，将使我方不得不提高谈判底线，采取更加保守的谈判方案，并很可能相互视为缺乏诚意，势必影响谈判结果。

七、中俄油气合作的六个关系

回顾中俄油气合作的历史，分析取得的经验和教训，推动中俄油气合作至少应处理好战略合作与经济效益、市场定价与政府定价、合作模式与合作利益、建立互信与实质性合作、管道油气与海上油气、油气合作与其他领域合作等六个方面的关系。

（一）战略合作与经济效益的关系

这是中俄油气合作的定位问题，直接影响合作进展，也是中俄油气合作绕不开的一个根本性问题。中俄油气合作依靠两国企业实现，也必然将体现到各自的经济效益之中。无论是中国企业，还是俄罗斯企业，只有在有利于效益增长的前提下，才会有合作的积极性，这由企业的逐利性决定。但经济效益是动态的，将随着国家政策、发展战略、市场开发、企业竞争力、经营管理能力等的变化而变化。当前，影响中俄油气合作经济效益的主要因素是中国天然气和成品油的非市场化定价，该机制形成了一定程度的价格倒挂，进口即亏损困扰着中国油气企业。

在没有相应调整政策的情况下，中俄双方油气合作的积极性都将受到影响。

石油和天然气是一个国家重要的能源支柱，油气合作不仅仅受经济效益驱使，更直接涉及国家能源安全。俄罗斯是油气资源充裕的国家，据俄罗斯海关及有关经济发展数据显示，石油天然气及其制成品的出口占其出口总量的三分之二，石油和天然气产业的产出占国内生产总值（GDP）的17%；为国家贡献了35%~40%的财政收入。如何保持石油工业的稳健发展、寻求稳定的出口市场是俄罗斯政府所考虑的首要任务。任务的实现只能依赖于国家控股的俄罗斯石油公司（Rosneft，以下简称"俄油"）和俄罗斯天然气工业股份公司（Gazprom，以下简称"俄气"）等主要油气企业。

伴随着经济的快速发展，中国能源需求年均增长10%以上。煤炭、原油、天然气等主要一次性能源都打开了进口的闸门，原油的对外依存度更是持续走高，目前已经超过55%，天然气消费呈现年均10%以上的增长速度，更多的城乡居民体会到了天然气的便捷和清洁，燃气发电得到了长足发展，工业用气也表现出了稳定的增长。中国的需求已经成为影响全球能源价格的一个重要因素，如何保障中国经济发展所需能源的稳定供应是中国政府考虑的首要任务，该任务的实现只能落在中国石油、中国石化和中国海洋石油三大国有企业的肩膀上。

中、俄两国国有油气企业作为中俄油气合作的主要实践者，承担着推动中俄油气合作的重大责任和义务。在实施合作时，首先应将中俄两国的油气合作定位为战略合作。俄方获取稳定、有发展潜力的市场，中方获取稳定的能源供应，在此基础上研究降低合作和运营成本，提高合作效率，从而确保取得合理的经济效益或其他合作利益。如果双方企业不从战略高度出发，将失去合作的机遇并付出巨大的机会成本。也应看到，企业的战略合作并不与追求经济效益矛盾，只是延长了实现预期经济效益或合作利益的时间。

推动战略合作，需要政府和企业相向而动。政府层面应处理好市场定价与政府定价的关系，企业层面需处理好合作模式与合作利益的关系，以及开展实质性合作与建立互信的关系。当合作取得成果之后，就需要处理好油气资源的运送通道问题，是通过管道运输，还是通过海上运输；当合作遇到问题、难以推进时，则要考虑是否扩大合作范围，引入新的合作议题，以平衡双方利益。

（二）市场定价与政府定价的关系

定价机制是决定中俄油气合作能否顺利推进的关键因素。俄罗斯的原油和天然气国际贸易主要出口到欧洲等地，已经形成了乌拉尔原油的品牌，其通过太平洋管道系统在远东科兹米诺港出口的原油，主要运往美、日、韩等发达国家，正在形成 ESPO 品牌。乌拉尔原油和 ESPO 原油都有相应的普氏报价，这标志着俄罗斯出口原油的价格已经形成了较为完善的市场定价机制，通过品质差可以与布伦特、WTI 等被世界普遍接受的原油价格风向标进行挂钩比较，分析确定未来价格走势；天然气价格的定价机制虽近年来受到了 LNG 交易快速上升的影响，但总体也已经形成与国际原油价格挂钩的机制。中国的原油和天然气进口贸易按照国际市场价格进行，但在国内市场，虽然确定了成品油和天然气价格的市场化改革方向，并逐步完善了相应的定价机制，但最终的调价权依然掌握在政府手中，实现完全的市场化定价还有相当长的路要走。进口能源产品价格的市场化和国内能源产品价格的非市场化成为困扰中国油气企业的主要问题。

对俄方而言，其出口的原油和天然气必然要遵循国际市场的定价机制，且相关政策规定出口欧洲以外地区原油和天然气价格的井口净回价与出口到欧洲的井口净回价相当，这就决定在中俄合作贸易中不会给中方过多的优惠。对中方而言，市场经济体制还处于完善发展的过程中，完全实现天然气、成品油等能源产品的市场化定价将可能透过产业链之间的成本传递效应引发通货膨胀，对宏观经济带来难以预计的影响，不利于经济平稳运行。国内定价机制的非市场化造成油气价格被明显低估，不能反映市场需求，从而限制了中方企业经济效益的实现，影响企业引进油气资源和建立合资企业的积极性。

另一方面，无论中国还是俄罗斯的主要油气企业都已是国际资本市场的上市公司，做出价格让步，牺牲经济利益推动中俄合作必然会引发资本市场的负面反应，不利于公司形象，未来的国际资本市场融资时将面临高代价。这也是当前中国进口俄罗斯天然气和建立合资炼油化工企业、开展上游勘探开发合作遇到的最大障碍。经济学的基本原理和中国过去实施的计划经济已经证明，价格管制只能加剧供应短缺。

对此，中方应有步骤地推进天然气、成品油等能源产品市场化定价的步伐，逐步减少政府干预，使能源产品价格能够真实反映中国的资源禀赋和供需状况，提高能源企业经济效益预期，增强其参与国际合作和引进国际资源的积极性，促使其主动增加能源供应。同时，双方企业应在尊重现实的情况下寻求都能接受的合作模式，确保实现长期合作利益。

（三）合作模式与合作利益的关系

中俄油气合作中，需要厘清各自的利益需求，之后采取适当的合作模式实现预期利益，只有在满足双方利益、实现双赢的基础上才能找到合作的契合点。合作利益包括资金、资源、市场、技术等诸多方面。实现预期的经济效益仅是油气合作利益的表征，而获取资源或资金、提高市场占有率、推动技术创新和升级、提升企业发展能力和公司价值才是双方企业进行合作的根本出发点。

油气行业是俄罗斯的经济支柱产业，俄罗斯能源部正在寻求将石油年产量由当前的 5.18 亿吨提高到 5.4 亿吨。近年来，俄罗斯的油气产量已经基本稳定，且主要依托于老油气田，新油气田开发相对滞后，不利于油气产量稳定增长目标的实现。俄罗斯未开发的油气资源主要集中在人烟稀少、基础设施薄弱、气候条件更加恶劣的东西伯利亚和北极大陆架地区，勘探开发的成本高。俄罗斯油气资源开发需要大量的资金投入和相关技术，如维持老油田稳产的多次采油技术以及大陆架地区勘探开发的先进技术。中国的经济发展需要稳定的能源供应，仅仅依靠国内资源难以满足需要，且面临着较高的环境治理成本，原油和天然气进口客观需求较强。

资源勘探开发方面，中国形成了一套较成熟的老油田稳产增产的多次采油技术；资金方面，随着中国改革开放的不断深入，外向型经济发展迅速，积累了大量的外汇储备，且中国的储蓄率高，沉淀了大量资金；市场方面，伴随中国经济高速发展和拉动内需政策实施，巨大的市场需求为国外公司提供了广阔的市场空间,特别是巨大的能源市场。这些优势,正是俄罗斯不具备且需要的,为双方加深和加强合作创造了机遇,也成为中俄油气合作的契合点。

合作模式上,中国提供市场、资金和多次采油技术,俄方提供油气资源和可供勘探开发的油气区块。中俄原油管道的成功正在于中方向俄方提供了其急需的资金。基于该合作模式,中俄双方可以遵循"合资合作、利益共享"原则,参照国际油气合作通用方法,采取更加灵活的合作方式。特别是要给予老油田稳产、增产项目足够的重视。但是,这都需要双方对各自相关投资法律、税收法规进行相应的调整,使之为外国投资者利益提供足够的保障,消除投资疑虑,提高投资合作的积极性。

(四)建立互信与实质性合作的关系

建立互信和开展实质性合作是协调统一的整体。建立互信是开展合作的基础,有了实质性的合作才能不断加深相互了解,坚实基础,推动合作深入开展并取得更大成果。

从中俄油气合作的现状看,双方通过中俄原油管道的建成运营以及中国石油、中国石化等中国企业与俄油、俄气等俄罗斯企业之间不同形式的合作,双方已经具备了一定的互信基础,但这种互信关系仍有待进一步加强。总体看,双方油气企业"谈得很多、动得很少",油气合作取得的成果屈指可数。被认为是中俄油气合作重要成果和里程碑的中俄原油管道,从论证、谈判、建设,到投入运营经历了十六年。但这一实质性成果及其所采取的"贷款换石油"模式,成为中俄油气合作的典范,之后在该模式下又启动了进口俄罗斯天然气和进一步加强中俄原油贸易的谈判。同时,中俄企业在勘探开发和炼油化工业务方面也有相应的合作意向。中俄合作的实践充分证明,只有开展了实质性的油气项目合作,双方才能不断加深互信,并在更高层次上开展更广泛的合作。

目前,无论从中国能源市场潜力,还是从俄罗斯资源潜力考虑,中俄油气合作仍处于不断摸索和加深互信阶段,合作空间有待拓展。油气合作项目可以借助中国的市场、资金、技术优势以及俄罗斯的资源储量优势,涵盖油气勘探开发、天然气处理、LNG 生产、油气储运、炼油化工、石油装备制造、石油工程技术服务、油气贸易、金融服务等整个石油化工产业链。

增强中俄实质性合作，首先双方必须重视小规模的合作项目，通过小项目的累积效应逐步增强了解，掌握足够的合作信息，深化互信的基础。其次，转变观念，认清合作目的和阶段性意义。合作过程中，不过多看重控股权，应转而通过合作协议或公司章程，在合资公司中谋求能够发挥作用的岗位，尽可能多地派驻关键岗位人员，以及时获取经营信息，促进建立完善的公司治理结构和决策机制。从制度上发挥对公司经营决策和运行的影响力，将维护利益融于日常经营和决策管理活动，不求点头有效果，但求摇头起作用。再次，改变"多谈少动、多看不动"的状态。扩宽合作对象，将具备实力和优质油气资源的私营油气企业纳入合作视野，采取合资、合作、租赁、股权转让、股权置换等多种方式，成立有实际业务运营的公司，开展属地化经营，迈出实质性合作步伐。最后，开展中俄油气合作要有胆识、有魄力，能够高瞻远瞩，从全局和战略高度深化对中俄油气合作的理解，把握合作的方向和节奏，不唯经济效益，敢于决策。

（五）管道油气与海上油气的关系

油气的运输渠道直接决定市场供应的稳定性，也是中俄双方需要从战略视角考虑的重要问题。全球原油和天然气（包括 LNG）运输渠道主要有管道运输和海上船运。管道运输有过境第三国和不过境第三国两种方式。其中过境第三国的管道运输受地缘政治的影响，风险高于后者，如俄罗斯曾与乌克兰、白俄罗斯等国因过境输送天然气而争端不断。也正是出于该种考虑，俄罗斯建设了南溪管道以绕过乌克兰、白俄罗斯等国。海上油气运输距离长，且面临天气变化、海盗、狭窄海峡水道事故及停运等风险，易于中断，风险明显高于管道运输。

从俄方看，按照其确定的出口多元化战略，在不断完善管道运输的基础上，已经依托太平洋原油管道建设了科兹米诺原油出口港，主要向亚洲和太平洋地区出口原油，并着手在远东的太平洋沿岸地区建设 LNG 工厂和港口等设施，谋求将天然气液化为 LNG 通过海上途径出口。从中方看，四大油气战略通道已基本建成,其中陆上的中俄原油管道、中哈原油管道和中缅管道直接从资源地进入中国,而中亚天然气管道面临过境国输送风险;海上运输通道也面临诸多风险,特别是通过狭窄而繁忙的马六甲海峡和争端渐起的中国南海,无疑使中国面临较大的供应风险。

中俄双方都有对稳定油气运输通道的客观需要。中俄两国直接陆地接壤,政治稳定,加之两国已建立战略合作伙伴关系,政治和经贸关系不断深化,这些因素都为两国通过管道实现油气贸易奠定了坚实的基础。中俄油气贸易合作中,管道运输应该成为首选并加以重视,海上运输作为重要补充。对俄罗斯而言,将失去占有中国更大市场份额的机遇;对中国而言,将增加从国际市场获取稳定油气供应的风险。

(六)油气合作与其他领域合作的关系

油气合作仅是中俄战略合作的一个方面,两国在电力、核电、军工、技术,以及贸易、金融、服务等多方面进行合作,协调处理好油气合作与其他领域合作的关系可以实现优势互补、利益互动,有利于推动油气合作的深入开展。

如果单从油气合作的角度去分析和考虑合作,就油气企业而言必须要维护好自身的利益,包括行业发展的战略利益和企业发展的经济效益。但是放眼整个中俄战略合作,油气合作之外还有更加广阔的合作领域。在油气合作步伐放缓,各方利益诉求难以弥合时,需要扩大合作的视野,增加合作领域,将油气合作与其他领域的合作相挂钩,从更加开阔的视角考虑和看待合作的得失。

油气合作要服务和服从于整个中俄战略合作的大局,其他领域的合作也将促进油气合作的发展,最终实现国家利益的最大化。在达成合作之后,再从国家内部通过相应政策对有关企业的利益及其领导人的业绩考核指标进行调整,维护企业的积极性,提升合作水平。

中俄油气合作是涉及双方能源安全的重要问题。中俄两国建立完全的市场经济还需要一个艰难的过程,这就决定了中俄油气合作必须首先定位为战略合作,并以此为基础,平衡政府干预与市场调节之间的关系,注重并发挥市场的作用,通过市场化的价格形成机制引导油气资源的合理、高效配置。同时,以发挥中俄两国各自的优势和互利双赢为基本条件,探索油气合作模式;切实推动企业从小项目入手开展实质性合作,摒弃谋求控制权和"唯大"的合作理念,立足于先当好"陪衬",积累合作经验和教训,获取第一手合作信息,加深相互了解,增强互信,完成中俄油气合作由小项目到大项目的过渡,拓展中俄油气合作的深度和广度;以及从保障稳定市场和获取稳定油气供应的角度,在两国合作中优先发展管道油气运输。此外,还要有针对性地扩大两国间合作的范围,逐步加强非油气领域的合作,并从国家整体的角度评价合作成果,制定相应的国家政策和考核机制,实施中俄间合作利益的国内再分配。

八、中俄油气合作的前景

中国国家主席胡锦涛 2011 年 6 月 16 日对俄罗斯进行国事访问之前,中、俄双方政府部门都提前吹风,预期胡锦涛主席访俄期间将与俄罗斯联邦总统梅德韦杰夫共同见证双方天然气合作协议和购销合同的签署。但在访问期间,俄中双方依然未能就天然气合作的价格问题最终达成一致,导致有关协议未能在两国政府首脑的见证下得以签署。近年来,随着美国与俄罗斯关系的持续恶化,美国和欧洲以各种缘由对俄罗斯实施了多轮制裁,并逐渐将制裁措施对准俄罗斯的石油工业和金融行业。这为中俄发展稳定的战略合作伙伴关系提供了新的契机,中俄高层互访增多。但是,中俄油气合作依然没有改变媒体热炒、现实性合作项目遇冷的矛盾,中俄高层互访的增加并没有真正完全带活中俄油气合作。对此,在政府高层保持热度、企业层面密切接触而没有取得最终成果之时,需要对中俄天然气合作进行一些冷思考,分析影响价格谈判背后的因素,以期为将来谈判成功寻求突破口。

（一）价格是影响中俄天然气合作的重要因素

在经历了十五年的艰苦谈判之后，2009年4月21日中俄两国政府签署《中华人民共和国政府和俄罗斯联邦政府关于石油领域合作的协议》，为中俄原油管道项目付诸实施创造了条件。与此同时，两国政府和企业层面全面总结中俄石油领域合作的经验，创造了"贷款换石油"这种新模式开展合作。借助这一模式，2009年6月24日，在胡锦涛主席和梅德韦杰夫总统的见证下，中俄两国政府草签了《关于天然气领域合作的谅解备忘录》，并于10月13日，在中俄总理第十四次定期会晤期间，王岐山副总理和谢钦副总理分别代表两国政府签署了《对2009年6月24日签署的"关于天然气领域合作的谅解备忘录"的补充（路线图）》。这些文件成为中俄企业推进天然气合作谈判的纲领性文件。

在天然气合作的中俄政府间协议与路线图框架下，俄罗斯天然气工业公司（Gazprom，以下简称"俄气"）和中国石油天然气集团公司（CNPC）作为双方政府的授权企业以签署天然气购销合同和跨境天然气管道建设运营合同为目的展开了密集的接触与谈判，并在2010年年底就西线项目供气的主要条件基本达成一致，也分别踏勘和论证了天然气管道的走向和相关技术条件，双方几乎接近达成最终协议，只待双方政府高层敲定协议价格。然而，天有不测风云，2011年3月11日，日本宫城地区发生9级大地震，并导致福岛第一核电站发生核泄漏，继切尔诺贝利核电站爆炸之后再度引发全球性的核安全恐慌。日本政府首先宣布检讨核电政策，永久性关闭福岛核电站，德国、瑞士等欧洲国家也相继宣布准备全面放弃核电。形势的变化促使俄气迅速调整了对中方天然气合作谈判的策略，大幅度拉高了天然气价格，并坚持中方支付预付款的模式。这使双方再次将主要力量放到了天然气价格的博弈上，也成为在胡锦涛主席访俄前未能达成供气协议的主要原因。随后，两国元首在会谈中，大度地接受了这一结果，并为双方天然气合作进一步加强谈判解决气价问题预留出了足够的谈判空间。

从俄罗斯《莫斯科时报》发布的消息看，本次谈判未能达成最终协议的主要原因是中方坚持250美元/千立方米的可接受气价，而这个价格与俄方提出的352

美元／千立方米的要价相去甚远。笔者认为，在谈判中表现出的价格分歧虽然重要，但也仅仅是表面原因，这背后存在着对市场的认识、经济效益预期、天然气价格机制等多方面深层次的不同认知，只不过最终归结为价格因素。截至目前，中俄天然气东线虽然已经开始建设，但关于供气价格问题依然没有最后敲定。

1. 对中国天然气市场需求难以准确预测，导致双方缺乏合作的基础

自改革开放以来，中国保持了 30 多年的快速经济增长，并成长为世界第二大经济体。与此同时，中国能源需求也呈现出了快速增长的势头，2010 年能源一次消费总量 32.5 亿吨标煤，折合 23.32 亿吨油当量，比 2005 年的 16.92 亿吨油当量增长 43.8%。其中天然气消费约 1070 亿立方米，占一次能源消费总量约 4%，与北美的 27.7%、中南美的 21.7%、欧洲的 40% 存在巨大差距。这也说明中国对天然气存在巨大的潜在需求。另一方面，随着西气东输管道的贯通输气，中国对天然气的需求步入了一个快速增长时期，年增长速度保持在 15% 以上，但对于未来的供需预测则存在较大的不确定性。据 2011 年全国能源工作会议透露，到 2015 年中国的天然气消费总量将达到 2600 亿立方米，占一次能源消费的 8%。而供给方面，中国将自给 1500 亿立方米，加上与中亚、缅甸等国签署的管道进口气量 660 亿立方米，与澳大利亚、卡塔尔、印度尼西亚等国签署的 LNG 进口协议量 430 亿立方米，已经基本满足了中国的天然气市场需求。这使俄方认为，中国至少在 2015 年之前不需要俄罗斯的天然气；而从长期看，中国对天然气的需求不可能一直保持两位数的年增长率，再加之俄罗斯天然气统一供气管网的唯一流向是欧洲市场，若要实现对中国供气，必须建设新的管道，在市场需求不明的情况下，俄方一直处于犹豫的状态而徘徊不前。

2. 俄罗斯既定的天然气价格战略导致其必然维持高要价

目前，俄气是俄罗斯天然气运输和销售的唯一垄断企业，俄罗斯生产的所有天然气都必须通过俄气的统一供气系统（UGSS）进行输送并销售。据俄气 2010 年年报披露，2010 年 12 月 31 日俄罗斯联邦政府已经出台了 1205 号决议案（Resolution No.1205），解除了国内天然气价格管制实现市场化定价，并确定 2011—2014 年为过渡期，最后将实现国内销售天然气与出口天然气创造同样的

利润。为此，俄罗斯关税服务署（The Russian Federal Tariff Service，FTS）已经制定了相应的过渡期价格公式和以出口天然气价格为基础的价格调整系数。2010年俄气实现出口欧洲平均气价301.8美元／千立方米、出口苏联地区国家平均气价231.7美元／千立方米、国内销售天然气平均气价75.6美元／千立方米。该公司2011年一季度报告披露，其出口欧洲天然气平均价格346美元／千立方米。于近日在俄罗斯圣彼得堡召开的国际经济论坛上，多数与会者认为，由于自2010年以来国际石油价格高位运行，预计2013年前天然气价格将保持在300～400美元／千立方米，俄气总裁米勒更是预期天然气价格将会达到500美元／千立方米。这种既定的价格战略和对未来天然气价格的预期，必然会导致俄气坚持较高的天然气要价，不会轻易降低价格。一旦俄罗斯降低对中国出口天然气的价格，则意味着在国内力推的天然气价格市场化和实现与出口气同样利润的价格战略失败。

3. LNG的发展对管道天然气既形成了竞争，也使俄气看到了天然气出口多元化曙光

天然气由于其特殊的物性在当今世界只存在两种运输销售方式，一是管道运输，二是天然气液化后利用特殊的运输工具运输到目标市场。管道运输是传统的运输方式，但由于其建设投资巨大、目标市场几乎唯一确定，而需要以长期供气合同为前提，供气量和价格相对固定，且供需双方之间有"照付不议"条款保证供气方的权益。随着技术的发展，天然气液化成为新的选择，液化天然气（LNG）几乎可以运达任何市场进行销售，相应的价格也更加体现市场供需的现状，使其具有非常大的灵活性，但也需承受市场及价格频繁变化带来的不确定性风险。2008年国际金融危机导致欧洲用气量剧减，再由于俄罗斯与乌克兰等天然气过境国之间持续发生争端，欧洲也开始转向LNG市场而寻求天然气来源的多元化，并要求俄罗斯修改长期供气协议的价格公式，以更多地体现天然气现货市场价格的变化趋势。这对俄罗斯刺激很大，俄气也开始转而寻求市场多元化。俄气首先提出了加快中国西线项目进展实现对中国供气，试图缓解欧洲供气锐减的影响，并希望借此对欧洲形成市场压力以维持原有的气价公式下较高的供气价格。同时，俄气还加大了对 LNG 生产技术和产能建设的投资，试图通过将天然气转化为 LNG 寻求更加灵活的市场和销售模式。在这种战略下，俄罗斯仅仅是将中国视为其向欧洲供气的替代市场，并希望借助于尽可能地推高对中国供气价格进而影响中亚地区的天然气供应格局，强化其对欧洲管道供气的垄断。

4. 中国国内天然气政府指导定价机制与进口国外天然气市场定价机制之间存在矛盾，导致国内天然气进口企业出现亏损

中国的天然气价格改革已经经历了低气价阶段（1982 年前）、双轨制价格阶段（1982—1993 年）、天然气结构价格阶段（1993—2005 年）、与替代能源价格挂钩定价阶段（2005—2011 年），以及从 2011 年开始执行至今的门站价格管理阶段，但仍然没有形成市场定价机制。另一方面，由于国内天然气资源不足，所进口的天然气和 LNG 都是依据国际市场价格进行采购。据有关资料显示，从土库曼斯坦等中亚国家采购的天然气到中国边境的价格大约 250 美元／千立方米。从中国海关披露的 LNG 进口数据看，2011 年 4 月份入境报关的 LNG 平均价格为 8.58 美元／百万英热单位（折合 302 美元／千立方米），其中，从卡塔尔、埃及和赤道几内亚入境的 LNG 价格更是分别达到了每百万英热单位 14.72 美元、14.5 美元和 15.19 美元。如果按照 2010 年调价后发改委公布的国产陆上天然气出厂基准价格 1155 元／千立方米（折合 170 美元／千立方米）和不计管输费考虑，进口的所有天然气在国内市场销售都将亏损。而中国的天然气市场定价机制何时形成，目前仍没有具体时间表，这无疑对进口企业形成巨大的经济压力和心理压力。同时，中国进口 LNG 的高价格也成为俄气在与中方谈判时坚持较高要价的借口，俄方认为供应中国的天然气价格远低于中国从卡塔尔等地采购的 LNG 价格。当前，中国进口亚马尔液化天然气的价格已经成为中俄天然气东线价格谈判的重要参考。

5. 中国天然气分销基础设施不足，制约着天然气市场的开发

中国的天然气开发和利用起步都比较晚，在西气东输管道建设论证和开发市场时遇到了极大的困难，以至于吓跑了 BP、埃克森等西方投资者，而由中国独资建设。西气东输管道贯通后，市场形势出现了一些新的变化，长三角、珠三角等地都在大搞城市气化，且国内的天然气主干网建设也呈现加快趋势，目前已经达

到 5 万千米。但支线管网仍未形成，管道互联互通有待加强，天然气分销基础设施严重滞后，没有形成天然气供气管道系统，制约着天然气市场的开发，从而加大了预测未来中国天然气市场需求的难度，这也使俄罗斯更加难以看清其在中国天然气市场中的份额前景。

（二）推动中俄油气合作发展主要措施

中俄天然气谈判没有达成最终结果的原因是多方面。但从本质上看，最主要的原因还在于中国天然气市场的不成熟和需求的不确定性。也正是如此，使俄罗斯看不到中国在多大程度上需要俄罗斯的天然气。要改变这种状况，则涉及中国的天然气利用政策、天然气价格形成机制、天然气分销设施建设、天然气勘探开发等多个方面，这些问题的解决是一个综合性的系统工程。因此，笔者认为，要消除中俄天然气谈判受阻的因素，至少需要在以下五个方面做更多的工作。

1. 明确天然气的利用政策

天然气是一种清洁能源，在国际市场上也是一种比较昂贵的能源产品。在中国，一方面由于天然气定价实行国家指导价，总体价格水平要明显低于国际市场，与其他能源比较具有相对的价格优势，从而存在较大的隐性需求。另一方面，天然气供应来源的国际化、市场化，必然最终推动国内天然气价格的市场化，这就意味着天然气价格要与国际价格接轨，高价格时代的来临又将抑制天然气的需求。正是天然气需求这种自身的矛盾，以及天然气与其他能源产品之间呈现出的比价关系，使未来天然气市场存在很大的不确定性。因此，在国家层面需要进一步明确天然气利用政策，勾画出天然气利用的蓝图，规划天然气利用在中国能源消费中的地位。很显然，在大力推行低碳经济的今天，国家应该鼓励天然气的使用。在这种大政策的指导下，需要从民用气、原料用气、发电用气、工业用气等多个方面明确天然气利用的具体政策，从国家整体的高度制定天然气利用的具体目标，包括天然气价格市场化的时间表和鼓励天然气利用的路线图，使天然气在中国一次能源消费中所占比重达到世界平均水平。

2. 推进天然气价格市场化机制改革

价格是一个杠杆，在鼓励天然气利用政策上也是一个行之有效的工具。但是随着中国天然气供应的多元化，以及从国际市场获得天然气的增加，国内的天然气价格市场化是一种必然趋势。如果仍然实行国家指导价的天然气定价机制，将会导致天然气价格不能真实反映市场的供求状况，不利于依靠市场的力量使各种能源品种之间比价关系趋于合理，也不利于反映中国的能源政策和调节能源使用效率。若长期维持国内天然气低价，就会导致天然气开采和进口等提供天然气供应的企业出现亏损，抑制市场供应，最终导致天然气供给不足。这是困扰当前天然气供气市场的主要矛盾。因此，只有不遗余力地推进天然气价格市场化，才能依靠市场的力量增强供给能力，使价格杠杆充分发挥其调节供需的作用。美国页岩气近年来得到长足的发展，与美国解除天然气价格管制而实行市场化定价机制有着不可分割的联系，也使美国成为世界上天然气最便宜的市场，其价格2009年以来始终维持在4美元／百万英热单位左右，比欧洲低50%，比日本和韩国低更多。

3. 加快天然气分销渠道建设

在中国天然气利用中存在严重的"最后一公里"效应。现阶段，中国天然气管道投资主要集中在主干线建设，而支线建设和城市燃气管道建设严重滞后，"有气不能用"的现象比较突出，也凸显出分销渠道不畅的矛盾。要使天然气得到有效利用，就必须消除"最后一公里"这个瓶颈，加大分销渠道的建设投资。与之对应的另一个方面是，天然气终端销售的利润要高于生产环节。比如，北京市居民用气价格2.05元／立方米，是天然气出厂基准价格1.155元／立方米的1.775倍，即使考虑从陕西到北京的管输费约0.40元／立方米后，仍然高出28.62%。这主要是由于城市燃气管网作为市政基础设施管理而实行垄断经营。加快天然气分销渠道的建设首先要打破城市供气管网的垄断，在支线管网和城市管网建设中引入民间资本和竞争机制，平衡天然气供求，以及天然气供应各个环节之间的经济利益，促进天然气分销市场的健康发展。

4. 规范并实施 LNG 集中采购

从中国海关公布的 LNG 进口数据看，来源于卡塔尔、埃及的 LNG 报关价格较高，来源于澳大利亚、印度尼西亚、马来西亚等国的 LNG 报关价格比较低；从分海关的数据看，进口 LNG 每百万英热单位的平均报关价格为：深圳海关 10.26 美元、上海海关 6.6 美元、福州海关 6.05 美元。价格的高低不一，主要原因在于分散采购，以及现货采购和长期供应合同之间的差异。中国 LNG 采购的高价格也成为俄气在谈判中打击中方报价的论据。但从日本的经验看，笔者建议应建立 LNG 的国家集中采购机制，由企业乃至地区分层次落实需求，经国家有关部门汇总后，采取国家对国家或国家授权机构对供应商的模式实行招标集中采购，尽可能地获取长期稳定的供应渠道和相对较低的价格。

5. 培育市场是供应者不可推卸的责任

中国天然气市场仍然处于雏形阶段，在逐步走向成熟的过程中，需要所有参与者在市场开发上投入更多的力量。这也是一个明智的、有远见的市场供应者应尽的义务和责任。"向光脚的人卖鞋"的例子也适用于中国的天然气市场开发。一个具有战略眼光的市场开拓者决不会仅仅将产品销售到成熟的市场，其发展的能力恰恰体现在对新兴市场的开发和占有上。从这个角度而言，俄气等有关中国天然气市场的供应者，不应仅着眼于眼前的中国天然气市场，而应该从更长期的中国天然气市场发展和世界天然气市场发展格局中寻求对策与战略，对中国等新兴市场投入更多的热情和精力。对于天然气这种特殊的商品，一旦市场发育成熟，再想进入，就需要侵占他人的份额，从他人的碗中捞肉吃、分一杯羹所付出的代价将会更高。

中俄两国是近邻，并建立了战略合作伙伴关系，政府层面的合作在各个领域都取得了积极进展，但经济合作相对滞后。为此，在胡锦涛主席和梅德韦杰夫总统最新一期的会晤中已经明确，要加快中俄两国的经济贸易发展，双边贸易额将由当前的 600 亿美元提高到 2015 年的 1000 亿美元，2020 年达到 2000 亿美元。这也为中俄在能源领域加强合作，特别是尽快达成天然气贸易谈判奠定了基础。

从资源与市场相互需求的角度看，俄罗斯具有丰富的天然气资源，而石油和天然气产业的产出占 GDP 的 17%，为国家贡献了 35% ~ 40% 的财政收入，对俄罗斯的政治经济发展和稳定具有举足轻重的地位。在其市场多元化战略下，更加需要一个稳定的市场。中国是一个处于高速发展中的经济大国，对能源的需求不断增加，也迫切需要在能源供应来源多元化的战略下，获取更加稳定的市场来源。中俄双方政治层面的紧密合作，以及中俄管道建设和运营都不需要过境第三国，恰恰满足了资源与市场、安全与稳定方面的相互需求，中国为俄罗斯提供了稳定的市场，俄罗斯则为中国提供了稳定的能源供应，这也使双方具备油气合作的政治基础和经济基础，剩下的问题就是双方如何把握契合点，完成和签署供气协议。目前阶段，双方在供气价格上的分歧是正常的，是双方基于自己的市场判断所做出的选择，都有其合理性。

中俄双方在天然气合作领域既具备政治基础，也具备经济基础，而随着形势的发展和变化，以及双方更紧密的接触，会形成更多的再认识、新认识，并反映到双方所持价格上。价格差异必将缩小，直至消除，达成最终天然气合作协议将是双方必然的共同选择。

（三）中俄油气合作需要新思路

随着中俄两国政治关系不断提升，中俄油气合作已经成为两国领导人共同关心的重要课题，双方也签署了一系列合作协议或备忘录、路线图。虽然两国油气企业都有浓厚的合作兴趣，但中国石油企业在项目选择、评价、决策和执行的过程中暴露出被动合作等不足，使谈判过程漫长而艰苦。如何掌握中俄油气合作和谈判的主动权，值得中国石油企业深思。

地缘政治因素以及油气资源与市场的互补性决定了中俄油气合作的必然性。在这样的前提下，中俄两国油气企业别无选择，只能开展合作。但在合作的进程中，需要转变思路，转换方式，不断相互加深了解、增强互信，才能奠定合作的良好基础。当累积效应形成后，中俄油气合作的平台将会得以扩展，步入合作的高潮期和快车道。

1. 增强合作的主动性

中俄油气合作实质上是资金型的合作。这也非常符合当前中俄两国的宏观经济状况、特征和油气行业高投入、高风险的特点。俄罗斯作为油气资源富集的国家，要维持或扩大油气产能，必须不断增加资金投入。中国改革开放40年来形成了出口导向型的经济，已经积累了超过3万亿美元的外汇储备，在美元持续贬值的状况下，迫切需要寻找美元保值增值的投资途径。同时，中国经济的高速增长对一次能源需求保持了每年10%以上的增幅，保障能源供应安全成为头等大事。在这样的前提下，资金必然成为中俄油气合作的纽带。作为资金的提供方，中方具有选择投资项目和投资伙伴的先天优势，而能否用好这种优势则是一个全新且具有挑战性的课题，需要增强对俄油气合作的主动性。

发挥好合作主动性的基础：一是要加深对俄罗斯油气资源状况的了解；二是要充分掌握俄罗斯油气行业的经济状况和投资参数；三是要认真了解俄罗斯主要油气企业的生产经营和财务状况，把握其发展战略，寻找切实可行的合作契合点；四是要深入研究俄罗斯油气行业技术标准、勘探开发要求、税收和投资法律法规、会计准则等投资环境。只有这样，才能在合作中增强选择合作伙伴和合作项目的能力，把握合作的主动权，提高合作的成功率，达到合作的预期效果。

2. 坚持以油气贸易合作促进勘探开发合作

目前，两国的原油贸易量持续扩大，天然气谈判也已经达成了广泛共识。实践证明，油气贸易合作是中俄双方开展油气合作的基石。未来中俄双方应继续坚持贸易先行这种风险相对最小的合作方式，待双方加深互信后，再开展风险相对较高的勘探开发领域的合作。通过这种方式，有利于合作双方逐步厘清合作需求，合理把握自身的合作利益诉求，易于找到合作的基点。

3. 以小项目合作促进大项目合作

中俄油气合作需要良好的耐力和韧性，应把握"先易后难、先小后大"的原则，首先立足于从小项目入手，按照"麻雀虽小五脏俱全"的思维去做好项目，完成从无到有的积累，逐渐加深对中俄油气合作的认识，获取对俄合作的第一手信息和资料，建立俄罗斯油气合作信息数据库，全方位掌握俄罗斯油气行业的基本情况、投资环境、技术标准，培养高素质的、适合对俄油气合作的专门人才。随着小项目合作的推进，累积效应不断增强，将会吸引更多的俄罗斯合作伙伴参与中国在俄罗斯境内的油气合作，增强合作伙伴的竞争性，从而有利于中方增加选择合作对象和项目的主动性，拓展中俄油气合作的平台，最终冲刺高风险、高收益和高投资、高回报的大项目，将中俄油气合作推到新的高度。

4. 探索绑定合作利益

俄罗斯主要企业的对外合作经常采取股权互换、相互持股以及相互在各自国境内开展合作和在第三国共同投资合作的绑定利益与利益互换的方式。这一方面将双方的利益融入一个主体，变个体利益为共同利益，增强了合作的意愿，使合作易于达成一致；另一方面也扩展了俄罗斯油气企业参与国际油气合作的平台，分散了投资风险和经营风险，使投资回报更加稳定。中方在与俄罗斯油气企业开展合作的过程中，亦应灵活运用利益交换的方式，对俄罗斯企业开放中国油气市场，鼓励有合作意愿和能力的俄企业与中国企业开展油气合作，享受中国经济增长的红利；同时利用中国企业占有的国际市场，在第三国与俄罗斯企业开展广泛的股权、技术、专利以及资金等方面的合作，甚至在母公司层面开展相互持股的尝试，从而在更大范围内绑定彼此的利益，推进合作的深度。

（四）小结

总之，中俄油气合作虽然对中俄双方都具有一定的迫切性，也契合了彼此的需要。但是，由于种种原因，还没有国外公司在与俄罗斯的油气合作中取得非凡的成功，而是包括壳牌、BP、埃克森美孚、日本石油等在内的原有的在俄罗斯油气领域的投资几乎已经全部撤出；进入俄罗斯油气领域的中国企业承担了超过所持有股权比例的义务，但并没有获得合资企业相应的运营管理权和决策权，也没有能够获得足够的管理岗位，某种程度上放弃了对合作企业的运营管理权。

因此，我们认为，仅仅发展中俄之间的油气贸易，并不能称为真正的油气合作；仅仅对俄罗斯的油气领域进行投资而没有获得相应的管理权，也不能称为真正的油气合作；仅仅承揽俄罗斯油气项目工程的建设而没有植入中国的技术和设备，也不能称为真正的油气合作。只有能够进入俄罗斯的油气领域，开展独立的投资或者合资活动，能够按照法律规定履行股东职能，对所投资的公司具有相应的管理权和决策运营权，向俄罗斯输出中国油气技术和石油装备，以及行业标准，才能称得上是真正的油气合作。而从目前中俄之间的情况看，依然处于以油气贸易为纽带的、逐渐增加对俄油气投资的初级阶段，距离实现以投资为主、享受相应股东平等权利的真正的油气合作还有相当长的路要走。

加快中俄油气合作的步伐，迫切需要摒弃传统思维和方式，不能简单迎合俄方的需求，要增强合作的主动性，对俄罗斯的油气行业进行全面、细致地分析研究，充分掌握俄罗斯油气发展、投资、法律、会计准则、技术标准等宏观状况，以及油气田地质构造、开发特点、经济评价参数、主要油气企业财务状况等微观情况，牢固油气贸易这一合作基础，真正把握俄罗斯石油发展的短板和紧迫需求，主动提出油气合作需求和具体合作项目，创新合作模式，不贪大、不唯全，从小项目入手搭建和扩展合作平台，并通过绑定利益的方式逐步提升合作意愿，提高合作水平。

九、中俄油气合作中的乌克兰因素

乌克兰危机爆发以来，特别是克里米亚通过公投的方式并入俄罗斯联邦之后，欧美相继出台了对俄罗斯的制裁措施。随着乌克兰危机的不断深化，俄罗斯虽作出让步，欧美所采取的制裁措施却有逐步拓展制裁领域和强化制裁深度的趋势，制裁的力度不断扩大，试图施压俄罗斯以影响乌克兰东部地区的局势，从而使乌克兰危机能够按照欧美设定的方向发展，这使乌克兰危机逐步演变成了欧美和俄罗斯这两个代理人之间的危机。

乌克兰危机发生和演变的过程中，中俄油气合作的力度不断加大，双方经过艰苦的努力和谈判，在亚信峰会上签署了东线天然气供气协议，收获了新的合作成果。随后,俄罗斯国家石油公司(简称"俄油",Rosneft)向中国提出了出售其万科油田10%股权的建议,而中国石油参与的亚马尔LNG项目则由于欧美的制裁在国际资本市场遭遇筹融资困难。最近,俄罗斯与乌克兰在刻赤海峡发生的军舰相撞事件,再次导致了俄乌关系高度紧张,美国对俄罗斯的制裁有再次加大之势。特别是美国对俄罗斯石油工业实施的定点制裁越来越多、越来越广泛,加大了推动中俄油气深入开展的难度。乌克兰危机对中俄油气合作前景可谓具有深远影响。

(一)对乌克兰危机的基本认识

乌克兰危机自爆发以来,新的剧情不断上演。随着剧情的不断发展,欧美和俄罗斯逐渐走到了前台。一方面,双方都把乌克兰危机加重和出现的大量平民伤亡归结为对方的原因;另一方面,又不断打出新牌,试图影响乌克兰局势向有利于己方的方向发展。从目前的情况看,短期内乌克兰危机难以从根本上解决,最突出的是要考验俄罗斯对欧美制裁的承受能力、抗压能力和反制裁能力,要看欧美和俄罗斯之间能否找到新的平衡点和制定各方能够接受的解决乌克兰危机的措施,主要有以下四个方面的原因。

1. 乌克兰具有加入欧盟的强烈愿望

乌克兰危机的爆发始于乌克兰加入欧盟的美好愿望,民众采取街头抗争的方式把时任民选总统维克多·亚努科维奇赶下了台,并因克里米亚通过公投并入俄罗斯联邦而引发了乌克兰东部顿涅茨克州和卢甘斯克州相继举行独立公投。随着局势的发展,得到欧美国家支持的新任总统波罗申科采取军事强硬路线应对乌克兰东部要求独立的两个州,从而把乌克兰危机推向了内战。在这一过程中,乌克兰现政府已经清楚地看到,乌克兰东部局势的恶化,意味着与俄罗斯交恶,这更加坚定了其早日成为欧盟成员的决心。事实上,当前的乌克兰政府除了不断强化与欧美国家之间的关系,以得到这些国家的有力支持外,已经别无选择。可以预见,乌克兰应对局势变化的措施将更加受到欧美的影响,而逐渐丧失其处理危机的独立性。

2. 俄罗斯难以放任乌克兰拥抱欧盟

从乌克兰的民族分布看,西部地区主要是乌克兰族,历史上更亲近欧洲,而东部地区主要是俄罗斯族,他们更加亲近俄罗斯,这也使乌克兰具备了自我分裂的客观属性。保护在乌克兰的俄罗斯民族的利益,成为俄罗斯影响乌克兰局势的重要抓手。同时,苏联解体之后,普京领导的俄罗斯通过改善与欧洲国家的关系和试图加入北大西洋公约组织(北约,NATO)等方式,进行了众多融入欧洲和美国所领导的西方世界的尝试,但几乎没有得到欧美任何善意的回报。反之,欧美依然抱有冷战思维,处处提防俄罗斯,限制俄罗斯的发展。乌克兰加入欧盟,将意味着已经名存实亡的"独联体"不复存在,普京复兴俄罗斯的宏大理想也将化为泡影,俄罗斯必然不会完全放任乌克兰自由地拥抱欧盟和北约。

3. 地缘政治因素使乌克兰危机成为欧盟与俄罗斯的争夺战

地缘政治学说论证了地缘因素对地区政治和世界政治的影响,当前的乌克兰危机为该学说进行了最好的阐释。乌克兰自古以来就是兵家必争之地,东连俄罗斯,南接黑海,向西可通往西欧各国,再加上乌克兰国土面积的三分之二是肥沃的黑土地,一直是"欧洲的粮仓"。无论是欧盟还是俄罗斯,出于自身安全考虑,都会全力争夺乌克兰,使其倒向自己这一边。从地理位置上看,乌克兰成为欧美和北约与俄罗斯之间重要的缓冲地带。对于俄罗斯而言,乌克兰的屏障作用更为明显,失去了乌克兰,俄罗斯将完全暴露在欧美和北约面前。对于欧美和北约而言,得到了乌克兰,就强化了自己的纵深,增强了应对俄罗斯的弹性空间。可以说,当前的乌克兰危机就是欧美与俄罗斯之间的危机,是彼此争夺对乌克兰影响力的必然结果。

4. 乌克兰危机实质上是欧美与俄罗斯相互的信任危机

普京当选总统之后,抱有强烈的复兴俄罗斯的美好愿望,与欧盟和北约进行了诸多改善关系的尝试。美国"9·11"事件发生后,在反恐的大前提下,欧、美、俄之间的合作进入了高峰期。但是,随着美国介入南斯拉夫展开科索沃战争,以及北约在东欧及苏联加盟共和国部署反导系统,俄罗斯融入欧洲的理想破灭,加重了其与欧美之间的信任危机,双方的这种不信任感在乌克兰危机处理过程中得到充分显现。俄罗斯为缓和局势做出了从俄乌边境撤军、不接受乌克兰东部两个州独立公投加入俄罗斯联邦等巨大让步，而北约则决定向乌克兰东部地区部署快速反应部队，这无疑进一步增强了俄罗斯的不安全感，以至于普京总统不计后果地宣称俄罗斯是一个拥有核武器的国家。

因此，乌克兰危机已经转化为欧美与俄罗斯这两个代理人之间的危机。乌克兰的地理位置及民族历史背景决定了其无论是倒向欧美还是俄罗斯，都不是一个最好的选择，只会加剧另一方的争夺，这也决定了解决乌克兰危机的长期性，危机的解决最终有待于欧美和俄罗斯之间找到新的利益平衡点。

（二）对俄罗斯的基本影响

乌克兰是俄罗斯重要的邻国之一，乌克兰局势的变化对俄罗斯有着深远的影响。从地缘政治角度看，乌克兰是俄罗斯与欧盟，以及美国所主导的北大西洋公约组织（NATO，简称"北约"）之间非常重要的安全屏障，失去了乌克兰，俄罗斯将完全暴露在北约面前，从而对其国家安全产生重大影响，特别是当前的后冷战情景下。

欧美在加大对波罗申科政府全方位支持力度的同时，采取经济和军事制裁手段，以及利用国际舆论等方式对俄罗斯施压，试图使俄罗斯减少或放弃对乌克兰东部独立人士及组织的支持，使乌克兰危机能够按照欧美设定的方向发展和解决。乌克兰危机最终能否按照西方国家希望的方向发展，还要看制裁对俄罗斯起到的实际效果如何。

1. 欧美制裁对俄罗斯的影响已经开始显现，但整体效果有待观察

欧美对俄罗斯的制裁已经从最初的针对个别人的制裁转变到了对俄罗斯金融、能源、国防等领域的制裁。在最新一轮制裁中，欧盟禁止欧洲企业向俄罗斯深水和北极的石油开发生产项目以及页岩油项目提供服务；禁止欧洲银行向俄罗斯天然气工业公司（Gazprom）、俄油和俄罗斯管道运输公司（Transneft）提供贷款，对 Sberbank、VTBBank、Gazprombank、Vnesheconombank、Rosselkhozbank 5 家俄罗斯国有银行的融资限制也从 2014 年 7 月份公布的 90 天以上减少到 30 天。

美国则将俄罗斯国家石油公司、俄罗斯天然气工业公司、俄罗斯天然气工业石油公司、俄罗斯卢克石油公司和苏尔古特石油天然气公司纳入了制裁范围，禁止对其出口货物和提供服务，还限制提供用于深水及北极石油项目、大型页岩油项目的勘探开发技术。欧美对俄罗斯的制裁效果在国际资本市场上有了初步反应，卢布兑美元、欧元、人民币的汇率出现了较大幅度的下滑，随着欧美制裁力度的不断加大，7月份以来卢布再度走低，贬值10%以上。但是，欧美制裁对俄罗斯整体经济的影响将视欧美制裁的持续时间，以及是否有决心对俄罗斯重要的财政来源——油气贸易实施制裁而定。俄罗斯政府的高层人士近期判断，欧美对俄罗斯实施经济制裁的影响将在后续年度逐渐显现。

2. 欧美制裁将影响俄罗斯油气行业的可持续发展

众所周知，油气行业是俄罗斯国家财政收入的主要来源，油气行业的发展情况将对俄罗斯国民经济的发展起到至关重要的作用。因此，欧美对俄罗斯的经济制裁，也主要瞄准了俄罗斯的主要石油公司，限制对这些公司的技术和服务出口，限制其开展融资业务，并限制与其在北极大陆架、海上和页岩气等具有发展潜力的地区和领域进行合作，这实质上制约了俄罗斯油气行业的可持续发展能力。受制裁的影响，即使埃克森美孚在俄罗斯北极地区有巨大的油气发现，也不得不遵照美国的制裁规定，暂停作业；中国石油、道达尔与俄罗斯诺瓦泰克公司合资的亚马尔LNG项目，也因为在国际资本市场上巨大的融资需求而放慢了推进的速度。油气行业本身具有高投入、高风险、高回报的特点，加之俄罗斯油气行业已经遇到产量增长瓶颈，需要继续加大对新油气田以及北极和海上油气项目的勘探投入，失去了在国际资本市场上的融资能力，失去了欧美大石油公司对其海上勘探开发技术的支持，未来发展的能力将受到较大的制约，进而可能影响俄罗斯经济的整体发展和稳定。

3. 欧美制裁使俄罗斯"向西看"的幻想破灭

乌克兰危机之后欧美对俄罗斯实施的制裁，对俄罗斯敲响了警钟，使其"向西看"的幻想破灭，使俄罗斯充分认识到，一个强盛的俄罗斯不符合欧盟和美国的利益。俄罗斯总理梅德韦杰夫在2014年召开的国际投资论坛全体会议上表示：

"2014年是俄罗斯和全世界的转折点""乌克兰冲突、克里米亚回归俄罗斯、实施制裁以及与西方关系冷却,迫使俄罗斯重新看待世界格局"。

4. 欧美在短期内不会解除对俄罗斯的制裁,从长期看仍有逐渐加大制裁力度的可能

在促使乌克兰倒向欧洲和北约的立场上,欧盟和美国是一致的。但是,由于美国远离俄罗斯,且与俄罗斯之间的经贸关系远没有欧洲那么密切,在对俄罗斯实施制裁的方式上欧美之间显然存在矛盾。2013年12月,俄罗斯出口美国的贸易额为112亿美元,从美国进口的贸易额为165亿美元,两国双边贸易量占比仅为3.3%,远不及俄罗斯与欧盟的49.4%。对欧洲而言,俄罗斯是其重要的能源来源,欧盟国家34.5%的石油和31.8%的天然气进口均来自俄罗斯,迫使其不得不考虑对俄罗斯实施严厉制裁的后果,这也是欧盟对俄罗斯的制裁虽然涉及油气企业及其在欧洲资本市场的融资,但始终没有涉及油气贸易的重要原因。面对欧美与俄罗斯围绕乌克兰危机的拉锯战,在双方因为各自利益争执不下的情况下,欧盟和美国除了惯用的经济和军事制裁手段外,也没有其他更好的替代措施。因此,短期内欧美对俄罗斯的制裁不会解除,以保持对俄罗斯的压力。从长期看,为了逼迫俄罗斯做出更大的让步,不排除欧美进一步对俄罗斯的金融和能源领域加大制裁力度的可能。对乌克兰危机的长期性和欧美对俄罗斯制裁的长期性必须有足够的认识。从俄罗斯的角度来看,在国家安全和民族利益面前,俄罗斯不太可能做出巨大的让步。但俄罗斯究竟能做出怎样的让步,将根据俄罗斯应对欧美制裁的能力而决定。

目前,由于俄罗斯前特工中毒事件,以及最近爆发的俄罗斯与乌克兰军舰相撞事件、俄罗斯有关公司支持美国制裁的伊朗开展原油贸易等,都招致了欧美更加严厉、更加广泛的经济制裁,特别是对俄罗斯石油公司和金融领域的制裁,使俄罗斯的油气贸易的美元国际结算已经被逐出了SWIFT系统,不得不考虑采用欧元、人民币及俄罗斯本币卢布进行国际油气贸易结算。这些制裁措施将对俄罗斯石油工业的发展和油气国际贸易产生重大而深远的影响。

（三）对俄罗斯油气行业的影响

从经济角度看，根据 PFC 能源数据显示，2012 年俄罗斯超过 50% 的财政收入来源于原油和天然气出口，其出口额占俄罗斯总出口额的 70%，俄罗斯当前对能源的依赖性高于 14 年前普京初次掌权时期。在油气出口方面，根据英国石油公司（BP）2013 年世界能源统计数据，俄罗斯天然气出口的 70% 面向欧洲，30% 面向独联体；据俄罗斯经济发展部的数据，2013 年原油出口总量 2.35 亿吨，约 80% 出口到欧洲国家。而天然气和原油出口主要依靠通向欧洲的管道运输完成，乌克兰是其重要的过境国，也因此形成了俄罗斯与乌克兰之间复杂的政治经济关系。

乌克兰的过境国地位虽然一直在下降，但当前的俄罗斯依然无法完全避开。苏联解体后的 1991 年到 2000 年，俄罗斯出口欧洲天然气的 93% 需要过境乌克兰。随着欧盟和北约将乌克兰视为制约俄罗斯发展的重要"砝码"，不断加大对乌克兰的拉拢，处于欧美与俄罗斯"夹缝"中的乌克兰政局持续动荡。再加之乌克兰与俄罗斯围绕天然气价格、结算付款和过境费等方面的因素，引发了多次俄乌"斗气"，使俄罗斯在天然气管道战略上进行了重要调整。1994 年开始建设了通过白俄罗斯和波兰出口到德国的天然气管道，并于 2006 年到达满负荷运行；2003 年连接土耳其的跨海天然气管道投入运行；2011 年通过波罗的海直接将天然气输送到德国的北溪管道（the Nord Stream pipeline）开始运营。这一系列的面向欧洲的管道调整，使俄罗斯出口欧洲天然气过境乌克兰的比例在 2014 年降低到了 49%。与此同时，俄罗斯正在建设的南溪管道（the South Stream）在 2018 年建成投产后，乌克兰将完全失去其过境国地位，俄罗斯几乎完全可以绕过乌克兰直接向欧洲出口天然气。

从另一方面看，乌克兰和欧洲难以摆脱俄罗斯的天然气供应。目前，乌克兰 60% 的天然气消费依赖于俄罗斯，而全欧洲对俄罗斯的需求虽然已经从最高时的超过 50% 降低到了当前的 25% 左右。据欧盟统计局数据显示，欧盟国家大约 34.5% 的石油和 31.8% 的天然气进口均来自俄罗斯，而芬兰、捷克、斯洛伐克和保加利亚对俄罗斯天然气的依赖程度高达 100%，意大利和德国的依赖程度也超过 25%。

以上情况表明，乌克兰、欧盟和俄罗斯都不能承受因乌克兰危机而对俄罗斯石油天然气工业实施制裁的后果，这也就导致了当前欧美对俄罗斯的制裁大多是象征性的。随着乌克兰局势的发展，以及克里米亚通过公投加入俄罗斯联邦、乌克兰东南部亲俄罗斯地区逐渐向暴力动荡转变，欧美再度举起了制裁的"大棒"扔向俄罗斯。但从已经公布的两轮制裁看，主要是针对与普京关系密切的好友，虽然其中也包括俄罗斯国家石油公司（Rosneft，简称"俄油"）董事长谢钦、俄罗斯天然气工业公司（Gazprom，简称"俄气"）总裁米勒，以及俄罗斯最大的天然气独立生产商诺瓦泰克公司（Novatek）的重要股东季姆琴科等俄罗斯油气行业高管，但都属于对个人层面的制裁，并没有涵盖俄罗斯石油天然气工业的企业、金融服务，也没有限制西方石油公司投资俄罗斯等。

同时，我们也应该看到，无论乌克兰危机爆发，无论俄罗斯是否介入乌克兰危机，俄罗斯实施出口市场和途径的多元化，以及欧洲寻求油气供应的多样化都是其自身长期坚持的路径，更是其能源安全战略的主动需求，几乎不受任何外部突发事件发生与否的影响。毕竟谁都不想"把鸡蛋放在一个篮子里"，而都在寻求降低自身面临的风险，减少突发事件对自身能源安全造成的负面影响，以增强自己的主动性。

（四）俄罗斯油气行业可能的政策性调整

乌克兰危机的爆发及其形势的演变，以及欧美对俄罗斯实施的制裁措施，应该说警醒了俄罗斯，使其更加认清了自身面临的形势。俄罗斯经济发展对油气行业的严重依赖，也决定了其必须尽快对油气工业的发展及相关政策作出调整。这些政策调整的方向将主要集中在以下四个方面。

1. 更加坚定了俄罗斯实施油气出口市场多元化的决心

欧美虽然还没有最终下定决心要对俄罗斯的油气工业实施制裁，但其已经在最近召开的G7峰会上提出将视乌克兰危机局势的发展而对俄罗斯实施新一轮制裁，但始终未明确表示是否将俄罗斯能源行业列入制裁范围，以作为威胁手段警告俄罗斯不要对乌克兰局势的变化作出激烈反应。但无论如何，随着2007年美国次贷危机和随后欧债危机的相继爆发,欧洲经济陷入了持续低迷。同时,世界范围内的 LNG 贸易持续活跃,这都使得欧洲国家实际接收俄罗斯天然气进口的数量在不断下降。根据俄气公司年报披露的数据,其出口到欧洲的天然气从 2008 年的 1676 亿立方米下降到了 2012 年的 1510 亿立方米,减少了 10%;出口到苏联地区国家的天然气从 965 亿立方米下降到了 661 亿立方米,减少了 31.5%。这样的情势迫使俄罗斯寻求新的出口市场,将中国、印度、日本和韩国等亚太地区国家纳入其视野,力求实现其出口市场的多元化,降低对欧洲的依赖,形成新的增长点。

2. 鼓励实施油气产品深加工,炼化和 LNG 工厂建设得以深化

俄罗斯油气出口市场多元化包含着油气产品品种的多元化。俄罗斯的油气出口主要以原油和天然气出口为主,属于初级产品出口。近年来,俄罗斯为了充分利用国内的油气资源带动国民经济发展,提高油气出口产品的附加值,已从税收政策上开始进行调整,降低成品油出口的关税,开放 LNG 出口权不再由俄气实施垄断,使油气资源在国内进行深度加工后可以获取更多的利润,比直接出口油气初级产品更为有利可图。同时,成品油和 LNG 的市场更为广阔,相较于原油和天然气存在着更为灵活的市场,更加有利于俄罗斯构建全球化的油气出口市场,使其出口市场的多元化战略更易于实现。

3. 加快开发东西伯利亚等地区油气资源,满足亚太市场需求

当前,俄罗斯的油气资源开发主要集中在西西伯利亚地区;北极及北极大陆架地区、东西伯利亚地区由于地理条件的限制和原有出口市场主要在欧洲而没有进入开发的快车道。从俄罗斯太平洋原油管道的开通带动了其沿线地区油田开发经验看,俄罗斯面向亚太地区的天然气出口市场策略也将促使其尽快修建类似于原油管道的"太平洋天然气管道",以及在远东地区的 LNG 出口设施建设,并带动东西伯利亚地区包括科维克金、恰杨金等在内的已探明储量气田的开发,以及加快萨哈林半岛等远东地区、北冰洋大陆架等地区的油气勘探开发进程,以做好出口亚太地区的资源准备。

4. 调整油气行业税收法律法规,增强对外资的吸引力

俄罗斯拥有丰富的油气资源,是国家财政收入的重要来源。正因为如此,俄罗斯对油气行业有着较为苛刻的税收法律制度,并对外国投资者参与其油气资源勘探开发有着诸多严格的限制,困扰着其未来的发展,油气产量在恢复到苏联水平后始终没有实现大的上产,天然气年产量从 2006 年开始始终维持在 5900 亿立方米左右,同期原油年产量维持在 5 亿~5.3 亿吨,年增长率仅 1.2% 左右。俄罗斯需要对现有的油气行业税收和投资法律法规作出调整,降低税赋,优化投资环境,按照市场化原则不断放开油气出口限制,才能增强对国外投资者的吸引力,也才能加快油气资源的开发,使储量资源转化为市场资源,并最终转化为国家的财力资源,服务于民生和国家发展。

(五)俄罗斯应对乌克兰危机的基本措施

俄罗斯应对欧美制裁的反制裁措施主要集中在限制从制裁国家进口农产品,约占俄罗斯食品市场份额的 20%。这一措施的结果被认为是"伤敌一千自损八百",推高了俄罗斯农产品供应价格,对民众的基本生活造成了影响。俄罗斯提出的禁止欧美航空公司飞越俄罗斯的措施并没有付诸实施。因此,俄罗斯可以采取的应对措施非常有限,只能着眼于长期,防止欧美制裁伤及其油气行业等国家支柱产业的发展,继续保持国际资本流入,并借此契机对国内经济结构进行调整。

1. 加快推进油气市场多元化

近年来,俄罗斯供应欧洲的天然气过境乌克兰时几度出现了"断供"危机。随着 LNG 贸易在国际市场的活跃,天然气现货贸易已经取得了长足的发展,加上全球金融危机和欧洲债务危机严重影响了欧洲经济的发展,使欧洲地区对天然气的需求呈现下降趋势。在此背景下,欧洲国家调整积极能源政策,推进能源供应来源的多元化。

从俄罗斯来看,为了摆脱对欧洲能源市场的依赖,同时加大远东地区和东西伯利亚地区油气资源的开发,增强油气行业可持续发展能力,俄罗斯制定了油气市场多元化的战略,并建成了东西伯利亚—太平洋输油管道(ESPO)和科兹米诺

原油出口港，建立了 ESPO 原油的普氏报价体系。在乌克兰危机之后，俄罗斯与中国签署了中俄东线天然气供气协议，同时，俄罗斯还快速启动了"西伯利亚力量"天然气管道的建设，这些措施都展现了俄罗斯应对欧美制裁的态度，暗含的意味是，俄罗斯已经找到了新的合作伙伴，并不惧怕欧美的制裁。乌克兰危机和欧美的制裁，更加坚定了俄罗斯实施油气市场多元化的决心，以应对未来欧美将制裁扩张到油气贸易的可能。

2. 加快与中国等第三世界国家的能源合作

欧美的制裁已经无可避免地影响到了俄罗斯油气行业的可持续发展能力。相对于勘探开发技术的限制，欧美的金融制裁对俄罗斯油气行业的影响更加严酷。为此，俄罗斯已经明显加大了与亚太地区和金砖国家的接触，一方面为其油气出口多元化寻求新的市场，另一方面则是吸引这些国家的资金投资俄罗斯油气行业。在可预见的将来，俄罗斯将围绕保持和提高油气行业可持续发展能力，进一步开放与中国等第三世界国家，特别是经济发展速度较快的金砖国家的合作，以寻求吸引新的投资，填补国内资本的不足。在合作方式上，将充分借鉴亚马尔 LNG 项目的合作模式，用投资绑定市场，在确保吸引投资的前提下，为将来的油气产品出口确定相对明确的市场。

3. 加快摆脱美元，寻求新的可接受的外汇储备和结算货币

欧美对俄罗斯实施金融制裁后，与俄罗斯之间的贸易合同原定的结算方式已经受到较大影响。俄罗斯油气贸易所获得的美元和欧元，不能使用国际结算通用的 SWIFT 系统进行结算，甚至个人的美元信用卡交易也已经被维萨（VISA）和万事达（MasterCard）终止。无法得到油气贸易的美元和欧元收入，这对俄罗斯无疑是一个巨大的打击。俄罗斯已经在中俄贸易中提出了用人民币或卢布结算的设想。相对于卢布，人民币的国际化程度更高，且随着人民币国际化的进一步推进，在亚太地区和金砖国家之间，人民币将是一种较好的结算货币和外汇储备货币选择。选择人民币作为储备货币，不会受到欧美奉行双重标准的影响。

(六) 乌克兰危机下中俄油气合作的机遇与挑战

欧美的制裁影响了中国在俄罗斯的油气合作项目，而俄罗斯应对欧美制裁的主要措施又集中在向中国开放油气贸易和上游勘探领域。乌克兰危机和由此所引发的欧美对俄罗斯的制裁，使中俄合作面临新的挑战，同时又蕴藏着新的机遇。

1. 挑战

(1) 加大了在俄罗斯推进油气合作的难度。

目前，欧美石油公司在俄罗斯境内的油气合作项目由于经济制裁而被限期终止，合作项目使用欧美技术也被列入限制范围，金融制裁更使缺乏资金的俄罗斯感受到巨大的压力，中国在俄罗斯最大的天然气勘探开发、生产和销售一体化项目——亚马尔LNG项目已经为此陷入困境。如果不能在国际资本市场上获取项目所需的巨额资金，或者将增加股东的融资负担，或者将放慢项目进度甚至暂停项目，这无疑使进入俄罗斯开展油气合作的中国石油公司面临巨大的决策压力。

(2) 将更加凸显中俄油气合作的政治意愿。

中俄之间的油气合作是战略合作，在欧美制裁的大背景下，战略合作的地位更加突出。同时，中俄两国要深化全面战略协作伙伴关系，必然要从国家利益开展油气合作，这将使双方油气合作的政治意愿强于市场意愿，短期内可能牺牲一定的经济效益。

(3) 限制了中国深入参与俄罗斯北极大陆架等海上合作项目。

按照中俄油气合作的蓝图，俄罗斯提出与中国企业合作开发北极大陆架海上项目。中国企业也试图利用自身优势，吸引具有海上勘探开发技术优势和经验的西方大石油公司组成资源—资金—技术型的合资公司共同开发俄海上项目，从而学习和积累海上勘探开发的经验。欧美的技术制裁，将限制或放缓中国企业参与俄罗斯海上油气项目开发的进程。

2. 机遇

乌克兰危机之后，中俄东线天然气供气协议的签署，已经充分说明了中俄油气合作所面临的新的机遇。综合来看，中俄油气合作的机遇主要表现在以下三个方面。

(1) 强化与中国的油气合作成为俄罗斯当前的必然选择。

中俄油气合作具有天然的地理优势，同时中国经济快速发展带来对油气需求的增长和俄罗斯丰富的油气资源则为双方开展油气合作提供了可能。为了提高应对欧美制裁的灵活性，尽量减小欧美制裁对油气行业发展的影响，加强和深化对中国的油气合作成为俄罗斯最现实的必然选择。一方面，中俄之间已经有中俄原油管道、东方能源公司、亚马尔LNG项目、乌德穆特项目、萨哈林项目等一批合作项目在运行，还签署了中俄东线天然气供气协议；另一方面，中俄双方已经就中俄西线天然气、扩大原油贸易、加强上游合作等进行了长期谈判，互信程度在不断加深，这使双方具备了进一步推进合作的基础。优先选择与中国开展油气合作能够保障俄罗斯尽快取得成果，缓解欧美制裁的压力，增加应对乌克兰危机的筹码。

(2) 有利于扩大中俄油气合作的范围。

总体上看，中俄油气合作取得的成果与谈判投入严重不对称。双方的合作虽然取得了一些成果，但更多是属于试探性的，还没有实现"丰硕成果"。为应对乌克兰危机和欧美制裁的长期性，俄罗斯不得不加大油气领域的开放力度，调整税制结构和税率，改善投资环境，以保持油气行业对持续增加资本投入的需求。因此，我们应认真研究，采取适当策略，影响中俄油气合作向更深、更广的方面发展。一是继续完善油气贸易合作，争取以较合适的价格和路线，通过管道引入俄罗斯的原油和天然气资源；二是争取较好的税收政策和投资环境，有序推进现有俄境内油气合作项目，规划好投资回收渠道；三是促进俄罗斯向中国企业开放油气管道建设和运营，建立合资合作企业；四是争取参与俄境内储气库建设，引进俄罗斯的技术和经验，加快中国储气库建设；五是适时推动在俄罗斯开展炼油和油气化工业务合作，采取适当方式参与俄罗斯的国际油气贸易；六是围绕俄罗斯油气领域的发展和需求，加强金融领域合作，带动中国金融企业参与俄罗斯油气行业的发展。

(3) 有利于在能源领域推进人民币投资和结算，增强中国对国际油气价格的定价权。

随着中俄油气合作的不断深入，双方的油气贸易，以及中国企业在俄罗斯的投资将快速增长。同时，人民币国际化步伐稳步加快，中俄两国央行已经签署了人民币与卢布的互换协议，建立起了人民币与卢布结算的通道，为人民币进出俄罗斯创造了条件。在可预见的将来，人民币成为国际结算和储备货币已几无悬念。持有国际化的人民币作为外汇储备货币，将成为俄罗斯一种新的、稳定的、可以规避欧美制裁的优先选择。这样，在中俄能源领域，特别是油气合作领域，实施人民币结算和投资，将有利于俄罗斯吸收人民币，用于国际支付和储藏国家财富。对中国而言，伴随着中俄油气贸易量的增加和实施人民币直接结算，将有利于首先推进和实施中俄油气贸易品的人民币标价与定价，规避美元或欧元标价下的汇率风险，最终提高中国在亚太地区油气贸易乃至全球油气贸易中的定价权和话语权。

总之，欧美与俄罗斯之间的根本性利益冲突以及乌克兰民族构成的历史性，决定了乌克兰危机和欧美对俄罗斯的制裁在短期内难以得到根本解决。俄罗斯为了化解制裁对油气行业的影响，加快和强化与中国的油气合作成为必然选择，这也决定了中俄油气合作本质上不仅是经济合作，而是更多地体现了双方政治意愿的合作，将有利于扩大中俄油气合作的范围。但是，一旦外部环境的压力减弱或消失，以政治意愿为基础的合作必将回归市场和经济利益，对此我们必须有深刻的认识，必须着眼于长远，处理好短期与长期的关系。

（七）保持对乌克兰因素影响的清醒认识

中俄油气合作是以贸易为促进的资金型合作。这是由两国的资源特点所决定的。但分析双方合作的历史，能够保证双方合作成功的"催化剂"却是当期发生的重大国际事件。中俄原油管道成功建设并投入运营、中俄西线天然气管道谈判的推进都直接受到了2008年美国次贷危机所引发的国际金融危机的影响，中国石油成功收购俄罗斯诺瓦泰克公司所持有的亚马尔LNG公司20%的股权则缘于全球变暖影响下的北极航线的开通。毋庸置疑，当前的乌克兰危机也将对中俄油气合作产生深远影响，其程度将视该危机的演变而不同。

总体上来说，乌克兰危机将使中俄之间的油气合作面临新的机遇。随着乌克兰危机的演变，将在一定程度上促进中俄油气合作向更深的层次发展，特别是双方多年来一直在谈判的一些项目将获得新的进展，包括中俄天然气管道、俄罗斯东西伯利亚和北海大陆架的勘探开发、远东地区的炼化建设，甚至可能涵盖远东地区的LNG厂及出口设施建设，以及促使俄罗斯向中国开放其境内的油气管道建设和运营。但是，对于中俄之间的油气合作，我们必须有清醒的认识和判断，必须对合作的长期性、阶段性和所起到的特殊作用给予足够的重视和考量，包括以下四个方面。

1. 市场的结构性调整具有长期性，难以一蹴而就

对于任何一个国家、一个企业，甚至一个产品而言，市场需要培育，而一旦形成固有的市场，则其具有长期的稳固特点，做出市场结构的调整将成为一项艰巨的工程。对于俄罗斯和欧洲而言，短期内都难以达到其多元化的能源安全目标，必将是一个长期的过程。

目前俄罗斯市场多元化的目标虽已锁定亚太地区，但是其供应亚太地区的资源目前有待落实，而且可以通达亚太地区市场的天然气输送基础设施几乎不存在，目前依然没有制定最终的行动计划，这都决定了亚太地区市场只能是俄罗斯的战略目标市场，短期内没有可操作性，而只能稳定欧洲市场。近年来，俄罗斯的主要精力一直集中在欧洲方向建立管道等基础设施，并在欧洲国家与当地油气公司和运营商建立合作公司开展天然气运营、储气设施建设，未在亚太方向有新的投入。

欧洲能源供应的多元化已经取得一定成效，有效减低了对俄罗斯能源依赖比例。从当前披露的信息看，由于欧洲严格的环境保护限制了开发境内可采资源的程度，核电的高风险也限制了进一步发展的空间，风能、太阳能、生物能源等可再生新能源短期内难以担当大任，其期望的未来能源供应者主要是加拿大、美国和中东地区国家。其中，中东地区国家政局动荡，欧洲与美国的同盟关系限制了其从中东地区国家获得能源的独立性；美国依然是一个对能源出口实现出口许可证制度的名义上的自由贸易国家，且美国为了保持自身能源的独立性和防止过高石油天然气价格对国内经济的冲击,对于是否放松石油天然气的出口管制在美国内部进行着激烈的博弈,以至于面对欧洲盟国提出的放松美国对欧洲原油和天然气出口限制时依然态度暧昧。这使得在乌克兰危机下,欧盟要求其成员国减少对俄罗斯天然气依赖的呼声显得非常苍白无力,欧洲依然离不开俄罗斯的天然气。

因此,市场多元化更多的是战略目标,对于俄罗斯和欧盟,短期内不具备可操作性和可实现性,需要做更多细致性的工作进行落实。在当今复杂的国际政治和经济背景下其长期性和艰巨性异常突出。

2. 中国市场仅仅为俄罗斯提供了市场多元化的一个选择,而并非唯一选择

如前所述,俄罗斯油气出口市场多元化的战略目标为亚太地区,中国市场仅仅是这一战略目标市场的组成部分,而非唯一选择。在这样的战略选择下,俄罗斯油气出口设施的建设和运营将是一个整体,能够对其目标中的所有市场提供服务。这也就注定了中国市场不能独享俄罗斯油气出口设施,必须在产品价格上与同一地区市场中的其他参与者进行竞争。从而也对中国通过何种途径获取俄罗斯油气资源提出了新的课题。是效仿当前运营的中俄原油管道模式,通过修建管道实现进口俄罗斯的天然气,或是只通过俄罗斯的出口终端设施公开竞价购买LNG,需要进行深入的分析和权衡,包括进行战略考量。非常确定的是,无论如何,俄罗斯都会将出口到中国的天然气资源纳入亚太地区整个市场的竞争之中以寻求自身利益的最大化。

3. 在油气国际价格市场化形成机制下,俄罗斯对中国的油气合作难以做出大的让步

困扰中俄油气合作的一个基本因素就是价格。俄罗斯油气出口已经形成了一整套的价格形成机制,其中出口到欧洲市场的乌拉尔牌原油参照国际市场公认的布伦特原油价格确定,出口到亚太地区的 ESPO 原油也已经有独立的普氏报价,并与布伦特等国际市场活跃的原油品种价格进行比较;天然气主要出口欧洲,并鉴于管道运输的特点形成了长期稳定的价格公式,与国际市场上活跃的原油或燃料油交易价格,以及美国的 Henry Hub、英国的 NBP 天然气交易价格挂钩,并在近年来随着LNG现货交易的活跃，引入了在欧洲主要港口的LNG现货交易价格因素。2017年，在中国石油收购诺瓦泰克所持亚马尔LNG20%股份的交易中，涉及的LNG交易价格则主要与日本进口原油综合价格指数（JCC）挂钩，并适当加入美国Henry Hub和亚洲现货LNG交易价格的因素。这也决定了未来中俄之间的油气贸易合作将会主要遵循市场化原则，参照国际通行的价格公式形成交易价格，而不会做过多的让步。俄气2012年年报披露的数据显示，其出口到欧洲的天然气不包括增值税、消费税和关税在内的净实现价格为325.2美元／千立方米；乌克兰危机爆发后，俄罗斯宣布从2014年4月3日起对乌克兰供气价格将提高到485美元／千立方米（折合约13.74美元／百万英热单位）；日本2012年进口LNG平均价格为16.75美元／百万英热单位；2014年3月中国天然气到岸价14.18美元／百万英热单位。这些因素将使得俄罗斯将不会过多考虑中国天然气市场目前的实际价格和现实的承受能力，也决定了其不会在价格上做出太大的让步。根据媒体披露的信息看，中俄签署的东线天然气价格在350~400美元／千立方米，中国天然气"进口既亏损"的局面依然没有打破，这一价格也使俄方占尽了人民币升值的利益。而当实际供气时，中国天然气价格依然处于完全市场化改革的进程中。

4. 中国对俄罗斯的天然气需求不再具有急迫性

随着中国经济的发展和治理环境污染，特别是大气污染力度的不断加大，中国对天然气的消费保持了10%以上的增长速度。国家能源局预计，2014年的天然气表观消费量将达到1930亿立方米，增长14.5%，而国内的供给能力约1300亿立方米左右，对外依存度将达到33%左右。但与之对应，中国的四大油气战略通道已经基本建成，中亚天然气管道正在筹建D线，2020年前，中亚天然气A、B、C、D四条线路全部贯通后，对中国的年供气能力将达到800亿立方米；中缅天然气管道也已经投产运行，年供气能力为120亿立方米；根据中国LNG接收站的建设规划，2015年将拥有LNG接收能力4930万吨／年（折合天然气690亿立方米），这样中国已经较为确定的国际市场供应来源将达到1610亿立方米／年，再加上部分LNG接收站伴有后续接收能力建设4800万吨（折合天然气672亿立方米），将基本满足未来中国对天然气的需求。只不过是存在地区性的不平衡问题，东北地区的供气能力遇到一定瓶颈，这将是唯一能够留给俄罗斯天然气的市场，但也要面临从大连进口 LNG 的竞争。此外，中亚天然气四条管道建成通气后，中国的天然气供应将更加依赖西气东输线路，将面临供应集中的风险，且距离内地目标市场远，输送费用在终端销售价格中的占比较高，如再从西线进口俄罗斯的天然气将进一步提高相应的风险程度，并在目标市场面临中缅天然气和海上进口 LNG 的竞争。

（八）小结

中俄油气合作，对中俄双方而言，虽然是必然的选择，但并非唯一的选择，都是双方能源安全多元化战略下的一个选项而已。乌克兰危机的爆发，以及由此导致欧美对俄罗斯的制裁，客观上促进了中俄合作，但这并非表示双方之间的分歧（如价格）已经完全消除。中俄油气合作能否在未来继续推进并取得新的成果，将视乌克兰危机的走势，以及欧美对俄罗斯的制裁措施的变化而出现新的变化，这也将决定俄罗斯在对中国油气合作中能够做出的让步程度。

目前看，欧美对俄罗斯实施的经济制裁逐步深入，以及美国总统特朗普高调、严厉反对欧洲进口俄罗斯油气都使俄罗斯石油工业面临新的困境，美国的欧洲盟友也面临着是否，以及如何舍弃俄罗斯进口油气资源的艰难选择。同时，受到油气出口基础设施缺乏的限制，以及俄罗斯油气资源开发主要集中在西部地区，而东西伯利亚地区的油气投资和基础设施严重缺乏等困扰，俄罗斯自身在油气资源、基础设施等方面还没有做好供应亚太地区的准备。

未来，俄罗斯在亚太地区，特别是与地处东亚的中、日、韩之间的油气合作将是其油气市场多元化战略的重要组成部分，而与俄罗斯直接有领土接壤的中国将是这个战略中的重中之重。在乌克兰危机爆发的初期，对俄罗斯而言，中国因素为其应对欧美制裁威胁提供了一张很好的"王牌"，增强了谈判的"筹码"，俄罗斯可以借此继续向欧洲挥舞油气"大棒"，表明自身并不惧怕欧美对其油气部门实施制裁，以保持其在应对乌克兰危机中与欧美博弈的灵活性。但是，随着欧美制裁的深入、乌克兰危机的深度演变，以及受地缘政治因素影响所导致的美俄关系恶化，使俄罗斯对中国油气合作客观上存在更迫切的需求。但如何将迫切需求转变为现实需求和合作成果，则需要付出更多、更艰苦的努力，也需要更多智慧。

第六章 石油金融

一、产融结合

随着中国金融改革的不断深入,产业资本持续进入金融行业,传统工业企业大量涉足银行、信托、租赁、保险等业务。特别是随着2015年以来互联网金融的发展,百度、阿里巴巴和腾讯三大互联网巨头都控股或参股了银行,将产融结合推向了一个新的高潮。在此背景下,中国石油、中国石化和中国海油三大石油集团公司都先后进入金融领域,通过收购、新设、参股等方式开始从事银行、信托、租赁、保险、证券、基金等金融业务。然而,被视为产融结合典范的美国通用电气集团(General Electric Company, GE)却宣布剥离金融资产,回归工业主业。两者之间形成了巨大的反差。

(一)美国通用电气产融结合的经验教训

2015年4月10日,接替通用电气传奇人物兼金融产业缔造者杰克·韦尔奇(Jack Welch)出任首席执行官的杰夫·伊梅尔特(Jeff Immelt)宣布,GE将缩减金融业务,重新以工业制造作为主业。此消息公布后,GE股价以28.51美元收盘,上涨11%,这是自2009年3月12日以来,GE股价单日涨幅最高的一天。GE收缩金融业务的决定受到了资本市场的欢迎和肯定。

2014年,GE金融资产为5845亿美元,占公司总资产的70%左右,利润贡献率为42%。GE金融业务包括商业贷款及租赁、能源金融服务、航空金融服务、消费者金融和房地产金融。GE 出售的资产包括贷款租赁、金融信用卡以及车队租赁和管理业务资产等，总价值为 2000 亿美元；同时保留了航空金融服务、能源金融服务、医疗设备金融服务等与 GE 重要工业业务相关的金融服务，资产价值约为 900 亿美元。按照 GE 既定的金融业务重整计划，2016 年，金融业务占公司利润的比例将降至 25%，2018 年进一步减至 10%。

根据媒体披露的信息和资料，我们分析，GE 剥离金融业务的主要原因可以归纳为以下五个方面。

1. 来自资本市场的压力

2008 年金融危机后，美国金融业遭受重创，GE 的金融业务也未能幸免，受到了美国金融业系统性风险的巨大影响，其业务规模、收入和利润均下降明显，金融业务对 GE 利润的贡献由半壁江山下降至 1/3，直接拉低 GE 当年盈利 15 个百分点。2009 年 3 月，GE 市值比金融危机前缩水 80%，引发资本市场的不满。在金融危机的大环境下，金融业务短期内难以恢复到原有的增长水平，拖累了 GE 整体业绩表现，股价大幅度下跌，管理层面临资本市场的巨大压力。在 GE 宣布剥离金融资产后，股价应声上涨 11%，正是反映了资本市场的诉求。

2. 来自补充资本金的压力

金融行业是资本消耗型行业。按照巴塞尔委员会通过的《关于统一国际银行的资本计算和资本标准的协定》（即《巴塞尔资本协议》），银行必须根据自己的实际信用风险水平持有一定数量的资本，各国央行和监管机构据此普遍采用资本充足率监管。也就是说，银行发展越快、规模越大，其所需要的资本金越多。保险、租赁、信托、证券等行业也有类似的监管指标，以保证金融企业处于合理的风险水平，具备抵御风险的能力。美国金融危机之后，资金面持续紧张，通过增发股票、发行金融债券、引进新的投资者等方式筹集资本难度加大，加之在金融危机中的损失以及金融业务利润水平的下降，通过内部积累补充资本金之路也变得艰难。这一方面限制了 GE 金融业务的发展，另一方面，如果不能满足资本充足率监管要求，就必须收缩业务规模，补充资本金的能力对 GE 金融业务未来发展起着巨大的约束和限制作用。

3. 来自工业产业和金融业文化冲突的压力

众所周知，GE 是以工业起家的世界知名企业，其在发展历程中秉承了所有开展的业务都要进入全球前三强的理念。GE 金融业务最初是围绕着主业开展，为主业的发展提供金融服务，以促进工业产品的销售，提升市场份额，并为制造业提供财务咨询服务，使其获得了宝贵的产业资讯，帮助主业拓展业务。但在 20 世纪 80 年代初期，美国经济萧条，恶性通货膨胀加上石油价格上升，极大地削弱了美国产品的竞争力，美国的传统制造业已经开始走下坡路，靠市场份额领先已经无法保证利润的来源。时任 CEO 杰克·韦尔奇敏锐地意识到，价值增长的潜力已转移到下游服务和融资活动。于是，GE 开始大刀阔斧地进军金融业务。金融业务在 GE 实现利润中的占比迅速上升，1981 年为 20%，1991 年为 30%，2001 年进一步上升到 40%，2008 年金融危机前更是达到了 48%。在此过程中，GE 的薪酬激励也向金融部门倾斜，以至于 GE 的科学家和工程师认为自己的地位、薪资待遇等不及金融部门的同事。同时，金融部门和工业部门的经营理念与风险认知、风险承受能力也存在巨大差异。工业部门普遍厌恶风险，崇尚通过制造产品来创造价值；金融部门则是风险喜好者，必须依靠经营风险，并通过对风险定价来实现利润和发展，体现为工业服务的价值。金融危机使 GE 内部长期存在的工业和金融业的文化冲突显性化。

4. 来自工业互联网技术发展的新希望

美国金融危机之后，奥巴马总统提出重振美国制造业，为美国经济注入新动力，改善过度依赖金融服务产业的经济结构，优化产业布局，提振经济发展。与此同时，互联网、3D 打印、工业机器人等技术快速发展，知识产权保护受到全世界的重视，工业设计、制造、物流等与互联网的结合为传统工业企业提供了新的发展机遇和空间，工业 4.0 时代正在来临。GE 敏锐地意识到工业互联网革命带来了发展契机，通过工业互联网构建制造业新商业模式成为其新的目标，提前布局将有利于 GE 在迈进工业 4.0 时代的进程中捕捉先机。

5. 来自美国金融业强大的服务保障能力

企业的发展离不开金融服务，高质量的金融服务可以促进企业的发展和经济繁荣,这是 GE 发展金融业务的出发点。但是,在美国金融危机之后,由于上述内部矛盾,GE 继续运营自己的金融服务体系已经没有成本优势和竞争优势。美国的金融系统虽然未能免于受金融危机的影响,但很快就重新进行了金融业的内部调整,混业经营成为新的发展趋势,形成的金融(控股)集团服务于实业的能力更强,产品更全面,服务更系统,成本更低。GE 可以从金融市场获得更低成本、更高质量、更全面系统的金融服务,满足其发展制造业的需要。

(二)我国产融结合发展的特点

近年来,产融结合成为中国金融业务发展的新趋势,主要呈现以下三个方面的特点。

1. 央企办金融,产融结合力度持续加大

有数据显示,2011 年,在中国 117 家央企中,有 81 家不同程度地开展了产融结合业务,占央企总数的 68.38%。央企开展的金融业务几乎涵盖财务公司、商业银行、信托、租赁、证券、期货、基金、财险、寿险、保险经纪等全部金融细分行业。其中,财务公司 50 家,商业银行 31 家,信托公司 22 家,证券公司 21 家,寿险公司 19 家,财险公司 17 家。

2. 互联网企业办金融,第三方支付发展迅速

目前,被公众普遍接受和经常性使用的支付宝、财富通分别为阿里巴巴和腾讯所推出,京东依托其备受消费者欢迎的京东白条而打造了京东金融,百度推出了百度财富。搭乘中国实行普惠金融、鼓励小微银行发展的契机,腾讯更是控股了深圳前海微众银行,阿里巴巴设立了浙江网商银行,百度与中信银行合资设立了百信银行,互联网的龙头企业 BAT 全部进入银行业,搭建了综合性金融服务平台。

3. 民营企业参股金融成为新趋势

据统计,在沪深股市 2800 多家上市公司中,参股金融的上市公司有 266 家,成为沪深股市炒作的新热点,其股价表现明显好于市场。

(三)发展产融结合的动因

显然,产融结合能够成为一种发展趋势必然有其内在的动因,反映了产业资本对金融的需求。从理论上讲,可以用科斯的交易费用理论、信息非对称理论、多元化经营理论、公司资源理论,甚至虚拟经济理论等进行分析,但从产业资本或企业生产经营管理的角度出发,产业资本进入金融领域,转变为金融资本,至少有三个方面的动因。

1. 中国金融业不发达,不能满足企业对金融服务的需求

改革开放以来,中国的金融业经历了由大一统的银行体系转变为专业银行体制,再转变为国有商业银行体制,最终转变为股份制银行的历程。与此同时,证券、保险、信托、租赁等非银行金融机构迅速发展。但是,金融服务门槛高,覆盖面窄,产品同质化严重,与金融服务需求多元化之间的矛盾渐趋突出。特别是随着国企改革的持续深入和民营经济的高速发展,以及互联网普及所带动的电商的快速发展,传统金融以服务国企和大企业为主的模式已经不能满足普惠金融的需求。为此,国企相继成立财务公司以满足内部资金集中管理和提高资金运用效率的需求;以阿里巴巴为龙头的电商开发了支付宝以满足淘宝网商户和消费者之间资金结算的需求;以中国石油集团为代表的央企设立了产业基金,成为资本运作和深耕产业技术发展的筹融资平台。正是企业不断发展对金融服务的内在需求促使其涉足金融业务。

2. 金融业资本回报率高,有助于企业获取稳定的收益

按照马克思主义经济学的观点,银行业可以实现社会的平均利润水平。正是这种较为稳定的利润水平促使产业资本不断转变为金融资本,当金融资本再度以股权形式注入产业时,最终形成金融寡头垄断。按照《企业绩效评价标准值2015》披露的数据,2014年银行业资本利润率中值为16.9%,保险业净资产收益率中值为10.7%,证券业加权平均净资产收益率中值为7.8%,其他类金融资本利润率中值为15.2%,均高于同期全国国有企业净资产收益率5%的平均值、工业企业净资产收益率5.7%的平均值。经历了中国经济快速增长时期的企业,特别是国有企

业，形成大量的资金和资本累积。近年来，国民经济增长速度放缓，工业投资回报水平呈下降趋势，企业开始寻求新的利润增长点，获取高于产业的利润水平或者弥补产业利润水平下降，为产业资本进入金融业提供了动力，导致大量央企参控股城市商业银行、信托公司，设立金融租赁公司，与外资保险公司合资设立寿险和财险公司，甚至投资控股证券公司。据统计，目前央企已设立资本控股公司的达18家以上，占国资委监管的110家央企的16%。其中，中国航空工业集团公司所属的中航资本已经成为上市公司，并获得了资本市场的青睐；五矿集团所属的五矿资本也已经发布公告，注入 *ST 金瑞实现上市。

3. 调整业务结构，应对产业周期

工业企业具有较强的周期性，金融企业虽然也难免受到经济周期的影响，但其在经营上受到单一企业和关联方业务规模等诸多监管要求的限制，资金投放较为分散，具有较强的经营稳定性。随着中国经济增速下降，经济由依靠投资和出口拉动向消费拉动转型，产能过剩开始显现，业务结构调整和产业结构优化、技术升级成为企业面临的主要矛盾。但是，一方面，受沉重历史包袱和经营机制惯性影响，企业业务结构调整难以一蹴而就，需要经历一个相当长的时期；另一方面，企业利润下降和保增长之间的矛盾突出，上市公司面临资本市场的压力，国有企业则面临来自国有资产监管部门的压力。通过收购、兼并、新设等方式进入金融业，可以较好地平滑企业面临的经济效益压力，开展金融业务成为企业，特别是央企的重要发展战略。例如，国电集团提出"将金融业务打造成为国电集团转型升级和效益提升的重要支撑"；中航工业集团提出"构建全牌照金融业务平台，打造一流金控公司"；国网集团提出"建设以电网业务为核心，金融、直属产业和国际业务全面发展的世界一流能源集团"；中粮集团把金融与粮油食品、地产酒店共同定位为未来三大业务板块。

（四）产融结合发展的方向

产融结合反映了产业资本和非金融企业发展的现实需求。从广义上讲，金融业必须为产业提供服务，这是其设立和发展的基础，经济发展离不开产业资本与金融资本的融合。但是，产业和金融业在业务本质上存在着巨大的差异，最明显的就是对风险的认知和承受能力不同，这也是非金融企业发展金融业务面临的最大现实性矛盾，需要产业更新观念，提高对风险的认识水平和承受能力，寻找风险与发展的平衡点。因此，产融结合，产业办金融之路能走多远，完全取决于产业对风险观念的转变速度和所确立的风险容忍度水平。如果产业能够较好地完成风险观念的转变，按照金融业务的发展规律建立相应的经营管理体制和机制，则可以发展成为健康发展的金融业集团。否则，只能是慢慢地落后于金融业的发展趋势，成为"鸡肋"业务，最终不得不剥离出售。

实体企业发展金融业务，应遵循金融业务发展规律的原则，以促进产业兴办金融业务健康发展为目标，重点把握好四个发展方向。

1. 实施战略化管控

金融业务市场化程度高，对宏观经济信息具有较高的敏感性，需要对金融经济形势的变化做出快速反应。如果照搬传统工业业务的决策程序和管理模式，很可能会贻误金融业务发展的契机。因此，在金融业务管理上，要突出战略管控，注重把控其发展方向，发挥法人治理结构的作用和功能，透过股东（大）会、董事会、监事会行使股东权利，对金融企业实施战略管理，不干涉企业的日常经营。同时，要突出构建优化董事会的组成，充实董事会的行业专家，充分发挥董事会的议事决策功能和各专业委员的职能作用，提升对金融发展的战略管控能力。特别是要通过薪酬提名委员会加强对金融企业选人用人的推荐和选聘，建立符合企业实际情况和发展目标的激励约束机制；发挥风险管理委员会的职能，强化企业风险管理制度的建设和执行；发挥预算委员会的职能，制定符合行业发展趋势的年度经营计划和长期发展规划，平衡好规模、效益和风险之间的关系，使企业保持合理、合适的发展速度；发挥战略委员会的职能，研究行业发展趋势，把握发展方向，跟上行业发展的步伐，优化配置好企业的内外部资源。

2. 开展职业化经营

金融业是轻资产、重资本的行业，金融人才的专业能力和水平是影响其发展的关键。因此，在金融业务的经营管理上，必须走出技术型管理和产业经营的传统思维，突出"专业人干专业事"，实行职业经理人制度。明确界定经营管理班子的职责，通过设定与行业发展趋势、本企业在行业中的地位，以及战略发展目标相适应的激励约束机制和薪酬水平，鼓励经营管理班子各司其职，发挥其专业管理能力，做好日常业务管理，管好企业运营，实现股东（大）会、董事会确定的目标。同时，要按照培养专业人才的目标，建立自我培养和招聘关键人才相结合的机制，注重引进业务带头人，通过培训提升现有人员的专业能力和素养，搭建职业化经营管理平台，使金融业务的经营管理能力逐步跟上业务发展的需要和行业管理水平，实现与金融业发展的良好接轨。

3. 着力平台化发展

金融行业已经呈现混业经营的发展趋势。产业集团所办金融业务实际上也正在向全牌照发展。在这种趋势下，要充分利用客户资源，挖掘客户资源的潜力，向客户提供综合性、全方位的金融服务。要实现这一目标，就需要搭建综合性金融服务平台，对客户资源实现统一管理，实现客户价值最大化，并制定相应的激励措施，理顺各业务公司之间的利益分配关系，实现客户资源在不同金融业务及其主体之间的有效迁移，提升客户的活跃度。对于以产融结合为发展目标的企业来说，设立金控公司作为金融业务管理和金融资本运营的平台，一方面有利于统筹金融资源，实现金融业务之间的互补，便于为主业实施定制的金融服务，提供主业发展所需的信息，开展一体化金融财务咨询服务；另一方面有利于统筹主业的供应商和客户资源，通过向其提供综合性的金融服务，提高议价能力和对主业的黏性，促进主业发展。

4. 进行系统化应对

金融业务属于高风险性行业。在某种程度上说，金融企业的核心业务就是经营风险，实施风险定价，获取风险收益。目前产融结合的金融业发展模式已经走向多元化混业经营，这将造成风险的聚集。产业集团兴办的金融企业涵盖银行、保险、信托、租赁、证券、基金等众多的金融细分行业，有着各自的经营管理特点，所面对的风险也存在较大差异。特别是在客户资源共享的情况下，一旦出现风险事件，容易向所管理的各金融企业蔓延和聚集，演变成为大的风险事件。要保持金融业务的可持续健康发展，就要建立系统性的风险管控体系和应对措施，制定统一的风险管控制度、指标体系和预警机制、处置预案等，及时捕捉风险动向，防止风险过度聚集，使业务运行处于在控状态。

产融结合是产业资本在一定发展阶段的必然性选择，也将随着金融机构的成熟和金融市场的繁荣，以及金融业市场化程度的提高而发生变化，甚至出现产业和金融业的分离，正如 GE 一样回归产业。但是，金融与产业在风险认识和风险管理理念上存在巨大的差异，导致二者的经营特点和企业文化存在反差。产业资本进入金融领域，首先要转变经营理念，理顺二者之间的文化差异，建立符合金融业务发展规律的风险文化、激励机制和风险管控体系，立足于发挥法人治理的功能和作用，建立职业化、专业化的经营管理团队，顺应金融混业经营的发展趋势，搭建金融业务管控平台，推进金融业务综合发展和实施系统性风险防控，从而促进金融业务的健康可持续发展。

二、金融控股公司管理

金融控股公司（简称金控公司）已经成为中国金融业发展的一种重要组织形式。一般情况下，金控公司通过以股权为纽带控股或者参股银行、寿险、财险、证券、基金、信托、金融租赁、资产管理公司、担保公司，以及财务公司、自保公司等各类金融企业，并至少控股以上细分金融行业两个以上类型的企业，成为持有多元化金融牌照的公司。由于中国实施分业经营、分业监管，各类企业由不同的监管机构或者监管机构内部不同的部门实施监管，且业务性质和风险程度存在较大差异。因此，金控公司应加强对所持股金融企业实施有效管理，并能满足各业务的监管要求，弥合企业文化，建立风险平衡的经营管理机制和运行机制，形成经营管理的合力，提升公司价值。

（一）金控公司管理的主要内容

金控公司的特点在于以股权为纽带实施金融多元化经营，包含三个层面的含义：一是金控公司对所属企业的管理应突出股权关系，通过建立完善的法人治理结构实施管理；二是所属金融企业分属不同的细分金融行业，具有不同的业务特点，面临不同的风险水平，且各自有相应的监管部门和监管要求，在管理上不宜一刀切，应尊重不同的监管要求和行业特点，建立提升企业积极性的机制与政策；三是设立金控公司的根本目的在于实现不同业务之间的业务协同，建立完善的金融产品服务线，以风险水平为核心，采取不同的金融服务方式，以不同的金融产品对客户提供全方位、综合性、一体化的金融服务，提升客户黏性，"吃干榨尽"金融产品服务链的利润，实现业务协同效益最大化。因此，金控公司的管理至少应该包括战略协同、风险管控、业绩考核、信息管理四个方面的内容。

1. 实施战略协同

战略协同是确保实现金控公司设立目标的重要途径，也是金控公司管理的重要内容。金控公司管理的着眼点在于金融业务的多元化和以股权为纽带实施股权管理。战略协同管理的主要任务有以下三个方面：

（1）树立协同理念。金控公司主导的协同理念需要贯彻到各企业的经营战略和产品服务策略中，需要金控公司通过派驻各企业的董事会、监事会和高管人员准确把握金控公司的协同理念，立足于为客户提供综合化金融服务解决方案。各企业制定发展战略、管理措施、产品策略时充分考虑上下游业务的需求和服务能力，按照金融产品服务价值链思考自身所处的位置，分析优势和劣势，探索可以为上游业务提供的服务和对下游企业提出产品服务需求，并以此为基础制定相应的企业发展目标、发展措施，创新产品设计，丰富金融服务内涵，提升金融服务的价值。

（2）贯彻协同理念。战略协同理念树立之后，还需要落实到具体的产品服务和全体员工的实际行动上。特别是在行动中要处处体现协同的理念，就必须建立起有效的激励约束机制、考核机制和配套的管理政策，以促进全体员工从自身工作做起，将战略协同的理念融入"血液"，融入每个思维的细胞，以服务客户为中心，能够积极主动地推介金控公司内其他企业所能提供的服务，积极主动地向其他企业或服务团队提供客户需求信息，积极主动地设计跨产品、跨企业的服务产品并提供给客户，打通金融产品服务链，实施不同风险水平层面的产品或服务组合，满足客户对实施不同风险管理的需要。

（3）监督协同理念。协同效应是金控公司追求的目标，但所处位置不同决定了利益不同，甚至存在利益冲突，这就需要对战略协同理念的贯彻实施情况进行检查和监督，对执行好的团队给予表扬或奖励，对实施不好的团队给予惩戒。同时，还需要加强战略协同理念的培训和宣贯工作，注重对不同类型典型案例的总结和分析，使公司上下、不同企业、不同业务、不同团队能够将战略协同理念放在第一位，在与客户接触、处理业务、设计产品时首先想到公司能为上下游企业或业务做什么，能否加入综合服务团队，能提供什么样的信息。最终以检查监督为手段，促进战略协同理念的扎根和提升。

2. 实施风险管控

从根本上讲，金融企业的业务就是经营风险，只不过各类金融企业所面临的业务风险水平不同，金控公司就是根据业务风险水平组成的一条风险价值链。例如，贷款是银行的传统业务，生产企业将经营风险以贷款的形式一定程度地转移给了银行；寿险和财险也是投保人将自身所面临的生命和疾病风险，以及财产损坏、灭失的风险转移给了保险公司；目前信托业务更多的是资金"对缝"业务，是不能从银行取得贷款的企业，转而通过信托的方式获取资金，其业务风险明显高于银行贷款业务；金融租赁本质上也是属于生产企业融资，要面对企业经营转型和经营陷入困境的风险；担保公司、信用公司的业务是为客户增加信用措施，客户本身就是因风险较大不能满足贷款、发行债券等信用评级要求而不得不通过市场化方式增加信用；基金公司、资产管理公司则要面临投资风险、交易风险、政策风险和监管风险，并通过承担风险的方式实现客户资金的增值，赚取资金管理费用，使公司正常运营；财务公司和自保公司作为只能开展集团内部业务的机构，本质上也没有脱离银行和保险公司的性质。因此，风险管控是监管机构进行监管的重中之重，并因业务的不同设置了很多风险管控和监管指标，是各类金融机构日常管理的重点。满足监管指标的要求，做好经营管理和风险控制则是金融企业管理工作的重点。

就风险管控而言，关键是要建立风险管理的氛围和风险管理的制度、体系。建立风险管理的氛围，就是要牢固树立风险管理意识。在开展业务时，员工首先要想到所面临的风险是什么、风险水平如何、是否在公司可控范围之内，以及是否有相应的降低或规避风险的措施；其次，能够主动地执行公司的风险管理政策和制度，不因各种利益而"绕行"以规避制度；再次，不仅自己要积极执行，而且要主动监督他人或其他部门风险管理制度的执行情况，发现问题及时向公司报告；最后，在做好主动执行和监督的基础上，还要为加强和完善风险管理建言献策，促进公司风险管理制度和政策的持续完善。

建立风险管理制度体系，就是要把风险关进制度的"笼子"，使公司运行始终处于受控状态。这就要从牢固树立风险意识的风险环境入手，建立起一套识别风险、计量风险、控制风险的制度体系。在这套体系中，要突出建立良好的风险管控环境，使金控公司及其各所属子公司能够把风险放在第一位，制定公司的风险偏好，并将公司的风险偏好水平在全公司范围内进行不断的宣贯，明确各级岗位的风险管理责任，使之扎根于每个员工的意识深处，成为开展工作的根本遵循。在此基础上，规范风险识别和计量的程序，利用最先进的风险管理工具和技术较好地识别公司、业务所面临的风险种类，计量风险水平，并对其制定明确的管理措施，采用加强内部管理的方式强化对风险进行规避或控制，利用市场化手段对风险进行转移。同时，要建立风险稽核和监督检查制度，明确业务部门、风控部门和内审部门的相应职责，健全风险管控的"三道防线"，将公司的风控管理制度落到实处。

在风险管理体系中，金控公司本部的重要职责：一是推进全公司的风险文化建设，确立反映公司文化的风险偏好；二是建立风险信息监控管理系统，随时掌握各所属公司和业务的风险信息，实施动态监控，对突破风险管控指标的做法能够及时预警；三是确保"三道防线"能够较好发挥作用，并对各所属公司的风险管理制度建设和执行情况进行监督检查，确保风险受控、在控。

3. 实施业绩管理

业绩管理是金控公司对所属企业进行管理的重要内容和抓手，也是金控公司进行资本分配的重要依据。一般来说，金控公司本部很少从事金融业务，以利润衡量的公司业绩主要来自所属公司的经营。因此，建立科学、可行的业绩管理与考核体系和薪酬管理制度成为金控公司管理的重要内容之一。

（1）建立一套业绩考核指标的核定标准体系。对所属公司的业绩管理要实现标准化和程序化，增强核定业绩指标的科学性，减少核定过程中的讨价还价，避免为实现金控公司的年度业绩指标而"鞭打快牛"，或者不得不调减预期业绩目标。

（2）建立依据所属公司业绩实施资本分配的制度体系。资本的逐利性决定了资本总是向高投资回报率的领域流动，这也是金控公司发展的原始驱动力。因此，金控公司必须科学地评估所属公司的业绩及其未来的发展能力，客观评价其业绩水平，遵循资本投资收益递减的原则，将金控公司的资本资源对所属公司进行分配，体现公司发展的能力和潜力，实现资本在不同风险水平上的优化配置，提升金控公司资本管理能力和运作能力，提高资本使用效率。

（3）建立以业绩为核心的业务进入和退出机制。固然，业绩不是衡量业务发展的唯一标准，但必须使业绩体现公司的发展战略定位和发展能力，对于比较成熟的业务来说更是如此。这就要将公司各业务条线的业绩放到更加广阔的空间和时间维度进行衡量：横向对比，挖掘业务发展前景和业绩提升空间；纵向对比，发掘业务在公司战略中的定位及其对公司贡献的潜在能力。

（4）要建立体现公司业绩导向的薪酬管理体系。薪酬管理是公司激励约束机制的重要内容，也是体现公司业绩导向的重要途径。所建立的薪酬管理机制必须与业绩挂钩，体现公司的业绩导向，而不至于使员工有"酸葡萄"心理。对所有员工的考核，都要放在统一的业绩指标体系中予以计量和衡量，激发员工为实现公司业绩目标多作贡献的积极性和主动性。

4. 实施信息管理

信息管理是金控公司管理的基础性工作。信息管理的重要性在于，由于金控公司一般并不直接参与所属企业的日常经营和管理工作，仅实施股权管理，如果不能获取所属企业足够有效的经营信息，就无法开展风险管控和业绩管理，更无从优化公司的发展战略，实施全公司范围的战略协同。信息管理至少应该包括以下四个方面的内容：

（1）进行信息获取。主要是金控公司要对获取所属公司什么样的信息进行规范。既不增加所属企业的工作量，又能满足金控公司进行管理和决策的需求，更要厘清收集管理信息与行业监管部门所要求的监管信息的界限。除了定期的财务报告之外，金控公司应该更多地掌握所属企业运营和风险等方面的信息，以便能够及时把控企业的实际运行状况，将管理的要求传递到企业，使企业能够始终与金控公司的总体战略保持一致。同时，金控公司也应着重收集宏观经济、监管政策、金融行业总体发展趋势及运营状况，以及行业内重点企业、典型企业的信息，以便能够掌握所属金融企业在行业中的地位，有利于公司总体发展战略的调整和优化。

（2）进行信息处理。金控公司应该培养一支具有较高综合素质的分析师队伍。由于金控公司不直接参与所属金融企业的实际运营，但需要把握其运营的实际状况，这就需要这支分析师队伍能够将所获取的企业信息和行业进行对比分析，提出改进公司经营管理的建议，经金控公司决策后以适当的方式传递给所属企业，督促其改进运营和管理，提升公司的整体价值。

（3）建设信息系统。无论是信息还是信息处理，都应遵循及时性和客观性原则。这就要建立一套完善的信息管理系统，将公司的信息管理全部通过信息系统实现，实现信息收集和信息处理规范化、程序化、透明化，增强信息处理的科学性和信息反馈的及时性。

（4）建立信息反馈。信息管理的全部工作要紧紧围绕金控公司的管理需求开展。信息分析处理的结果必须要反映到公司的决策和管理上，便于及时调整经营管理策略，提升公司的运营效率。

此外，对于已经在股票市场上市或准备上市的金控公司，还必须处理好管理信息、行业监管信息和股票市场公开披露信息之间的关系，特别是要遵守股票交易所关于信息披露的规定,把握好信息披露的时机。任何可能影响公司股价变化的信息都必须及时公开披露。

(二)金控公司管理的主要难点

金控公司是以股权关系为纽带而设立的,在一般情况下,公司本部并不从事具体的金融经营业务,其所属企业均为独立的法人企业,有自己的董事会、监事会、经营管理层,以及相应的业务经营管理团队,且各企业虽然都是金融企业,但业务性质和所面临的风险水平存在较大差异。因此,如何将不同业务、不同风险、不同企业的业绩放在金控公司的统一标准尺度下进行管理、衡量,并处理好经营管理、战略管理和监管管理之间的关系,成为金控公司的管理难点。具体来看,主要表现为分业经营与统一管理的矛盾、业务协同与企业文化的矛盾、关联交易与市场定价的矛盾、考核标准与薪酬体系的矛盾。

1. 分业经营与统一管理的矛盾

金控公司对所属企业实施统一管理和所属企业分业经营、分业监管的矛盾是金控公司管理面临的首要矛盾。金控公司的业务涵盖多个细分金融行业,每个细分行业都有各自的监管部门和监管指标。也就是说,金控公司所属企业必须要保持经营的独立性,按照各自的业务范围开展业务,接受各自监管部门的监管,使得自身经营满足各项监管指标的要求。但从金控公司整体来看,有对所属金融企业按统一标准实施管理的客观需要,使各所属企业能够处于同一管理的标准和尺度之下。这就形成了金控公司统一管理与所属企业分业经营管理之间的矛盾。

(1)金控公司对所属企业的管理要保证各子企业能够满足行业监管的需要,使其业务开展和经营管理始终围绕着满足监管指标的要求。否则,违反监管要求的企业将被监管部门实施处罚,情节严重的,还可能面临限制公司业务开展,甚至撤销牌照和停业整顿的处罚,对金控公司产生负面影响。

(2)金控公司对所属企业的管理要遵循其所在行业的业务特点和发展规律。这将有利于企业跟上行业发展趋势,提升竞争能力,提高市场占有率。

(3)金控公司要尊重法人治理结构的功能。不宜直接参与或干预所属企业的日常经营管理，应通过派出的董事、监事和高管人员具体落实金控公司的管理要求，使企业的发展战略与金控公司保持一致。

（4）金控公司要突出加强对所属企业高管人员的管理。对高管人员的选聘要制定科学的机制，促使相关人员能够全面领会金控公司的发展战略以及各子公司的发展定位，并能够积极落实到其所任职公司的管理实践中。

2. 业务协同与企业文化的矛盾

金融企业的文化归根结底就是风险文化，体现在对风险的认知水平和风险承受能力上。不同金融细分行业面临的风险暴露不同，形成了对风险承受能力的差异，从而造就了不同的企业文化。通常，银行的业务主要是吸收公众存款，并将存款以贷款和投资的形式使用，所面临的风险水平相对较低。信托公司几乎能够从事除保险业务之外的所有其他金融细分行业的业务，其业务的综合性决定了竞争的激烈程度，风险容忍度水平也相对最高。金融租赁业务类似于银行的贷款业务，但客户多为不能从银行系统获得贷款转而采取融资租赁方式购置资产，客户风险和资产风险并存。担保公司和信用公司实质上从事的是增信业务，满足客户开展融资业务所需的信用水平，提升信用评级，风险水平相对更高。证券公司为客户提供融资、融券等金融杠杆业务，要面对资本市场的日常波动，宏观经济、财政政策、货币政策等的突然变化，以及上市公司经营状况突变等诸多风险，因此经常在业务协议中明确规定了平仓条款。寿险公司和财险公司要经常面对客户基本情况恶化、诚信度不够，以及群体行为和保险标的概率改变等方面的风险，且其收取的保费配置到股市、债市，以及实业等领域，同样面临宏观经济形势和宏观政策变化所导致的风险。基金公司、资产管理公司的业务就是代客理财，必须将所募集的资金进行投资，直接面对各种投资风险和政策变化风险。相对而言，财务公司和自保公司由于只能从事集团企业内部的业务，客户风险相对可控，通过加强内控制度建设，可以保持较低的风险水平。正是这些业务面临的风险差异，导致了其企业文化的不同。因此，银行的企业文化相对较为保守，信托公司和金融租赁公司的企业文化相对比较积极，保险公司的企业文化一般最为稳健。这将对金控公司所提倡的业务协同产生深刻影响。

金控公司设立的初衷就是要实现金融资源的集中配置和管理，在所属金融企业之间实施业务协同是金控公司的必然选择。在实施业务协同时，必须要考虑到不同企业因风险容忍度水平不同而导致的企业文化差异，对所开展的协同业务从整体上科学、合理地划分风险水平段，使之能够满足参与协同企业风险管理的需求，将业务开展控制在可接受的风险容忍度范围内。在业务开展上，银行可以承接最基础的部分，信托和金融租赁可以承接风险水平相对较高的部分，超出这些企业风险承受能力的，则可以通过担保公司或者信用公司实施增信，而保险公司则可以对标的物进行相应的承保，有效规避意外事件所导致的标的物毁损、灭失，以及标的公司经营管理层不诚信、因重大宏观经济政策变化导致利润下降等风险，使金控公司主导的业务协同形成风险管理闭合价值链。

3. 关联交易与市场定价的矛盾

金控公司所倡导的业务协同必然产生所属金融企业之间的关联交易，而关联交易的定价机制将对业务协同的实际效果产生重要影响，并可能危及金控公司合力的形成。其主要原因在于，如果关联交易的定价机制不能客观地反映交易的市场价值，合理覆盖交易成本，将极大降低关联方实施交易的积极性。

一般来说，关联交易的定价一是可以完全采取市场化的定价模式，但很容易导致所属企业以各种理由不选择内部交易；二是可以完全采取内部转移定价模式，但定价的基础比较难以确定，经常导致关联交易各方均认为价格不合理，要求总部在业绩考核时予以调整，"会哭的孩子有奶吃"，这无疑将使总部成为矛盾的焦点。因此，处理好关联交易的定价机制对金控公司而言尤为重要。

对此，金控公司要把握好制定关联交易原则与管理具体交易行为的关系，立足于从公司整体利益出发制定实施内部交易的统一原则，规定必须实施内部交易的条件及达成内部交易的基本要求，由关联交易双方自行协商确定交易的具体细节，包括交易价格、交易模式、交易规模，注意防止可内部交易而实施外部交易的行为。在具体实施上，可以采取"行政加市场"的方式较为艺术地处理关联交易。所谓行政，就是利用金控公司的管理地位，划定必须实施内部交易的业务，对关联交易的标准、模式、成本控制等做出明确规定，达到外部服务平均水平的，必须实施内部采购；达不到外部服务平均水平的，可以外部采购，但内部服务单位要限期达到市场平均水平；限期满后，仍然达不到的，则必须进行业务调整，撤销从事该业务的部门或者重新组建更高水平的团队。所谓市场，就是要充分利用外部市场化服务和价格对内部企业形成提升服务、降低成本的压力，对内部的关联交易按照"服务成本与市场价格孰低"的原则确定交易价格，给予交易双方自行协商和谈判达成交易的自由。同时，还应建立关联交易下的业绩调整考核机制，既可以按照一定的标准对关联交易产生的增量业绩在交易各方进行分配，也可以以内部交易的次数计量，对积极主动开展关联交易的企业给予业绩考核单项加分，培养各企业牢固树立整体意识和大局观。

4. 考核标准与薪酬体系的矛盾

薪酬体系是业绩考核标准的具体体现和落脚点，二者是有机结合的整体。就金控公司整体而言，建立统一的考核标准，就意味着要建立统一的薪酬体系，从而有利于平衡好所属企业之间的关系。但是，统一的考核标准和薪酬体系不能反映各企业所处行业的不同，甚至可能与行业薪酬产生较大差异。明显高于行业薪酬的，将形成人才的正向流动，有利于吸引行业内更加优秀的人才加入，但也可能会付出较高的薪酬成本，使公司的边际收益递减，达不到公司的业绩目标；明显低于行业薪酬的，将形成人才的反向流动，造成优秀的人才流失，不利于公司竞争力的提升和发展。

因此，金控公司应合理处理好考核标准与薪酬体系的矛盾。要体现金控公司的价值导向，引导所属企业向各自所处的行业看齐，而不仅仅向金控公司内部看齐，盯住金控公司内部薪酬水平较高的企业。金控公司制定的考核标准和薪酬体系，要充分尊重行业特点不同导致的薪酬水平差异，坚决摒弃在业绩考核和薪酬体系上"整齐划一"的观念，而应该从所处行业的角度看待薪酬体系和薪酬标准存在的差异。

（三）金控公司管理的主要路径

金控公司的管理应该体现公司设立的目标和存在的价值，这也是金控公司实施管理的根本诉求。在管控模式和运营机制的设计上，应该反映金控公司所面临的实际情况与问题。在一般情况下，金控公司总部没有实际的经营业务，而分别持有所属金融企业的股权，或控股，或参股，股权关系决定了金控公司应围绕行使控股股东权利或参股股东权利设计具体的管控模式，以及对所属金融企业施加管理影响的运行机制。建议金控公司的管理应从股东地位出发，致力于在所属金融企业建立完善的法人治理结构，以保证金控公司能够较好地行使股权权利。同时，以突出法人治理结构高效运转为突破口，以建立市场导向的业绩考核体系和风险导向的资本分配制度为抓手，促进金融人才的有序流动和优胜劣汰，实现对各金融企业的有效管理，提高其按照金控公司战略发展目标实施自主管理的积极性。

1. 建立完善的法人治理结构

完善的治理结构是金控公司行使股东权利的重要基础。一般来说，金控公司所属企业都具有独立的法人地位，金控公司仅是股东之一。金融监管法规对金融企业的股东资格和最大持股比例都有明确规定。从长期看，金控公司的股权比例将呈现缩减趋势，金融企业的股东数量将呈现增加趋势。当金控公司持有的股权比例降低到一定程度后，金控公司即使保持了第一大股东的地位，也很可能由于金融企业的股权较为分散而在董/监事会，甚至股东大会上不再处于绝对的优势地位，必须与其他股东合作才能就金融企业的发展战略、董/监事会组成、高管任命、财务预决算、投资、重组并购等重大议案达成共同意见才能获得通过。因此，金控公司必须未雨绸缪，对所属金融企业的法人治理结构做出全面、细致、明确的规定。

（1）制定尽可能完善的公司章程。公司章程是公司的根本大法，具有公司"宪法"的地位，是所有股东、董/监事会和经营管理层必须遵守的基本规定。在公司章程中，应就董/监事会的组成及权利，股东大会的权利及议案通过办法，以及经营管理层的产生、聘任等予以明确规定。尤其是要对新股东进入后对董/监事会人数、组成等方面的影响进行细致、清晰的安排，尽可能保持金控公司在所属金融企业法人治理结构中的优势地位。

(2) 制定尽可能完善的股东（大）会、董／监事会议事规则。这是保证法人治理结构高效运转的重要保障，是处理决策过程产生矛盾的预防性措施。在议事规则中，要根据未来股东变化和股权分散情况预判可能出现的矛盾和影响议案通过的可能性因素，详细规定议案通过的票数或股权比例。需要特别关注董／监事会成员和高管人员的提名权是归属董／监事会还是股东，并对股东（大）会上类似议案的提出权归属，以及董／监事会任期、改选、过渡期安排等要有非常清晰的规定。否则，一旦金控公司失去了在董／监事会的主导权，将空有第一大股东的地位而不能较好地保护和行使自己应有的权利。

(3) 规范董／监事会的人员组成和提名。在这方面，主要是防止公司高管层控制董／监事会，从而不能较好地履行委托代理职责，出现内部人控制，损害股东利益的现象。因此，应严格控制进入董／监事会的高管人员数量，对执行董事的选任以及执行董事是否兼任公司高管要有细致考量，使董／监事会成员能够较为独立地行使权力，维护股东权益。同时，董／监事会中独立董事或独立监事的选聘、提名不应成为董／监事会的权利，防止"董／监事推荐、自选董／监事"而结成相应的利益集团。

(4) 规范董事会分设委员会的设置和运行。为了促进董事会的有效运行，董事会应下设公司战略发展委员会、预决算委员会、薪酬提名委员会、审计委员会和风险管理委员会，各委员会的组成应体现董事的专长以及保持委员会运行的独立性。审计委员会应由外部独立董事组成并任主任委员；薪酬提名委员会的组成应体现客观性、公正性的原则，公司现任高管董事或执行董事不应成为该委员会成员；风险管理委员会要切实发挥公司风险管控政策制定者的作用，全面把握公司风险管理大局，独立、客观、准确地判断公司面临的风险，督促公司建立完善的风险管理制度和体系，保证公司风控部门有职有权，并能独立行使权力；公司战略委员会和预决算委员会的主任、委员应由金控公司派出的董事兼任，以确保公司战略能够与金控公司的总体发展战略实现有机融合，真实反映公司的经营状况和成果。

2. 建立市场导向的业绩考核体系

金融业务市场化程度高的特点，决定了金控公司对所属金融企业的业绩考核必须坚持市场化的方向和原则。市场化导向的业绩考核体系包含三个层面的含义：

（1）所属企业的业绩必须放到同行业中去衡量和考核。企业不能从纵向角度只与自己的历史业绩比较，而必须横向与行业中其他企业，特别是具有相似股东背景、企业文化等企业去对比，更要与行业内的先进企业在业务模式、发展驱动力、管控机制、风险管理等多维度进行对比分析，查找自身不足，制定追赶目标和计划。

（2）所属企业的薪酬也应放到同行业去对比和衡量，不能简单地说薪酬高低。特别是金控公司内部各所属企业的薪酬不能进行简单的对比，必须根据公司业绩在所属行业中的排名，与行业平均薪酬水平，以及与公司排名相近的公司的薪酬水平进行对比。

（3）所属企业的业绩水平要根据所占用的资本多少、质量进行校正。这就是要用净资产收益率或资本报酬率等相对指标评价企业的业绩，可以较好地体现资本的逐利性，从而成为金控公司分配资本资源的主要依据和参照指标，能更好地衡量所属企业的资本运营效率。

3. 建立风险导向的资本分配制度

金控公司的资本是非常宝贵的稀缺资源，应建立相应的制度和体系，使金控公司的资本资源得到有效、高效配置，提升金控公司的整体价值。因此，金控公司的资本配置是一个价值创造和价值优化的过程，具有促进金控公司价值提升的重要作用。同时，由于金融业务所独有的风险特征，金控公司的资本配置应充分体现风险因子的影响，使金控公司的整体风险处于可控、在控的状态，满足金控公司的风险容忍度。

（1）正确评估金控公司面临的风险，科学确定风险容忍度。这就要识别公司面临的风险，并通过科学的方法对风险进行计量，确认公司的主要风险类别和风险水平，通过累加计算出风险敞口和风险承受能力水平，从而成为公司实施资本配置的重要基础。

(2) 正确评估和科学确定所属金融企业的风险承受能力。可以采取与金控公司确定风险容忍度相同的方法计算出各金融企业的风险承受能力，并根据金控公司的风险容忍度调整确定各金融企业的风险容忍度水平，使所属企业清晰地了解自己和金控公司的可接受风险水平，成为决策的重要依据。

(3) 对所分配的资本实施风险评估，计量其对资本接受企业和金控公司总体风险敞口的影响。特别是对于增加风险敞口的资本分配，要确保增加之后的总量风险水平不超过金属企业和金控公司确定的风险容忍度水平。

(4) 对资本的投资效益进行风险调整。为了使项目易于通过，通常在对项目作经济效益预测和评价时不考虑风险因素，导致项目执行之后鲜见有达到预期效果的。因此，金控公司在进行资本分配时，应按照项目的风险水平或接受资本分配企业的风险水平对预期经济效益进行调整，以更加客观、真实地预测和反映资本的使用效果。

4. 建立人尽其才的员工流动机制

人才是金融企业的重要基础性资源，是金融企业增强创新能力、维持高效益运行的重要保障。据有关资料披露，金融从业人员的年度流动性保持在 25% 以上。也就是说，从总量上看，金融从业人员每 4 年要全部变动一次工作，几乎是所有行业中流动性最高的。因此，营造人尽其才的工作氛围和环境，建立与从业人员诉求高度一致的激励约束机制，有助于保持员工队伍的稳定，有助于保持公司的创新能力和持续经营能力。

(1) 建立人才评估机制。能够对从业人员的业务能力、综合素质、性格特点等进行科学评估，全面分析和掌握每个员工的基本情况。

(2) 建立人尽其才的机制。根据人才评估结果将适合的人放在合适的岗位，促使每个员工都能够较好地发挥自己的能力和潜质，在工作中获得满足感和认同感。

(3) 建立员工职业规划和晋升通道。细化岗位等级，让职工真切体会到自己的工作能力、对公司的贡献、获取的回报与公司发展息息相关，提升被尊重的感知。

(4) 建立员工内部流动机制。当员工在一个企业遇到发展瓶颈时，可以发挥金控公司集团化的特点，转移到其他企业更为合适的岗位工作，使员工有"再出发、再发展"的挑战感，增强工作活力。

(5) 建立优胜劣汰和引进外部优秀人才的机制。通过优胜劣汰使员工产生危机感，并发挥外部人才的"鲶鱼效应"，激发现有员工的动力。

总体而言，金控公司的管理要充分尊重和体现金融行业的特点以及发展规律，注重理顺金控公司内部管理关系和矛盾，科学划分管控界面，找准"牛鼻子"，突出管理重点，从保证金控公司有效行使股东权利入手，以市场化业绩考核和风险导向资本分配为主要手段，充分调动所属企业经营管理的积极性，使之将主要精力集中到促进金控公司整体价值提升上。同时，再辅以人尽其才的员工流动机制，营造鼓励人才辈出和留住人才的环境，有效发挥全体员工的工作积极性、主动性、创造性，助力金控公司的发展。

三、内部控制体系建设

某种程度上说，金融企业的业务就是经营风险，这种风险是从其服务对象所面临的风险而来。因此，金控公司必须着手加强内部控制体系建设，实施全面风险管理，满足企业健康发展的需要。

（一）内部控制

1. 内部控制的概念

控制可以分成内部控制和外部控制。外部控制是指通过企业所处的外部环境（比如影响企业外部活动的法律、法规、历史文化和社会意识形态等企业自身功能不能左右的因素）对企业经营活动的约束和规范；而内部控制则是指企业为了实现自己的既定目标而进行的自身内部的自我组织、自我调节和自我修正。

对内部控制的认识是随着时间和环境的变化而逐步成熟完善起来的。企业内外部环境的不同，也对内部控制的理解存在差异。我国的《独立审计具体准则第

9号——内控制度与审计风险》中对内控制度的定义表述是:"本准则所称内部控制,是指被审计单位为了保证业务活动的有效进行,保证资产的安全和完整,防止、发现、纠正错误与舞弊,保证会计资料的真实、合法、完整而制定和实施的政策与程序。"

美国会计师协会对内部控制作出的权威性的定义是:"内部控制是企业所制定的旨在保护资产、保证会计资料可靠性和准确性、提高效率,推动管理部门所制定的各项政策得以贯彻执行的组织计划和相互配套的各种方法及措施。"COSO委员会把这个定义进行进一步描述为:内部控制是一个过程,它受董事会、管理者当局和企业内部其他员工的影响,其目的是为了下列目标的实现提供合理的保证。这些目标包括:经营的有效性和效率性;财务报告的可靠性;法律法规的遵从性。内部控制要素有五个方面:控制环境、风险评估、控制活动、信息与沟通和监控。

基于以上概念,国内许多企业在具体进行内部控制体系建设时,认为"内部控制,是指企业为实现经营目标,确保会计信息真实可靠,保护资产安全完整,遵循有关法律法规和规章制度,提高企业运营的经济性、效率性和效果性而制定并实施相关政策、程序及措施予以合理保证的过程"。

2. 两个定义的异同

虽然国内的定义基本上沿用了美国的定义,但是从两个定义来看,美国定义内涵和外延比国内定义的范围要大一些。国内定义继承和包涵了美国定义的强调部分与精髓,但对除财务信息、资产安全外的企业内部管理控制内容基本没有涉及。虽然国内的定义更符合目前我们注册会计师的执业水平和当前的国内经济发展状况,但是在适当时候应对国内的定义进行修正和完善,使其更多地转到内部控制因素上来进行表述。国内企业在建立自己的内部控制体系的实际操作中更多的是参照了美国的内部控制定义和COSO委员会提出的五个内部控制要素。

3. 内部控制的内涵

美国内部控制的定义给内部控制确定了四个目标:资产的安全性、财务信息的可靠性和准确性、经营成果的效率性、法律法规的遵从性。内部控制目标如何实现,是企业管理当局的责任和义务。从这四个目标我们可以看出两点:

首先，内部控制不直接产生经济效益，而是通过控制风险、规避风险、提高运行效率为提高经济效益作保障，其对经济效益具有间接影响。即规避了风险，或者对风险实施了有效的管控之后，降低了企业可能面临的潜在损失，实际上就是为企业提高经济效益提供了服务和保障。

其次，从注册会计师的法律责任来考虑，内部控制已经超出了注册会计师的法律责任范围。换句话说，注册会计师只是对其经审计后出具的审计报告负有法律责任，而对企业内控制度发表的意见，一般表现为管理建议书，这不是注册会计师的法定义务。

美国会计师协会对内部控制还作了如下划分："广义地说，内部控制按其特点可以划分为会计控制和管理控制。"其实，这个划分就是把内部控制的四个目标按照控制责任主体进行了归类：前两个目标的控制基本归类为内部会计控制，后两个目标的控制基本归类为内部管理控制。实际上，在管理以及审计实务中，这两者往往会交叉在一起，难以严格地界定和区别，即使进行了区别，实际意义也不大。

根据这个分类，我们可以通过分别理解内部会计控制和内部管理控制来理解和诠释内部控制的定义。

(1) 内部会计控制。

内部会计控制是由保护资产安全和保证财务信息真实可靠的相关工作流程与工作记录构成的控制体系。内部会计控制的控制范围是能够用货币计量的经济活动，其实现的基本手段是财务工作流程和财务控制标准，主要目的是保护企业资产的安全和财务信息的准确可靠。

(2) 内部管理控制。

内部管理控制是为提高企业经营效率，促使遵行各项管理政策，以便达到既定目标的控制体系。内部管理控制的控制范围是企业所有的内部管理活动和管理职责，是对各项经济业务进行内部会计控制的起点，其实现的手段是企业管理制度和工作流程，主要目的就是提高企业的经营效率，保证各项规章制度的顺利执行。

（二）处理好内部控制和企业资源管理系统的关系

1. 企业资源管理系统（ERP）

（1）ERP 的发展历程。

20 世纪 70 年代，制造企业的管理者为了有效地进行物料管理和利用，形成了物料需求计划 MRP；80 年代为了解决生产与库存控制的集成问题，又产生了制造资源计划 MRP-Ⅱ；90 年代企业信息处理量不断加大，企业资源管理复杂化也加大了，这样信息集成度的要求就随即扩大到了企业的整个资源利用和管理，于是就产生了管理理论与计算机信息系统的结合——企业资源计划 ERP（Enterprise Resource Planning）。

MRP-Ⅱ的核心是物流，主线是计划；而 ERP 的主线虽然也是计划，但重心是财务，ERP 的管理范围涉及企业所有供需过程，是对供应链的全面管理。与以往的管理软件相比，它极大地扩展了业务管理的范围。

（2）ERP 的实质和优势。

ERP 是一个对企业资源进行有效共享与利用的系统。ERP 通过信息系统对信息进行充分整理、有效传递，使企业的资源在购、存、产、销、人、财、物等各个方面能够得到合理地配置与利用，从而实现企业经营效率的提高。从本质上讲，ERP 是一套信息系统，是一种工具。ERP 在系统设计中可集成某些管理思想与内容，可帮助企业提升管理水平。

ERP 作为企业信息化建设的核心组成部分，它的优势不仅仅在于帮助企业建立一套企业所拥有资源及其使用的信息化管理系统，更重要的是它是体现现代管理思想和方法的一种先进工具。

2. 内部控制与 ERP 管理系统的关系

（1）ERP 是内部控制的工具和手段之一。

内部控制的目标基本涵盖了企业经营活动的全部内容，而 ERP 作为信息系统，是为企业经营目标服务的。ERP 实施前要求有关组织重新设计和改进其业务流程，进行业务流程再造，再造后的流程成为组织必须遵循的共同标准。流程再造的设计过程中,设计人员集成某些管理思想,体现有效控制和高效配置企业资源的信息化优势。所以在 ERP 流程再造的设计过程中,可以把相关的部分内部控制要求加以统一考虑,以至这些要求最终成为组织内部所共同遵守的标准。

内部控制系统随着时间、环境条件、所应用的控制方法的变化而不断变化,ERP 就是在内部控制系统发展历程中某个时点上的一种相对完美的控制工具和手段。内部控制五要素中控制活动的手段可以分为人工控制和自动控制,通过 ERP 实施控制活动就是典型的自动控制。对于一些不能通过自动控制来实现的控制活动,还要应用人工控制。例如,我们对于难以量化、需要以职业判断为主的控制手段"危险信号"的控制;对于不在 ERP 线上的其他信息系统控制(如与员工上下班的 IC 卡控制),等等。

(2) ERP 本身是内部控制的客体。

ERP 是由主观意识的人设计和进行具体操作的,其最前端输入的数据决定其产出产品的质量,"输入垃圾决定了输出垃圾"。若输入错误的数据,其影响也一样会遍及企业整个范围和相关角落,最终可能导致严重的管理决策错误,而该数据源则由人为控制着,具有一定的主观性。另外,ERP 同其他信息系统一样也面临着诸如财产价值、法律责任、资产安全等风险,也需要对其进行有效的控制。

(3) ERP 是信息与沟通的组成部分。

在 COSO 的内部控制框架中,信息与沟通是贯穿整个内部控制系统的要素。ERP 作为信息集成系统,可以承担量化信息的筛选、集输、沟通等功能。在 ERP 系统的设计、开发、实施、运行、维护及管理中,可以把内部控制体系中对信息的总体控制和应用控制等要求加以体现。比如在 ERP 的设计阶段就可以把信息安全、系统变更管理等思想和要求加以考虑。

ERP 使得量化的信息沟通更便捷,并能达到全方位的信息共享。在企业内部,只要是 ERP 上的合法用户,就可以随时享受共享的信息,从而帮助管理者及时识别、捕捉确切的与企业经营活动相关信息,抓住判断时机,实现信息沟通的目的。

(4) ERP 具有一定的局限性。

ERP作为信息技术，它是企业管理工具和手段的一种。如上文所述，它不能代替所有的管理工具和技术；ERP业务复杂，运作和维护成本高，规模较小的企业不适合采用该技术；ERP各模块是根据业务实际设置的，没有标准化的模型，所以对于不同类型的企业，ERP的内容也不尽相同，这对于经营范围广的大型企业集团来讲就很难设置统一量化的考核评价标准，等等。

从上面的分析可以看出，ERP就是一种管理和控制的工具与手段，它的优势在于最大化的信息集成，并把特定的管理要求固化，但是它本身并不创造控制体系；对内部控制体系而言，它是自控控制和信息与沟通的一个重要组成部分；对企业所面临的风险而言，企业仍需要通过建立内部控制体系，提高风险管理水平，规避和弱化企业经营管理过程中遇到的各类风险。

或许部分地基于上述原因，在ERP应用已经相当成熟的美国，在安然、世通等公司出现内部管理漏洞后，美国证券交易委员会（SEC）又以法定形式要求上市公司必须建立内部控制系统，以加强上市公司的内部控制，增强其抵御风险的能力，提高财务报告的质量，明确其法律责任。

对企业所面临的风险而言，企业仍需要通过建立内部控制体系，提高风险管理水平，规避和弱化企业经营管理过程中遇到的各类风险。

（三）企业资源管理系统建设与内控体系建设融合

1. 融合的必要性

ERP实施和内控体系建设都是科学管理的重要内容。内控体系建设是从风险管理出发，通过对实现企业目标具有重要影响的不确定性事件进行分析、确认风险、制定解决方案，以规避风险，降低可能造成的损失，为实现企业发展目标提供合理保证的过程。内控体系是风险管理和控制的平台。ERP是要建立覆盖企业主要经营业务的信息化资源共享平台，提高企业资源的可利用水平和工作效率，使企业所拥有的经济资源能够得到较好的优化配置，为企业创造更高的价值。二者在建设过程中实现有机结合的必要性体现在以下三个方面：

（1）做好结合工作有助于提高企业运营的效率和效果。

提高企业运营的效率和效果是内控与ERP的共同目标。内控的重要工作内容之一就是识别出影响企业目标实现的重要风险，并通过对业务流程的分析，把识别的重要风险标注在合适的业务流程节点上，并采取适当、合理、可行的控制措施。这些控制措施在以ERP为重点的信息化环境下，通过与ERP业务流程的结合，可以提高控制的自动化程度，实现控制的标准化，改进控制的效率和效果，进一步提高企业重要风险的识别和控制能力。控制效率和效果的改善，可以提高内控对风险点的监测控制覆盖面，更加有效地对风险实施管理。

(2) 做好结合工作有助于提高ERP系统运行的效率和效果。

ERP是一项跨部门、跨业务的系统工程。在ERP建设过程中，要充分考虑内控对风险管理的需求，把跨部门、跨业务单元的业务，以风险管理为纽带放在一个企业整体平台上，把握企业面临的重要风险，从企业整体协调的角度优化业务流程，最大限度地提高ERP系统与企业实际业务需求的结合度，并能够促使及时识别、评估、掌握和控制ERP系统自身的风险，制定相应的控制措施。

(3) 做好结合工作有助于提高信息化建设的效率和效果。

业务流程是ERP实施和内控体系建设的重要基础。其中，ERP实施所涵盖的采购管理、销售管理、生产管理、设备管理、人力资源管理、投资管理、项目管理和财务管理等企业的主要经营管理业务也是内控体系建设的重要内容。在业务流程的梳理和描述阶段，以及流程优化工作中做到二者的充分结合，可以使梳理完成的业务流程既能够满足内控需求，又能够兼顾满足ERP的需求，从而减少不必要的重复工作量，节省业务流程梳理和描述工作中的资源投入，提高信息化建设阶段的工作效率。

2. 合理确定融合面

做好ERP实施与内控体系建设结合工作的重要内容是合理确定结合面。要充分认识到内控是企业管理的核心内容之一，ERP是为企业管理提供服务的有效工具和手段。ERP实施与内控体系建设的结合主要体现在以下五个方面：

(1) ERP要充分融入和体现风险管理的理念。

风险管理是一个全员参与、覆盖全部业务范围的全过程管理方式。这要求在各个业务流程和环节上分析确定出重要风险，并有针对性地制定控制措施。在 ERP 实施过程中进行的业务流程梳理，更多地体现为对业务操作程序和步骤的理顺，但缺乏针对重要风险的明确控制措施和标准，在这方面不能满足以风险管理为核心的内控体系建设的要求。因此，必须将风险管理的理念融入和体现到 ERP 实施的业务流程优化工作中，在确保重要风险得到适当防范和控制的前提下优化业务流程。同时，ERP 作为一个企业的综合化业务处理系统，也要体现风险管理的理念和要求，规避或减低自身的运行风险。

（2）统一梳理业务流程。

在业务梳理流程的过程中，要本着"高标准、严要求"的原则，梳理出一套完整的业务流程，既体现 ERP 的要求，又体现内控对风险管理和控制的要求。在这套完整的业务流程上，要明确标识出在 ERP 系统实现的内容和内控管理的要求，并将该部分严格落实到 ERP 的实施中。

（3）ERP 系统要充分体现内控授权管理的要求。

内控体系建设的一项重要内容就是要规范和明确各岗位的职责，明确岗位授权，减少模糊灰色地带，做到不相容岗位的分离。对于这些按照岗位职责对相应岗位的授权，应该充分体现到 ERP 系统中。ERP 系统对这些授权的管理应考虑岗位变动后的及时更新，以及岗位人员休假和出差等情况下的其他人员临时授权等实际情况，合理、及时保证授权和行权的合适性。

（4）要合理优选自动控制和手工控制。

实施 ERP 后，将有助于实施更多的自动控制，从而提高管理的效率和减少人为因素的干扰，实现业务的标准化操作。但自动控制和手工控制都有其优点和不足，不能完全替代。要本着"有效控制"的原则，合理优选控制措施和手段，积极寻找控制效率和控制有效性的平衡点，实现自动控制和手工控制的相互制衡。

（5）ERP 的实施要考虑内控管理信息系统的需求。

随着信息化建设的推进和手段的不断完善，内控体系将逐步建立和健全各项风险管理指标警示与预警系统，促使操作人员及时采取正确的控制措施，规避或降低风险的发生及其可能造成的损失。这需要 ERP 系统的实施要考虑内控体系对风险信息的收集、分析的需求，以利于逐步形成风险数据库、风险管理解决方案数据库和内控措施数据库等内控管理的基础信息数据库。

3. 融合工作开展

按照以上确定的工作结合面，从实际情况出发，加强协调与沟通，积极主动配合，努力做好有关结合工作。在具体工作上，要从业务流程这一共同基础出发，认真做好以下五个方面的工作：

（1）共同组织共用业务流程的梳理和优化。

内控体系建设的业务范围总体上要大于 ERP 建设的业务范围。要从 ERP 建设所涵盖的业务内容出发，确定 ERP 实施与内控建设的共同业务。对于这部分共同的业务，要由 ERP 建设人员和内控建设人员共同组织开展业务流程梳理和优化工作，并对梳理完成的流程共同审核确认，确保业务流程梳理工作的效率和质量。

（2）共同确定。

流程梳理标准内控体系建设更多地要注重对管理制度、控制措施、控制频率等风险控制相关的要求。ERP 则更多地关注数据的输入、处理过程及输出等信息处理的要求。为保证流程梳理工作能够及时到位，既满足 ERP 的需要，又符合内控体系建设的要求，双方应共同确定业务流程梳理的标准，以便于业务单位梳理工作的开展。总体上看，由于内控建设的业务范围要大于 ERP 实施业务的范围，确定的流程标准要更能够体现维护内控业务流程的统一性和整体性，体现内控建设中按照战略发展流程、核心业务流程和经营管理流程三个层次确定的流程目录的要求，体现利用 ARIS 软件对流程管理和流程优化的需求。

（3）共同清查岗位职责和授权。

ERP 系统对控制的完成主要体现在授权管理，这也是内控的重要工作内容。因此，要共同清理岗位职责，共同明晰岗位授权，共同强化对授权的管理，建立完整的授权体系和制度。要把这些授权，以及授权的变更、岗位人员的变更等有机结合起来，尽可能固化到 ERP 系统中。

（4）共同制定风险控制措施。

风险识别和风险分析是内控业务流程梳理的重要内容，也是流程优化的基础和前提,是实施全面风险管理的重要环节。要共同分析业务流程中的风险点,并根据 ERP 实施的技术情况共同制定可行的控制措施,优选确定采取自动控制还是手工控制,并明确自动控制和手工控制之间的检查、复核制衡关系。

(5) 共同确定 ERP 的系统风险。

内控工作人员要从风险管理出发,与 ERP 实施人员共同分析 ERP 系统自身的风险,提出风险管理的要求,分析控制措施的可行性,制定风险解决方案,完善内控制度体系。

在数字经济环境下,金控公司必须实施信息化建设,这对内控体系建设提出了新的要求。要站在企业整体的高度看待 ERP 实施与内控体系建设结合工作,合理划分内控部门、信息管理部门和具体业务部门的职责,并组成联合工作小组,加强工作中的沟通与协调,认真听取对方的不同意见,换位思考,努力寻找工作的平衡点,实现这两个现代化管理工具的有机融合,提高二者共同服务于企业发展的能力。

四、石油(天然气)人民币

随着中国发展成为世界最主要的经济体之一,中国对世界的影响力日渐增强。与此同时,中国的能源需求与日俱增,目前已经超过美国成为世界最大的石油净进口国,石油对外依存度攀升至 120% 以上。因此,充分利用中国在国际石油市场最大购买国地位和世界重要经济体地位,建立石油人民币,从而推进人民币国际化和国际影响力,并最终替代石油美元的呼声日起,成为关注的热点。但是,在媒体大热的背景下,我们需要客观的分析和判断——石油(天然气)人民币(下文简称为"石油人民币")和石油美元的本质是货币问题,还是石油问题,并进一步厘清石油人民币替代石油美元的现实性,以及石油人民币与人民币国际化之间的关系。

（一）石油美元和石油人民币的本质

无论是石油美元，还是石油人民币，都是将石油与货币组合而成的新词汇。由于将石油放在了货币的前面，仿佛石油美元或石油人民币已经不再是货币问题，而是石油问题。那么，事实上真的是这样吗？

1. 货币的特点及其功能作用

货币的职能包括支付价值尺度、流通手段、储藏手段和支付手段。

价值尺度是货币的基本职能，是货币用于衡量其他一切商品的价值，即为各种商品定价，包括以汇率的形式为其他货币定价。

流通手段也是货币的基本职能，货币在商品流通中充当交换媒介。货币执行流通手段后，直接的物物交换就分离成买卖两个相对独立的阶段。

储藏手段职能是在价值尺度和流通手段职能的基础上产生的，它是货币退出流通领域后被人们当作独立的价值形态和社会财富的一般代表保存起来的职能。信用货币执行储藏手段职能时必须以币值稳定为前提。

支付手段是当货币作为清偿债务、缴纳税款、支付工资、租金等价值的独立运动形式进行单方面转移时所执行的职能。货币作为支付手段时，是价值单方面转移。例如，一般商品所有者出卖商品，是为了把商品换成货币，再把货币换回自己所需要的商品。

2. 石油的特点及其功能作用

石油是一种黏稠的、深褐色的可燃液体，主要是各种烷烃、环烷烃、芳香烃的混合物，属于化石燃料。石油的性质因产地而异，密度为 $0.8 \sim 1.0$ 克/厘米^3，黏度范围很宽，凝固点从 $30 \sim 60$℃ 不等，沸点范围为常温到 500℃ 以上。石油主要被用来作为燃油和汽油，是目前世界上最重要的一次能源之一。在现代工业体系中，石油也被广泛地作为重要的化工燃料来源，用于生产乙烯、聚乙烯、聚丙烯、化纤、橡胶、树脂等化工产品。一般地，世界各国都将石油作为具有垄断性的自然资源，是一种具有稀缺性的商品。但与黄金、白银、贝壳等历史上曾经作为货币的稀缺性物品完全不同，石油既不便于携带，也不便于切割和计量，更不便于储存,而且在货币的历史上,石油从来没有用于充当货币的职能。

石油本身只具有商品属性,而不具有货币的基本属性和功能。无论是石油与美元结合而被称为"石油美元",还是石油与人民币结合被称为"石油人民币",最终只能体现美元或人民币作为货币的基本职能,并不能成为一种新的货币。

(二)石油美元的由来

石油美元是石油与美元相结合的产物。20世纪50年代初开始,欧洲战后重建繁荣了美国与欧洲的国际贸易和国际投资,大量美元流向欧洲,人们把在欧洲金融市场上自由流通、并没有进入美国境内的美元称作"欧洲美元",那时实行的还是美元的金本位制。到了1971年8月15日,时任美国总统尼克松宣布,将不再允许官方所持有的美元自由兑换成黄金,第二次世界大战之后建立的布雷顿森林体系正式解体。美国为了继续保持美元的国际结算和国际储备货币地位,由时任美国国务卿的基辛格与沙特阿拉伯政府签订协议,沙特阿拉伯出口到国际市场的所有石油都用美元进行结算,从而为美元在放弃黄金本位制之后,找到了新的"锚",即与被称为黑金的石油挂钩,从而奠定了"石油美元"的国际地位,"欧洲美元"的提法亦开始被"石油美元"代替。

应该说,这是一种事后看过程的论调。探讨石油美元的产生和发展过程,必须考虑当时的国际政治形势和美国自身经济状况等时代背景,还原当时的历史真相,客观看待现在的结果。认识石油美元需要关注当时的三大因素。

1. 美国国际收支逆差和财政赤字导致布雷顿森林体系瓦解

美国的国际收支逆差和财政赤字是导致布雷顿森林体系解体的根本原因。第二次世界大战中,美国通过向欧洲出口大量的武器装备和战争物资实现了经济快速发展,保持了大量国际贸易顺差,国家经济实力逐步增强,美元逐渐取代英镑成为全球最有价值的强势货币,被西方发达国家广泛接受,并被作为国际结算和国际储备货币。1945年年底,美国的官方黄金储备为5.74亿盎司,占所有国家官方黄金总储备9.65亿盎司的59.48%。按照布雷顿森林体系建立时确定的35美元/盎司的比价,美国的黄金储备价值201亿美元。

但是，随着战后欧洲和日本经济的复苏，以及美国深陷越战泥潭，美国的国际收支逐渐由顺差转变为逆差。1970年美国国际收支逆差接近100亿美元，是以前任何年度的好几倍；越南战争花费超过4000亿美元，导致美国财政出现巨额赤字，美国经济陷入衰退，通货膨胀持续上升，经济出现滞胀，美元面临巨大的贬值压力。1970年年底，美国的官方黄金储备降到了100亿美元关口，比布雷顿森林体系建立时下降了50%，这引起了国际金融市场的恐慌。美国已经不再具备使美元自由兑换黄金的条件，停止黄金自由兑换、对美元进行贬值是其唯一的选择。以美元与黄金自由兑换为基础的布雷顿森林体系轰然坍塌。

2. 阿拉伯石油禁运与美沙秘密协议

1973年10月6日，第四次中东战争（也称"赎罪日战争"）爆发，为报复美国政府对以色列提供一揽子军事援助，沙特阿拉伯宣布对美国实施全面石油禁运，并很快得到了其他阿拉伯石油生产国的呼应。10月16日，欧佩克（OPEC）宣布将石油价格从3.01美元/桶提高到5.11美元/桶，并宣布停止对美国和荷兰出口原油。17日，中东各产油国决定石油减产，对西方发达国家实行石油禁运，之后不久，石油价格快速上涨到13美元/桶。当时的美国为石油净进口国，美、日、欧等为获得经济发展所需的石油必须支付大量美元，这使得各石油进口国国际收支状况急剧恶化。加之布雷顿森林体系解体之后，美元面临巨大的贬值压力，而欧佩克成员国则在探讨以一揽子货币对国际市场原油进行定价。

在此背景下，美国与沙特阿拉伯达成了秘密协议，主要内容包括：一是美国政府对沙特阿拉伯提供国家安全保证。美国承诺不会推翻沙特阿拉伯王国政府，并对其提供军事援助，甚至保证沙特不受以色列的军事攻击；二是沙特政府承诺对其出口的石油以美元标价和结算，所获得的美元盈余用于购买美国商品（包括武器装备）和美国国债。沙特阿拉伯凭借其在欧佩克中的主导地位，说服了各成员国同意以美元对石油标价和结算，并将获得的石油美元盈余投资于美国国债。欧佩克国家的石油美元盈余以购买美国国债和购买美国商品的方式大量流回美国，对缓解美国的国际收支逆差起到极其重要的作用，也为美国国债找到了新的投资人。

3. 石油价格暴涨与石油美元的产生

美国与沙特阿拉伯政府达成的秘密协议奠定了石油美元的基础。在阿拉伯石油禁运之后，1978—1980 年，中东先后爆发了伊斯兰革命和两伊战争。在伊朗爆发伊斯兰革命后，美国宣布停止购买伊朗原油，冻结伊朗官方在美国的财产和资金，对伊朗实行经济制裁，两国断绝了外交关系；伊朗则全部停止石油出口，造成了石油供应严重短缺，石油价格由 13 美元／桶上涨到 34 美元／桶。1980 年 9 月 22 日，伊拉克突袭伊朗，两伊战争爆发，石油出口一度完全中断，全球石油产量锐减，原油价格一度达到 42 美元／桶，并在 1981 年稳定在 34～36 美元／桶。这使石油生产国获取了大量石油美元盈余，迫切需要寻找投资渠道。

中东局势剧烈变化导致中东产油国与美国的关系紧张，石油生产国开始担心持有的美元盈余在美国自由跨境流动的安全性，并开始把美元盈余大量存入欧洲知名国际大银行，"欧洲美元"成了名副其实的石油美元。与此同时，石油价格暴涨使拉美等欠发达国家的国际收支和财政状况承受巨大的赤字压力，欧洲、日本等发达地区和国家也需要筹集更多的美元购买原油。石油美元为美元的供给方和需求方架起了桥梁，且由于石油生产国存入的美元多为短期资金，从而可以使美元需求方以非常低的融资成本筹集所需资金。在欧洲金融市场，石油美元伴随石油价格的暴涨获得了快速融入全球的契机，促进了美元在全球范围使用，使美元作为国际储备货币的地位得以巩固。

4. 石油美元是历史发展的产物

通过以上分析可以看出，石油美元并不是人为有意设计出来的，其产生和发展顺应了时代的需求，石油美元的发展历程提供了可供借鉴的经验。

（1）布雷顿森林体系奠定了美元作为国际结算和国际储备货币的地位。在布雷顿森林体系解体之后，世界各国并没有找到可以替代美元的其他货币，西方发达国家依然实施了盯住美元的浮动汇率政策。在欧元的产生过程中，也获得了美国的支持和认可。在美国看来，欧元有利于维护一个稳定的世界货币体系和汇率体系，从而有利于国际贸易的发展和美国国际收支稳定，同时可以减少与美国就汇率问题谈判的参与者数量，降低谈判压力，并把欧元兑美元汇率变化的关注抛给了欧洲各国自行争论。

（2）美元成为全球石油贸易的唯一标价和结算货币，充分依托了美国世界军事大国和政治经济大国的地位。美国之所以能够说服在欧佩克具有支配地位的沙特阿拉伯首先采用美元对其出口的石油进行美元标价和结算，就在于美国承诺为沙特王室政府提供安全保证。这在动荡的中东地区局势中，满足了沙特阿拉伯最大的需求。

（3）石油价格暴涨为一个繁荣的美元供给和需求市场创造了条件。石油价格暴涨使石油生产国有了大量的美元盈余，也推高了石油进口国的美元支付需求，从而形成了巨大的石油美元市场。如果没有石油价格暴涨，是否还会有目前关于石油美元的讨论？如果石油价格停留在一个稳定的水平上，石油进口国将大大减少对美元的需求，石油生产国的美元盈余也许仅用于购买满足自身经济发展所需的商品和满足国家安全所需的武器装备，不会有更多的美元盈余购买美国国债。

因此，在20世纪70年代，伴随着第二次世界大战之后建立的布雷顿森林体系的崩溃，美国与世界最大的石油生产国和出口国沙特阿拉伯达成一项秘密协议，即沙特阿拉伯出口的全部石油用美元作为唯一标价和结算货币，石油美元应运而生。而在此之前，美元、英镑等货币均可用于国际石油贸易的结算。

同时，在沙特阿拉伯主导下，欧佩克（OPEC）成员国普遍接受了将美元作为其在国际市场出售原油的唯一标价和结算货币。此后，第四次中东战争爆发导致的沙特阿拉伯宣布对美国实施全面石油禁运，伊朗伊斯兰革命导致石油出口中断，两伊（伊朗与伊拉克）战争导致石油产量锐减等，这一系列事件使石油价格快速攀升，产油国获取了大量的美元盈余，并在欧洲的银行形成大量美元存款，运行在欧洲金融体系之中，为全球提供了美元流动性。这些美元，由于在美国境外的欧洲金融体系运营，因此被称为"欧洲美元"。只不过，后来随着原油价格的不断上涨，产油国美元盈余继续大量积聚，欧洲美元体量随之增加，引起全球的广泛关注。由于这些欧洲美元主要来自产油国的原油出口收入，逐渐被普遍称为"石油美元"，其含义是来自石油出口所获得的美元。因此，石油美元根本不是一种货币，而只是美元货币功能，特别是美元支付手段和储藏手段的现实性体现。

(三)人民币与美元在世界货币体系中的比较

既然石油美元和石油人民币归根结底都是货币问题,那么就需要对美元和人民币的国际地位进行分析,即人民币在国际货币体系中是否具有挑战美元的能力,以及能否建立"美元—人民币"的二元货币体系并最终取代美元的世界货币地位。作为世界货币,在世界市场上执行一般等价物的职能,除了具备上述货币的四大功能之外,还需要作为国际间的支付手段用于平衡国际收支差额,作为国际间的购买手段用于购买外国商品,作为社会财富的一般代表由一国转移到另一国。鉴于此,我们将从国际结算货币地位、国际储备货币地位、国际融资货币地位、国际活跃货币地位和汇率稳定性五个方面进行考察。

1. 国际结算货币地位

国际结算货币体现的是货币的价值尺度、流通媒介和支付手段职能。根据环球同业银行金融电信协会(SWIFT)2017年11月30日发布的报告,2017年10月份,美元的交易使用率39.47%,为2013年12月以来低点;欧元的交易使用率为33.98%,上升到2013年11月以来新高;英镑、日元、瑞士法郎和加拿大元位列第三到第六位;人民币交易使用量则降至1.46%,比2016年10月份的1.67%下降0.21个百分点,在全球交易使用量中的排名也从第六位下降至第七位。实际上,自中国推行人民币国际化以来,人民币在全球支付领域的份额曾呈现出稳步增长趋势。但是,自从2015年8月11日实行人民币汇率改革之后,人民币开始进入贬值通道,人民币在全球支付体系中的排名也开始回落。人民币汇率的稳定性对人民币在国际贸易体系中充当国际结算货币具有重要影响。

2. 国际储备货币地位

国际储备是一国货币当局持有的,用于国际支付、平衡国际收支和维持其货币汇率的国际间可以接受的一切资产。在当前的国际储备体系中,可以充当国际储备的手段包括黄金、特别提款权(SDR)、在国际货币基金组织中的储备头寸,以及美元、欧元、日元等国际高流动性货币构成的外汇储备。外汇储备体现的是货币的储藏手段,是一个国家财富积累的具体体现之一。在现代金融制度和浮动汇率制度下，具有高流动性的世界货币构成的外汇储备，对一国的金融稳定、货币稳定和国民经济的稳定具有重要影响。因此，当今世界各国都需要保持一定的外汇储备。

根据国际货币基金组织公布的数据，截至2017年第三季度末，全球外汇储备总额11.3万亿美元，其中按照国际货币基金组织规定自愿报告的外汇储备中，美元储备6.13万亿美元，占外汇储备总额63.5%；欧元储备1.93万亿美元，占20.04%；日元储备4360亿美元，占4.52%；英镑储备4334.66亿美元，占4.49%；人民币储备1079.36亿美元，占1.12%，在公布的8种外汇储备货币中的份额排名为第七位，份额占比远远落后于美元和欧元（表6-1）。从2010年到2017年第三季度期间的数据看，美元作为全球第一外汇储备货币的份额始终在60%以上，其地位不可动摇；日元、英镑、瑞士法郎的份额基本稳定；澳大利亚元、加拿大元和人民币在加入外汇储备之后的份额主要侵蚀的是欧元，使欧元的份额从2010年的25.71%一路下滑到了2016年的19.13%。

表6-1　全球外汇储备总额及份额情况

（亿美元）

项目	2010年	2011年	2012年	2013年	2014年	2015年	2016年	2017年Q3
外汇储备总额	92654.31	102061.89	109530.58	116855.44	115919.60	109240.75	107157.19	112966.09
一、报告的外汇储备总额	51633.68	56543.67	60883.22	62264.43	68025.71	74193.50	84218.03	96460.46
美元	32085.18	35391.90	37423.32	38133.38	44312.09	48769.31	55028.65	61256.27
欧元	13276.88	13796.94	14644.52	15066.32	14423.26	14193.08	16111.14	19328.38
人民币							907.77	1079.36
日元	1888.22	2039.13	2488.09	2379.91	2410.54	2784.82	3328.60	4359.75
英镑	2031.81	2167.61	2459.60	2481.03	2517.75	3496.98	3658.30	4334.66
澳大利亚元			886.09	1130.33	1084.98	1310.26	1423.03	1711.26
加拿大元			867.57	1138.03	1190.23	1316.28	1631.42	1928.07
瑞士法郎	66.28	43.68	129.42	167.06	163.15	198.23	136.94	162.89
其他货币	2285.30	3104.41	1984.62	1768.38	1923.69	2124.54	1992.18	2299.81

续表

项目	2010年	2011年	2012年	2013年	2014年	2015年	2016年	2017年Q3
二、未报告的外汇储备总额	41020.63	45518.22	48647.36	54591.01	47893.88	35047.25	22939.16	16505.63
三、报告的外汇储备份额	55.73%	55.40%	55.59%	53.28%	58.68%	67.92%	78.59%	85.39%
美元	62.14%	62.59%	61.47%	61.24%	65.14%	65.73%	65.34%	63.50%
欧元	25.71%	24.40%	24.05%	24.20%	21.20%	19.13%	19.13%	20.04%
人民币							1.08%	1.12%
日元	3.66%	3.61%	4.09%	3.82%	3.54%	3.75%	3.95%	4.52%
英镑	3.94%	3.83%	4.04%	3.98%	3.70%	4.71%	4.34%	4.49%
澳大利亚元			1.46%	1.82%	1.59%	1.77%	1.69%	1.77%
加拿大元			1.42%	1.83%	1.75%	1.77%	1.94%	2.00%
瑞士法郎	0.13%	0.08%	0.21%	0.27%	0.24%	0.27%	0.16%	0.17%
其他货币	4.43%	5.49%	3.26%	2.84%	2.83%	2.86%	2.37%	2.38%
四、未报告的外汇储备份额	44.27%	44.60%	44.41%	46.72%	41.32%	32.08%	21.41%	14.61%

数据来源：国际货币基金组织（IMF）。

3. 国际融资货币地位

国际融资货币体现的是货币在国际金融体系中的流动性和受欢迎程度，也体现了该货币的流通媒介、支付手段和储藏功能。某种货币在国际金融市场上的融资额度越大，在总融资额中的比例越高，说明该货币的国际流动性越好，受欢迎程度越高。

从图6-1可以看出，在国际债务资本市场（固定收益市场），以美元交易的政府债券、城市债券和企业债券等的交易额高达7130亿美元，高居第一位，是居于第二位的欧元交易额的3.09倍，是处于第三位的英镑交易额的13.43倍。同期，以人民币交易的固定收益产品的交易额仅16亿美元，是美元交易额的0.22%，相距甚远。

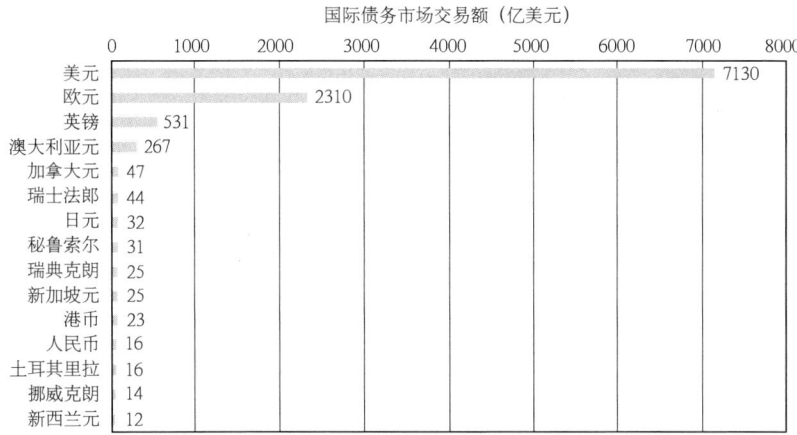

图6-1 国际债务资本市场2017年第三季度交易情况

数据来源：The Statistics Portal。

4. 国际活跃货币地位

货币的外汇交易工具包括现货交易、远期交易、外汇掉期、货币掉期、外汇期权等，其在国际外汇市场的交易情况反映了该种货币的活跃程度。外汇交易工具的交易量越大，其活跃程度越高，风险管理功能越强，该货币在国际上的受欢迎程度也越高。按照国际清算银行公布的2016年分币种外汇交易工具日均交易情况（表6-2），美元外汇日均交易总量高达4.44万亿美元，占全部外汇交易总量的43.79%；紧随其后的欧元日均交易量为1.59万亿美元，占15.70%；日元居第三位，日均交易量为1.1万亿美元，占比10.82%。而人民币外汇日均交易量只有2020亿美元，仅为美元外汇日均交易量的4.55%，在总交易量中的占比1.99%。这说明人民币在国际外汇市场上仅仅是一个小"角色"，与美元、欧元和日元还存在巨大的差距。

表6-2　2016年外汇交易工具日均交易情况

（亿美元）

币种	总交易量	交易占比	现货交易	远期交易	外汇掉期	货币互换	外汇期权
总交易量*	50670	100.00%	16520	7000	23780	820	2540
美元	44380	43.79%	13850	6000	21600	740	2180

续表

币种	总交易量	交易占比	现货交易	远期交易	外汇掉期	货币互换	外汇期权
欧元	15910	15.70%	5190	1780	8070	220	640
日元	10960	10.82%	3950	1510	4580	180	740
英镑	6490	6.40%	2110	920	3050	100	300
澳大利亚元	3480	3.43%	1430	410	1380	70	200
加拿大元	2600	2.57%	1050	340	1030	40	140
瑞士法郎	2430	2.40%	570	300	1500	20	50
人民币	2020	1.99%	680	280	860	30	180
瑞典克朗	1120	1.11%	340	130	590	10	50
其他货币	11950	11.79%	3880	2320	4900	230	60

* 考虑到交易的双边特性，总交易量为各外汇交易量之和的一半。
数据来源：Bank for International Settlements (BIS)。

5. 汇率稳定性

汇率是一国货币兑换另一国货币的比率，是以一种货币表示的另一种货币的价格。某国货币对他国货币汇率的变化，反映了其国家收支、通货膨胀率、利率、经济增长率、财政赤字、外汇储备、汇率政策等状况，以及投资者对该国宏观经济发展、货币政策、财政政策等心理预期的变化，亦是一国实力的综合体现。一国的宏观经济发展状况和经济政策越稳定，综合国力越强，其货币的汇率也越稳定。

为了分析汇率的稳定性，采取极差倍数、方差和标准差3个指标进行分析。其中，极差倍数反映了最大值与最小值之间的关系，倍数越大，说明汇率变化越大；方差和标准差反映了数据的离散程度，标准差或方差的数值越大，则数据的离散程度越高，波动性越大，说明汇率越不稳定。表6-3是国际货币基金组织国际金融统计年报2017年公布的世界主要货币兑特别提款权汇率的数据，即1特别提款权（SDR）可以兑换多少单位的某种货币。通过对2005—2016年12年间主要国际货币汇率的分析可以清晰看到，美元的极差倍数为1.176，在所有分析的货币中极差倍数最小；方差为0.00527，标准差为0.07259，略高于欧元，这说明美元汇率表现出了非常高的稳定性。欧元汇率也表现出了同样的稳定性；日元汇

表 6-3 2005—2016 年主要国际货币汇率情况

每 SDR 兑相应货币的价值

货币	2005年	2006年	2007年	2008年	2009年	2010年	2011年	2012年	2013年	2014年	2015年	2016年	平均值	极差倍数	方差	标准差
美元	1.4293	1.5044	1.5803	1.5403	1.5677	1.5400	1.5353	1.5369	1.54	1.4488	1.3857	1.3443	1.4961	1.176	0.00527	0.07259
欧元	1.2116	1.1423	1.0735	1.1068	1.0882	1.1525	1.1865	1.1649	1.1167	1.1933	1.2728	1.2753	1.1654	1.188	0.00399	0.06317
日元	168.61	178.95	180.15	139.78	144.32	125.44	119.32	133.02	162.16	174.78	166.98	157.02	154.2108	1.510	412.47381	20.30945
澳大利亚元	1.9480	1.9012	1.7925	2.2233	1.7479	1.5153	1.5117	1.4771	1.7372	1.7664	1.8967	1.8578	1.7813	1.505	0.04134	0.20332
加拿大元	1.6644	1.7531	1.5614	1.8862	1.6407	1.5414	1.5675	1.5295	1.6386	1.6805	1.9179	1.8050	1.6822	1.254	0.01601	0.12653
人民币	11.534	11.747	11.543	10.527	10.705	10.199	9.674	9.667	9.398	8.865	8.995	9.343	10.1831	1.325	0.95897	0.97927
港币	11.08	11.696	12.328	11.938	12.158	11.973	11.922	11.912	11.940	11.236	10.740	10.424	11.6123	1.183	0.32869	0.57331

数据来源：国际货币基金组织（IMF）。

率最为不稳定。人民币汇率的极差倍数为1.325，是美元的1.127倍；方差和标准差为0.95897、0.97927，分别是美元的182.01倍、13.49倍。人民币汇率的波动性远大于美元汇率的波动性。

通过以上分析，可以充分认识到，在国际货币体系中，人民币与美元存在巨大的差距。人民币的国际化程度很低，还没有成为被广泛接受的世界货币，仅仅是世界刚刚开始认识人民币，多了一个可选项而已。同时，也可以看到，英镑作为国际货币的地位已经"日薄西山"，而与美元在国际货币体系中竞争的欧元和日元，对美元也是"望尘莫及"，与美元差距缩小的趋势不甚明显。美元的地位依然不可动摇，人民币还远没有成为美元的真正对手，因此石油人民币的概念意义大于其现实意义。

（四）石油（天然气）人民币的机遇

虽然，建立和实施石油人民币的基本条件尚不成熟。但是，石油人民币的提出，包括天然气人民币的提出，都与中国经济的快速发展和中国实力的增强有着紧密的联系，也反映了人们对人民币提升国际化程度，成为世界货币的殷切期待。石油人民币的提出顺应了当前的国际形势变化。

正如石油美元的诞生有其当时的国际政治经济背景一样，石油人民币的提出也符合当前的国际政治经济形势，特别是中美两国在经济实力、综合国力、国际影响力等方面的对比已经发生明显变化，双方的差距正呈现逐步缩小的趋势。

1. 从中国方面看

自1978年实施改革开放以来，中国的经济保持了近40年的高速增长，2016年国内生产总值（GDP）高达74.41万亿元人民币。根据世界银行公布的数据，按现价美元计算，2016年中国的国内生产总值为11.20万亿美元，居世界第二，已经占美国同期国内生产总值18.57万亿美元的60.31%。按照当前中国6.5%、美国2%的GDP增长率计算，大约需要12年的时间中国即可超越美国，成为世界最大的经济体。即使再保守些，中国和美国的GDP增长率分别按6%和3%计算，中国也将在2035年前后成为世界第一大经济体。与此同时，随着亚洲基础设施投资银行的建立,以及"一带一路"倡议的实施,中国的国际影响力显著提升。此外,随着人民币汇率市场化形成机制的逐步完善,以及中国人民银行"人民币跨境支付系统(CIPS)"投入营运和人民币国际区域清算银行体系的建立,人民币国际化进程已经不可逆转。

2. 从美国方面看

美国长期积累的国内矛盾开始逐步显现。2001年发生的"9·11事件"将美国拖入了战争的泥潭,军费开支巨大,导致美国政府财政赤字居高不下,财政状况每况愈下。2008年爆发的"次贷危机"几近使美国的金融体系轰然坍塌,美国经济陷入衰退,虽然美国联邦储备委员会(FED)将联邦基金利率降至零,并大力实施量化宽松的货币政策,但美国经济始终没有恢复到危机爆发之前的增长率水平。2017年,特立独行的唐纳德·特朗普(Donald Trump)正式宣誓就任美国总统,其奉行的"美国优先"政策导致美国先后退出多个国际组织或条约,对主要贸易伙伴国挑起贸易争端,在外交上以各种理由对他国实施经济制裁,其制定的"减税"和"废除奥巴马医疗改革法案"等经济政策更是在美国国内引起了巨大分歧。种种迹象表明,美国的国内政策和外交政策已经呈现出混乱走势,美元指数在FED的加息周期和缩表预期下,2017年全年下跌10.2%,对欧元、英镑、日元等主要世界货币均出现较大贬值,充分反映美国当前的政治经济状况正在恶化。

3. 从世界范围看

当前,世界各国的国家民族意识普遍觉醒,民粹主义显现,去全球化渐成趋势。在英国脱欧、"美国优先"的感召下,世界各国的共同认识正在淡化,民族意识正在增强,欠发达国家和发展中国家与发达国家之间的意识形态、文化、价值观等方面的差异显性化,国家之间的矛盾凸显。欧美国家以各种理由对他国实施经济制裁的名单正在逐渐拉长,特别是美国,在"长臂管辖"原则下对被制裁国家实施经济和金融制裁措施,导致这些国家无法使用美元进行国际结算,其持有的美元外汇储备的使用受到限制,与此相关的其他非被制裁国家的经济实体也面临不能使用美元结算的风险。美国为了达到实施经济制裁的预期效果,对与被制裁国家或相关经济实体有资金往来的国际大银行正在实施越来越严格的监管和处罚，导致国际大银行为降低自身风险，普遍加强了涉及制裁的审查措施。这实际上已经在逐渐降低美元的使用范围，未来可能成为破除美元世界霸权地位的突破口。同时，由于欧盟国家、英国和日本作为美国的同盟国，经常在外交政策上保持高度一致性，这使被美国制裁的国家使用欧元、英镑和日元开展国际结算造成了新的障碍。列入美国制裁名单的国家急需寻找新的可替代美元的国际结算货币，以保证自身国际贸易和外汇储备的安全。

（五）建立石油（天然气）人民币的条件

石油人民币的本质是人民币国际化。尽管当前的世界政治经济形势呼唤可以替代美元的世界货币，但是人民币并不能成为当然的替代者。即使中国成为全球最大的经济体，也是如此。回顾美元成为世界货币的历史，也是在美国经济实力超越"日不落帝国"英国之后的50年，并借助了第二次世界大战结束之后建立新国际秩序的契机，通过布雷顿森林体系的安排和美元与黄金挂钩而确立的。再从中国历史的角度考察，秦始皇统一中国，是在秦孝公实施商鞅变法强秦之后，经历了六代秦王、100多年的时间。这些都告诉我们，人民币从开始推行国际化到最终确立世界货币的地位也将需要相当长的时间。在此过程中，必须抓好顶层设计，步步为营，逐步提升人民币在国际货币体系中的地位。至少应该做好以下四个方面的基础性工作。

1. 人民币国际化的基本条件

法国投资银行Natixis最近公布的一份研究报告称，一个受到国际社会广泛认可的货币应具备承担交换媒介、货币储值、国际记账单位的功能，以及高度发达的固定收益市场。日本国际货币研究所理事长行天丰雄在其与美国原美联储主席保罗·沃尔克合著的《时运变迁》中谈到，人民币的逐渐国际化有两种方法，一种是创造环境，让国外的市场参与者发现使用人民币的需求和好处；另一种是提升人民币作为国际货币的实用性和吸引力，这将通过汇率的灵活性、资本交易自由化和可自由兑换等手段实现。因此，要实现人民币国际化，使国际社会乐于接受人民币，需要具备以下条件。

(1) 人民币币值稳定。

人民币币值稳定包括人民币的对内币值稳定和对外币值稳定。对内币值稳定，就是中国的通货膨胀率要保持适当水平。例如，美国美联储通货膨胀的控制目标是2%，低于2%不能较好地利用货币政策刺激经济发展；高于2%则可能引发经济过热不利于经济的长期稳定发展。这就要求中国人民银行改变现行监管机制和货币调控政策，由以货币供应量为主转变为以基准利率为主，明确将基准利率作为央行对通货膨胀率的管控目标。

对外币值稳定，就是在国际货币体系中要保持人民币兑其他国际货币价值的相对稳定。这主要体现在人民币对主要世界货币的汇率稳定，在一定时期内汇率不应出现过渡升值或贬值，也不应在某一时点上出现急涨或急跌。人民币币值的稳定，需要央行的货币政策更加透明化，政策工具更加公开化，使市场能够对中国的宏观经济发展趋势和央行的货币政策形成较好的预期，减少人民币市场不必要的过度波动。

(2) 人民币可自由兑换。

人民币可自由兑换，就是无论是人民币还是外币，都能够自由地进出中国国境，在中国境内能够自由地相互兑换。但这并不改变人民币在中国境内作为记账主货币和结算支付主货币的地位。如果不解除外汇管制，不能实现人民币的可自由兑换，就意味着人民币的流动性受限，人民币在国际货币体系中的价值不能得到充分体现，也将加大人民币汇率的波动。这将影响人民币对外币值的稳定性，降低人民币在国际货币体系中的可接受程度。

(3) 较成熟的人民币可投资市场。

人民币投资市场解决的是人民币的投资需求问题。国际化后的人民币，必须要使人民币持有者有较为充分的渠道进行投资，实现所持人民币的保值和增值。这就需要有较为成熟的人民币投资市场，能够满足各类投资者的投资需求。从期限结构上，要有短期投资市场满足人民币流行性需求，有长期投资市场满足人民币资产配置和获取稳定投资收益的需求；从市场结构上，要有固定收益市场以满足低风险投资者的需求,有浮动收益市场以满足较高风险投资者的需求;从品种结构上,要构建国际银行间人民币借贷市场、境内外人民币债券市场、A股股票市场,以及人民币私募和公募基金市场。同时,中国央行也应建立规范的人民币公开发行市场,使人民币持有人和经营人民币的机构有公平的机会和规则参与央行的公开市场操作。

(4) 人民币国际结算和国际支付。

只有当人民币能够在国际贸易中用于结算和支付时,才能创造出有效的人民币需求和供给,增加人民币在国际金融市场的流动性,推动人民币在国际金融体系中的流通。而衡量人民币的可接受程度,国际商家或金融机构、投资人愿意接受人民币作为国际结算和支付的条件,则需要人民币币值稳定、可自由兑换和可投资市场作保障。只有这些潜在的人民币持有者认识到持有人民币可以降低自身的汇率风险和投资风险,能够实现稳定的投资收益的情况下,才愿意采取人民币结算和支付,并持有人民币资产。

(5) 增强货币政策的透明度。

在现代金融体系下,市场预期对货币政策的变化和实际效果起着非常重要的作用。因此,欧美等金融发达国家的中央银行经常通过主动发布信息的方式对市场预期进行引导,进而以已形成的市场预期为重要依据确定政策调整的窗口期和时间点。美国联邦储备委员会在2017年12月加息25个基点之后,美元指数没涨反跌,就是因为市场已经消化了加息可能对美元汇率带来的影响。对于管理和调控人民币货币政策的中国人民银行而言,也需要关注市场对人民币的预期,根据中国的宏观经济发展状况,确定合理的政策出台时间点,减少对市场造成的冲击,稳定人民币汇率。为此,中国的货币当局需要不断增强货币政策的透明度。

一是要公布货币政策跟踪的主要宏观经济指标的控制目标值,如通货膨胀率、GDP增长率;二是要实现以调整货币发行量为主的货币政策工具向以调整基准利率为主的货币政策工具的转变,增强货币政策的敏感性;三是推动人民币利率的市场化形成机制,使上海银行间同业拆放利率(Shibor)真正地反映人民币市场的供需状况和资金价格,建立人民币利率走势的标杆;四是中国人民银行应定期公布货币政策委员会会议议题、决议内容等情况，建立完善的新闻发言人制度，及时解释和向市场说明货币政策的变化，以及对宏观经济走势的判断，积极引导市场预期。货币政策的透明度越高，越有利于消除政策调整后市场可能出现的不适应，更有利于发挥货币政策调整的作用，达到预期效果。

（6）增强人民币汇率形成的市场化程度。

汇率形成的市场化程度反映了一国对自身经济实力和经济管控能力的自信水平。汇率具有两面性，对宏观经济的影响也具有阶段性。合适的汇率水平将提升该国在国际贸易中的比较优势，反之，则会降低比较优势，从而对其经济发展产生影响。从世界货币形成的历史考察，还没有出现过实施管制汇率的货币成为世界货币的案例。因此，从某种程度上说，人民币汇率形成的市场化程度决定了人民币的国际化程度。虽然中国确立了人民币汇率市场化形成机制的目标，并与CFETS[①]人民币汇率指数（按国际贸易加权24种[②]与人民币直接开展交易的货币编制）、SDR人民币汇率指数（参考国际货币基金组织特别提款权货币篮子4种货币编制）和BIS人民币汇率指数（参考国际清算银行货币篮子40种货币编制）相挂钩，但是当前人民币汇率市场化形成机制还不够稳定，央行经常改变人民币汇率报价基础确定的方法和参数，使人民币汇率出现了阶段性不稳定和大幅度波动，这无疑说明人民币汇率形成的市场化程度还不够高。

鉴于此，一是要逐步减少对人民币汇率市场的干预，稳定市场汇率形成的计价基础、方法和参数，从政策上保持市场的稳定性；二是建立人民币汇率指数及其衍生品交易市场，通过人民币汇率指数的市场化交易，引导和提升人民币汇率形成的市场化程度；三是推动建立人民币汇率衍生品交易市场，使市场参与者能

---

① China Foreign Exchange Trade System，中国外汇交易系统（中心）。

② 2016年12月29日中国外汇交易中心《关于发布CFETS人民币汇率指数货币篮子调整规则的公告》新增挂牌11种货币，将篮子货币由原来的美元、欧元、日元、港币、英镑、澳大利亚元、新西兰元、新加坡元、瑞士法郎、加拿大元、马来西亚林吉特、卢布、泰铢等13种货币，增加到24种货币。新增加的11种货币包括南非兰特、韩元、阿联酋迪拉姆、沙特里亚尔、匈牙利福林、波兰兹罗提、丹麦克朗、瑞典克朗、挪威克朗、土耳其里拉、墨西哥比索。2017年1月1日开始，CFETS货币篮子中权重最大的三种货币（权重合计50.27%）为美元22.4%、欧元16.34%、日元11.53%；其他21种货币的权重均在5%以下。其中，权重最小的三种货币为挪威克朗0.27%、匈牙利福林0.31%和丹麦克朗0.4%，合计0.98%。

够通过市场化的交易工具对人民币汇率实施有效的风险管理；四是建立透明、规范的市场交易规则，增强交易的公平性，提升市场化监管能力，注重维护市场参与者的权益，提高人民币汇率及其衍生品交易的活跃程度。

(7) 增强人民币的可接受程度。

货币在国际结算和外汇储备体系中的可接受程度是衡量其国际化程度的重要标志。人民币作为新兴国家的货币，在国际结算和外汇储备体系的认可程度及可接受程度还比较低，中国的贸易伙伴还不愿意使用人民币作为结算货币，人民币的持有人还担心人民币汇率变化可能造成损失，愿意使用人民币者还在为人民币的跨境自由流动存疑，等等。

这就要求一是要提高人民币币值的稳定性，这包括中国通货膨胀率要处于国际上普遍认可的适度水平和降低人民币汇率的波动性，特别是不出现突发的大幅波动。二是要提高人民币的易获得性，通过繁荣国际贸易和人民币对外直接投资，以及加深央行之间合作的货币互换等方式，建立人民币投放国际货币体系的机制，愿意使用人民币的国家、经济体或个人能够依法合规自由取得。三是要提高人民币可投资性，加快建立完善的立体化的人民币资本市场，包括人民币债券市场、股权资本市场、货币基金市场、贷款市场，以及人民币衍生品市场，丰富人民币交易的品种和结构，使人民币持有人能够获取稳定收益。四是以提高人民币的国际流动性为目标，建立取消外汇管制的路线图和时间表，最终实现资本项目的自由兑换，完善经常项目的自由兑换制度，推进人民币跨境自由流动。五是要提高人民币国际清算效率，完善清算体系、制度和信息化系统，满足人民币国际汇划的需要，凸显使用人民币的优势；六是要通过出口信贷、买方信贷、价格折让、汇率风险分担等途径，鼓励中国的贸易伙伴使用人民币结算，拓展人民币国际结算的范围和渠道。

2. 建立人民币原油期货

建立石油人民币和实施人民币国际化是一个"先有鸡还是先有蛋"的悖论，但毫无疑问，二者是相辅相成的有机统一体。国际化程度很高的人民币，将会助推在国际石油贸易领域推行实施人民币定价、标价和结算，最终建成石油人民币；

石油人民币的建立，将依托石油的国际贸易扩大人民币在国际结算中的应用，并带动其他国际贸易领域实施人民币结算，建立人民币在国际货币体系和金融体系的循环流动机制，助推提升人民币国际化水平，而这也是当前媒体热议的建立石油人民币的重要原因。在石油价格已经主要依赖期货市场形成的时代，按照这样的逻辑，推出人民币标价的原油期货将有助于推动人民币在石油领域的使用。

2018年2月9日中国证券监督管理委员会发布，以人民币标价和结算的原油期货将于3月26日在上海国际能源交易中心挂牌交易，这将有利于助力加快人民币国际化进程。《日经亚洲评论》等外媒点评，人民币在上海和香港交易所可完全兑换黄金。石油、人民币和黄金三者之间可以互换，能源供应商也可以选择实物黄金付款。灵活的结算方式，将有利于吸引境外投资者参与人民币原油期货交易，增强交易的活跃度，尽快确立中国版原油期货在国际石油定价体系中的地位。但是，正如媒体所言，以黄金作为中介，建立人民币—黄金—原油期货模式，事实上是将人民币与黄金挂钩对原油期货进行定价、标价和结算，实现原油期货交易获利或人民币与黄金之间的自由兑换，这无疑是借助黄金的国际地位试图建立人民币—黄金本位制。布雷顿森林体系的崩溃，已经证明了美元—黄金本位制的失败，并促使建立了浮动汇率制度。这种做法不仅无助于提升人民币国际化水平，甚至可能会扰乱人民币国际化进程，动摇中国经济发展。因此，中国版原油期货必须建立以人民币为唯一标价和结算的期货合约品种与交易结算制度，才会有利于石油人民币的逐步建立。只不过，应该为境外投资者开展期货交易所获取的人民币收益建立合适的汇回渠道，允许其通过中国境内的公开市场自由选择兑换为黄金或者外汇等。

3. 推进天然气市场化

建立天然气人民币，主要是解决天然气市场人民币报价、标价和计价问题。目前，国际天然气贸易主要采用美元报价、标价和计价，这与天然气价格体系（与石油价格挂钩）有紧密的关系。目前，世界范围内存在北美、欧洲和亚太三大天然气价格中心，其中北美以美国的亨利交易中心（Henry Hub）为主；欧洲以英国国家天然气交易中心（NBP）为主，同时广泛存在与石油价格挂钩的天然气定价体系；亚太地区进口天然气和 LNG 价格则多与日本进口原油平均价格指数（JCC）挂钩确定。如果要打破当前国际天然气市场（包括 LNG）以美元为主的报价、标价和计价体系，推行人民币报价、标价和计价，需要解决以下三个方面的问题。

（1）人民币兑美元汇率的风险承担。

当前国际天然气市场买卖双方实行美元报价体系，即使采用人民币结算，或者建立国际天然气市场的人民币报价体系，买卖双方仍会折算为美元进行价格和收益的比较。这就涉及人民币兑美元汇率的波动以及相应的汇率风险由谁来承担、会面临多大的风险敞口、如何有效管理和规避这些风险等问题，从而增加了市场参与各方决策的复杂性和难度。

（2）天然气市场人民币报价的权威性。

中国的天然气价格虽然已经确立了市场化改革的方向，但目前仍处于以政府定价为主的阶段，远没有形成市场化的天然气价格体系，因此现阶段中国的天然气价格不可能被国际市场认可。即使现在建起天然气交易所，实行天然气公开交易，短期内参与者的广泛度、交易量等也难以客观反映中国天然气市场供求状况。一个不能真实反映国内供需状况的交易市场，怎能真实反映地区（如东北亚）市场供需关系，更何谈反映世界市场供求关系，因此无论其市场交易量有多大，其价格的权威性也不可能被广泛认可。

（3）中国天然气市场的成熟度。

一个成熟的天然气市场才能具备形成市场价格的基础，使所形成的价格具有权威性。当前中国天然气市场呈快速增长趋势，天然气对外依存度逐年提高，但中国天然气市场结构依然较为单一，国内资源和进口资源主要掌握在中国石油、中国石化和中国海油三大石油公司手中，天然气的进口权也没有完全放开。在天然气基础设施方面，虽然国家新近下发的油气体制改革意见明确了天然气管道管网独立、管销分离的基本原则，但目前仍然没有形成互联互通的天然气管道运行体系；城市天然气管网垄断格局更是短期内难以改变，实现城市管网独立运行和天然气供应商、销售商的多元化自由竞争仍需时日。中国境内天然气市场自由竞争的格局远未形成。

一个成熟的天然气市场不仅需要有实体经营企业的参与，也需要有套利者的存在，以形成公开化的市场价格。目前中国天然气市场还没有套利者，仍在一定程度上禁止市场套利行为。这不利于一个参与者众多、资源多元化、竞争性强、监管健全的成熟天然气市场的形成。

（六）实施石油人民币的时机选择

从欧元发展的历史看，虽然欧盟也有抗衡美元的诸多设想，但欧元自1999年1月1日在欧盟各成员国范围内正式发行、于2002年1月1日起正式流通以来，已经经历了近20年的时间，欧元在外汇储备、国际融资、国际结算等衡量货币国际化的指标中，总体上与美元的世界货币地位依然存在较大差距。同样，日元取代美元成为世界货币的道路，因1985年9月22日签订的"广场协议"，导致日元在此后的3个月内升值20%，在之后的3年内升值1倍，致使日本国内泡沫急剧扩大，最终由于房地产泡沫的破灭造成了日本经济的长期停滞，并在此协议签订后的近20年，经济发展几乎陷入停顿，日元国际化的步伐随之放慢。因此，人民币取代美元成为世界货币也是一个漫长的过程。既使人民币通过自身努力能够跻身世界货币行列，也要经历与美元共同构筑"二元货币体系"的较长阶段。在此过程中，要按照"竞争性合作"的原则，防范美国打压，审时度势，抓住机遇。根据当前的国际政治经济形势，我们可以设想三种应该抓住的时机。

1. 情景一：美元突然崩塌

这是最理想的但较为极端的情景。2017年，随着唐纳德·特朗普就任美国总统，标志着美国已经走到了十字路口，若要保持美国世界第一的地位，必须要实施彻底的改革。但是，近年来美国总统选举中出现的各种分歧越来越多，在特朗普总统实施税改和废除奥巴马医疗改革法案中的重大分歧，以及美国国内对特朗普内政和外交政策的众说纷纭，充分说明美国国内还没有做好自我革新的准备。特别是在2008年次贷危机之后，美国的经济还远没有恢复到危机前的发展水平，财政赤字和州政府破产的数量都在增加，美国的国际影响力呈现下降趋势。与此相对应，美元价值的稳定性正在受到前所未有的挑战。2020年，美国总统大选再度陷入两党对立的困境,种族问题引发的骚乱频发。如果美国不能在短期内形成改革的统一认识,美国政治经济状况的撕裂局面将会持续加剧,一旦由量变发展到质变,不排除在将来的某个时刻,出现社会动荡,在对其经济造成巨大冲击的同时,进而对美元造成重大打击,美元亦将有可能轰然崩溃。

2. 情景二:人民币快速崛起

这是一个人民币自然替代美元世界国币地位的情景设想。在此情景下,通过推进持续的改革和创新,激发经济发展的活力和潜力,中国经济始终保持强劲的发展速度,经济实力超越美国的同时,在"一带一路"倡议下投射中国"世界大同",构建人类命运共同体的价值观,不断增强世界对中国的认同。伴随着这一过程的发展,中国逐渐加大人民币基础设施建设,加快国际化进程,并通过建立类似"亚洲基础设施投资银行"的模式,增强中国对国际金融体系的影响力,逐步增加人民币在国际货币体系中的比重,提高对人民币国际流动性的管制能力,使人民币成为世界强势货币。这正如当年美元取代英镑成为世界货币一样,是人民币与美元实力对比相对变化的过程。人民币国际化要力争少走弯路和回头路,而美元随着美国可能出现的衰落而渐趋没落,最终在某个时点上,通过一种自然的、世界主要经济体认同的类似布雷顿森林会议的形式奠定人民币真正成为世界第一货币的地位。

3. 情景三:人民币另辟蹊径

这是一个寻求人民币锚定物而推进人民币国际化的创新情景,仅将石油人民币作为一个概念看待,并推而广之。实际上,人民币不再寻求与石油结合建立石油人民币,并挑战石油美元的地位。比特币作为第一代数字货币,被全世界炒作的原因就在于其有控制的、总量可预计的发行机制,这为我们提供了一个很好的思路。在人民币另辟蹊径的道路上,可以选择的方式会有很多,包括:一是借助互联网、大数据、云计算等新兴技术,在世界上首先推出数字人民币货币,实施货币发行和货币管制的创新战略,实施更加与符合宏观经济发展相匹配的货币政策,精准调控货币发行量,有效管理通货膨胀,使数字人民币成为币值最稳定、最便捷、最安全支付的货币。2020年9月19日,中国人民银行主管金融杂志《中国金融》第 17 期发表文章《中国法定数字货币发展新机遇》称，中国法定数字货币已经具备落地条件，中国人民银行虚拟货币（DC/EP）优先在深圳市、苏州市、河北雄安、成都市及将来的冬季奥运情景开展内部封闭式示范点检测。二是借助中国具有国际垄断地位的稀缺资源实行人民币定价、标价和结算，提高世界对人民币的认知度和可接受度。三是寻求可以与人民币结合的石油之外的其他大宗商品或对世界发展具有极其重大作用的科学技术等，借助中国的国际地位，通过双边或者多边合作的方式建立某种规则或协议，将人民币指定为唯一标价和结算货币。在此种创新情景下，可以尽情地放开思想去探寻人民币国际化可以依托的"锚"，力求出其不意，而待美元等竞争性货币发现苗头不对时，人民币已经奠定了世界货币的基础地位，再无力打压或扼杀。

（七）建立石油（天然气）人民币的路径

综上分析，石油人民币属于人民币国际化的范畴。鉴于人民币国际化刚刚起步，在国际货币体系中人民币与美元、欧元、日元、英镑等被世界广泛接受的货币还存在较大差距，与美元作为世界货币的地位差距尤大。因此，我们需要首先着眼于加快推进人民币国际化，加强人民币基础设施建设，稳定人民币币值，活跃人民币外汇交易，增强人民币的可接受程度。同时，通过选择人民币石油期货等作为载体，或选择先进技术作为人民币国际化的"锚定物"，打造人民币的国际化"气质"，抓住时机，实现人民币成为世界货币的目标。

1. 以人民币国际化为着力点，加快金融体系改革

天然气人民币归根结底就是人民币国际化。经过多年的改革沉淀，中国的金融业已经呈现出面向国际化实施改革的基本局面。但中国仍是一个处于从计划经济向市场经济过渡的发展中国家，在宏观管理上还主要依靠行政手段。特别是在遇到国内发展和国际金融危机等重大事件时，已经实施的市场化手段经常出现某种程度的去市场化，转为新的行政化。因此需加快金融体系改革，做好如下工作：

（1）金融监管要适应金融改革市场化和国际化的基本要求。围绕着人民币国际化加快金融体系改革，应坚持市场化改革的基本原则和方向不动摇，着手在监

管体制上扎紧"篱笆墙",提升货币政策的透明性,多选用市场化的货币政策工具,明确央行的通货膨胀率控制目标,货币政策加快由注重货币供应量调控向注重基准利率取向转变,发挥基准利率对金融业的传导作用和影响力,将保持人民币币值稳定作为央行工作的中心目标。

(2)加快推进人民币可自由兑换。充分借鉴经常项下人民币可自由兑换和自贸区金融改革先行先试的经验,加快实施资本项下人民币的可自由兑换进程,以及人民币和外汇的跨境自由流动。

(3)加快推进人民币汇率市场化形成机制改革,放宽人民币波动幅度限制。应充分认识到,汇率的根本在于国家经济发展和增长的稳定性,汇率波动是市场的基本特征。汇率机制改革的核心目标是降低剧烈波动和避免形成汇率变化的单边预期,建立公开透明、市场化的人民币汇率评估机制。可以仿效美元指数的编制方法,以中国对主要贸易国的贸易额为权重建立人民币指数,并开发人民币指数的衍生品进行交易,使人民币汇率能较客观地反映中国的国际贸易和国际收支状况,找到人民币在国际货币体系中定价的"锚"。

(4)加快推进人民币投资市场建设。目前,A股已经与香港开通了深港通和沪港通,上海证券交易所和伦敦证券交易所的沪伦通正在研究推进,且中国大陆与香港的债券通已实施,这些是加快人民币投资市场建设的重要步骤。但在人民币债券发行规则、发行制度、发行市场建设、参与机构培育、评级制度等方面,以及人民币债券市场的开放性、包容性、流动性等方面还需要进一步加快推进。特别是在人民币国际市场建设上,要注重维护人民币信誉,保护人民币持有人的利益,在政策上引导和鼓励中国的银行境外分支机构开展人民币业务,繁荣人民币借贷市场和债券市场,拓宽境外人民币持有者的投资渠道,增强其收益性。

2. 以天然气价格为着力点,加快天然气市场化改革

公开透明的市场化价格是建立天然气人民币的重要基础。没有市场化的天然气价格,就不能真实反映市场的供求状况,不具有权威性和普遍性,更不能成为反映国际天然气市场变化的重要风向标。因此,中国必须加快天然气市场化改革进程,重点从以下几方面推进:

(1) 加快天然气市场培育，构建竞争性的市场结构。天然气作为清洁能源和重要的化工原料具有广阔的使用空间。从天然气的供给侧看，要打破当前以三大石油公司为主的供给模式，放开天然气生产和进口，实现天然气供给来源结构和供给主体的多元化；在天然气需求侧，要从国家政策层面强制天然气替代煤炭的使用，加快天然气电厂布局和建设，培育天然气需求主体，同时要鼓励民营资本进入国内天然气贸易行业，增加天然气业务的市场参与主体。

(2) 加快天然气价格形成机制改革，尽快实现市场化定价。目前，建立天然气交易所被认为是实现市场定价的最有效方式。但是天然气交易所要形成天然气市场价格，必须要有足够多的交易主体参与。这些主体不仅包括开展天然气贸易的实体企业，更需要以市场套利为目的的各类机构的参与。在交易主体资格的确定上，需要进一步解放思想，降低准入门槛，制定严格的监管政策，防止和杜绝恶意交易行为。

(3) 研究开发和实施天然气衍生品交易，繁荣天然气交易市场。现代金融的发展已经充分证明，衍生品交易市场的活跃程度对实体交易具有重要的影响和价格发现、引领作用，更对实体交易市场可能出现的偏差或者错误具有纠错和自行矫正功能。衍生品市场和实体交易市场共同构成了有效的市场体系。

(4) 加强市场监管。市场越是发达和繁荣，越是需要有效的监管。监管的目的在于保证市场信息的充分传递和市场交易的规范运行，防止和惩处恶意交易、内幕交易和市场操纵等违法行为，维护市场公平、自由交易的良好环境。

3. 以人民币结算为着力点，加快"一带一路"石油天然气贸易发展

实施人民币在天然气贸易领域的结算是建立天然气人民币的重要步骤。目前，天然气市场具有较强的地域性，不像原油已形成全球统一市场，这为在中国周边市场推行人民币结算提供了较为有利的条件。2016年1月至11月，中国管道气进口量352亿立方米，其中来自土库曼斯坦的天然气占77%、乌兹别克斯坦的天然气占12%、缅甸的天然气占10%；进口LNG 2234万吨，其中长贸合同2133万吨，主要来自卡塔尔、澳大利亚、印度尼西亚、马来西亚和巴布亚新几内亚，现货进口101万吨，主要来自尼日利亚、俄罗斯和秘鲁。中国与俄罗斯的东线天然

气管道已经开始建设,西线还在谈判中。由此可见,中国天然气进口主要来源地大部分分布在"一带一路"上,中国推动实施的"一带一路"倡议为在天然气区域市场实施人民币结算,成为"区域货币"提供了契机。中国应优先考虑和推动在"一带一路"沿线国家的天然气贸易中实施人民币结算。例如,可以考虑以中亚和俄罗斯地区为重点,优先实施人民币区域化,待条件成熟后逐步扩大人民币结算的地域范围和贸易领域。实施过程中应注意以下四个方面:

(1) 中国可以主动接受和承担人民币汇率变化的风险。这种方式并不改变国际上普遍接受的天然气以美元定价和标价的惯例,只是在结算时用当时或贸易双方约定的人民币兑美元汇率换算成人民币金额进行结算,并支付和收取人民币。在实施人民币结算的节奏上,可先以其进口中国商品的贸易额,设定人民币结算基础金额,然后随着进口中国贸易额的扩大而增加,或视其可接受意愿,逐步增加天然气人民币结算规模。

(2) 鼓励"一带一路"沿线与中国有天然气贸易的国家全方位发展对中国的贸易。对其进口中国的商品提供优惠,使其收取的人民币可以用于对中国的贸易结算,流回中国,减低其持有人民币的风险。

(3) 建立人民币区域债券市场,实施人民币跨境自由流动。对于这些国家进口中国商品贸易结算之后的人民币盈余,可以跨中国国境自由流动,用于购买中国境内发行的国债、地方债和企业债,以及以人民币基金的形式投资中国股票市场。

(4) 鼓励中国的银行在"一带一路"沿线国家的分支机构开展人民币业务,培育人民币借贷市场。同时,鼓励这些国家的企业和政府在中国市场或者区域市场发行以人民币计价的债券,甚至到 A 股市场公开发行股票。

从目前人民币的国际化程度和中国天然气市场的实际状况看,虽然不具备建立天然气人民币的基本条件,但是可以加快中国的金融体系改革和天然气市场化改革,为建立天然气人民币的远期目标创造条件。中国应抓住推进"一带一路"倡议契机,优先在"一带一路"沿线国家与中国的天然气贸易中实施人民币结算,先行推进人民币区域化,提升人民币的影响力和吸引力,然后逐步扩大人民币结算的地域范围和贸易领域,待到未来的某个时点,天然气人民币将水到渠成。

附　录

附录一　关于推进石油石化行业供给侧改革的思考[①]

为有效应对中国经济"三期叠加"[②]，增强经济持续增长的动力，在 2015 年 11 月 10 日召开的中央财经领导小组会议上首次提出了"供给侧结构性改革"。此后，在 2016 年李克强总理的《政府工作报告》中进一步明确了供给侧结构性改革的任务和目标。2016 年，供给侧结构性改革成为中国经济的新亮点，去产能、去库存、去杠杆、降成本、补短板成为实施供给侧结构性改革的重要措施。但是，在推进供给侧结构性改革过程中，不应一刀切，而应充分分析行业特点和突出矛盾，有针对性地采取措施，才能收到预期效果。对于石油石化行业而言，需要结合行业特点，按照中央精神有序推进供给侧结构性改革，目的是增强油气产品有效供给，提升油气产品供给效率，降低供给成本，满足国民经济发展需求，保障国家能源安全。

一、当前中国石油石化行业面临的主要矛盾

石油石化是国民经济发展的重要支柱性行业，是能源和基础原料的重要来源，对保持国民经济稳定健康发展具有基础性保障和拉动作用。改革开放以来，中国

[①] 本文发表在《国际石油经济》2016 年第 10 期。
[②] "三期"即经济增长速度换挡期、结构调整阵痛期、前期刺激政策消化期。

经济的高速发展为石油石化行业的发展提供了充足的需求，获得了坚实的发展基础。同时，随着中国市场经济体制的确立，以中国石油天然气集团公司（中国石油）、中国石油化工集团公司（中国石化）和中国海洋石油总公司（中国海油）为代表的石油石化企业实现了境外上市、国际化经营，并受益于原油、成品油价格改革不断深化直至与国际市场价格接轨，在 21 世纪以来取得了长足的发展，经济效益占据国有企业的龙头地位，在世界 500 强排名中保持前列。但是，国际油价在 2014 年达到高点而出现快速下降之后，石油石化企业面临的矛盾开始显现。特别是进入 2016 年，国际原油价格曾一度跌至 30 美元／桶以下，之后虽有所回升，但一直维持在 50 美元／桶以下的低油价区间运行，低于中国石油企业的开采成本。加上中国宏观经济进入"三期叠加"，GDP 增速放缓，社会对石油石化产品的需求下降，这些因素使石油石化企业的经济效益大幅下降，中国石油化工股份有限公司（600028.SH）和中国石油油天然气股份有限公司（601857.SH）2016 年上半年实现净利润同比分别下降 21.6% 和 98%，中国海洋石油股份有限公司（00883.HK）更是亏损 77.4 亿元，面临巨大的经济效益压力，行业内部结构性矛盾开始暴露。

抛开国际原油价格低位运行的影响，从中国石油石化行业自身分析，着眼于实施供给侧改革，提升石油石化的供给能力和供给效率，行业面临的主要矛盾集中体现为油气供给不足与成品油生产过剩的矛盾、一体化经营与专业化经营的矛盾、国有企业集中经营与民营企业进入的矛盾，以及行政化管理机制与市场化管理机制的矛盾四个方面。

（一）油气供给不足与炼油能力过剩的矛盾

石油石化行业的供给分为原油和天然气供给，以及原油和天然气经加工后生产的成品油和基础性化工产品的供给两大类。前者被称为上游产品，后者被称为下游产品。随着中国经济发展对能源需求，特别是对清洁能源需求的强劲增长，石油和天然气在中国能源消费结构中的比重稳步提高。2015 年，我国中国石油消费量为 5.46 亿吨，占一次能源消费的比重已经提升至 18.0%；天然气消费量约为 1910 亿立方米，占一次能源消费的比重为 5.9%。这两项比重分别远低于北美的 36.5%、30.8%，以及欧洲的 29.6%、48.4%，甚至低于亚太地区的 28.6%、12.3%。未来，中国对石油和天然气的需求存在巨大的增长空间。在此需求背景下，中国国内原油产量约为 2.14 亿吨，原油净进口量为 3.33 亿吨，对外依存度为 60.9%；国内天然气产量约为 1318 亿立方米，包括管道气和 LNG 在内的天然气进口量为 624 亿立方米，对外依存度为 32.7%。国内原油和天然气的供给能力明显不足。

另一方面在油气供应不足的同时，中国炼油能力严重过剩，炼厂开工率从 2011 年以来持续走低。2015 年年底，中国的炼油能力达 7.1 亿吨／年，2015 年实际加工原油 5.22 亿吨，炼厂开工率为 75.4%，比 2011 年的 81.5% 下降 5.9 个百分点，更是比全球炼厂 84% 的平均开工率低 8.6 个百分点。进入 2016 年以后，炼厂开工率继续降低。据安迅思公布的数据，截至 2016 年 7 月 21 日，纳入样本的 40 家主营炼厂开工率为 73.42%，其中东北、西北、华北、山东、华东、华中及华南地区的开工率分别为 66%、41%、65%、81%、92%、63% 和 87%，地区之间存在严重的不平衡，这也反映了中国炼油布局与经济发展需求之间的矛盾，经济发达的华东、华南地区的开工率明显高于经济欠发达的西北地区。与此同时，汽油、柴油、煤油三大成品油净出口量持续增加，2015 年净出口量为 1973 万吨，比 2014 年增加 478 万吨，增长 32%。其中柴油出口增加 272 万吨，增长 74.93%；煤油出口增加 205 万吨，增长 32.18%。

以上情况说明，中国的原油和天然气供给能力严重不足，而炼油能力过剩明显，需要平衡原油对外依存度过高和中国经济发展对炼油能力现实性需求之间的关系，以及炼油产能布局与地区经济发达程度、原油进口入关地等多方面的关系。

（二）一体化经营与专业化经营的矛盾

目前，中国三大石油石化企业都是一体化经营的企业，涵盖了石油石化产业链的所有业务，包括物探、钻井、测井、固井等工程技术服务业务，油气田地面工程设计及建设、炼化工程设计及建设与检维修等工程建设施工业务，石油装备制造业务，油气田勘探开发业务，炼油化工业务，原油、天然气、成品油管道输送业务，加油站、加气站等终端销售业务，油气贸易业务，油气国际合作业务，以及金融服务业务，矿区服务业务等十一大类业务。各业务之间的协调发展依赖于集团公司的行政命令，内部协调成本高企，并导致各业务均认为自身利益受损，经营业绩没有客观体现，在业绩考核上要求剔除的因素增多，自身努力程度和积极性呈下降趋势。

根据麦肯锡公司对412家企业进行的一项调查，专业化经营公司（67%的营业收入来自一个业务单位）的股东回报率为22%；适度多元化经营（至少67%的营业收入来自两个业务单位）的股东回报率为18%；多元化经营（少于67%的营业收入来自两个业务单位）的股东回报率为16%。这一结果揭示出多元化经营公司在经营效益和效率上明显低于专业化经营公司，大而全的经营管理模式面临挑战。

（三）国有企业集中经营与民营企业进入的矛盾

中国的石油石化行业是国企高度集中经营的行业。其中，油气勘探开发业务几乎全部集中在中国石油、中国石化、中国海油，以及陕西延长石油（集团）有限责任公司四大国有企业。据《经济参考报》披露，2015年中国陆上油气管道总长度达12万千米，包括原油管道约2.3万千米，成品油管道2.1万千米，天然气管道约7.6万千米，形成了中国横跨东西、纵贯南北、连通海外的油气管网格局。中央企业所属管道总里程10.4万千米，占总里程的86%，仅中国石油的管道总里程就达8万千米。

炼油业务的集中度略低，截至2015年年底，中国石油、中国石化、中国海油的炼油能力合计4.89亿吨，占全国炼油能力的68.91%；包括地方炼厂在内的其他炼油企业，主要集中在山东、陕西、辽宁等地，原油加工能力为2.09亿吨，占29.39%；外资炼油企业炼油能力为824万吨，占1.16%。以加油站为主的油品终端销售业务相对集中度最低，但三大石油公司的合计占比依然在50%以上。据中投顾问发布的《2016—2020年中国加油站行业投资分析及前景预测报告》，截至

2015年年底，全国加油站数量约为9.68万座，其中，中国石油下属加油站2.07万座，占比为21.38%；中国石化下属加油站3.06万座，占比为31.61%；民营、外资、中国海油及中国中化集团等拥有加油站4.55万座，占比为47%。随着加油站的经营利润率逐渐上升，中国石油、中国石化、中国海油、中国中化集团等国有大企业加大了在零售加油站的投资力度，国有资本在全国加油站投资中的占比有着较大优势。

虽然近年来国家出台了鼓励发展民营资本的政策，中国石油以管道业务为突破口，中国石化以加油站业务为主，加大了与民营资本合资合作的力度，但总体上看，石油石化行业依然以国有资本为主，民营资本所占比重非常低。如何进一步加大引入民营资本，利用市场化机制，增强供给侧改革的动力，激发石油石化行业供给侧改革的活力，挖掘石油石化行业供给侧的潜力，需要寻求新的突破口，甚至制度性安排。

（四）行政化管理机制和市场化管理机制的矛盾

石油石化是国民经济的重要支柱。这无论在国家层面还是在地方层面都是显而易见的。也正因为如此，石油石化企业被认为是国民经济的命脉，财政收入的重要来源。因此，中国石油石化行业管理的行政化色彩浓厚，在国内建立起中国石油、中国石化、中国海油（以下称为"三大国有石油公司"）三大市场主体。在国家逐渐开放油气勘探开发国内国外合作、原油进口权的情况下，虽然地方炼厂迅速发展，但是石油石化行业依然被民众认为属于垄断性行业。三大国有石油公司都脱胎于原石油工业部，且目前属于国务院国有资产管理委员会所管辖的中央企业，在管理体制和运行机制上，也保留了更多的行政化色彩，而较少通过市场化的手段推动企业内部上中下游各业务的运行，在一定程度上制约了企业的运行效率。

随着中我国中国改革开放的逐步深入，以及国家鼓励"走出去"战略的实施，石油石化行业已经成为具有较强竞争性的行业。在国内，民营资本、外国资本进入石油石化行业的壁垒不断弱化，多层次的经营主体结构开始形成；在国外，油气资源企业和炼化企业兼并成为新趋势，参与油气国际贸易的程度逐渐加深。这都使得以三大国有石油公司为主的中国石油石化企业面对众多决策机制、运行机制更加灵活的市场主体的竞争，也需要更高的决策效率和运行效率。行政化管理机制下的"决策慢、流程长、效率低"与市场化管理机制下的"决策快、流程短、效率高"的矛盾不断显现。如何适应市场竞争的需要，实现由行政化管理机制向市场化管理机制的转变，影响着石油石化行业未来的发展。

二、中国石油石化行业供给侧改革的主要内容

顾名思义，供给侧改革的重点在于生产环节。就石油石化行业而言，供给侧改革的根本出发点就是要改革、提升石油石化行业的供给能力和供给效率，优化生产结构和产品结构，更加高效地满足国民经济发展和人民生活改善对石油石化产品的需求。归根结底，就是要以尽可能低的成本生产、以尽可能低的价格销售、以尽可能丰富的品种向消费者供应尽可能环保的产品。因此，石油石化行业供给侧改革应重点集中在以下四个方面。

（一）增强油气供应保障的能力

增强油气供应保障能力，满足国民经济快速发展的需要，是石油石化行业供给侧改革的重中之重。提升供给能力，只能从两个方面着手。

一是眼睛向内，加大国内油气勘探开发的投入。但由于油气勘探高风险、高技术、高投入的特点，一定程度上限制了民营资本进入的能力和积极性，这也决定了油气勘探业务的低竞争性和油气开发业务的高竞争性。事实上，民营资本正是在油气开发业务上表现出了快速进入的强烈渴望。因此，要加强国内油气的生产供应能力，关键还是要对油气勘探业务提供与其高风险水平相适应的高回报，建立勘探成果的转让和合作开发机制。在未来一定时期内，三大国有石油公司仍

将是国内勘探业务的主体。如果仅仅放开油气开发业务,而不能给予勘探业务合理的投资回报,那么油气开发业务的繁荣只能是昙花一现。

二是眼睛向外,加大利用国际油气资源的能力。按照当前的模式,获取国际资源有两种方式。一种方式是直接参与国际油气贸易,以管道或海运方式将国外油气资源运送至国内;另一种方式是在资源国获取油气资源,并实施勘探开发。从本质上说,后者只是占有了资源,如果不能安全地运送至国内,依然不能成为国内市场的有效供给。在眼睛向外方面,必须首先保证所获取的资源能够安全、高效地运送到国内。

进一步看,放开油气进口权,繁荣油气贸易,逐渐加大中国在国际油气市场的话语权,建立科学的、反映中国市场状况的透明化油气价格形成机制,提升中国在国际油气市场的定价权,应该成为增强我国石油石化行业供应保障能力的重要组成部分。

(二)增强油气供应保障的质量

在提高油气供应保障能力的同时,必须注重供给保障的质量。数量和质量是石油石化行业供给侧改革的两个维度。就质量而言,一是要有弹性,二是品种要丰富,三是要满足环保标准。

有弹性,就是在油气产品的季节性需求高峰期和国民经济发展的快速期,能够足额保障市场供应,不至于出现短期性或者阶段性的供应短缺,不能因供给能力不足而出现油气价格的大幅度波动。

品种丰富,就是要满足消费者对石油石化产品的品种需求,能够有技术创新,合理有效地引导需求结构优化升级,或者跟上消费者消费倾向的变化,向消费者提供价格尽可能低的产品。

满足环保标准,这是一个对产品质量内涵的要求。石油石化产品的质量并非仅是满足使用的要求,更是要满足人民生活水平提高之后对更加清洁的环境的要求。成品油逐渐降低含硫量、减少燃烧时的二氧化碳排放,以及降低烯烃、芳香烃的含量,化工产品减少有害物质的含量和提升废弃之后的可降解性等,都对石油石化产品的质量内涵提出了更高的要求。石油石化产品的生产环节也需要降低能源消耗和有毒有害污染物的排放,提高水和能源等资源的可循环利用水平。自觉满足环保标准是对石油石化企业面临的最大挑战,也是提升油气供应保障质量最为艰巨的任务。

(三)优化炼化产业链及布局

当前,中国的炼化产业布局远离消费地的矛盾比较突出。从地域上看,中国的炼油能力主要集中在华北、东北和华南地区,2015年,这三大地区的炼油能力分别占全国的34%、16%和16%;成品油消费则是以东部地区为主,东部地区汽油和柴油的消费量占到了全国的49.2%。中国的成品油流向呈现出"西油东进、北油南运、东油向西南"的格局。这种炼油能力布局结构与中国的原油产区和陆上原油进口途径主要集中在西北、东北有关,也与这些地区对以发展石油石化产业链拉动地方经济发展的诉求有关。加上中国的物流成本相对较高,东北、西北属于高寒地区而导致冬季能源消耗大,炼厂、生产成本明显高于南方炼厂,制约了企业的经济效益。石油化工产业的类似问题也比较突出。

因此,优化炼化产业布局,首先要妥善处理好油气资源地与市场需求地的关系,平衡好企业生产成本与物流成本,并根据油气资源变化情况逐步调整优化产业布局;其次要适应油气国际贸易繁荣的趋势,合理布局油气码头和港口建设,靠近贸易物流集散地设厂生产,面向国内市场和国际市场供应产品;再次要兼顾炼化行业大型化、炼化一体化、绿色化、智能化的发展方向和民众环境保护意识增强、诉求增加的趋势,重点在环渤海、长三角和珠三角地区等经济发达地区布设石油石化产业园区,提高炼化产业集中度,这一方面有利于利用沿海优势开展原油、成品油和石化产品的国际贸易,另一方面,更能发挥成本优势,就近满足这些经济发达地区对成品油和石化产品的需求。

(四)建立市场化油气价格形成机制

价格是市场的中枢,是引导资源流向和配置资源,反映和调节供求关系的关键信号。总体上说，中国的原油价格已经与国际市场接轨，成品油价格形成机制确立了市场化的方向，天然气价格市场化机制正在推进形成，化工品价格基本已经完全市场化。但是，我们要看到，完全与国际市场接轨的原油价格并没有反映中国的资源禀赋和消费特征；成品油价格市场化形成机制虽然逐步完善，但从根本上说实行的是成本加成定价机制，而没有反映中国成品油市场供求关系、市场结构、消费倾向、可替代性、需求弹性等基本市场要素的特点；天然气价格实行多轨制，对工业用户而言显得"贵"，对居民用户而言显得"便宜"的矛盾，以及如何引导天然气消费作为清洁燃料和原料使用，充分反映中国天然气供给结构、需求结构及其弹性成为改革的重点。

按照国际经验，建立市场化的油气价格形成机制，要突出公开交易市场的作用，这包括推进建立公开透明的原油、天然气等专业化交易所，利用大连商品交易所、郑州商品交易所等现有资源建立具有代表性的化工商品交易产品，期货现货结合、长期短期结合完善交易品种，建立反映中国市场供求状况的价格指数体系，使油气资源进得来、出得去，繁荣石油石化产品贸易。

三、中国石油石化行业供给侧改革的主要路径

石油石化供给侧改革面临的矛盾和主要问题是长期形成的，具有较强的历史性，难以在短期内得以解决。既然是改革，就要从全局和整体的高度优先解决主要矛盾和主要问题，增强供给能力、供给质量和供给效率。这些问题的解决，还必须兼顾地方经济增长、就业、投资能力、投资回报等现实性需求。

在具体的改革路径上，可以考虑"先机制、后体制"的方式，优先着手构建竞争性的市场结构，建立完全市场化的价格机制，加快放开油气及成品油的进出口权和经营权，通过价格传导机制提升市场的竞争性，形成良性竞争的市场。在此基础上，完全放开国内油气开发、炼油加工业务，降低或取消行业进出门槛，

建立油气勘探权证和勘探成果转让及合作开发制度,引导各类资本按市场化规则和投资回报原则成为石油石化产品的供应商与市场参与者,发挥民营等社会资本的"鲶鱼效应",增强企业改革的驱动力和紧迫性,充分激活三大国有石油公司的潜力和石油石化市场的发展能力。在具体实施上,可分为国家政策层面和企业改革层面。

(一)国家政策层面

在国家政策层面,重点是营造石油石化行业供给侧改革的政策环境,建立相应的制度保障,包括以下五个方面。

1. 培育形成竞争性的市场结构

这是石油石化行业供给侧改革的基础性工程。没有竞争就没有市场活力,供给侧改革就缺乏应有的动力。要改变三大国有石油公司一统行业的局面,就要增加市场参与主体,打破寡头垄断的市场结构,构建竞争性的市场结构,这样才能有效激活企业活力,促使三大国有石油公司转变经营管理理念,实施真正的改革,适应市场发展的趋势和要求。

2. 实现油气市场化定价

要按照市场化的原则,放弃对油气产品定价的行政管理,实行完全的市场定价。这主要是行政管理部门要转变观念。市场定价并不是不要行政管理,而是需要行政管理部门对市场行为进行监管,构建公开、透明的市场信息体系,防止和打击市场垄断行为,注重维护市场公平竞争的秩序,为市场运行提供制度环境和保障。同时,市场价格可以反映中国油气资源及相关产品的稀缺性,引导民众建立良好的消费习惯和市场预期,有着良好的市场监管制度和环境将有效改善供求关系,提升供给弹性和需求弹性。

3. 放开行业准入

要降低行业准入门槛,逐步完全放开行业准入。能够使各种资本按照市场化决策和效益原则自由进入或退出石油石化行业,从宏观经济政策、金融和税收、法律环境上方面为企业实施收购、兼并、重组创造合适的制度与环境。特别是要破除"资产流失"和"利益输送"的观念,使各市场参与主体自主决策,依照公开市场定价或者参照历史实际交易成交价实施公开交易,强化交易的透明度管理,以及媒体和大众的监督。同时,要放松油气和成品油进出口权,繁荣贸易,以充分利用国际市场调节和稳定国内市场供给,提升供给弹性和价格弹性,改善供给质量。

4. 建立油气勘探成果转让机制和合作机制

国家地域的有限性和地貌特征的独特性决定了可勘探资源的局限性、稀缺性。油气勘探具有高投入、高风险的特点,这决定了油气勘探业务的主体必然集中在资本实力强、风险承受能力高的企业。如果没有对油气勘探成果的保护机制,而是任由各类资本侵蚀油气勘探成果持有人的合法利益和权益,那么只能创造油气开发的虚假繁荣,最终将没有资本进入勘探领域,会对油气行业的长期发展产生负面影响。因此,必须建立油气勘探成果的保护机制、转让机制和合作开发机制,保护油气勘探业务参与者的合法权益。在此基础上,放开搞活油气开发业务,一方面可以提高油田勘探成果的利用效率,使勘探成果转化为现实的油气供给;另一方面可以提高油气勘探业务的吸引力,增加油气三级储量的厚度。

5. 合理规划炼化产业布局

要优化石油石化产业政策,规划炼油和石化产业布局蓝图。依照"靠近资源、靠近市场、物流成本最低"的基本原则,在全国范围内规划炼油和石化产业布局,划定优先发展区域和限制发展区域,逐渐改变炼油和石化产业远离消费市场的现状,提升行业供给效率。

(二)企业改革层面

石油石化企业是行业供给侧结构性改革的对象和实施主体,具有自我改革的特点,这也是改革的难点。要实施好供给侧改革,就要在国家政策层面增强企业改革的驱动力的同时,积极做好以下三方面工作。

1. 改革一体化经营为专业化经营

首先,三大国有石油公司要整合现有业务,建立专业化经营的管理架构,做实专业化业务经营公司。然后,对专业化业务经营公司可以在不同层面上引入社会资本,实施股权多元化,建立规范的法人治理架构,并逐步降低持有的股权比例,变内部交易为标准化市场交易,在上中下游业务链实现市场化采购和供应,使各业务主体成为自主决策、自我经营、自负盈亏的市场化参与主体。最终使三大国有石油公司改革成为专业化油气公司,提升经营管理的集中度,不再从事工程技术、工程建设、装备制造等非油气业务,所需服务实施市场化采购。

2. 提升炼化企业规模化经营程度

调整炼油和石化业务布局结构,提升规模化经营程度是提高企业经营效率的重要途径。要适应炼油和石化产业规模化发展的国际趋势,优化石油石化产品物流、降低物流成本的内在需求,以及国家提高产品环境保护标准的制度性要求,按照国家产业政策,淘汰落后产能和远离消费市场的低效产能,按照"靠近资源、靠近市场、物流成本最低"的原则,调整建设新的企业布局和业务布局,建立规模化石化产业链经营业务结构,提升经营效率和效益水平。

3. 提升技术创新能力和水平

技术创新能力和水平这是影响企业未来发展的关键性要素和能力。当前,石油石化行业的核心技术主要掌握在西方石油公司手中,其高市场价值的技术短期内不会向中国转让,这也造成了中国的石油石化企业产品结构单一,高附加值产品少。在油气勘探开发领域,缺乏在海上特别是深海地区勘探开发的技术,也缺乏针对页岩油、页岩气等具有高致密性、低渗透性地质特点油气藏的勘探开发技术。这些正是中国未来油气勘探开发的重要领域,亟需在技术上取得新的突破,才能使储量得到验证,使地质储量转变为可采储量,使可采储量转变为油气产品,使油气产品转变为有效市场供应。因此,必须着眼于未来业务发展的特点,改革现有的科研管理体制,加大科研投入,建立科技创新激励机制,瞄准基础性研究和前沿技术,培养科技人员队伍,贴近实际需求开展技术攻关。

总之,供给侧改革并非一个"时髦的名词",在实施上也不能一刀切,应充分认识石油石化行业的特点和存在的主要矛盾,有针对性地制定措施并加以实施,才能将供给侧改革落到实处,取得实际成果。

附录二 国际炼油业务并购趋势[①]

2007年美国次贷危机引起的国际金融危机爆发之后,国际炼油业务调整和并购再度渐趋活跃,将对未来全球炼油业务的发展产生深远影响。

一、国际炼油业务并购的发展趋势

根据IHS公司发布的全球下游并购报告,全球炼油行业2010年的并购交易价值同比增加了30%以上,达到360亿美元。2011年全球炼油业务交易更加活跃(附图2-1),并购交易额达到约600亿美元。综合分析,本轮炼油业务的调整主要表现出以下三个方面的趋势。

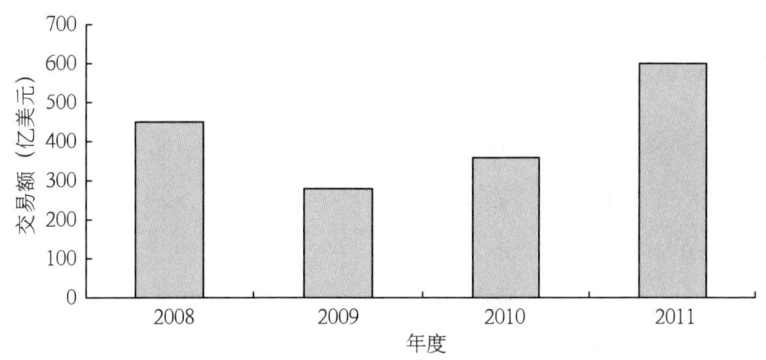

附图2-1 国际炼油业务并购交易情况

[①] 本文发表在《国际石油经济》2012年第5期,原题目为《国际炼油业务并购分析与启示》。本文2014年荣获第十九届全国石油石化管理现代化创新优秀论文(行业部级)二等奖。

（一）独立炼油商购买综合石油公司出售的炼油业务资产

在本轮炼油业务资产调整的过程中，不时可以看到国际综合性石油公司埃克森美孚、BP、壳牌、道达尔和雪佛龙等石油巨头作为资产出售者的身影，独立炼油商则成为了参与并购的主力军。2011 年全球炼油业务最大的并购案为美国 Holly 公司和 Frontier 公司的合并；美国瓦莱罗能源公司作为独立炼油商分别斥资 7.3 亿美元收购了雪佛龙公司位于英国的 Pembroke 炼油厂及其他下游资产，斥资 3.25 亿美元收购了墨菲石油公司位于美国海湾沿岸的 Meraux 炼油厂。

（二）新兴经济体国家石油公司购买西方石油公司出售炼油业务资产

从国际范围看，炼油业务的出售方几乎全部是西方石油巨头（也包括一些独立的大型炼油商），购买方则主要是新兴经济体国家的石油公司，其通过并购逐步进入石油巨头的传统市场。2011 年，印度的埃萨能源公司（Essar Energy）收购了壳牌位于英国的 Stanlow 炼油厂，中国石油收购了苏格兰的 Grangemouth 炼油厂和法国 Lavera 炼油厂的股权。目前，俄罗斯天然气工业股份公司(Gazprom)所属俄罗斯天然气工业石油公司（Gazprom Neft）正在考虑购买希腊最大炼油商希腊石油公司的股份，并就购买德国施韦特炼油厂股份与意大利埃尼石油公司谈判。

（三）全球炼油业务正在实现由西向东的转移

欧美经济持续低迷，需求下降，炼油毛利处于低水平（附图 2-2），美国更是在 2011 年首次成为油品净出口国，这些因素导致欧美炼厂陷入困境，不得不关闭或出售本地区的炼油业务资产。2009—2011 年，欧美宣布关闭或出售的炼油能力达到 524.6 万桶／日（2.62 亿吨／年）。同时，受惠于经济的高速增长，新兴经济体炼油业务稳步发展，印度、巴西、中国和俄罗斯等相继提出了雄心勃勃的炼油业务发展规划。预计未来五年内，印度用于扩建炼油能力的投资将达到 124 亿～147 亿美元，2022 年前炼油能力将扩大近一倍。有资料显示，2012 年中国新增炼油能力将达到 3820 万吨／年，2013—2015 年新增炼油能力将超过 1 亿吨／年。

中东地区的科威特、伊朗、伊拉克、沙特阿拉伯、阿拉伯联合酋长国等资源国也制定了宏大的炼油发展规划，2010—2018年中东地区将新增炼油能力500万桶/日（2.5亿吨/年）。

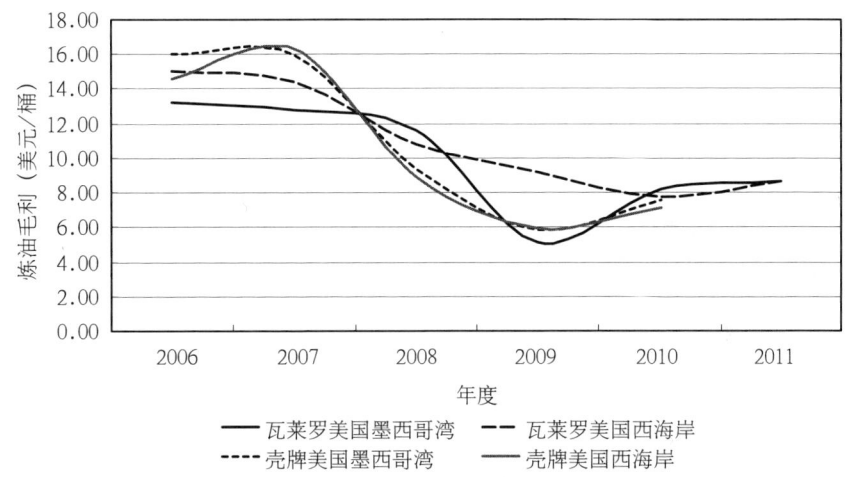

附图2-2　壳牌公司和瓦莱罗公司炼油毛利比较

二、国际炼油业务并购的突出动机

本轮国际范围内炼油业务的调整恰逢国际金融危机和欧洲主权债务危机爆发之时，这使得国际经济形势的发展变化成为炼油业务并购交易渐趋活跃的最大背景。与此同时，低碳环保和成品油质量标准的不断升级导致炼油企业成本高企，更加压低了炼油业务的毛利空间。但是，从企业自身看，国际炼油业务并购的动机体现出追求专业化经营、国际化运营和开拓新市场的特点。

（一）实施专业化经营，提升公司整体价值

进入21世纪之后，国际原油价格持续走高，上游业务实现的利润不断增长。与此同时，由于成品油的市场结构更加趋于完全市场化，炼油商的议价能力相对

较弱,只能被动地接受国际原油价格和成品油价格,从而导致盈利空间在整个石油工业产业链中处于最低水平。2010 年,埃克森美孚和壳牌上游资本回报率分别为 23.3%、13.94%,而其下游业务的资本回报率分别为 14.8%、4.38%,上下游业务投资回报率相差甚大(附图 2-3);上游业务占全公司利润的比重分别达到 79.11% 和 84.91%。这必然导致综合石油公司的投资向上游业务倾斜,逐步向专业化经营的方向转变,以获取更高的利润,提升公司整体价值,从而增加股东回报。对于独立炼油商而言,通过实施横向并购,可以进一步扩大公司的经营规模,摊薄固定成本,发挥整体协调优势,实现规模经济,并可以扩展新的市场,优化自身的市场结构,提高市场占有率。

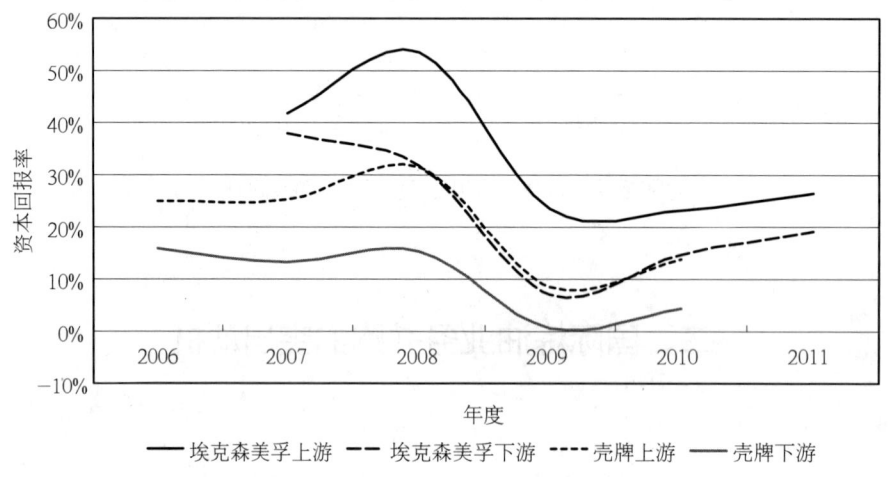

附图 2-3 埃克森美孚和壳牌投资回报情况

(二)实施国际化运营,提升国际化水平

全球范围内的炼油业务调整和并购,为新兴经济体国家石油公司参与国际竞争,实施国际化运营提供了良好的契机。众所周知,以"金砖四国"为主的新兴经济体经济发展迅速,对能源特别是对石油的需求保持了快速增长,从而使这些国家的石油公司走出国门、开拓国际市场,从国际市场获取资源,服务本国经济发展。在此背景下,新兴国家的石油公司需要以恰当的方式参与到国际市场的运

作中去，而炼油业务的调整恰恰提供了这样的机遇。对于新兴国家的石油公司来说，通过并购的方式可以比较快捷地进入西方传统市场，获取成熟的管理经验和掌握一些先进的炼油技术，也有助于把握全球炼油行业的发展动态，提高在全球范围内获取资源的能力，进而为公司提升国际化经营能力积累经验。

（三）实施战略转移，开拓和占领新市场

顺应全球经济发展的总体趋势，炼油业务在全球范围内也出现了由西向东的转移。对于大型综合性石油公司而言，其追求利润的本性，使其必然放弃已经步入衰退期的西方传统市场，转而利用其资金和技术优势进入并开发新兴市场，从而引领炼油业务由西向东转移，并完成华丽转身，最大限度地获取新兴市场份额。目前，无论是"金砖四国"，还是中东地区，新建炼油设施中都有西方大石油公司参与投资。

三、对中国炼油业务发展的启示

目前，中国作为一个新兴经济体，经济发展迅猛，石油对外依存度已经超过55%，中国石油企业有实施国际化经营的内在需求。但是，必须认清当前国际范围内并购的趋势和根本动机，才能达到通过并购实现国际化经营的目标。本轮国际炼油业务并购的趋势和动机为中国炼油业务未来的发展至少提供了以下四个方面的启示。

（一）审慎开展海外炼油业务并购，避免盲目进入西方市场

西方石油公司都具有非常敏感的市场神经和追求利润最大化的本性，因此，拟出售的资产肯定是在其投资回报排队中处于低位的资产，在未来的经营中无法达到其预期的收益率。对于刚刚参与国际市场，实施国际化经营的中国石油公司

而言，既需要尽快熟悉欲收购资产当地的环境，包括法律环境、人文环境和经济环境，以及全面衡量和评价并购后如何实现设定的目标，并制定出有针对性的措施。此外，还必须认识到，并购完成后拥有了资产或股权，并不意味着自然就获得了其原有的市场、管理经验和技术能力，这本身需要一个消化吸收和磨合的过程。否则，将会"水土不服"，折戟而归。

（二）突出发展国内业务，积极搞好亚太、中东地区的合作

在未来一定时期内，中国依然是世界上经济发展最快的国家之一，对成品油的需求将长期呈现出增长的态势。中国所具有的市场优势，使得中国的炼油企业可以与西方石油公司建立合资企业，以获取其先进的技术和管理经验，同样可以提高与国际化经营接轨的能力。

世界新增炼油能力主要集中在亚太和中东地区，而且中东地区石油资源非常丰富。因此，与西方石油公司一起参与中东地区的炼厂建设，既可以增强获取国际资源的能力，又能提升国际化经营水平，不失为一条好的途径，而且比进入西方成熟市场所面临的风险更小。

（三）重新认识综合性石油公司，提升专业化水平

炼油业务是石油工业产业链中的一环，起着承上启下的作用。所谓"承上"，就是可以消化吸收上游生产的石油，从而减少上游业务暴露在市场中的风险，成为公司业务的稳定器。所谓"启下"，就是肩负着为更下游的化工产业提供原料的重任。在这个产业链中，炼油业务利润水平经常是最低的。因此，国际综合性石油公司目前对炼油业务实施调整，实质上是公司经营战略的调整，使其投资更加集中于盈利能力强的上游业务和化工业务，减少炼油业务的投入，仅仅是使炼油业务保持稳定器和提供原料的基本功能，不再作为获取利润的主要途径。近年来，埃克森美孚公司对上游业务投资逐渐集中，而下游业务投资则呈现明显的下降趋势；壳牌公司也几乎呈现出了同样的趋势（附图2-4）。这样调整后，综合性石油公司的专业化经营水平将会得到进一步提升，盈利能力也将更强。对于中国石油

公司而言，如何平衡好公司内部各业务板块之间的地位，在提升专业化水平和提高市场保障能力，以及与提升公司价值之间寻求平衡点将非常重要，这将影响到中国石油公司的活力和市场竞争力。

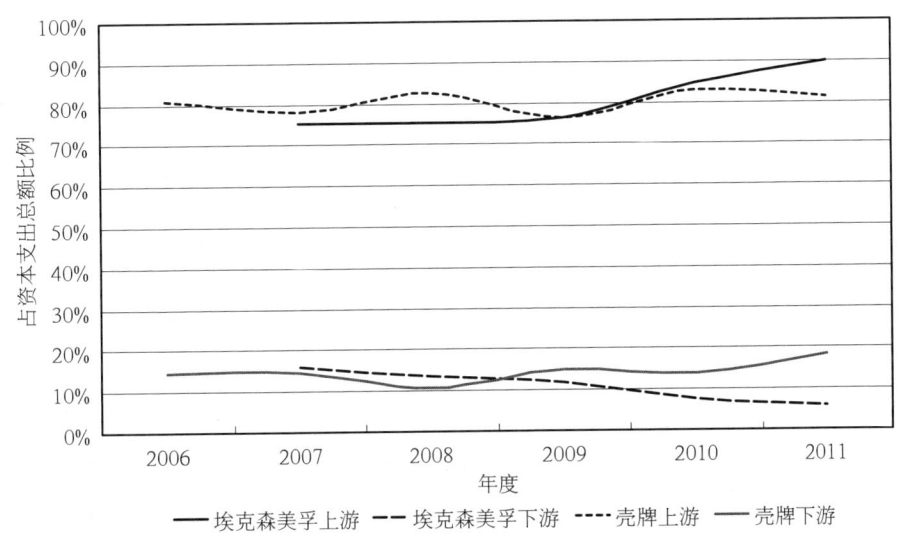

附图2-4 埃克森美孚和壳牌上下游资本投资情况

（四）突出专业化优势，鼓励国内独立炼油商的发展

目前，中国的炼油企业面临上游资源价格与国际接轨，而成品油价格受到一定管制的问题，这是造成国内炼油业务普遍亏损的最大原因，并导致市场上出现成品油资源时而偏松、时而偏紧的现象，干扰了市场正常运行。这背后的根本问题就是资源配置的非市场化。对于上下游一体化的石油公司而言，肯定会首先集中优势力量发展自身盈利强的优势业务，向市场提供更多的产品供应。而对独立炼油商来说，炼油业务是其唯一的盈利来源和优势业务，必将千方百计集中力量加以发展。如果中国市场上存在足够多的独立炼油商，这无疑将会促进中国成品油资源的增加和优化配置，增强中国成品油市场的稳定性。

参考文献

[1] 胡昌暖. 生产领域价格概论. 北京：中国人民大学出版社，1987.

[2] M. 弗里德曼，R. 弗里德曼. 自由选择——个人声明. 北京：商务印书馆，1982.

[3] 郭国庆. 市场营销管理——理论与模型. 北京：中国人民大学出版社，1995.

[4] 〔德〕赫尔曼·西蒙. 价格管理. 宋耀鼎，韩德昌，等，译. 天津：南开大学出版社，1993.

[5] 伍世安，顾晓燕. 价格管理学. 北京：北京经济学院出版社，1992.

[6] 魏嵩寿. 国际市场营销学. 北京：中央广播电视大学出版社，1993.

[7] 洪远明. 寻找看不见的手——价格理论的发展与探索. 上海：复旦大学出版社，1993.

[8] 〔英〕詹姆斯·贝茨，J. R. 帕金森. 企业经济学. 上海：上海译文出版社.

[9] 〔日〕植草益. 微观规制经济学. 朱绍文，胡欣欣，等，译. 北京：中国发展出版社，1992.

[10] 吴德庆. 管理经济学. 北京：中国人民大学出版社，1995.

[11] 王则柯，梁美灵. 价格与市场——市场经济的价格理论及其应用. 北京：中国经济出版社，1994.

[12] 梁小民. 西方经济学教程. 北京：中国统计出版社，1993.

[13] 胡昌暖. 价格学管理. 北京：中国人民大学出版社，1991.

[14] 胡昌暖. 价格学概论. 北京：中国人民大学出版社，1990.

[15] 〔日〕小外弘. 价格与消费心理. 贾国勇，张琳，译. 北京：中国经济出版社.1992.

[16] 张卓元. 价格学. 北京：中央广播电视大学出版社，1993.

[17] 束金中. 价格学新论. 北京：光明日报出版社，1989.

[18] 高云，等．价格管理知识．北京：中国农业机械出版社．1988．

[19] 陈百学．价格计算方法和原理．北京：中国商业出版社．1987．

[20] 杨圣明，李军．价格双轨制的历史命运．北京：中国社会科学出版社．1993．

[21] 〔美〕弗里德曼．价格理论．鲁晓龙，等译．北京：商务印书馆，1994．

[22] 张文中．论石油价格．北京：世界知识出版社，1990．

[23] 余兴发，等．现代企业定价——理论与应用．上海：复旦大学出版社．1988．

[24] 田源，乔刚．中国价格改革研究(1984—1990)．北京：电子工业出版社，1991．

[25] 〔美〕乔治·斯蒂格勒．价格理论．施仁，译．北京：北京经济学院出版社，1990．

[26] 赵捷谦．价格理论的基础．台北：五南图书出版公司印行，1983．

[27] 〔南〕佐兰·皮亚尼奇．东西方价格理论．张仁德，等译．天津：南开大学出版社，1990．

[28] 单风儒．管理经济学原理与方法．沈阳：辽宁大学出版社，1987．

[29] 〔美〕斯蒂文．T．考尔，威廉．L．霍拉汉．管理经济学．杨力明，等译．贵州：贵州人民出版社，1989．

[30] 万解秋，李慧中．价格机制论．上海：上海三联书店出版社，1992．

[31] 刘卓甫．企业定价策略与方法．北京：中国财政经济出版社，1989．

[32] 冯根福．企业定价探索．北京：经济科学出版社，1990．

[33] 冯保国．成本加成定价的探讨．中国石化财会 [J]．1997(3)：49-50．

[34] 孙贤胜，钱兴坤，姜学峰．2015年国内外油气行业发展报告．北京：石油工业出版社，2016．

[35] 董秀成．我国成品油价格市场化改革大势所趋．价格理论与实践 [J]，2014(5)．

[36] 王湘．国际原油价格与国内成品油价格互动关系的统计检验．统计与决策 [J]，2014(4)：162-164．

[37] 王莹，等．国内外石油价格联动关系研究．价格理论与实践 [J]，2014(4)：88-90.

[38] 黄旭明．境外成品油如何定价．中国石油企业 [J]，2014(5)：49-53.

[39] 白玫．深化能源价格改革：规律、目标与路径选择．价格理论与实践 [J]，2014(4)：5-9.

[40] 温莎．新定价机制：加大贸易商获利难度．中国石化 [J]，2014(3)：74-75.

[41] 张珣，等．重大突发事件对原油价格的影响 [J]．系统工程理论与实践，2009 (3)：10-15.

[42] 王书平，等．突发事件对国际油价的影响分析 [J]．数学的实践与认识，2009 (9)：88-92.

[43] 汪莉丽，王安建．世界石油价格历史演变过程及影响因素分析 [J]．资源与产业，2009 (10)：35-42.

[44] 杨洋．世界石油价格波动特征的实证分析及政策启示 [J]．金融发展评论，2015 (10)：153-158.

[45] 胡琳柟．金融市场决定油价？[EB/OL]．(2016-06-13). http://www.360doc.com/content/06/0613/00/267_133638.shtml.

[46] 张伟霖．谁在操纵原油价格？揭秘对冲基金全球大赌局 [EB/OL]．第一财经日报．(2008-06-28). http://www.360doc.com/content/08/0704/07/66741_1395769.shtml.

[47] 凯特·凯利．商品交易之王 [M]．大连商品交易所，译．北京：机械工业出版社，2015.

[48] 萨尔瓦多·卡罗拉．解读石油价格——驱动当今石油市场价格波动因素分析 [M]．周琼琼，李成军，译．上海：上海财经大学出版社，2012.

[49] 陈明华．基于金融因素的国家石油价格波动研究 [M]．北京：经济科学出版社，2015.

[50] 赵永杰，朱颖超，张在旭．建立和完善我国石油期货市场的对策建议 [J]．未来与发展，2009 (4)：8-11.

[51] 证券时报.注意！"中国版原油期货"来了意义远超想象 [EB/OL].2018-02-11.上海国际能源交易中心网站，http://www.ine.com.cn/news/area/911319753.html.

[52] 徐忱.中国原油期货合约设计解读 [EB/OL].2017-09-23.搜狐网，http://www.sohu.com/a/194008957_639898.

[53] 我国原油期货合约的七大特点 [EB/OL].2017-11-20.长江有色金属网，http://www.ccmn.cn/news/ff8080815f90552d015fd82ed0d32f02.html.

[54] 中国原油期货合约解读 [EB/OL].http://www.360doc.com/content/18/0211/22/3611037_729444184.shtml.

[55] 人民币原油期货或在圣诞节推出挑战美元霸主地位.2017-12-20.http://www.360doc.com/content/18/0211/23/3611037_729459473.shtml.

[56] 冯保国.关于推进成品油价格市场化的思考 [J].北京石油管理干部学院学报，2016 (3)：8-12.

[57] 孙贤胜，等.2015年国内外油气行业发展报告 [M].北京：石油工业出版社，2016.

[58] 朱庆云，郑丽君，乔明.美国炼油业务发展现状及对中国的启示 [J].国际石油经济，2016 (9)：97-102.

[59] 李振宇，等.对"十三五"中国炼油化工结构优化调整及发展方向的思考 [J].国际石油经济，2016 (9)：88-96.

[60] 林嘉欣.7月下旬中国主营炼厂开工率下滑2.63个百分点 [EB/OL].2016-07-22.http://e.icis-china.com/news/detail?id=773&typeid=15.

[61] 中国投资咨询网.我国加油站数量规模分析 [EB/OL].2016-08-18.http://www.ocn.com.cn/chanye/201608/cbgje18092904.shtml.

[62] 连振祥.中国陆上油气管道总里程达到12万公里 [EB/OL].2015-08-24.http://dz.jjckb.cn/www/pages/webpage2009/html/2015-08/24/content_9399.htm.

[63] 梁永宽，魏光华，皇甫立霞.国际LNG贸易合同演变及其动因 [J].天然气工业，2009，29(5)：125-127.

[64] 郭开华，皇甫立霞．全球 LNG 产业最新发展概要［R/OL］．http://www.lngonline.cn/Marketing/statistics/201009/3895.html.

[65] 施林圆，马剑林．LNG 液化流程及管道输送工艺综述．天然气与石油，2010，28(5).

[66] 王小伍，华贲．液化天然气、管道天然气与煤制天然气的比较分析［J］．化工学报，2009(S1).

[67] 谢治国，朱岩岩，王寰宇．日本地震及核灾难对全球 LNG 市场的影响．国际石油经济，2011(6)：4–6.

[68] ［美］保罗·沃尔克，［日］行天丰雄．时运变迁——世界货币、美国地位与人民币的未来［M］．于杰，译．北京：中信出版集团，2016.

[69] 黄晓勇．构建天然气人民币体系的思考．中国经济网，2017-03-24. http://money.163.com/17/0324/17/CGADGUMB002580S6.html.

[70] 黄晓勇．推进天然气人民币战略的路径探析．2017-03-23. http://mt.sohu.com/business/d20170323/129911192_463997.shtml.

[71] 梁金桂．我国进口 LNG 海上运输成本构成［J］．水运管理，2010，32(6)：21–22.

[72] 王莉丽，王建安．世界石油价格历史演变过程及影响因素分析［J］．资源与产业，2009(10)：35–42.

[73] 冯保国．加快"一带一路"油气合作机制建设［J］．国际石油经济，2017(6)：1–6.

[74] Petrodollar. https://wikispooks.com/wiki/Petrodollar.

[75] 冯保国．建立天然气人民币可行性研究［J］．国际石油经济，2017(8)：15–21.

[76] 上海国际能源交易中心．证券时报：注意！"石油人民币"来了意义远超想象．http://www.ine.cn/news/area/911319753.html.

[77] 凤凰网．日媒：中国拟推出人民币计价原油期货可兑换成黄金．http://finance.ifeng.com/a/20170904/15643547_0.shtml.

[78] 澎湃新闻（上海）．人民币跌回全球第七大支付货币此前最高排名第

四. 2017-11-30. http://money.163.com/17/1130/20/D4H199SF002581PP.html.

[79] 至诚财经网. 2017中美GDP总量对比：差距比我们想象中的大. 2017-11-20. http://www.zhicheng.com/n/20171120/181941.html.

[80] 梁敏,王宙洁. 从中美GDP构成因素对比来看两国经济发展 [N]. 上海证券报,2017-02-06. http://opinion.hexun.com/2017-02-06/188003468.html.

[81] 王超. 从石油美元到石油人民币去美元化原油梦落何方 [N]. 中国证券报,2017-10-16. http://futures.jrj.com.cn/2017/10/16015423234040.shtml.

[82] 曲凤杰. 石油人民币机制离我们有多远. 2017-09-29. http://www.sohu.com/a/195440742_561670.

[83] 程实. 如何推动石油人民币体系建设. 2017-12-13. http://finance.sina.com.cn/zl/china/2017-12-13/zl-ifyptfcm9820035.shtml.

[84] 中国石油集团经济技术研究院. 2011年国内外油气行业发展报告 [R]. 2012.

[85] 丹尼尔·耶金. 能源重塑世界 [M]. 北京：石油工业出版社,2012.

[86] 冯保国. 关于中俄天然气合作的冷思考 [J]. 国际石油经济,2011(6)：9-14.

[87] 林毅夫. 解读中国经济 [M]. 北京：北京大学出版社,2012.

[88] 中国石油天然气集团公司中俄合作项目部. 友好合作的桥梁人们友谊的纽带中俄原油管道纪实. 北京：石油工业出版社,2011.

[89] 俄新网. 能源专家称中国在俄中能源合作中占优势地位 [OL]. 2011-6-15.http://www.rusnews.cn/renwufangtan/20110615/43073630.html.

[90] 中商情报网. 2010年中国天然气消费量统计分析 [OL]. http://www.askci.com/freereports/2011-01/2011121191328.html.

[91] 林伯强. 中国天然气价格路线图 [OL]. 北青网转第一财经日报. 2009-12-24. http://bjyouth.ynet.com/aticle.jsp?oid=61853254.

[92] 冯保国. 论推动中俄油气合作的六大关系 [J]. 国际石油经济.

2013(11): 50-54.

[93] 宋魁. 中俄石油天然气合作的新态势. http://blog.sina.com.cn/songkuihlj.

[94] 王亚丽. 中石化并购：进军俄能源市场 [N/OL]. 中国化工报, http://www.ccin.com.cn/ccin/news/2007/01/12/11820.shtml.

[95] 叶静, 颜格. 中石油购俄石油公司股票赢得进入俄罗斯好机会 [J/OL]. 中国经济周刊 http://www.ce.cn/cysc/ny/shiyou/200607/24/t20060724_7842711.shtml.

[96] 新华网. 中石油完成收购俄天然气项目20%股份 [N/OL]. http://news.xinhuanet.com/energy/2014-01/25/c_126051327.htm.

[97] Chi-Kong Chyong. The role of Russian gas in Ukraine [OL]. http://www.naturalgaseurope.com/russian-gas-and-ukraine.

[98] 2013年中国LNG接收站竣工数将达到10座 [OL]. 2013-05-03, http://www.chyxx.com/industry/201305/202080.html.

[99] 冯保国. 中俄油气合作需思路创新 [J]. 国际石油经济, 2014(3): 73-76.

[100] 何清. 中俄气价谈判：拉锯八年走到"最后一公里" [OL]. 2014-05-06, http://epaper.21cbh.com/html/2014-05/06/content_97780.htm?div=-1.

[101] 谈了10年中俄天然气合约将敲定 [OL]. 2014-04-10, http://www.zaobao.com/wencui/politic/story20140410-330833.

[102] 沈娟. 中国天然气进口依存度不断增长 [OL]. 2014-04-01, http://finance.huanqiu.com/data/2014-04/4945156.html.

[103] 王婧. 美国原油出口解禁面临多方博弈 [OL]. 2014-04-01, http://wap.cnpc.com.cn/system/2014/04/01/001479967.shtml.

[104] 美欧商讨强化能源合作分析称欧盟短期内暂难依靠美国 [N]. 经济参考报, 2014, 03(A02).

[105] 陈蕊. 乌克兰局势难以左右国际油价走势 [OL]. 2014-03-25, http://news.cnpc.com.cn/system/2014/03/25/001478442.shtml.

[106] 李慧. 美国天然气能否解欧洲燃眉之急 [OL]. 2014-03-18, http://www.cnenergy.org/gj/gjyw/201403/t20140318_296972.html.

[107] 谢静. 乌克兰事件后世界能源迷局 [N]. 上海证券报, 2014-06-13, http://news.hexun.com/2014-06-13/165649069.html.

[108] 张天宇. 真开"能源战"俄欧将如何. 新华网, http://news.xinhuanet.com/world/2014-09/13/c_126981091.htm.

[109] 俄总理：制裁对俄经济造成的损失仅占5%. 俄新网, http://rusnews.cn/eguoxinwen/eluosi_caijing/20140920/44166446.html.

[110] 李海杉, 于国龙. 美欧日制裁俄罗斯：经济下行在所难免, 中国企业或将收益. 中债资信, http://mp.weixin.qq.com/s?__biz=MjM5NDIyMzY5Mg==&mid=200526841&idx=2&sn=f843c83bb4f80d026ae82a0f7105d3b8&3rd=MzA3MDU4NTYzMw==&scene=6#rd.

[111] 吴刚. 俄针对西方制裁反制措施难出手忧不利自身经济. 天山网, http://news.ifeng.com/a/20140925/42080680_0.shtml.

[112] 欧美对付俄罗斯的"经济武器". http://mp.weixin.qq.com/s?__biz=MzA5ODIwNDcxOQ==&mid=200050485&idx=3&sn=8190398ad06885b5e407e643b16a5647&3rd=MzA3MDU4NTYzMw==&scene=6#rd.

[113] 普京邀中国入股俄油田输气管道谈判达十年 [N]. 环球时报, http://finance.huanqiu.com/view/2014-09/5126542.html.

[114] 中国：乌克兰危机的赢家. http://mp.weixin.qq.com/s?__biz=MzA3MjQyODQzMA==&mid=201605817&idx=3&sn=b7f995021a2c057dd735c9af1dc49c35&3rd=MzA3MDU4NTYzMw==&scene=6#rd.

[115] "一带一路"2017国际合作高峰论坛专题. 网易新闻, http://money.163.com/special/yidaiyilugaofenghezuoluntan/.

[116] 吴幼珉. "一带一路"和中国新外向型经济. 2017-05-19. http://beltandroad.zaobao.com/beltandroad/news/story20170519-761916.

[117] 于泽远. "一带一路"论坛的成就与质疑. 2017-05-17. http://beltandroad.zaobao.com/beltandroad/analysis/story20170517-760925.

[118] 杨洁篪．凝聚共识深化关系"一带一路"论坛达预期目标．2017-05-20．http://beltandroad.zaobao.com/beltandroad/news/story20170520-762324．

[119] 吕建忠，杨虹，王轶君．在"一带一路"国际产能合作中建立企业主导与政府推动的协同机制 [J]．国际石油经济，2017(4)：1-6．

[120] 穆龙新．新形势下中国石油海外油气资源发展战略面临的挑战和对策 [J]．国际石油经济，2017(4)：7-10．

[121] 许勤华，蔡琳，刘旭．"一带一路"能源投资政治风险评估 [J]．国际石油经济，2017(4)：11-21．

[122] 赵昌文，朱鸿鸣．产融结合是陷阱还是鲜花？[J]．上海国资，2012．

[123] 中国银行业从业人员资格认证办公室．公共基础 [M]．北京：中国金融出版社，2013．

[124] 国务院国资委财务监督与考核评价局．企业绩效评价标准值 2015 [M]．北京：经济科学出版社，2015．

[125] 陈勇．中国互联网金融研究报告 2015 [M]．北京：中国经济出版社，2015．

[126] 张健华．利率市场化的全球经验 [M]．北京：机械工业出版社，2015．

[127] 凤凰财经．钢贸大洗牌全纪录．2016-05-23．http://finance.ifeng.com/a/20160523/14409405_0.shtml．

[128] 尹国平．我国企业集团产融结合发展研究 [J]．北京交通大学学报（社会科学版），2011，10(3)．

[129] GE 已经卖出了 1260 亿美元金融资产．http://mt.sohu.com/20151014/n423212124.shtml．

[130] GE 大地震要砍掉 5000 亿美元金融资产．http://business.sohu.com/20150412/n411146196.shtml．

[131] 通用电气涉足金融业的历程．http://info.electric.hc360.com/2005/10/24085643429.shtml．

[132] 冯保国．关于产融结合的现实性思考 [J]．国际石油经济，2016(6)，

7—11.

[133] 股权争斗战：谁的万科 [EB/OL]. http://finance.sina.com.cn/focus/wankeyubaoneng/.

[134] 莫开伟. 四川金控挂牌将颠覆传统地方金融格局. 每日经济新闻, 2017-02-14. http://finance.sina.com.cn/roll/2017-02-14/doc-ifyamkpy9227404.shtml.

[135] 通用电气涉足金融业的历程 [EB/OL]. http://info.electric.hc360.com/2005/10/24085643429.shtml.

[136] 毛家义. 中国天然气价格形成机制的历史演变及价格变化综述 [J]. 国际石油经济, 2015(4).

[137] 周璇, 董秀成, 周淼, 等. 英国天然气市场运行机制及其对我国市场化改革的启示 [J]. 天然气工业, 2018(10).

[138] PhilipKotler. Marketing Management: Analysis, Planning, Implementation, and Control. New Jersey: Prentice-Hall, Inc., 1996.

[139] William J Stanton, Michael J Etzel, Bruce J Walker. Fundamentals of Marketing. 10th Ed. New York: Mc Graw-Hill, Inc., 1994.

[140] E Jermoe McCarthy, Stanley J Shapiro, William D Perreault Jr. Basic Marketing. 6th Canadian Ed. Home Wood: Richard D. Irwim, Inc., 1992.

[141] David J Schwartz. Marketing Today: A Basicapproach, 3rd Ed. NeW York: HarcourtBraceJovanovich, 1981.

[142] M A Holman. Price Theory and It's Uses. Watson, D.S., 1978.

[143] Oil Situation in 2016 and Trends [EB/OL]. http://www.ifpenergiesnouvelles.com/News/News/News-stream/Oil-situation-in-2016-and-trends/(language)/eng-GB.

[144] Liz Bossley. Oil Benchmarks: What Next? [EB/OL]. The

Oxford Institute For Energy Studies. 2017-03-01. https://www.oxfordenergy.org/publications/oil-benchmarks-next/.

[145] The International Group of Liquefied Natural Gas Importers (GIIGNL)//The LNG Industry in 2010 [R/OL]. http://www.giignl.org/fileadmin/user_upload/pdf/A_PUBLIC_INFORMATION/LNG_Industry/GNL_2010.pdf.

[146] BP. BP Statistical Review of World Energy 2010 [R/OL]. http://www.bp.com/liveassets/bp_internet/globalbp/globalbp_uk_english/reports_and_publications/statistical_energy_review_2008/STAGING/local_assets/2010_downloads/statistical_review_of_world_energy_full_report_2010.pdf.

[147] GIIGNL. LNG Information Paper No.2: The LNG Process Chain [R/OL]. http://www.giignl.org/fileadmin/user_upload/pdf/LNG_Safety/2%20-%20LNG%20Process%20Chain%208.28.09%20Final%20HQ.pdf.

[148] Center for Energy Economics. Introduction to LNG, An overview on liquefied natural gas(LNG), its properties, organization of the LNG industry and safety considerations [R/OL]. http://www.beg.utexas.edu/energyecon/lng/documents/CEE_INTRODUCTION_TO_LNG_FINAL.pdf.

[149] Channel Logistics LLC. LNG Overview [R/OL]. http://www.channellogistics.com/images/lngOverview.pdf.

[150] Siliverstovs B, Hegaret G L, Neumann A, et al. International market integration for natural gas? A cointegration analysis of price in Europe, North America and Japan [J]. Energy Economics, 2005, 27(4): 603-615. http://web.mit.edu/ceepr/www/publications/reprints/Reprint_194_WC.pdf.

[151] Sagers M, Yermakov V. Runaway Tariffs: Russia's Soaring Oil and Gas Pipeline Transportation Costs Challenge Industry Competitiveness [R/OL]. http://www.ihs.com/products/cera/energy-report.aspx?id=106599650.

[152] US. Energy Information Administration (EIA)//Annual Energy Outlook 2011 with projections to 2035 [R/OL]. http://www.eia.gov/forecasts/aeo/pdf/0383%282011%29.pdf.

[153] EIA. The global liquefied natural gas market: status and outlook [R/OL]. http://www.eia.gov/oiaf/analysispaper/global/worldlng.html.

[154] GIIGNL. LNG Information Paper No.1: Basic Properties of LNG [R/OL]. http://www.giignl.org/fileadmin/user_upload/pdf/LNG_Safety/1-LNG_Basics_8.28.09_Final_HQ.pdf.

[155] GIIGNL. LNG Information Paper No.3: LNG Ships [R/OL]. http://www.giignl.org/fileadmin/user_upload/pdf/LNG_Safety/3%20-%20LNG%20Ships%208.28.09%20Final%20HQ.pdf.

[156] Sethuraman D. Spot LNG Freight Rates Almost Triple in October, Drewry says [R/OL]. http://www.bloomberg.com/news/2011-11-08/spot-lng-freight-rates-almost-triple-in-october-drewry-says.html.

[157] Durden Tyler. The Fascinating Story Of How The Petrodollar Was Born And Lived In Secrecy For Over 40 Years. 2016-05-31. http://www.zerohedge.com/news/2016-05-31/secret-story-how-saudi-petrodollar-deal-was-born.

[158] Jerry Robinson. The Rise of the Petrodollar System: "Dollars for Oil". 2012-02-23. http://www.financialsense.com/contributors/jerry-robinson/the-rise-of-the-petrodollar-system-dollars-for-oil.

[159] Jerry Robinson. Preparing for the Collapse of the Petrodollar System. 2012-02-15. http://www.financialsense.com/contributors/jerry-robinson/preparing-for-the-collapse-of-the-petrodollar-system.

[160] Petrodollar Warfare. The extraordinary history of petrodollar recycling. 2015-02-09. https://www.democraticunderground.com/discuss/duboard.php?az=view_all&address=114x14286.

[161] Holly Corporation and Frontier Oil Corporation Announce Merger of Equals [N/OL]. Reuters, 2011. http://cn.reuters.com/article/pressRelease/idUS106620+22-Feb-2011+PRN20110222.

[162] Valero Energy Corporation. 2010 Summary Annual Report [R/OL]. http://media.valero.com/flash/AnnualReport2010/report.html#/1.

[163] Shell. Review of the year 2011 [R/OL]. http://reports.shell.com/annual-review/2011/servicepages/downloads/files/entire_shell_review_11.pdf.

[164] Exxonmobil. 2011 Financial and Operating Review [R/OL]. http://www.exxonmobil.com/Corporate/files/news_pub_fo_2011.pdf.

[165] Gas talks with China progress [N]. The Moscow Times. 2011-6-17. http://www.themoscowtimes.com/business/article/gas-talks-with-china-progress/438977.html.

[166] HOWARD A. Anticipated Chinese gas deal falls through [N]. The Moscow Times. 2011-6-20. http://www.themoscowtimes.com/business/article/anticipated-chinese-gas-deal-falls-through/439137.html.

[167] BP. BP Statistical Review of World Energy. June 2011. http://www.bp.com/liveassets/bp_internet/globalbp/globalbp_uk_english/reports_and_publications/statistical_energy_review_2011/STAGING/local_assets/pdf/statisical_review_of_world_energy_full_report_2011.pdf.

[168] GAZPROM. Management Report OAO Gazprom 2010 [R]. www.gazprom.ru.

[169] Statistical Review of World Energy 2013. http://www.bp.com/en/global/corporate/about-bp/energy-economics/statistical-review-of-world-energy-2013.html.